央企海外投资研究

梁昊光　等著

中国金融出版社

责任编辑：赵晨子
责任校对：孙　蕊
责任印制：丁淮滨

图书在版编目（CIP）数据

央企海外投资研究/梁昊光等著. —北京：中国金融出版社，2023. 4
ISBN 978－7－5220－1877－5

Ⅰ. ①央…　Ⅱ. ①梁…　Ⅲ. ①国有企业—海外投资—研究—中国
Ⅳ. ①F279. 241

中国国家版本馆 CIP 数据核字（2023）第 019181 号

央企海外投资研究
YANGQI HAIWAI TOUZI YANJIU
出版
发行　中国金融出版社
社址　北京市丰台区益泽路 2 号
市场开发部　(010)66024766，63805472，63439533（传真）
网 上 书 店　www. cfph. cn
(010)66024766，63372837（传真）
读者服务部　(010)66070833，62568380
邮编　100071
经销　新华书店
印刷　北京九州迅驰传媒文化有限公司
尺寸　169 毫米×239 毫米
印张　25. 75
字数　348 千
版次　2023 年 4 月第 1 版
印次　2023 年 4 月第 1 次印刷
定价　98. 00 元
ISBN 978－7－5220－1877－5

目　录

第一章　海外投资的理论基础

第一节　国家海外投资理论基础

一、海外投资动因

目前，国际投资理论中已经形成了较为完备的海外投资动因理论，不同时期的学者对不同的海外投资动因进行了不同解释。最早关于海外投资动因的理论源于纳克斯（R. Nurkse）发表于1933年的题为《资本流动的原因和效应》的论文，纳克斯国际投资理论认为，国际间资本的流动原因是由各国间的利率水平差异引起的，资本总是从利率低的国家流向利率高的国家。在纳克斯的收益率差别海外投资动因的基础上，麦克杜格尔（MacDogall，1960）、肯普（M. C. Kemp，1962）和琼斯（R. W. Jones，1967）作了更细致的论述，但仍然没有区分国际直接投资和间接投资，主要从利率差异的角度分析资本流动及跨国投资的原因。[①]

早期的国际投资理论主要以发达国家为研究对象。1960年，美国经济学家海默（S. Hymer）提出了垄断优势理论（Monopolistic Advantage），标志着独立的国际直接投资理论开始形成。[②] 与此同时，彼得·J. 巴克利（Peter J. Buckley）和马克·卡森（Mark C. Casson）合著的《跨国公

---

① 高波．“一带一路”建设中的对外直接投资风险研究［D］．长春：吉林大学，2020.

② Hymer S. H. The International Operations of National Firms：a Study of Direct Foreign Investment［M］. The MIT Press，Cambridge，Massachusetts，and London，England，1960.

司的未来》提出了市场内部化理论。① 此后，加拿大学者拉格曼（Alan Rugman，1978）的《跨国公司的内幕：国际市场的经济学》对该理论进行了进一步的补充和完善。② 1977 年，英国经济学家约翰·邓宁（John Dunning）提出了国际生产折中理论。③ 在此基础上，1981 年，邓宁出版的著作《国际生产和跨国公司》提出了海外投资“三优势模式”（OIL Paradigm），从国家层面分析了国家间的优势，较为完备地说明了三种优势和三种国际经营方式之间的相互关系，形成了目前投资界最权威的海外投资理论体系。④ 1978 年，日本学者小岛清（K. Kojima）提出了边际产业扩张理论，⑤ 随后出版的《对外直接投资论》《跨国公司的对外直接投资》和《对外贸易论》从跨国直接投资国际分工的视角对边际产业扩张理论进行了完善和扩展。

20 世纪 80 年代以来，发展中国家对外直接投资迅速发展，诸多学者针对发展中国家对外投资理论进行了研究。美国经济学家刘易斯·威尔斯（L. T. Wells）在其著作《发展中国家企业的国际化》（1977）⑥ 和《第三世界跨国企业》（1983）⑦ 中提出了发展中国家海外直接投资的“小规模技术理论”。1983 年，英国经济学家拉奥（S. Lall）基于发展中

① Buckley，Peter J.，and Mark Casson. The Future of the Multinational Enterprise [M]. New York：The McMillan Company Buckley，1976.

② Rugman，Alan M. The International Operations of National Firms：a Study of Direct Foreign Investment [M]. 1978：103 - 104.

③ Dunning，John H. Trade，Location of Economic Activity and the Multinational Enterprise：Some Empirical Evidence [M]. University of Reading，Department of Economics，1977.

④ Dunning，J. H. Intemational Production and the Multinational Enterprises [M]. London：Allen&Unwin Press，1981.

⑤ Kiyoshi，Kojima. Direct Foreign Investment：A Japanese Model of Multinational Business Operations [M]. London：Croom Helm，1978.

⑥ Wells Jr，Louis T. The Internationalization of Firms from Developing Countries [M]. In Multinationals from Small Countries，edited by Tamir Agmon and Charles P. Kindleberger. Cambridge，MA：MIT Press，1977.

⑦ Wells Jr，Louis T. Third World Multinationals：The Rise of Foreign Investment from Developing Countries [J]. Foreign Affairs，1983，61，(5)：1196.

国家海外投资行为提出了“技术地方化理论”。① 1990 年，坎特威尔（John Cantwell）和托兰惕诺（Paz E. Tolentino）从技术创新和产业升级的视角对发展中国家的海外直接投资进行了研究。②

（一）政治动因

在国家海外投资中，经济外交战略是政府促进本国经济贸易发展和维护本国跨国公司海外利益的重要因素。在经济全球化的背景下，世界各国经济社会紧密联系，本国跨国公司的发展将会影响一个国家在国际经济中的地位。国家政府经济外交战略的合理设计有利于保障本国海外投资利益，提升本国在国际经济社会中的影响力。

经济外交战略应用最广泛的国家是美国。在维护本国跨国企业海外投资利益时，东道国政府经常以实施“与贸易有关的投资措施”的相关行为对跨国投资行为进行管制，以此来实行经济外交战略。所谓“与贸易有关的投资措施”，是指东道国政府为引导或干涉外国投资企业在本国的投资行为而采取的一系列措施或行为。例如，许多东道国政府在对外国投资企业给予一些优惠政策的基础上，要求跨国企业生产的原材料、半成品或产成品增加东道国的当地元素，生产所用的原材料等的进口要求增加一定的本地成分。1982 年，美国经济分析局对美国的对外直接投资进行调查，发现接受东道国对美国跨国公司进行当地成分约束的企业占整个海外投资份额的 28%，此类行为在发展中国家的发生率尤其高。在此调查后，美国政府要求将“与贸易有关的投资措施”纳入关贸总协定部长会议的议事日程，虽然关贸总协定并未将“与贸易有关的投资措施”纳入议事日程，但美国政府仍不遗余力地要求对此问题进行世界范围的磋商，并首次在关贸总协定部长论坛上对加拿大的投资政策进行指

① Lall, S., Chen, E., Katz, J., Kosacoff, B., Villela, A. The New Multinationals: The Spread of Third World Enterprises [M]. New York: John Wiley & Sons, 1983.

② Cantwell, J. Tolentino, P. E. E. Technological Accumulation and Third World Multinationals [Z]. Discussion Paper in International Investment and Business Studies, University of Reading, 1990, (139): 24.

控。① 1986 年乌拉圭回合谈判开始后，在美国政府的再次坚持下，“与贸易有关的投资措施”终于被纳入谈判日程。在乌拉圭回合谈判中，美国政府的立场是“与贸易有关的投资措施”是对正常国际贸易的扭曲，与关贸总协定的精神相背离。在美国政府的压力下，关贸总协定各成员国的贸易部长在 1988 年蒙特利尔会议上达成一致，即指示谈判人员继续审查“与贸易有关的投资措施”对贸易的影响以及“与贸易有关的投资措施”与关贸总协定的关系，进而考虑如何补充关贸总协定以约束“与贸易有关的投资措施”。② 在美国的积极推动下，1990 年，关贸总协定成员国最终对“与贸易有关的投资措施”达成框架协议。

美国促成的关于“与贸易有关的投资措施”的关贸总协定框架协议是美国政府对美国跨国公司海外发展的经济外交战略。政府亲自主导的经济外交战略能为本国跨国公司的海外发展及海外经营排除困难，因此对本国的跨国企业和海外投资的发展极其重要。

（二）经济动因

国际投资理论围绕政府的产业战略动因、海外市场寻求动因、资源获取动因、效率寻求动因、原产国效应寻求动因等，已形成了比较完善的理论体系。

1. 政府的产业战略动因。每个国家经济的发展都要经历从初级产业到高级产业升级的过程，政府通过跨国公司的发展从而转移生产要素，进而促进本国的产业升级。初级产业一般是指自然资源耗费量大、污染程度高、附加值低的劳动密集型的产业，如原材料生产产业、初级产品生产产业、能源与采矿产业等，这些产业大都处在国家大规模发展时期经济积累阶段。高级产业一般是指自然资源耗费量小、污染程度低、附加值高的资金密集型和技术密集型的产业，如现阶段的信息技术产业、生物工程产业、电子技术产业、金融产业等，这些产业适合于经济积累程度较高的发展阶段。当前，许多发达国家和实行工业化国家的政府将

---

① 徐德辰．跨国经营的国际比较研究［D］．长春：吉林大学，2005.

② 徐德辰．跨国经营的国际比较研究［D］．长春：吉林大学，2005.

本国的产业重点放在电信、计算机和生物等新兴产业部门，给予大量的研发投入。同时，又将本国的初级产业通过跨国公司向自然资源丰富、劳动力低廉、生产成本低的发展中国家转移，包括海外直接投资和经营等。本国政府通过跨国公司转移生产要素推动产业升级的效果是十分显著的，政府在国内通过鼓励高新产业的优惠政策和制度保障吸引跨国公司的先进产业留在国内，而通过限制国内初级产业发展的政策，鼓励本国的跨国公司向发展中国家转移，经过双重战略政策，本国的产业得到进一步升级，从而提高本国的产业国际竞争力，带动本国跨国公司的进一步发展。自 20 世纪以来，美国、英国、法国、德国、日本等发达国家的海外投资行为印证了发达国家向发展中国家转移初级产业与获取东道国资源的战略目标。在新型全球化阶段，不少发达国家也向发展中国家开展第三产业投资，而且占本国对外投资的比重越来越高，这是这些发达国家加强本国产业竞争力意图的表现。

2. 海外市场寻求动因。许多发展中国家在发达国家和发展中国家进行的海外直接投资大多以开拓东道国市场为目的。联合国贸发会议在全球的调查结果显示，有 51% 左右的发展中国家海外投资企业将寻求海外市场视为对外直接投资的第一目标。在之前国际贸易较为自由的阶段，一个国家可以通过出口以提高市场占有率，但当大量出口国以低廉的产品出口到进口国时，进口国的就业和经济发展会因此受到影响，所以进口国为保护本国产业会设置多种贸易壁垒以限制对国外产品的进口。为规避东道国对出口的限制，跨国企业通过在东道国的海外直接投资，在东道国投资办厂，就地供应东道国市场的需求，绕开贸易壁垒，以此保护跨国企业在海外的市场。①

3. 资源获取动因。② 每个国家都面临着自身的资源禀赋约束，在进行经济发展时，需要通过与外部的资源交换获得本国稀缺或相对低廉的

① 王书杰. 发展中国家海外直接投资的实践及对中国的启示［D］. 北京：中共中央党校，2011.

② 王书杰. 发展中国家海外直接投资的实践及对中国的启示［D］. 北京：中共中央党校，2011.

生产要素，这就催生了基于资源获取动因的海外直接投资。基于资源获取动因的海外直接投资可分为自然资源寻求型、劳动力寻求型、资金寻求型和技术寻求型。

（1）自然资源寻求型。基于自然资源寻求型动因的海外直接投资是较为常见和普遍的形式。大多数国家进行的资源寻求型的海外直接投资是出于出口导向型经济战略的需要，即先投资东道国的原材料开发，然后再将开发获得的自然资源能源出口到母国，该类投资的对象多为矿业、农业、林业等初级产业，其中，占主导地位的投资行业为不可再生的初级产品行业，如采矿、采油和采煤等。我国作为世界第一大制造国，快速的经济发展带来了庞大的资源需求，而我国与“一带一路”共建国家形成了较为明显的资源互补关系，因此在资源勘探与开采上存在巨大的国际合作空间。

（2）劳动力寻求型。为弥补本国欠缺的劳动力和增加与其他同质厂商的出口竞争，除发达国家在寻找工资水平低的地区外，工业化发展较快的发展中国家和地区也在寻找劳动力低廉的地区。基于劳动力寻求型动因的海外直接投资主要集中于服装、小型电器产品等劳动密集型制造业。实施成本导向型制造业对外投资的国家和地区中，早期以韩国为典型代表，然而随着中国生产成本的逐渐增加，中国的一些制造业企业也开始向东南亚等劳动力更低廉的地区进行海外直接投资。除此之外，一些跨国企业对他国进行海外直接投资是出于节约运输成本以保持和加强企业的竞争优势的目的。

（3）资金寻求型。20 世纪 80 年代以来，一些发展中国家跨国企业为更有效地利用外资，资金寻求型海外直接投资行为开始盛行。资金寻求型海外直接投资通过利用东道国的贷款或者母公司的技术、设备折价，并对当地的配套资金加以运用，从而达到利用外资的目的。跨国公司为海外投资筹集资金通常有两种方式——内部方式和外部方式，内部方式是指通过母公司或子公司的留存利润等内部资金进行海外投资；外部方式是指跨国公司通过在国际资本市场或东道国资本市场筹集资金进行海外投资。

（4）技术寻求型。技术寻求型动因的海外直接投资主要发生在发展中国家向发达国家的投资行为中，多以通过海外直接投资促进技术水平和管理水平提高为目的，是技术管理型投资日趋重要的投资类型。发展中国家通过向发达国家直接投资，在并购和重组的过程中吸收发达国家的专业人才，吸取发达国家的技术和管理经验，加速本国经济发展，提高跨国公司的国际经营能力与管理能力，缩小与发达国家的差距。随着发达国家经济发展时期的产业转型，其大批制造业向发展中国家转移，在机床、通信、汽车等重要行业领域的并购重组案例为发展中国家企业提升国际管理经营能力和获得先进技术提供了快速学习的途径。科技合作是“一带一路”国际合作的重要内容之一，我国在高铁、核电、通信设备、基础设施建设等方面具有一定优势，加强与“一带一路”共建国家的科学技术合作，将给共建国家送去先进的人才和经验，实现更高层次的国际合作，达到双方和多方共赢。

4. 效率寻求动因。效率寻求动因在近年“一带一路”国际合作中的海外直接投资体现得较为明显，具体表现在跨国企业通过境外经贸合作区实现效率提升。境外投资产业园区基础设施完善、公共服务功能健全、主导产业明确，是我国跨国企业参与“一带一路”海外投资的重要平台。跨国企业在境外经贸合作区享受东道国的土地、税收等政策优惠的同时，还享受东道国的基础设施和公共服务，适合集约型经济的发展，能够最大限度地提升合作区内跨国企业的生产效率。通过我国跨国企业在境外经贸合作区的直接投资，东道国获得了中国的技术、经验和服务，有效地盘活了东道国的生产要素，提升了当地的生产效率，促进了东道国的产业升级，同时也满足了跨国企业拓展海外市场的需要，优化了外部需求结构。效率寻求型的海外直接投资实现了全球产业链的优化和效率提升。

5. 原产国效应寻求动因。原产国效应寻求型海外直接投资多发生在发展中国家向发达国家的投资行为中。跨国企业为克服本国产品形象上的劣势，应对生产产品质量与消费者对本国形象上的不均衡，为本企业产品创造良好的原产国效应，跨国企业会持原产国效应寻求动因进行海外直接投资。消费者在购买某一国产品时形成产品形象的原产国效应，而原产国效应对消费者的购买行为有很大影响。一些发展中国家在向发达国家进行产品销售时如果没有良好的原产国形象，即使跨国企业能生产出有竞争力的产品，在国际市场上也难以改变消费者对所生产产品的态度。有学者研究发现，在一定程度上，原产国效应对消费者购买行为的影响要大于品牌效应。例如，一些跨国企业为改变消费者对生产产品的形象会选择在具有国际竞争力的国家投资建厂，通过在东道国生产可以利用原产国效应改善本企业的产品形象和提高国际市场的销售价格。

除以上五种海外直接投资动因外，还有一些特殊的海外直接投资动因，如母国政府、东道国政府或者某些国际机构的帮助与支持，在特定国家进行海外人才培养与跨国培训等都在一定程度上推动了海外直接投资的发展。

（三）文化动因

海外投资不仅是促进生产要素流动、加强国际合作的必经途径，也是各国文化对外交流的必然选择。在海外投资的过程中，投资国实现了资源配置优化、产业发展与升级，也加强了对本国文化的传播。在海外直接投资的文化动因中，民族纽带与文化影响力起主要作用。

民族纽带：部分跨国企业在进行海外直接投资时，有时会选择具有相同民族性的东道国进行投资，这在一些华人企业和印度人企业中较多出现。因为具有相同民族性的国家在语言、风俗习惯等方面存在天然的习性优势，除此之外，海外侨胞在为跨国企业提供东道国信息与投资建议时具有重要作用。例如，某些中药跨国企业在华人市场规模较大的区域投资设厂，其所生产出具有民族特性的产品也较受当地消费者的欢迎。①

① 宋维佳．基于 FDI 的我国企业“走出去”战略研究［D］．大连：东北财经大学，2006.

文化影响力：文化产业是国家软实力和国际竞争力的重要体现。文化产业的海外直接投资不仅是国家加强国际经济合作的方式，是促进对外交流的必经之路，而且也是促进文化要素在国际自由流动、提高资源配置效率的重要途径。包括美国、英国、韩国、日本、印度等在内的国家纷纷制定政策来扶持本国文化产业和国际文化企业发展，通过文化产业输出来提升本国的影响力。[①] 文化产业具有较强的文化影响力，例如，电影产业虽然耗资大，但很多国家在电影产业奉行文化保护政策以致外资很难进入当地电影产业，这种文化保护政策在法国和加拿大表现得尤为明显。尽管法国的艺术电影在全球颇负盛名，加拿大对电影产业也极为重视，然而在法国和加拿大的电影产业极少有中国企业的投资，原因是两国的文化保护政策将中国跨国企业的投资阻挡在外。[②]

随着我国综合实力的增强，我国文化产业快速发展。为增强我国文化在国际上的竞争力和影响力，提升我国文化产业的生产效益，我国越来越重视文化产业的海外投资，国内文化产业加速了“走出去”的步伐。2002 年以前，我国文化产业海外投资较为被动，影视节目海外播放、影视设备海外出口等海外投资主要由相应的文化贸易类项目带动。2002 年以后，我国国内文化产业迅速发展，文化产业规模快速扩大，我国文化产业海外投资开始盛行。商务部统计数据显示，我国文化产业海外投资项目数量持续增长，越来越多的文化公司开始布局影视产品与运营、文化公司设立等海外投资项目。[③] 2013 年，“一带一路”国际合作开始实施，在此背景下，我国文化产业海外投资规模得以快速发展，投资数量和金额持续增多，投资目的地和投资领域急速扩展，加速了对发达国家和发展中国家的电视剧、电影的制作和推广步伐。

---

① 吴承忠．中国广播影视行业对外投资区位选择与影响因素研究［J］．南京社会科学，2019（9）：145－150.

② 范璐晶．中国电影产业海外投资的法律风险及争端解决中的文化例外［J］．北京电影学院学报，2020（9）：49－59.

③ 吴承忠．中国广播影视行业对外投资区位选择与影响因素研究［J］．南京社会科学，2019（9）：145－150.

2017年，国家新闻出版广电总局印发《新闻出版广播影视“十三五”发展规划》，该规划的提出推动了我国文化产业的发展，提升了文化产业在国民经济中的重要地位。目前，我国已经与全球20多个国家签署了电影合作相关协议，出台了一系列的文化产业合作政策，通过多方式和多类型的合作促进国际文化产业的良性发展。[①] 2018年，我国在电影行业进行了机构改革，加强了中央对电影的制作、发行和放映的统一监督、指导和管理，积极推动了电影产业海外的有序发展。[②]

（四）国家安全与区域稳定动因

在国际经济的经典理论中，海外投资能促进资本和生产要素的跨国流动，可以给资本输出国和输入国甚至是全球带来综合效益，这种综合效益包括经济效益和政治效益。经济效益是指在海外投资过程中，通过全球资源的配置和生产投资国实现经济发展，前文有具体分析，这里不再赘述。政治效益是指投资国通过发展海外投资，不断提高本国在国际中的政治地位，确保本国的国家安全。一国在海外投资中，经济效益与政治效益往往相辅相成，要兼顾二者的平衡发展。[③]

国家安全与区域稳定动因主要是指从国家的宏观经济战略出发，进行的海外直接投资行为将服务于该国的政治与安全稳定作为重要考量因素。一个国家的海外直接投资往往以实现国家综合利益为目标，但很少将国家安全与区域稳定动因作为其独立因素与其他投资动因并列研究，即使有学者在研究中涉及了国家安全与区域稳定动因的讨论，也未将其进行单独研究。因此，在进行海外直接投资动因的分析时，将国家安全与区域稳定动因作为重要的动因明确提出来，符合现阶段海外投资发展的基本情况。例如，我国开展海外投资时，有很大一部分是由大型国有企业主导，这些国有企业都以国家宏观战略为指导，因此，在研究过程

① 从电影大国迈向电影强国 我们的底气来自改革创新［N/OL］. 光明日报，http://www.xinhuanet.com/ent/2019-10/31/c_1125169226.htm，2022-02-24.

② 范璐晶. 中国电影产业海外投资的法律风险及争端解决中的文化例外［J］. 北京电影学院学报，2020（9）：49-59.

③ 郑钢. 中国境外投资动因、效应及对策研究［D］. 兰州：兰州大学，2008.

中，不可忽视国家安全与区域稳定的重要作用。[①]

海外投资对一国的经济发展具有重要作用，尤其在国有企业占海外投资比重较大的时候。对于海外投资企业而言，其投资所获得的经济效益与政治效益通常不能被本企业完全内部化，其效益往往具有外溢性，国家在获得投资企业的部分收益后，本国政府为实现国家利益的最大化，会从国家的宏观战略出发，对该国的海外投资活动进行指导和调控，通过海外投资实现在国际中与其他国家的合作，保障本国的战略资源与国家安全。在我国，国有企业在海外投资中占有较大的份额，近年来，我国海外投资中的几乎所有重大项目都由国有企业所实施，因此其在海外投资中承担着重要角色。我国以国家安全与区域稳定为动因的海外直接投资在开发利用海外能源和资源上体现得尤为明显，为保证我国充足的战略资源和能源储备，保障我国国家能源安全，我国政府从 2004 年开始着力推动我国企业开展以海外资源开发为主要投资内容的海外投资活动，这使得我国海外投资规模快速扩张。

海外直接投资除了影响国家安全与区域稳定外，还对国家间的政治外交关系有着直接或间接作用。海外投资中一些重大项目的决策影响国家间错综复杂的政治外交关系，在很多时候，国家为创造更有利的政治外交氛围，也会带动一些海外投资活动，因此，以政治外交关系为导向的海外直接投资也时有发生。

二、海外投资效应

海外投资效应不仅体现在东道国中，还深刻体现在母国的经济社会发展中，海外投资所产生的效应是多方面和多维度的。一国在进行海外直接投资过程中，会提高对生产要素的利用效率，推动技术进步，增加生产收益，改善本国的贸易结构，促进本国经济的发展，推进本国的工业化进程，由此产生经济效应。同时，通过海外投资所产生的经济效应

① 郑钢. 中国境外投资动因、效应及对策研究［D］. 兰州：兰州大学，2008.

而提高母国的战略地位，由此产生政治效应。由于海外直接投资的政治效应往往是间接产生的，因此在这里着重分析海外直接投资带来的经济效应，其主要归结为改善贸易结构、促进经济增长、推进工业化进程、推动技术进步四个方面。

（一）改善贸易结构

综合学者研究，海外直接投资对一个国家的外贸结构的影响主要有四个方面，分别是出口引致效应、出口替代效应、进口转移效应和反向进口效应。①

1. 出口引致效应。出口引致效应是指母国海外直接投资带动的原材料和零部件、机器设备等初级产品出口的增加。由海外直接投资带动的出口既可能是母国跨国企业的母公司向境外子公司的出口，也可能是母国其他供应商向跨国公司的境外机构的出口。

2. 出口替代效应。出口替代效应是指母国的海外直接投资导致本国出口减少。造成出口减少的原因主要有两方面：一方面，母国进行海外投资时，将生产基地转移到东道国，由于技术在东道国形成扩散，当地企业进行生产模仿，由此替代了母国的出口；另一方面，母国通过投资带动海外子公司或境外机构生产规模的扩大，从而替代母公司的出口，导致投资国的出口减少。

3. 进口转移效应。进口转移效应是指由海外直接投资所导致的进口减少。进口转移效应主要发生在将母国的生产基地转移至境外生产时，当某种产品的生产基地转移至东道国后，母公司将减少该产品的生产，同时也减少生产该产品所需的各种原材料和初级品，从而将这种进口转移至投资的东道国。

4. 反向进口效应。反向进口效应是指由海外直接投资带动的进口增加。反向进口效应发生在将母国的生产基地转移至东道国时，母国需从国外进口该产品，从而导致母国对该产品进口的增加。

---

① 王书杰. 发展中国家海外直接投资的实践及对中国的启示 [D]. 北京：中共中央党校，2011.

在以上四种效应中，出口引致效应和进口转移效应会导致出口增加和进口减少，出口替代效应和反向进口效应则反之，而海外直接投资对贸易收支的影响程度由以上四种效应相互作用的净效应所决定。一般对处于海外直接投资早期的发展中国家而言，出口引致效应占主导，即海外直接投资会带动母国贸易收支的正效应。

（二）促进经济增长

海外投资带动的资本跨境流动会对母国和东道国的经济增长和国际收支产生重要影响。一方面，母国在海外投资时，往往输出本国相对富余的资本要素，带动国内资本的收益率提高，从而促进本国的经济增长；另一方面，海外投资经营利润会增加资本收入，这些资本收入往往通过外汇汇回，东道国的资本流入得以增加，从而扩大母国的资本总收入。

海外投资对经济增长的促进作用主要有以下几个途径。第一，海外投资可以通过扩大本国产品的出口贸易规模，优化本国的贸易结构，促进本国的经济增长。第二，很多海外投资是以绕开贸易壁垒为动因，从而扩大海外市场，增加本国的经济利润。第三，通过海外投资可以实现本国产业的转移，实现本国产业的优化，从而推动经济增长。第四，海外投资可以在一定程度上保证本国资源性产品的进口，为本国经济稳定增长提供保障。①

值得注意的是，虽然海外投资会促进本国的经济增长，但海外投资规模需控制在一定范围之内。如果海外投资规模过大会对国内投资形成挤出效应，反而会影响国内经济的稳定发展。因此，国家在进行海外投资布局时，应合理权衡海外投资与国内投资之间的关系，避免资本的过度流出阻碍国内经济的发展。

（三）推进工业化进程

海外直接投资能加速东道国的工业化进程。第一，在海外直接投资的过程中，母国的投资会给东道国注入雄厚的资本、先进的技术和较为

---

① 王书杰．发展中国家海外直接投资的实践及对中国的启示［D］．北京：中共中央党校，2011.

成熟的管理经验。在跨国企业海外运营时，母公司的采购和销售也会随之转移到东道国，除此之外，在东道国的生产行为会对当地形成相应生产需求，从而形成产业的集聚效应，促进东道国的产业升级与转型，推进东道国的工业化进程。第二，海外直接投资在东道国往往进行本地化运营，在为当地提供就业机会时，将为东道国培养一批先进的技术和管理人才，促进了当地的人力资本发展，因而推动了由人力资本带动的工业化进程。同时，由于国际因素的注入，会带动东道国国有企业的生产与经营改革，因此会加速东道国的工业化进程。① 第三，发达国家在向发展中国家进行投资时，往往选择劳动密集型产业和技术密集型产业，东道国会从中引进先进的生产设备和生产技术，从而通过技术的传导推进东道国的工业化进程。赵伟和江东运用2003—2007年我国沿海10个省市的数据，研究了海外直接投资对产业升级的作用，实证结果表明，海外直接投资促进了沿海省市的产业升级。② 除此之外，海外直接投资也会推动母国的工业化进程。Martin、Gaston、Michael J. 在研究英美等发达国家海外投资时指出，发达国家会将劳动密集型的制造业转移到劳动力成本更低的发展中国家，以此来促进母国的制造业向资本密集型产业转变，来实现制造业内部升级。③

"一带一路"共建国家大都是发展中国家，基本处在工业化的起步阶段，经济发展速度缓慢，市场化水平有待提高，面临着较多的融资约束，然而这些国家对推进工业化进程有着迫切的需要，对吸收海外直接投资有较大的需求。但是，在传统的国际投资和贸易体系下，发达国家将"一带一路"共建国家视为原产地和产品的销售市场，对这些国家的海外投资规模有限，且大多数项目附加政治条件，因而对推动当地的工业化进程效果较为有限。然而我国对"一带一路"共建国家进行海外直

① 徐瑞晗．吉林省工业化进程中的利用直接投资研究［D］．南宁：广西大学，2008.

② 赵伟，江东．ODI与中国产业升级：机理分析与尝试性实证［J］．浙江大学学报（人文社会科学版），2010，40（3）：116－125.

③ Gassebner Martin，Gaston Noel and Lamla Michael J. Relief for the Environment? The Importance of an Increasingly Unimportant Industrial Sector［J］．Economic Inquiry，2008，46（2）：160－178.

接投资是基于互利互惠的原则，充分发挥各自的资源禀赋优势，实现优势互补、共同受益。我国拥有高水平的基建能力、先进的技术和充裕的资金，自改革开放以来，我国企业积累了充足的国际市场管理与运营经验，这些优势将通过海外直接投资对“一带一路”共建国家的产业升级和工业化进程发挥重要的推动作用。[①]

（四）推动技术进步

海外直接投资将直接推动东道国的技术进步。英国经济学家坎特维尔（Cantwell）在邓宁（John Harry Dunning）的投资发展周期理论的基础上提出，国际生产活动决定技术水平增长，同时也受其影响，发展中国家的技术进步与其海外直接投资的增长具有联系。

发展中国家在经济发展初期，通过引进海外投资，吸收发达国家的先进技术，推动本国的技术进步；随着经济的发展，技术水平逐渐提高，通过对发达国家直接投资促进技术进步，逐渐缩小与发达国家的技术水平差距。然而，发展中国家通过吸收海外直接投资促进技术进步的作用较为有限，主要是通过对发达国家的直接投资吸收先进技术，以此推动技术进步。原因有两方面：一方面，发达国家向发展中国家进行投资时，为保持技术的垄断优势和利润的最大化，往往只将发达国家内部已经淘汰的技术转移到发展中国家，因此对发展中国家的技术进步促进作用有限；另一方面，发展中国家向发达国家进行投资时，往往有更多的机会向发达国家学习和吸收先进的技术，同时为在发达国家保持自身的经营优势，不得不加快技术研发的速度，推动发展中国家的技术进步。[②]

---

① 蔡元元．创新我国企业“一带一路”投融资模式［J］．宏观经济管理，2021（10）：63－68.

② 王书杰．发展中国家海外直接投资的实践及对中国的启示［D］．北京：中共中央党校，2011.

第二节　国家海外投资的国际比较

本节除对欧盟、美国、日本等先进区域和国家现代海外投资进行对比，还将对韩国、新加坡、俄罗斯的海外直接投资促进措施进行国际比较。之所以选择以上国家（地区）的海外直接投资政策进行比较研究，是因为欧盟、美国等国家（地区）海外投资具有先进性，日本、韩国、新加坡和俄罗斯在扩大海外直接投资时的背景与中国有极大的相似性，这体现在：这些国家（地区）在经济发展初期对国际市场依赖巨大，因此普遍采用了出口导向型战略。例如，韩国在20世纪60年代国内拥有大量的廉价且高素质的劳动力，韩国政府基于此情况，实施了出口导向型的经济发展战略，主导产业经历了纺织业向钢铁重工业再到电子产业的过渡。和韩国的贸易出口发展经历类似，我国自改革开放以来，出口也成为我国国民经济发展的重要支柱，主导产业从改革开放初期的纺织业过渡到电子产业。除此之外，在这些国家发展经济和海外投资的过程中，政府承担着重要角色。从政府实施的政策结果来看，韩国、新加坡、俄罗斯的海外直接投资增长效果较为明显。① 基于以上原因，研究这些国家（地区）的海外直接投资对我国对外投资和经济的发展具有较强的借鉴意义。

一、欧盟的海外投资

在海外直接投资的过程中，欧盟对海外直接投资提供区域性的发展援助。1988年，欧共体投资伙伴计划开始运行，该计划为欧盟扩大在拉美、亚洲和地中海地区的海外投资提供支持。截至1994年底，1000多家企业和企业联合会通过欧共体投资伙伴计划为相应企业提供发展援助，为项目各阶段提供多种资金融通支持，包括企业筛选资助、人力资源开发、技术贷款发放等各种行动。1990年，欧盟为对东欧投资出台了联合

① 王书杰．发展中国家海外直接投资的实践及对中国的启示［D］．北京：中共中央党校，2011.

运作计划，欧洲投资银行为欧洲在非洲、加勒比海、太平洋和地中海区域的发展中国家的海外直接投资项目提供融资支持。①

法国作为海外投资大国，构建起一套包含税收政策、管理机制、信息服务、保险制度的支撑体系。税收方面，采取免税法与抵免法相结合、总部优惠政策、风险准备金制度等，同时，制定受控外国公司规则与投资地黑名单制度以应对逃税避税行为。管理机制方面，明确财政部对外经济关系总司为海外投资主管部门，主持部际联席会议，协调外交部、税收总署、法兰西银行等部门的工作。信息服务方面，除依托驻外使领馆等官方机构外，还鼓励各类商会和行业协会设立地区性的政经信息分析中心。保险方面，授权民营的法国外贸保险公司对海外投资企业提供政治风险担保，并且专门为中小企业提供“市场开拓险”。

德国通过一系列政策优惠促进在发展中国家的海外投资。例如，为在发展中国家建立子公司或者收并购活动提供贷款支持，为降低在发展中国家应用新技术的风险，联邦经济合作部还会提供特别贷款。

二、美国的海外投资

第二次世界大战后，美国在实施马歇尔援欧计划中实行海外投资保险制度，该制度是美国为降低本国企业对外直接投资中的政治风险而实行的投资保证方案。第二次世界大战后，诸多国家政治极不稳定，为保障美国跨国公司的海外投资，美国政府专门为这些跨国企业提供相应的保险服务，保障了跨国企业海外直接投资的权益。海外投资保险制度为美国早期的海外直接投资提供了有力的保障，极大地促进了美国海外直接投资的进程。20 世纪 60 年代以来，海外投资保险已为大多数资本输出国广泛采用，日本、法国、联邦德国、丹麦、澳大利亚、荷兰、加拿大、瑞士、比利时、英国等国家先后效仿美国建立起各自的海外投资保险制度。②

---

① 徐德辰．跨国经营的国际比较研究［D］．长春：吉林大学，2005.

② 百度百科，https：//baike. baidu. com/item/% E6% B5% B7% E5% A4% 96% E6% 8A% 95% E8% B5% 84% E4% BF% 9D% E9% 99% A9/1487938？ fr = aladdin。

除此之外，美国为促进海外私人投资，实施了所得税优惠和关税优惠两类税收优惠政策。所得税优惠主要包括税收减免和税收抵免、税收延付、赋税亏损退回、赋税亏损结算等，这些所得税优惠政策保障了美国跨国公司在国际竞争中的有利地位。关税优惠主要通过“附加法征税制”实施，即凡是美国出口到国外加工的机器设备，在重新进口时可享受关税减免优惠。除此之外，美国对海外投资信息的公开传播也在一定程度上促进了美国的海外直接投资进程。美国海外私人投资公司会定期发表业界新闻分享投资动向，并为海外投资活动提供前期咨询与投资经验，协助投资者进行当地考察与调研，这为促进美国海外直接投资起到了一定的推动作用。①

三、日本的海外投资

日本是促进海外直接投资较为积极的国家，日本国内有多个机构有促进海外投资的活动，并且大多和发展援助结合在一起。日本企业的海外投资活动是在第二次世界大战后国内经济复苏过程中逐步发展起来的。日本海外直接投资兴起于 20 世纪 50 年代，根据其对外直接投资流量变动情况，其发展历程大致经历了恢复成长期、加速发展期、波动调整期以及再扩张时期四个阶段。②

第二次世界大战后，日本国内经济萧条、资源匮乏，国际收支连年赤字，致使日本政府采取严格的海外投资限制，审批程序相当严格，并且海外投资的地区和产业也有严格限制。进入 20 世纪 50 年代，日本加快了国内经济发展的步伐，日本政府为增强本国的竞争力，开始扩大海外投资规模，实行鼓励海外直接投资的发展战略，国内资本开始活跃；到 50 年代中期，日本的经济水平已经超越了第二次世界大战前的水平，至此，日本的经济进入高速发展的阶段；到 70 年代其经济发展已经超越一些发达国家。从日本 50 年代的贸易立国发展战略发展至 80 年代中期，

① 徐德辰．跨国经营的国际比较研究［D］．长春：吉林大学，2005.

② 王宁．日本对外直接投资分析［D］．长春：吉林大学，2011.

其长期积累的贸易顺差为日本企业积累了丰富的外汇储备，海外投资能力日益提高，到 1986 年，日本已经成为世界第一海外纯债权大国。除此之外，受到“广场协议”影响，1985—1988 年日元升值了 1 倍，对日本推进海外投资具有重要作用。[①] 20 世纪 90 年代，受国内经济影响，日本海外投资流量连续三年下滑，之后进入波动调整期，直到 2006 年才恢复到 1990 年的水平。2007 年以后，日本海外投资进入再扩张时期，投资流量突破千亿美元。

在日本海外直接投资迅速发展的过程中，日本政府实施了一系列政策措施促进了日本的海外直接投资。法律方面，日本政府先后制定了诸多法律，有效地鼓励了日本企业扩大海外直接投资，如《外汇法》确定了海外直接投资的基本管理规则，在《税法》《证券法》等法律中专门设立针对企业海外直接投资的相关法律条款，《日本贸易振兴机构法》《境外投资信用保障制度》确定了企业海外直接投资的服务管理机构、财税、金融、保险等，这些法律确保了海外直接投资的企业法律地位，规范了海外直接投资行为，为日本企业海外直接投资发展提供了强有力的保障。[②] 税收方面，日本针对海外直接投资实施了多项税收优惠政策，其中税收抵免和亏损准备金政策成为日本海外投资的两大特色税收政策。税收抵免政策促进了日本企业的海外经营的竞争力，促进了对发展中国家的直接投资。亏损准备金政策为日本海外投资企业降低了投资风险，形成了对海外直接投资的投资产业和区域引导，使企业海外直接投资行为更加有效地服务于当期国家经济发展现状和战略。[③④]

四、韩国的海外投资

韩国是战后崛起的新兴工业化国家利用外资最成功的国家之一，同

---

① 赵薇．中国企业跨国并购政策及国际比较研究［D］．杭州：浙江工业大学，2013.

② 季晓伟．日本政府鼓励企业境外投资的调查与启示［J］．政策瞭望，2010（11）：32－35.

③ 李敏．美国、法国、日本鼓励对外投资的税收政策比较［J］．涉外税务，2006（5）：42－45. DOI：10. 19376/j. cnki. cn10－1142/f. 2006. 05. 010.

④ 王启洋．以对外直接投资促进我国对外贸易平衡发展的机制及政策研究［D］．上海：上海交通大学，2015. DOI：10. 27307/d. cnki. gsjtu. 2015. 000251.

时也是开展海外投资合作政策模式的成功典范。韩国政府对海外直接投资的促进政策经历了三个阶段：20 世纪 60—70 年代的积极鼓励海外直接投资，80 年代的规范投资，现阶段更加开放的海外投资政策。① 在 20 世纪 90 年代末期，金融危机爆发以后，为了迅速从危机之中摆脱出来，韩国政府对国内进行了结构调整，加大了对外开放的力度，积极吸引海外直接投资；与此同时，韩国开创了海外直接投资的合作政策模式的典范，韩国政府基于国内资源禀赋、产业发展模式、经济发展现状等，承接了日本制造业的产业转移，并借鉴了日本海外投资经验，促进了本国海外投资和本国经济的发展。②

韩国政府主要通过以下几个方面促进本国的海外直接投资：第一，健全境外投资法律保障。1992 年，韩国政府颁布了《海外直接投资制度改善方案》《外汇管理规定修正案》等海外直接投资方面的法律，为海外直接投资提供法律保护。第二，完善海外投资管理制度。1994 年，韩国政府实行了“限制目录单”制度，放开了海外投资的行业限制，继而简化了海外投资的申请和审批程序。第三，设立专门的海外投资管理机构。韩国进出口银行专门设立了“海外投资事业基金”“经济发展基金”和“海外投资基金”向海外投资企业提供优惠性贷款，降低跨国企业的海外投资风险，促进对本国发展有利的海外投资行为。第四，提供相应的财政支持。为降低企业海外投资中的风险，避免政治风险造成的损失，韩国政府为海外投资企业提供保险服务和税收优惠。第五，积极建立双边、多边投资保护协定。为防止经济摩擦，韩国政府积极同世界各国建立双边及多边投资保护协定来保证韩国企业的海外投资安全，为韩国的海外投资活动的开展扫清了障碍。③

五、俄罗斯的海外投资

俄罗斯海外直接投资起步较晚，但其扩张速度较快。自从进入 21 世

① 王书杰．发展中国家海外直接投资的实践及对中国的启示［D］．北京：中共中央党校，2011.

② 赵薇．中国企业跨国并购政策及国际比较研究［D］．杭州：浙江工业大学，2013.

③ 孙晓丹．我国境外投资促进体系研究［D］．济南：山东经济学院，2011.

纪以来，国际市场的石油、矿产等价格普遍上涨，俄罗斯传统的油气化工等工业部门迅速发展，大型企业通过兼并重组扩大了资产规模，为俄罗斯的海外直接投资积累了资本基础。

俄罗斯的海外直接投资受到了政府的大力支持。在政策层面，俄罗斯实施了外汇管理自由法规，专门设立对外投资局鼓励和促进海外投资，给予海外投资企业财政支持。在政治外交层面，俄罗斯政府会组织大型商业代表团跟随国家代表团出访，并加快安排国际合作制度。

六、新加坡的海外投资

新加坡作为第三产业为国民经济发展支柱的国家，十分重视海外直接投资为本国带来的各个层面的收益，因此新加坡政府鼓励本国企业进行海外直接投资和海外经营，并相继出台了一些政策。

1986 年，新加坡政府起草“新加坡经济新目标”政策文件，其中包含了一系列的促进对外直接投资政策，第一，当局政府的经济发展局和外交部等政府部门向企业提供海外投资服务。1993 年，新加坡经济发展局董事会为 600 多家在新加坡的公司提供了 38 次出国访问机会，完成了 150 多个海外直接投资项目的协调。第二，新加坡政府鼓励国营企业与私营企业联合开展海外直接投资。国营企业资金庞大、经验丰富，同时拥有良好的信誉，与私营部门企业联营，到海外投资一些规模较大的基础设施项目，促进了新加坡海外直接投资的发展。①

新加坡为促进海外直接投资还实施了一系列发展计划和措施。新加坡政府为扩大对华直接投资，制定了“中国战略”；为弥补自身岛国的限制，促进与东盟、东北亚和欧洲等地区的通商，推出“扩大腹地战略”；为促进本国企业的国际化经营、接轨国际市场，推出“十年国际化计划”。除此之外，新加坡为减少对海外直接投资的限制，不设立海外投资的管理审批机制，政府为中小型企业提供财政支持以鼓励国际经

① 徐德辰．跨国经营的国际比较研究［D］．长春：吉林大学，2005.

营，为企业海外投资提供信息咨询与服务等。

七、小结

通过对上述国家海外直接投资发展的梳理，可以总结出主要海外直接投资国家和地区的相同点：一是进行大规模海外直接投资的国家或地区正在经历或者经历过经济的快速发展时期，综合实力明显提高。例如，英国在进行大规模海外投资前就完成了工业革命，一举成为头号资本主义强国；美国通过第二次世界大战彻底消除了大萧条所带来的影响，政治经济实力已经远远领先于其他资本主义国家；同样，日本、韩国等国家在进行大规模海外投资时已经经历了数十年的高速增长，由此可见，经济实力是一个国家进行海外投资的基础。二是这些国家和地区在进行大规模海外直接投资时或之前，开放经济已经发展到一定的水平，对外贸易在上述国家的发展中已经占到了较高的比重和地位，例如，日本和韩国已经明确提出出口导向型的经济发展战略。三是这些国家在海外直接投资的发展进程中，已经形成了一批具有国际竞争力的跨国企业，这些企业在海外直接投资中发挥着主体作用。①

海外直接投资的发展需要政府的有力支持，总结上述国家的海外投资发展经历，政府的支持是其发展的基本保障。政府为海外直接投资制定的保护政策和鼓励措施可总结为以下几点。

（一）完善的法律保障体系

完善的法律保障体系是确保海外投资安全的必要保证。上述国家为支持本国企业的海外投资行为，保障企业海外直接投资的合法权益，降低海外投资中面临的风险，通过健全法律法规体系，明确了海外直接投资的地位，确立了海外投资的基本原则，在法律法规的基础上制定了一系列的海外直接投资促进措施。

① 张一．中国到了大规模海外直接投资的阶段吗？——不同时期主要国家和地区海外投资的特点及对我国的启示［J］．中国经贸导刊，2010（23）：38－41.

（二）政策性金融支持

政策性金融支持是促进对外投资的重要方式。上述国家大都通过金融、税收等方面的政府支持降低了企业海外直接投资面临的风险，降低了投资成本，增加了海外投资的资金供应，促进了海外直接投资的平稳发展。

（三）外交政策支持

双边和多边投资协定的签订、外交环境的建立对促进海外投资具有重要作用。企业在进行海外投资时，面临的国际投资环境不确定性较多，政治风险、经济风险、社会风险等时常发生，政府间双边和多边投资协定的签订对保障国家的海外投资具有重要意义，能够为海外直接投资提供稳定支持。

（四）健全的信息服务体系、完善的信息服务机构

健全的信息服务体系是促进海外直接投资的有力支撑。企业在进行海外直接投资时，迫切需要国际和东道国的政治、经济等宏观和风俗、习惯等微观信息，由于企业自身的限制，需要政府设立专门的咨询机构为企业提供咨询服务，从上述国家大规模海外投资发展阶段来看，政府咨询机构的设立均在一定程度上促进了本国海外直接投资的发展。

第三节 “一带一路”背景下海外投资的意义

根据不同阶段海外直接投资的发展，不同学者对海外投资的动因、效应和意义进行了分析和总结。“一带一路”作为目前前景最好的国际合作平台，也是我国带动海外直接投资的重要平台。自2013年“一带一路”国际合作倡议提出以来，诸多学者对其战略内涵、定位、动因及意义进行了多维度的解读和分析。卢锋等（2015）对“一带一路”的含义、缘起进行了分析，认为“一带一路”是我国现阶段全面扩大开放的重要方式，在全球经济增长、经济外交、结构调整等方面具有多重积极意义。[①] 卢山冰等（2015）指出了“一带一路”与“马歇尔计划”的根

① 卢锋等．为什么是中国？——“一带一路”的经济逻辑［J］．国际经济评论，2015（3）：9－34.

本差异，对“一带一路”海外投资的内涵与外延等进行了详细论述，并认为“一带一路”基于平等互利和包容开放的原则，通过以点带面、从线到片形成国际合作，“一带一路”将对沿线国家的经济和社会发展形成积极意义。[①] 王义桅（2015[②]，2016[③]）在经济和文化等多方面论述了“一带一路”的政治、经济、文化、外交逻辑，对“一带一路”的意义进行了全方位的解读。刘卫东等（2017）对“一带一路”进行了较为全面的分析，从经济全球化的角度研究了“一带一路”的理论基础，从实践方面研究了国际运输通道、国际产业园区建设、国际货物运输组织方案等。[④]

一、经济与贸易增长

Dunning（1981，1986），Dunning 和 Narula（1996）指出，国家或地区的净对外投资头寸与该国或地区的经济发展阶段存在二次相关关系，具有一定的路径依赖性[⑤]，并指出一国经济发展与其净对外投资头寸之间存在“J”形曲线关系。[⑥] Dunning 的研究指出，随着一国经济的发展，其净对外投资呈现先增加再下降的趋势，在经济发展初期，国家的基础设施落后，不足以支持低成本寻求的垂直型对内投资，随着经济的发展，投资将不断增长。除此之外，Dunning 等在海外投资领域还提出了“干中学”的理论，要使那些原本处于落后地区的企业对外投资需要较长的时间，“干中学”将使这些企业的海外投资进程不断推进，同时，这些国家的绝对成本优势将被削弱，从而减少垂直型对内投资；随着经济增

① 卢山冰，刘晓蕾，余淑秀．中国“一带一路”投资战略与“马歇尔计划”的比较研究［J］．人文杂志，2015（10）：36－43.

② 王义桅．“一带一路”：机遇与挑战［M］．北京：人民出版社，2015.

③ 王义桅．世界是通的：“一带一路”的逻辑［M］．北京：商务印书馆，2016.

④ 刘卫东，田锦尘，欧晓理等．“一带一路”战略研究［M］．北京：商务印书馆，2017.

⑤ J. H. Dunning. Explaining the International Direct Investment Position of Countries：Towards a Dynamic or Developmental Approach［J］．Weltwirtscha－ftliches Archiv，Vol. 117，No. 1981（1）：30－64.

⑥ J. H. Dunning，and Narula，R. Transpacific Direct Investment and the Investment Development Path：the Record Assessed［M］．Essays in International Business，March，1994.

长，技术寻求型和市场寻求型的投资吸引力将逐渐增强。[①]

海外直接投资会优化经济结构与产业结构。杨英、刘彩霞（2015）通过 VAR 模型对我国与“一带一路”沿线 64 个国家（地区）的 ODI 数据进行实证研究，发现中国产业调整与“一带一路”沿线对外直接投资的关系及其单一方向性。[②] Duuning 等（2001）认为在经济发展的早期阶段，资本密集型产业不会进行海外投资，随着经济发展到一定程度，这种导向将发生改变，逐渐向资本密集型产业靠拢。[③] 同时，一国经济结构变化与海外直接投资模式之间具有相关性。王晓华（2005）认为，一国的基础设施和生产结构等经济发展现状对该国的海外投资具有重要影响。[④] 李俊久等（2020）通过我国对“一带一路”沿线 61 个国家的对外直接投资数据进行实证分析，发现制度距离促进了“一带一路”对外直接投资，而文化距离抑制了“一带一路”对外直接投资，建议要具体分析制度距离和文化距离的不同投资效应，不断优化在“一带一路”沿线的投资布局。[⑤]

海外直接投资还通过促进贸易进而促进经济增长。申益美、国世平（2011）利用面板数据线性混合模型，对 2003—2008 年中国在 61 个国家的直接投资与出口贸易关系进行了实证分析，结果表明，中国海外直接投资与出口贸易之间存在正相关性，增加海外直接投资会促进出口贸易增长。[⑥]“一带一路”国际合作涉及 140 多个国家和区域，沿线各国多为

---

① J. H. Dunning, and Narula, R. The investment development path revisited: some emerging issues [M] //in J. Duuning and R. Narula (eds). Foreign Direct Investment and Governments: Catalysts for Economic Restructuring, London: Routledge, 2000.

② 杨英，刘彩霞．“一带一路”背景下对外直接投资与中国产业升级的关系［J］．华南师范大学学报（社会科学版），2015（5）：94－101.

③ J. H Dunning, C. S. Kim and J. D. Lin. Incorporating Trade into the Industrial Development Path [J]. Oxford Development Studies, 2000, (29): 145－154.

④ 王晓华．对外直接投资与投资发展路径的经验研究［D］．长沙：湖南大学，2005.

⑤ 李俊久，丘俭裕，何彬．文化距离、制度距离与对外直接投资——基于中国对“一带一路”沿线国家 OFDI 的实证研究［J］．武汉大学学报（哲学社会科学版），2020（1）.

⑥ 申益美，国世平．中国海外直接投资与出口贸易关系研究［J］．价格月刊，2011（4）：38－42.

发展中国家，经济发展尚处于初级阶段，具有巨大的合作空间，双边和多边贸易的发展将会给沿线各国带来巨大的经济增长红利。根据中国国际经济交流中心《“一带一路”贸易投资指数》研究展望，“一带一路”在未来有望成为全球新的贸易投资增长中心之一，为进一步促进多边经济发展，我国应承担起大国责任，积极同其他国家促进多边合作，如欧盟的“容克计划”、俄罗斯的“欧亚经济联盟”、蒙古国“发展之路”、哈萨克斯坦的“光明之路”、波兰的“琥珀之路”等，推动形成更加广阔的市场。①

二、新型全球化与区域经济一体化

成功的海外投资对促进国家经济的转型与升级，融入经济全球化的深度具有重要作用。现阶段，新型全球化与区域一体化已经成为世界经济发展的两股强劲的动力源泉，带动资本、技术等生产要素的国际流动的海外直接投资则促进了新型全球化与区域一体化的发展。自 20 世纪 90 年代以来，全球经济一体化发展趋势越来越明显，新型全球化的发展则带动了区域经济一体化进程。新型全球化主要表现为依托市场的力量，通过资本、技术的跨国流动，形成了全球性和区域性的产业分工。区域经济一体化则主要依赖国家的力量，通过成员国之间双边或多边合作协议的签订为区域性的资本流动清除障碍，形成区域性的深化分工，从而创造本区域的比较优势，进而实现区域经济的协调稳定发展。以跨国公司为载体的海外直接投资决定了市场走向和结构，推动了新型全球化和区域经济一体化的发展。②

超越贸易的海外直接投资带动了地缘经济要素流动的新动向。当代新型全球化的主要特征是要素的国际流动，而要素的国际流动则是以海外直接投资为载体，在要素的国际流动、价值链的国际分工下，在地缘

① 高波．“一带一路”建设中的对外直接投资风险研究［D］．长春：吉林大学，2020.

② 郭建军．独立以来新加坡外向型经济的发展：全球化与区域化视角［D］．昆明：云南大学，2012.

基础上进行的相关经济活动。在全球化的背景下，“一带一路”成为国际的投资热点，沿线国家和区域吸引了越来越多的海外投资。[①]

同时，由于经济全球化的快速发展扩大了发达国家与发展中国家的差距，而由中国主导的“南南合作”则是缩小二者之间差距的有效途径。我国作为全球最大的发展中国家，应通过自身优势，加快海外投资的步伐，积极同亚非拉国家开展双边和多边经济合作，促进当地的经济发展水平，同时加强与发达国家之间的经济往来，加大我国参与新型全球化和区域经济一体化的深度。新型全球化与区域经济一体化使全球各国经济生产的各个环节参与全球生产与销售体系的趋势越发明显，在此背景下，我国要坚持“引进来”和“走出去”相结合，全面提高我国的对外开放水平，要充分利用国际国内两个市场，保证双循环的畅通，鼓励和支持我国具有实力的企业进行海外投资，优化国际和国内资源配置，促进我国经济的稳定发展。

三、人民币国际化

海外直接投资与货币国际化相关性的研究目前聚焦于两条影响机制，分别是外汇储备和国际收支。关于海外直接投资通过对外汇储备的影响促进货币国际化的研究目前还没有一致的结论，主要有两个不同的观点。一是海外投资会对外汇储备造成负面影响，古广东（2008）认为，海外直接投资会使母国国内资本汇出，从而导致外汇储备减少。[②] 邬红华（2008）认为，海外直接投资时期的长短会对外汇储备产生不同的影响，在短期存在消极影响，但是长期影响并不显著。[③] 二是海外直接投资会对外汇储备形成积极影响，张翠霞（2009）证明了我国外汇储备与对外

① 丁云宝．“一带一路”视域下的新地缘经济观与上海合作组织功能再造［D］．上海：上海社会科学院，2018.

② 古广东．中国企业对外直接投资对出口贸易影响分析［J］．亚太经济，2008（1）：55－57＋74.

③ 邬红华．中国对外直接投资宏观绩效的实证研究——以外汇储备为例［J］．科技进步与对策，2008，25（12）：161－163.

直接投资之间存在显著的正相关关系。[①] 刘慧（2009）根据实证研究认为我国海外直接投资促进了外汇储备的增加。[②] 对海外直接投资对国际收支的影响研究主要聚焦于两个方面。一是海外直接投资会对国际收支产生负面影响，古广东（2008）认为，海外直接投资对母国国际收支的平衡会产生不利影响，并且会阻碍出口带动效应和资本累积效应。[③] 二是海外直接投资会促进国际收支平衡。刘志伟、高利、陈刚（2006）认为，海外直接投资能够促进我国国际收支及经常项目平衡，但因为总体规模较小，所以影响并不显著。[④]

关于海外直接投资与货币国际化的互动关系，国内学者普遍认为海外直接投资会促进货币的国际化。李根（2012）通过实证研究证明了美国的海外直接投资与美元的国际化存在显著的正相关关系，美国的海外直接投资每增长 1%，美元在外汇储备占比会提高 0.13% ~0.33%，在外汇交易的占比中会提高 0.14%，在国际债券的交易占比中提高 0.33%。[⑤] 黄立好（2013）通过实证研究证明了海外直接投资是人民币国际化的一条重要通道，认为开展积极的海外直接投资能提高人民币的国际化程度。[⑥]

海外直接投资为人民币国际化注入了新动力。张敬之（2015）认为，在人民币国际化的进程中，海外直接投资发挥了重要的推动作用，从英镑、美元、日元国际化的历程来看，货币发行国均经历了从工业强国到出口大国再到投资强国三个阶段，随着经济的发展，海外直接投资规模会持续扩大，且在一定程度上带动货币的国际计价、结算和储备职

---

① 张翠霞．中国对外直接投资宏观经济影响因素实证分析［J］．经济研究导刊，2009（31）：166－167.

② 刘慧．利用外汇储备优势 加强对外直接投资［J］．当代经济，2009（18）：84－85.

③ 古广东．对外直接投资与中国国际收支：机理分析与尝试性检验［J］．重庆师范大学学报（哲学社会科学版），2008（2）：96－99.

④ 刘志伟，高利，陈刚．中国的对外直接投资对其国际收支影响的实证研究［J］．国际贸易问题，2006（12）：83－87.

⑤ 李根．美国对外直接投资对美元国际化的影响研究［D］．长沙：湖南大学，2012.

⑥ 黄立好．人民币国际化与中国对外投资关系的实证研究［D］．太原：山西财经大学，2013.

能，从而推动货币的国际化。[①] 余振、李钟慧（2019）认为，与贸易扩张相比，我国海外投资进程起步较晚，但是近年来呈现出快速稳步增长的态势，我国将更深层次和更广范围推动海外直接投资，使我国在亚太及欧洲地区的资本市场地位得到显著提高，从而加大沿线国家对人民币的融资需求，人民币金融工具得以创新和丰富。[②] 2015 年，人民币正式被纳入 SDR，为人民币国际化注入了新的发展动力。2013 年“一带一路”倡议提出之后，中国对外投资增长驶入“快车道”，截至 2021 年，中国对“一带一路”沿线 57 个国家非金融类投资 1162.2 亿美元[③]，我国要充分利用海外投资增长机会，推动人民币国际化的进程。

四、全球“三链”的稳定与创新发展

海外直接投资通过资源的国际优化配置、传统产业转移、新兴产业促成、产业关联和辐射、海外投资收益分配等方面有效带动了全球产业链、价值链和创新链的重新分配和整合优化。跨国企业也在海外直接投资进程中优化了自身的发展，例如，改革开放以来，我国一大批跨国企业得以发展，这些跨国企业资金雄厚，虽起步较晚，但发展速度较快，在海外投资中，实现在全球配置资源，优化自身价值链，上游环节利用发达国家先进的人才和技术，下游环节利用发展中国家的低成本的劳动力资源，实现了在全球范围整合了优势资源，提高了自身发展的效率。[④]

在全球化发展程度更为深入的现阶段，以海外直接投资为载体，通过国际、国内两个市场实现优势资源配置是更多国家参与国际分工和竞争的最普遍方式。我国海外投资起步较晚，我们要充分利用自身优势及全球化发展平台，通过深度参与全球产业链、价值链、创新链的分工，

① 张敬之．人民币国际化与对外直接投资互动关系视角下的对外直接投资政策研究［D］．南昌：江西财经大学，2015.

② 余振，李钟慧．美元国际化的实现路径及其对中国的启示——基于体系积累周期理论的分析［J］．世界经济与政治论坛，2019（5）：24－42.

③ 数据来源：中国“一带一路”网，https：//www. yidaiyilu. gov. cn/index. htm。

④ 张娟．中国企业对外直接投资的区位选择研究［D］．上海：复旦大学，2007.

以开放促发展，不断提升在国际中的竞争力。在改革开放初期，我国基本以引进海外直接投资为主，从而吸收了国外资金、先进技术和管理经验。现阶段，我国已经形成了自身的优势，进行了越来越多的海外投资活动，将我国积累的技术、设备、产品带到更有需要的国际市场，弥补了国内的资源和需求，实现了产业转型，优化了全球“三链”结构，形成了国际国内“双循环”发展。

党的十九大报告指出，要推动形成全面开放新格局，要以“一带一路”建设为重点，坚持“引进来”和“走出去”并重，遵循共商共建共享原则，加强创新能力开放合作，形成陆海内外联动、东西双向互济的开放格局。[①] 目前，我国正处在向经济高质量发展转型的阶段，实现高质量发展是我国经济社会发展历史、实践和理论的统一，是开启全面建设社会主义现代化国家新征程、实现第二个百年奋斗目标的根本路径。[②] 在“一带一路”国际合作背景下，我国与沿线国家形成了多边开放市场，我们要抓住国际合作机遇，加快我国海外直接投资进程。通过投资推动国际双边和多边机制的展开，利用资本、技术、劳务、产品的流动充分拓展国际有效市场，实现在全球“三链”中的更深参与度。

积极推进我国海外投资，要注重海外投资战略布局，积极塑造高质量海外投资新格局。鼓励和支持跨国企业开展国际投资，积极开放地搭建信息服务平台，规范海外投资行为，提升海外投资效率。要紧紧抓住新一轮技术革命和产业变革机遇，进一步提高我国在国际分工和价值链中的整体地位。要建设多元平衡的全面开放体系，形成高效安全的全球投融资网络，迈向全球“三链”的更高端位置。

① 人民网，http：//theory. people. com. cn/n1/2019/0918/c40531－31358772. html。

② 人民网，https：//baijiahao. baidu. com/s？ id＝1717255936943865273&wfr＝spider&for＝pc。

第二章　海外投资国际经验

第一节　海外投资国际经验

对外直接投资能够通过提高本币的国际流通量，改善外贸环境、提高区域经济一体化程度，因此利用国外资源，积极参与国际分工已成为我国经济发展迫在眉睫的战略性需要。近 20 年来，我国企业在外投资发展已有一定规模，取得了一些经验，但还面临不少困难，离世界先进水平还有一定距离。因此，如何学习和借鉴国外的先进做法，帮助企业特别是一些重点行业的企业充分利用国外现有资源和市场，建立一批可以同国际型跨国公司竞争的国内大企业，以适应全球经济一体化发展趋势，是我国现在亟须研究的课题。

中国对外直接投资相较于国际许多国家起步晚，纵观世界各国的对外投资发展史可以发现，中国对外投资发展模式与很多国家对外投资发展模式具有一定的相似性，对中国海外投资具有指导意义。其中，跨国企业是 OFDI 的主体，中央企业是我国经济发展的重要支柱，更是推动“走出去”战略的引导者。结合过去 5 年的发展情况可知，“一带一路”沿线落实项目共计 3116 个项目，参与的央企超过 80 家。在基础设施建设方面，近 50% 的项目均由中央企业负责，合同额远高于 70% 。在肯定央企成绩的同时，也要正视其存在的诸多挑战。本节旨在分析不同经济体国家对外投资中的经验与教训，总结出基于海外投资经验的具体建议。这有助于从更广阔的视角全面认识中国企业的“走出去”，更积极地响应中央企业“对标世界一流管理提升行动”。

一、美国海外投资经验、教训

第二次世界大战后至20世纪80年代末，美国对外直接投资从以发展中国家为主转向以发达国家为主，且对发达国家的投资比重持续上升。美国对外直接投资在空间分布上相对比较稳定，以对欧洲的投资为主，其次是对加拿大、拉美和亚太地区的投资，而对非洲和中东地区的投资所占的比重很小，如表2－1所示。究其原因主要是欧洲企业的生产技术与管理水平较高，有助于跨国投资企业的生产；从产品销售和市场占有的角度来讲，美国与欧洲国家经济水平相近，所以消费结构相似，有利于企业拓展在国外的产品销售市场。除欧洲之外，拉美和加拿大是美国直接投资最多和最集中的地区，这充分体现了跨国投资的地缘经济战略。空间位置的邻近性、历史联系基础、美国资金、技术和管理优势及东道国的区位优势，特别是具有美国经济发展所急需的战略资源等，都是形成这一投资格局的原因。美国繁荣的对外投资为其在国际贸易中的主导地位以及美元的流通能力奠定了基础，也为我国海外投资提供了借鉴经验。

表2－1　　美国海外投资概况

地区	2010年		2020年	
	投资额（百万美元）	占比（%）	投资额（百万美元）	占比（%）
加拿大	295206	7.89	422160	6.86
欧洲	2034559	54.37	3660470	59.50
拉美和部分西半球国家	752788	20.12	962400	15.64
非洲	54816	1.46	47500	0.77
中东	34431	0.92	90124	1.46
亚太地区	570111	15.24	969647	15.76
总值	3741911		6152301	

数据来源：美国统计局（BEA）。

（一）鼓励政策与措施持续护航海外投资

2020年，美国对外直接投资存量为81285亿美元，占全球对外投资总量的20.7%，第二次世界大战后，美国资本输出迅速增加，这与美国政府在促进资本输出方面的作用的加强密不可分，促进和保护私人海外投资的安全与利益是美国政府始终一贯的基本政策态度，这其中主要包括美国海外投资保证制度以及其他一些具体措施。美国海外投资保证制度始于1948年实施的“马歇尔计划”中的投资保证方案，以后随同美国外援体制的演进和对外援助的不断扩大而发展起来，直至1969年，为适应国际投资市场的新变化，美国成立“海外私人投资公司”，直属国务院领导，专门主管美国私人海外投资保证和保险事务。除建立和完善海外投资保证制度外，美国政府还采取了一系列其他政策和措施。

1. 外交支持与保护。美国政府对本国私人海外直接投资的外交支持与保护，一方面体现在通过与其他国家签订双边或多边条约保护美国投资者的利益；另一方面则是美国政府通过外交途径向投资东道国有关机构及企业施压，帮助美国投资者解决在海外投资过程中遇到的难题。

2. 资金扶持与援助。利用各种渠道和机构对私人海外直接投资提供资金扶持和援助是美国政府的一贯政策。美国私人对外直接投资的资金来源虽然主要是靠公司自有资金积累以及从银行或其他金融机构的借贷，但政府所提供的廉价借贷资本也起着重要的补充作用，其中美国进出口银行和海外私人投资公司在这方面扮演着极其重要的角色。

3. 税收优惠和鼓励。从税收方面鼓励和支持私人海外直接投资同样是美国政府的一贯政策，为了鼓励私人资本对外投资，美国政府早在20世纪初就开始对私人对外直接投资实行纳税优惠。第二次世界大战后，原有的税收优惠虽经多次修改，但仍是政府支持和鼓励美国私人海外直接投资的重要工具。税收优惠措施主要包括所得税方面的优惠和关税方面的优惠。

4. 投资情报和促进。正确选择投资地区和投资项目，合理确定投资规模是美国私人对外直接投资实现其经济利益的必要前提，为此需要建立发达的情报信息系统，但这项工作只靠投资者本身是很难办到的。美国政府设立的情报机构为投资者提供各种经济技术情报，供投资者参考，提高了其投资的经济效率。美国政府主要通过国家行政机关或国内特别机关驻外使领馆所设的经济、商业情报中心、联合国开发计划署以及海外私人投资公司等机构来实现对投资者的情报服务。

（二）支持第三方机构参与海外投资

美国独立于政府的第三方机构也为美国海外资产的扩展提供了额外动力，机构可以作为连接私人投资与国家大型投资的桥梁，将海外投资项目在国内作为基金类风险收益项目提供给私人投资者进行选择，使得国家大型海外投资的融资渠道更加多样，更多参与方的持股也对项目后续的经营发展起到监督作用。第三方机构也为海外项目提供从立项指导到项目风险把控的全程服务，向项目发起方收取费用。

美国私人海外投资公司（OPIC）是联邦政府行政部门中的一个独立机构，不隶属于任何行政部门，自 1971 年成立以来，OPIC 在鼓励美国私人向发展中国家以及转型国家投资方面一直起主导作用。目前，由 OPIC 提供融资和担保的新扩建项目遍布全球 140 多个国家和地区，范围包括农业、能源、建筑、自然资源、电信、交通、销售、银行和服务在内的各个工业和经济部门。

OPIC 是一家自负盈亏的政府机构，它通过提供一般商业上所得不到的金融服务来帮助美国私人企业扩大在发展中国家和新兴国家的投资。这些服务包括长期政治风险担保以及追索权有限的项目融资，它们全部是以美国政府的名誉和信用做担保的。OPIC 最多能为一个项目提供 4 亿美元以上的资金。其中 2 亿多美元为项目贷款，另外 2 亿多美元为政治风险担保。OPIC 通过销售此类服务来获取收入，因此作为一个自负盈亏的机构，OPIC 每年都有盈利，非但不花美国纳税人一分钱，相反却为政府积累了高达 26 亿美元的资产。

OPIC 的融资服务以直接贷款和贷款担保的形式为美国公司拥有股份并参与管理的海外新建企业或扩建、更新企业提供中长期项目融资。

OPIC 的融资计划是对商业银行，地方性、区域性和国际性的发展银行和投资基金，美国其他政府机构，如进出口银行，以及包括世界银行、国际金融公司、欧洲复兴开发银行和亚洲发展银行等一系列金融机构在借贷和投资业务方面的配套和补充。OPIC 为美国投资人从这些金融机构获得与 OPIC 融资业务相关联的投资信贷出谋划策、提供帮助。OPIC 提供的融资中有许多涉及一个或一个以上的其他借贷方或独立投资人，而在大型投资项目中通常更是涉及多家金融机构。OPIC 愿意为项目中相当部分的信贷需求提供融资，接受期限更长的或更灵活的到期票据，以及为便于其他借贷方和投资人参与项目而以固定的利率提供融资。OPIC 不参与能从商业渠道获得足够资金的项目。

OPIC 支持的投资基金可用于美国公司在海外新建或扩建项目难以筹措到足够的资金时，这类情况可能使得美国公司对借贷筹资依赖过大。而在那些经济运行不稳定、基本经营环境不可靠的国家则更难找到融资良策。因此，OPIC 为一些私人拥有和管理的投资基金提供担保，这些基金可为融资困难的项目及新投资企业提供投资资本。

OPIC 的政治风险担保业务覆盖广泛。OPIC 为美国的投资者、项目承建商、出口人和涉及国际业务的金融机构等提供政治风险担保。担保范围包括美国投资人对新建企业或现有企业的扩建或更新的投资、母公司和第三方的贷款和贷款担保、技术援助协议、跨国租赁、库存或设备的转让以及其他形式的投资等。OPIC 同时还对美国的合同方、出口人和金融机构提供担保。为了取得担保资格，投资人必须在作出不可撤回项目的承诺之后再向 OPIC 提交一份政治风险担保申请登记表。获保后，公司必须按照市价交纳保费。

（三）避免以消耗过剩产能为主而忽视东道国需求的海外投资

第二次世界大战后期，美国国务院关于战后经济政策的主导思路是扩大出口以促进充分就业，但美国国内的市场远远无法满足要求，出口是解决产能过剩的唯一办法。西欧是当时全世界仅次于美国的发达地区和市场，在第二次世界大战中受损严重，通过“马歇尔计划”帮助西欧加快经济重建，成为美国扩大出口战略的最优选择。马歇尔计划于 1947 年 7 月正式启动，整整持续了 4 个财政年度，使得美国和欧洲获得双赢。

但当时美国向西欧提供的很多援助并非基于受援方需要，而是为了输出美国过剩的产品。另外，在这种援助支持下，美国向西欧出口了大量的烟草产品，这对希腊的烟草产业造成了严重伤害。战前，烟草产品占希腊出口收入的一半，是其外汇的主要来源。到 1947 年，希腊烟草产业收入降至战前水平的 35%，但依然达到每年 1.73 万吨。1948 年，即马歇尔计划执行的第一年，它就资助美国向欧洲出口了 4 万吨烟草，希腊的出口随之降至每年 2500 吨，并且再也没有恢复。土耳其等国的烟草出口也都受到了类似的影响。

在资金分配方面没有考虑受援国的需求。（1）在国别分配上，标准主要基于该国与美国的关系而不是该国的实际需求。在马歇尔计划实施之初，资金的分配就是一个难题，在有限的资金中，各国既想获得较多的资金，也想达到自己的其他目的。例如，英国希望凭借与美国的关系获得最多的资金，法国在自己获益的同时不希望德国获益，比利时、荷兰、卢森堡三国希望德国经济快速恢复从而带动本国经济发展。受援国齐聚法国巴黎，谈判援助的形式和资金的分配，最终决定资金按照两个原则进行分配：第一，美国的盟友比中立国和轴心国获得更多的援助；第二，按照各国人口的比例进行分配。在这两个原则的基础上，经过美国国会的批准，到 1951 年，英国获得的资金最多，达 32.97 亿美元；其次是法国（22.96 亿美元）；再次是德国（14.48 亿美元）、意大利（12.04 亿美元）和荷兰（11.28 亿美元）。（2）在产业分配上，主要是针对美国产能过剩的行业。援助资金的行业分布包括：粮食、饲料为 32 亿美元，燃料为 16 亿美元，还有 34 亿美元用于购买美国的钢铁、机器设备、交通运输设备等。真正用于支持欧洲国家恢复制造业生产的资金较少。

在海外投资过程中，应避免为了短期商业利益而做出影响国家长期投资发展战略的行动。特别需要警惕主要以消耗过剩产能、拉动中国外需为出发点推行大规模的援助计划或者海外投资计划。近年来我国“一带一路”倡议对多个国家实行援助，中国会继续对其他发展中国家提供力所能及的援助，继续“雪中送炭”，并随着国家经济实力的发展与受援国需求的变化而增加投入，而且这种援助必须在满足受援国需求的前提下提供。在如今的时代，利己为先的对外援助或许可以得到一时的商业利益，但它必然以损害国家战略性利益为代价。

（四）政府和企业以市场化的方式齐头并进

在“马歇尔计划”的实施过程中，在政府推动之下，大量的企业以市场化方式参与其中，成为执行“马歇尔计划”的生力军。大量的美国过剩产能流向西欧国家，欧洲逐渐成为重要的海外美元市场。当前，中国企业“走出去”的意愿同样非常强烈，在国际化的进程中，在把握好经济效益与社会责任的关系、获得利润的同时输出中国的文化和理念、加强与所在国民众的沟通等方面，企业负有较大的责任。另外，亚投行、丝路基金、金砖国家银行等金融机构在提高自身决策能力的同时，也需要处理好与现有国际金融机构的关系，这些问题都需要通过实践探索逐步解决。

二、日本海外投资经验、教训

日本海外投资制度保障涵盖多方面。一是海外投资保险、担保与保证制度。该制度包括海外投资保险制度和海外投资融资担保制度。前者主要面向企业，后者主要面向为各企业提供贷款的金融机构。二是税收优惠政策。主要包括海外投资损失准备金制度和避免企业双重征税制度。前者旨在帮助本国企业在资源开发、工程承包等特定领域开展海外投资合作时降低风险。三是政策性金融支持。日本国际协力银行是日本政府支持海外投资的政策性融资渠道，日本的中小企业金融公库、国民生活金融公库、商工组合中央金库等机构和海外贸易开发协会等机构主要为中小企业对外投资提供优惠贷款。四是信息咨询服务和指导。日本贸易振兴会、亚洲经济研究所及上述政策性金融机构都有专门的机构向企业提供海外投资信息咨询和指导。日本海外投资鼓励政策与措施以争夺市场、获取资源和避免贸易摩擦等为主要目标。

（一）发挥好对外援助对促进对外投资的先导作用

日本对外投资遍布全球，如何保证所在国政府、民众对日本投资企业持欢迎而非敌视的态度，保证东道国能够为日本资金提供良好的投资营商环境，对于日本海外投资的安全保障和风险控制至关重要。欧美发达国家由于具有良好的市场环境和法制体系，投资风险较低，而对于东南亚、非洲等营商条件并不完善且又是海外投资重点的地区而言，日本采取以政府开发援助（ODA）为先导、带动企业“走出去”的方式，通过帮助东道国建设基础设施和民生工程，既能以经济援助建立两国政府层面的互信机制、密切双边合作，取得东道国政府对日本投资企业的支持乃至优惠政策，又能拉近与民众的心理距离，提高民众对于日本国家形象的认可度和对日本投资企业的亲近感。1989 年，日本 ODA 首次超越美国成为世界第一大对外援助国，1993—2000 年，日本又连续 8 年成为世界最大对外援助国。

东南亚是日本对外援助的重点地区，占日本对外援助总额的近一半。印度尼西亚、越南、菲律宾是日本对外援助最多的东南亚国家，分别约占日本对东南亚地区援助总额的 40%、30% 和 10%。非洲是日本对外援助的另一个重点，2006 年日本对非洲援助甚至曾一度超过东南亚地区，这些国家和地区同时也是日本重要的投资目的国。日本 ODA 的具体实施工作，除一小部分是由政府直接办理外，大部分是由日本国际协力机构（JICA）等政府对外经济合作团体来完成。JICA 的前身“特殊法人国际合作事业团”成立于 1974 年，主要负责对外无偿援助、对外优惠贷款、外国灾害紧急援助及技术交流培训等。援助内容上以公路、铁路、港口等基础设施为主，教育、医疗、灾害救助等民生项目为辅，如日本对东南亚地区基础设施援助占其对东南亚援助总额的约 60%。援助方式早期以无偿援助为主，后由于经济不景气，同时又想使 ODA 发挥更大作用，逐步从无偿援助方式转变为优惠贷款，通过低息的长期贷款对东道国基础设施和民生项目建设予以支持。目前，日本 ODA 的绝大多数项目都是优惠低息贷款形式，目前低息贷款约占日本对外 ODA 的 85%，技术援助约占 15%，无偿援助这种形式已基本不存在了。同时，日本也十分重视援助项目的监管和评估，外务省负责事前政策和方案评估，国际协力机构负责事后有效性评估，所形成评估报告向社会公开。对外援助对改善日本国家和企业形象效果十分明显，据 JICA 对东南亚地区的调查显示，由于东南亚是第二次世界大战受害地区，早期民众对日本十分不认可，后由于 ODA 的作用，以及日本对缅甸等东南亚等国开展的投资，东南亚各国对日本好感度均有所提升，各国约有 90% 的民众认为与日本是“友好关系”，日本是“可以信赖的友邦”，平均有 93% 的民众认为日本投资是“怀着善意”的，认为日本投资对东道国经济发展有积极作用。

对中国来说，对外援助是“一带一路”倡议的重要支柱及其关键性角色，中国需要在“一带一路”倡议的目标、原则、理念等的指导下更加有效地、战略地使用对外援助，提升自身对外援助的质量与效果。

（二）政策性银行分工明确，满足企业“走出去”信贷需求

日本海外协力基金（OECF）和日本进出口银行（JEXIM）是日本专职从事境外金融业务的政策性金融机构，两者在满足本国企业“走出去”的过程中发挥着不同作用。日本海外协力基金以用于发展中国家和地区开发产业和发展经济的资金融通为主要目的，包括为参与日本政府开发援助项目的日本企业提供融资；日本进出口银行是以促进贸易为主的国际经济交流为宗旨，如支持与确保海外市场有重要意义的设备与技术出口，协助本国企业从国外进口对国民经济健全发展至关重要的物资，是为本国企业在国外参股合资以及开拓海外市场和促进国际经济交流而进行的海外投资事业。在对外直接投资贷款项目中，赠予成分超过 25% 的项目，由海外经济协力基金承担，一般贷款项目原则上由海外经济协力基金负责。日本海外协力基金和日本进出口银行于 1999 年合并设立了日本国际协力银行（JBIC），整合两家政策性银行业务，并行使四方面职能：一是促进日本企业在境外开发和获取重要资源，二是支持日本产

业提高国际竞争力，三是促进以防止全球变暖等保护环境为目的的海外事业发展，四是应对国际金融秩序混乱局面。

此外，日本专门服务于本国中小企业发展的政策性金融机构也为本国中小企业“走出去”提供支持。商工组合中央金库、国民金融公库、中小企业金融公库等政策性金融机构从20世纪80年代开始专门为符合条件的中小企业开展优惠FDI贷款计划；日本中小企业协会从20世纪90年代开始向中小企业提供优惠利率贷款，还款期限为15年至20年。1998年，为帮助“走出去”的海外企业渡过亚洲金融危机，商工组合中央金库、国民金融公库、中小企业金融公库开展了一项FDI融资计划，为日本中小企业在亚洲的海外子公司提供信贷支持，在抵押物不足的情况下，可提交由信用担保组合开具的贷款担保证明获得贷款。2008年，由国民金融公库、中小企业金融公库等组建的日本政策金融公库（JFC）继续发挥服务本国中小企业海外投资的职能，其实施的“海外展开—事业再编”项目，对首次或者进一步扩展海外事业的中小企业进行资金支持，项目融资上限为7200万日元。

（三）避免海外投资造成国内产业空洞化

对外投资的高速大规模扩张给日本本国经济带来了多方面不良后果。一方面，本国制造业向空洞化方向发展，“广场协议”之后，日本制造业增加值占其GDP的比例一直在下降，目前该比例较1985年下降了十多个百分点，制造业是大国经济的支柱产业，制造业空心化是日本经济一直难以走出“失去的二十年”甚至正在走向“失去的三十年”的根本原因；另一方面，在“广场协议”后的5年时间里，日本资金快速流向海外，直接造成国内流动性不足，加之日本中央银行不合时宜地出台了紧缩性货币政策，二者共同作用，日本在经济高速增长期形成的经济泡沫在20世纪90年代初瞬间破裂，东京房地产价格跌至泡沫前的1/3，日本金融系统也遭到较大冲击。

对外投资扩张是日本经济增长、产业结构升级的必然结果，但日本在20世纪80年代中后期高速推进对外投资的过程中，没有处理好对外投资与本国经济发展的关系，对外投资与本国产业升级没有衔接和协调，资金大规模流出反而对国内经济产生了“抽血”效应，这是日本推进对外投资过程中的重要教训。

日本作为亚太区域重要的经济大国，长期以来出于经济利益与地缘战略的考虑，高度重视发展与东南亚国家的经贸往来。1985 年，“广场协议”签订后日元升值，日本企业为降低人力和租金成本大举向周边国家投资。马来西亚、印度尼西亚等国于 1986 年和 1989 年先后开始实施促进外商投资的相关法律，直接促进了日本资本的流入。日本对东南亚地区投资不仅通过依靠东南亚价格低廉的劳动力实现了产业利润的提高，也实现了日本边缘产业的转移。日本对其他东南亚国家投资多为实体投资。日本的制造业较为发达，以国内的制造业优势带动东南亚国家制造业发展是日本对东南亚国家进行投资的一大特点，既达到了日本通过“雁行模式”转移其制造业的目的，同时又带动了东南亚国家的经济发展。

日本在东南亚地区的收益可观。2020 年，日本在东盟投资的收益率为 9.2%，最高是泰国，为 11.4%，越南为 10.0%，投资额较大体量的印度尼西亚为 8.4%。收益率背后日本不断加大对东盟国家投资的力度有更深层次的原因，就是希望利用东盟国家建立起完整独立的产业链。2020 年新冠肺炎疫情大暴发以来，很多产业链发生了断裂，这让日本加快了摆脱单一依赖中国产业链的行动，一方面实现规避在华投资的风险，另一方面在经济上牵制遏制中国。不可否认的是，随着日本安倍政府为应对中国崛起在 2016 年提出“自由开放的印度—太平洋”（FOIP）的印太战略，日本在东南亚的投资也呈现出与中国争夺市场的意味，兼具地缘政治意涵。

三、基于海外投资经验对央企对外投资启示

（一）中国海外投资特点

从贸易大国到投资大国、从商品输出到资本输出，是开放型经济转

型升级的必由之路。新中国成立以来，特别是改革开放以来，顺应经济全球化的历史机遇，以大型国有企业、骨干民营企业为代表，企业对外投资从无到有、从小到大、从区域到全球，实现了跨越式发展。

中国政府2000年提出实施“走出去”战略，2013年提出“一带一路”倡议等，都有力地促进了企业对外投资快速发展。2015年，中国对外投资规模首次超过利用外资规模，居全球第二，成为资本净输出国，标志着中国企业对外投资发展开启新纪元。2020年新冠肺炎疫情的暴发严重冲击世界经济，为对外投资发展带来较大不确定性。为此，系统总结中国对外投资发展历史，深入分析当前国际国内相关最新形势，明确对外投资发展的关键性问题，对深刻把握中国对外投资发展的未来趋势具有重要战略意义。

本节简要分析我国目前海外投资特点，为后续央企海外投资建议简要介绍投资背景，在后续章节会分别介绍我国目前海外投资的管理体系、风险管理体系以及金融体系等。

1. 从“大规模”转型“高质量发展”。中国对外直接投资起步晚，始于改革开放初期。自新中国成立以来经历了不同的发展阶段，新中国成立初期至改革开放前夕，我国基本处于对外投资空白期；改革开放后至加入世界贸易组织（WTO），我国对外投资实现小幅度增长，但流量仍然较小，发展未实现实质性突破。图2－1为1992—2002年的中国对外直接投资流量图，1992年我国对外直接投资出现发展小高潮，直到2002年我国的OFDI流量有较大的起伏波动，但未达到较大规模。

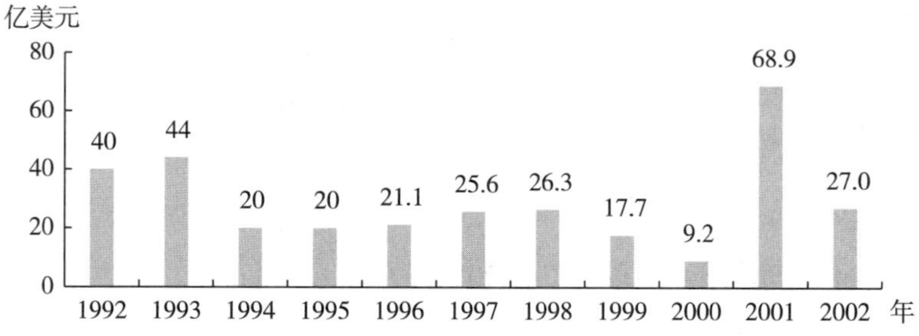

图2－1　我国对外直接投资概况（1992—2002年）

（数据来源：国家统计局）

该现象从我国加入 WTO 后两年（2003 年）发生转变，自 2003 年起对外直接投资连续 14 年正增长，其间的增速在 2008 年国际金融危机之后显著变化；但伴随着 2013 年“一带一路”倡议的提出，我国 OFDI 迎来时代性的机遇，此后我国的海外投资开始大规模增长；我国对外直接投资流量在 2017 年掉头向下，开始减速降温，其原因既有国际投资环境变化的影响，也有我国对企业投资行为进行规范的影响。事实上，我国政府从 2016 年底就开始总结前几年对外投资激增的经验和教训，加强了真实性、合规性、经济合理性审查，试图引导企业审慎决策，理性开展对外投资，并打击防范虚假投资行为造成的资金外流，目的在于促进我国对外直接投资步入高质量发展轨道。2020 年中国对外直接投资流量达 1537. 1 亿美元，首次位居全球第一，成为疫情下全球主要经济体中唯一正增长国家（见图 2 –2）。

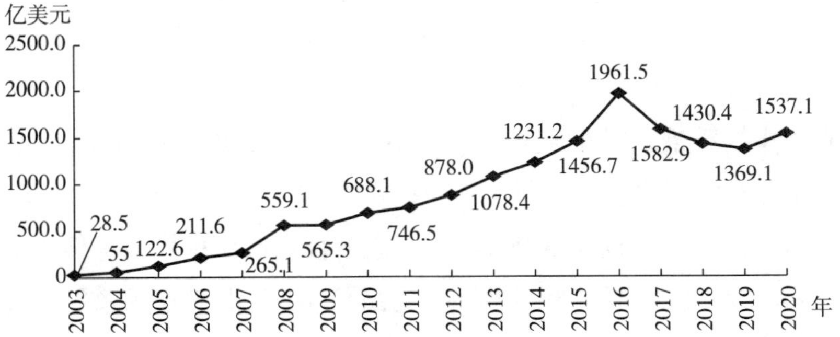

图 2 –2　我国对外直接投资概况（2003—2020 年）

（数据来源：国家统计局）

2. 亚洲仍是我国主要对外投资区域方向，投资区域不平衡。投资区域方面，2020 年末中国对外直接投资存量分布在全球的 189 个国家（地区），占全球国家（地区）总数的 81. 1%，投资区域广泛。如图 2 –3 所示，截至 2020 年我国在亚洲的对外投资存量为 16448. 9 亿美元，占 64%，其中中国香港占亚洲投资的 87. 5%。位列第二的拉丁美洲投资存量为 6298. 1 亿美元，占 24%，其中开曼群岛和英属维尔京群岛合计存量为 3897. 2 亿美元，占对拉美地区投资存量的 97. 3%。在 OFDI 的不同发展阶段，避税港地区均吸引了大量中国投资，其中中国香港、开曼群岛、英属维尔京群岛这三个地区的投资存量并非资金的终点，后续可能存在大量资金的回流。

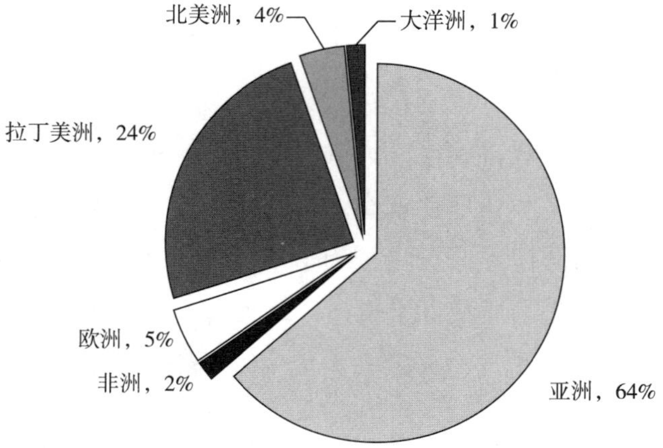

图 2－3　我国海外投资区域格局

（数据来源：国家统计局）

在除中国香港以外的亚洲其他地区，中国 OFDI 的投资总量比例小，近些年来在东盟国家、南亚印度、中亚哈萨克斯坦的 OFDI 存量增幅较大，在“一带一路”倡议推动下企业在这一区域投资有所扩大，但仍有极大的发展空间。投资区域不平衡问题导致我国 OFDI 在小部分区域聚集大量资金，引起我国企业之间在海外的竞争，使得我国海外投资整体利益受损。

3. 央企主体投资地位弱化。非国有企业在对外直接投资舞台上越来越活跃，国有企业在 OFDI 中独当一面的时代已基本结束。大批资金雄厚的民营企业走向世界，其中万达、腾讯、复星、联想、阿里巴巴、华为、吉利等企业的表现引人注目。民营企业“走出去”的动机较为多样化，通过对外投资开拓海外市场，获取技术、营销网络等战略资产是最主要的动机（邱立成和杨德彬，2015）。然而，中国企业尤其是新进入国际投资舞台的民营企业，在大举迈出国门的过程中出现了一些非理性的冒进现象，房地产业、娱乐业、酒店等领域的大规模投资不断。这样的资本“走出去”不利于企业国际竞争优势的提升，也无益于国内供给侧结构性改革，却存在资本外流、企业经营不稳健等风险。

投资主体方面，央企的主体投资地位正在弱化。如图 2－4 所示，央企投资比例在这一时期几乎直线下降，而民企投资比例则迅速上升。随着社会主义市场经济体制改革的深入，民营企业的竞争力不断增强，在政府促进对外直接投资政策的激励下，民企投资海外的热情高涨。2009—2016 年，央企、地方国企、民企的投资金额占比年均值分别从 80.3%、13.3%和 6.4%上升为 32.6%、17.7%和 49.7%；投资交易项目数量分别由 45 个、12 个和 2 个上升为 67 个、39 个和 112 个（见图 2－5）。非国有企业在投资主体中位置的上升意味着以市场为导向的效益型投资成为 OFDI 的主要方向。央企如何在该种趋势下实现自身海外投资的影响力，作为我国的先驱企业为我国后续海外投资探索良好的市场环境、公司管理模式成为目前央企的极大挑战。

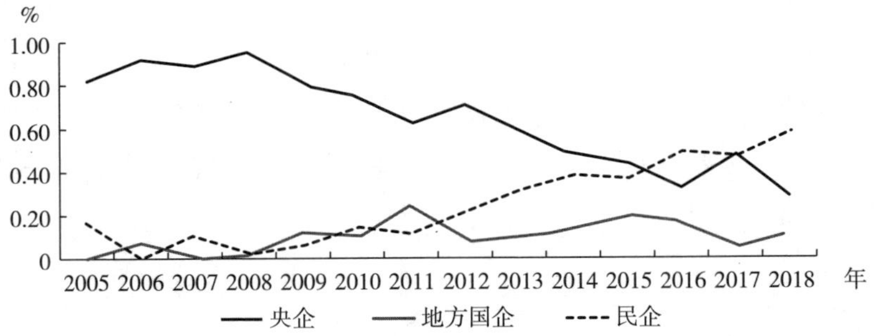

图 2－4　不同投资主体的 OFDI 投资金额占比（2005—2018 年）

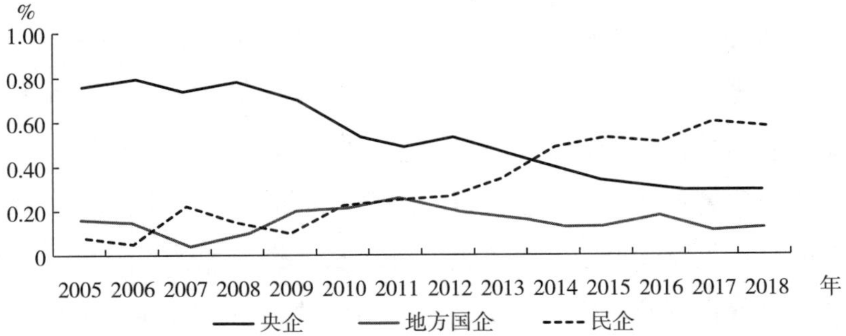

图 2－5　不同主体的 OFDI 投资项目数占比（2005—2018 年）

4. 稳步推进从审批制向备案制转变。在2000年之前，对外直接投资的政策总体以限制为主。中国的对外直接投资与改革开放同时起步。1979年，国务院《关于经济改革的十五项措施》指出“允许出国办企业”，对外直接投资首次上升到政策层面，但当时的投资多为尝试性的，规模较小，实施个案审批，管理机构是国务院。1983年，外经贸部成为境外投资的审批及管理部门，对外投资由个案审批转向规范化审批。20世纪90年代上半期，由于国内外宏观形势的变化，对外直接投资政策转向限制为主，企业对外投资在手续、程序、资金来源等方面面临诸多限制。政府以限制为主的对外投资政策成为企业投资海外的无形障碍。

进入21世纪后，随着中国经济的不断发展和国外宏观形势的缓和，对外直接投资谨慎控制的政策得以转变。2000年3月的人大九届三次会议上，“走出去”战略被正式提出。2001年，实施“走出去”战略被明确写入《国民经济和社会发展第十个五年计划纲要》，成为国家层面的战略。该纲要指出，鼓励具有比较优势的企业跨境投资，建立并完善政策支持体系，为企业到境外兴业投资创造条件；支持企业进行对外合作，开发国内所需资源，推动国内的产业结构升级。为推进“走出去”战略，国家打造了强有力的政策支持环境，中国对外直接投资也随之进入快速发展的轨道。

在管理体制方面，中国积极适应经济全球化新形势，通过不断简政放权，支持企业“走出去”，稳步推进从审批制向备案制转变。改革开放初期至20世纪90年代，中国外汇资金短缺严重，企业缺乏国际经营经验，因此当时对外直接投资采取的是严格审批制。2004年，国务院发布《关于投资体制改革的决定》，标志着中国开始正式实施以核准制为主的对外投资管理体制。《境外投资项目核准和备案管理办法》，意味着我国对外直接投资管理制度正式迈入更加便捷的备案制度。

我国对外投资管理体制的不断优化推动我国从大规模积累海外资产到追求高质量、长期性的海外投资目标的转变。近年来，我国OFDI流量和存量仍居于世界前3位，其中的水分更少、质量更高、行业和地区结构也更加优化。更重要的是，新政策的出台有助于更好地掌握企业对外投资的真实性、合理性和最终去向，从而更好地引导和监管，且使其更加注重经济合理性、营利性和可持续性。这也标志着我国未来时期的对外投资将进入高质量发展阶段。

（二）央企海外投资政策建议

1. 国家政府宏观层面

（1）以大国特定优势形成中国特色OFDI模式。中国可以通过“一带一路”倡议对央企OFDI形成正面引导和激励。中国企业的微观竞争优势只有和国家战略的引导、服务与组织结合起来，才能有效转化并形成企业OFDI综合竞争优势。对外援助是“一带一路”倡议相对独立的对外政策工具，表达着中国和平发展与沿线国家共同发展的意图，然而其关键在于对外援助使用的目的与方式。因而中国对外援助需要按照“一带一路”倡议的新合作模式分配资金，进而提高其有效性与质量。并且在“一带一路”倡议背景下，中国亟须制订对外援助战略计划，中国对外援助的战略关键在于改进分散化的组织，完善明确的战略目标，按照战略需要分配援助资金，协调对外援助领域的国家—企业—社会之间的关系。中国未来的对外援助应着眼于未来的投资，以最经济的手段实现“一带一路”倡议的目标。

为了提高我国对外援助的有效性与质量，中国急需改进对外援助评估机制，有效地评价援助政策与项目。援助政策或项目评价涉及国别援助评价、优先事项评价、援助方式评价、部门项目评价等，客观合理的评价有助于衡量援助的有效性及其结果，包括有意或无意的影响，从而为援助决策者与公众提供有效信息，改善援助管理。并且我国援助政策决策者不仅应关注宏观政策评估，更应关注项目评估，以便于受援国当地民众得到看得见、摸得着的实惠，使得对外援助真正实现改善东道国的营商环境，打开海外经营市场，服务于我国未来的海外投资目标。

（2）创造灵活的海外融资方式。央企海外投资项目金额通常较大，如何保障畅通的融资渠道及合适的融资方式是项目可以顺利开展的重要环节。值得提出的是，我国过去通常是通过政府财政拨款对企业给予资金支持，这种方式在一定的历史阶段起到了积极而有效的作用。但是，由于资金的来源缺乏稳定性，因而不能形成对企业的连续支持。基于美国的实践经营，我国可建立自负盈亏的基金，在企业实施“走出去”的起步阶段提供资金扶持，一旦企业的战略取得成功，需要按一定比例向基金返回利润，使基金能不断得到充实，以便基金能长期连续地向企业提供类似的服务，从而摆脱财政拨款所带来的不稳定性。

也可以借鉴日本在解决“走出去”企业融资问题时所采取的体制改革、组建开发性金融机构的一些做法。一方面，积极推动中国金融市场化、自由化进程，打破“内保外贷”的政策壁垒，畅通资金在境内外的流通渠道，避免发生一边是国内优质资产闲置、一边是海外融资流通困难的现象；[①] 另一方面，要发挥好政策性金融的重要作用，目前中国已经组建的国家开发银行、中国进出口银行等政策性金融机构，在中国对外投资中发挥了关键作用，未来可以更多借鉴日本国际协力银行等机构的经验，进一步明确政策性金融和商业性金融定位的差异性，进一步利用好优买贷款和援外优惠贷款等重要工具，研究如何能够更好地在中小企业“走出去”、重大项目并购重组等方面发挥支持作用。与此同时，要鼓励中国金融机构“走出去”，构建海外分支机构，形成海外服务网络，更好地为中国境外投资企业提供融资服务。

（3）推动打造专业、全过程的海外投资咨询指导机构。海外投资市场具有较大的不确定性，对企业来说前期信息的储备与突发状况咨询十分重要。美国、日本均为企业设置了海外投资咨询机构，内容包括但不仅限于海外投资鼓励政策与措施，以争夺市场、获取资源、避免贸易摩擦、海外投资风险管控等为主要目标。

我国应积极推动打造专业、全过程的海外咨询指导机构，该机构也

---

① 梅冠群．基于日本经验的中国对外投资政策选择研究［J］．亚太经济，2017（2）：71－79＋175．DOI：10.16407/j.cnki.1000－6052.2017.02.010.

可以作为独立的第三方机构参与海外投资的全过程。机构可以对企业海外投资全程加强指导和监管，提升央企海外业务质量和风险控制能力。指导央企建立健全海外资产管控和风险防范体系，在总结成功经验的基础上出台海外投资建设和风险防范指引。在考核体系中建立容错机制，针对不可控风险因素导致的投资失利建立豁免机制，对承担国家战略任务时发生的亏损在考核时予以统筹考虑。第三方机构在投资全程中不仅可以为企业提供专业意见，解决企业各个环节可能会遇到的财务、法律问题，也可以发挥监督与考核作用，避免企业投资中的腐败与成本浪费问题，极大地提高企业收益。

（4）稳步推进人民币国际化进程，把握好对外投资与国内经济发展二者的关系。随着中国经济实力的增长、对外贸易占全球贸易额的比重不断上升、双向投资规模不断扩大，人民币在国际货币体系中的地位也在不断上升，逐渐成为全球重要的贸易结算货币、投资货币和储备货币，人民币国际化进程正在加速推进。与此同时，中国也在积极推进汇率市场化改革进程，建设更加开放透明的金融制度体系，为外商投资、中国资本“走出去”创造更加便利的条件。使用本国货币结算也降低了企业在财务中由于汇率引起的投资成本与投资收益波动的风险。

在此过程中，中国必须要注意吸收日本在 20 世纪 80 年代末日元升值、日本大规模对外投资导致国内产业空心化的经验教训，要注意把握好产业、资本“走出去”与国内经济稳定可持续发展的关系，要逐步稳妥推进人民币国际化进程，加强中央银行调控能力，使人民币汇率在市场均衡水平的一定幅度内稳定波动，确保不会出现因短期游资的大规模流进流出对国民经济造成冲击。

2. 企业微观层面

（1）积极地尝试运用多种融资创新方式以及融资渠道。以海外国际公司艾派克“蛇吞象”成功并购利盟国际案例为经验，可以发现艾派克之所以能够成功实现本次并购，其关键在于并购时所采用的“自有资

金 + 股东借款 + 私募 EB + PE 投资 + 银团贷款”的多元化融资方案。[①] 该种组合型的融资方式克服了传统海外并购融资模式的单一性，降低了企业的融资成本，提高了企业海外并购的成功率。该种多元化的融资创新方式是对我国供给侧结构性改革的一种响应，在“三去一降一补”的供给侧结构性改革任务中，“去杠杆”“降成本”是帮助企业减负的两大主要方面。在我国传统的企业海外并购融资方式中，银行贷款是主要的融资方式，但大量的银行贷款增加了企业的财务负担，加剧了企业海外并购的风险。然而，多元化的融资创新方式可以帮助企业实现“去杠杆”“降成本”的要求。

除上述案例运用的一些创新融资方式外，其他的一些创新融资方式也可以供企业借鉴，如可转换债券、内保外贷、战略引资等，企业可以根据自身情况来选择适合的融资方式组合，但仍需注重融资方式多元化。

我国央企在融资过程中需考虑综合成本与风险问题，不仅要考虑国内外资本市场的变化与企业的实际需求，做到境内外融资方式的有机结合，也要进行各种方式融资成本比较，切忌单纯依靠国家拨款、银行降息贷款等单一方式，综合考虑方可抵制海外资本市场波动带来的冲击。

（2）优化人力资源管理模式。应提前做好应急处理工作准备，建立一支强有力的风险管控和处理团队，由具备较强专业能力和风险意识的人才进行风险的处理和管控，其中有法务人员、公共关系处理人员等，优化团队内部的人员结构。当出现海外投资风险时，企业的风险团队能够及时进行相应的处理，增加与当地政府机构、司法部门之间的沟通交流，将有效信息第一时间获取和整理后，优化解决方案，快速执行有效的风险防控措施。加大对信息化技术的合理运用，落实信息化管控措施，提高对风险的防控力，建立起风险管理信息系统，采集各项风险信息，做好信息的存储、分析和测试工作，合理排序不同类型的风险后，有针对性地进行监控和管理工作。

---

① 赵晴，袁天荣，许汝俊．我国企业海外并购融资方式创新——以艾派克并购利盟国际为例［J］．财会月刊，2018（19）：92－98. DOI：10.19641/j.cnki.42－1290/f.2018.19.015.

通过风险预警机制的信息化建设，可以归档和更新原有的风险报告、历史数据信息等，实现信息共享。由信息的执行层和企业的管理层、决策层共同进行风险信息的合理分析与有效控制，实现企业风险管理系统和业务管理流程的有机结合。衔接起不同管理机构，促进风险管理效率的不断提高，加大对风险管理人员的培训和再教育力度，强化人员的风险管理意识，为企业的各项投资业务稳定运行和发展提供切实的保障。

（3）加强海外项目经验积累和知识管理。造成很多海外投资项目决策失当的根本原因是基础数据不可靠，而与此紧密相关的便是企业知识管理能力的不足。经验数据的积累不仅需通过市场信息收集或咨询机构提供，更重要的是企业本身在运营中的数据积累，这就需要有完备的信息管理系统做保障，进而形成企业的知识数据库。目前我国建筑企业在知识管理方面存在较大缺憾，对有效经验数据的收集、分析、管理和使用重视不够，从组织、制度以及信息化系统建设方面都与世界前沿有着较大差距，导致企业基础数据零散、片面和系统性差，无法对投资决策能力提升作出贡献。在市场竞争日益激烈的今天，谁掌握更多的数据和知识，谁将具备更强的决策优势，项目成功的概率将大大提高；反之，企业将处处陷入被动，项目将常常受阻。因此，任何一个企业都需将以知识管理为目标的基础管理持续加强，不断积累经验和数据，筑牢企业发展的根基。

第二节　重要国际机构和跨国公司项目现代化管理经验

由于工程项目的一次性特征，因此工程项目管理必须是一个约束性很强的活动，项目管理过程中出现的失误难以纠正，会直接影响项目结果以及下次项目竞标结果。我国的部分工程项目管理注重项目成果的交付，也就是说，做完了达到客户的目标就好，是为别人做事情的。整条管理线其实就是串行执行的过程，缺乏管理的科学性、规范性和系统性（见图2－6）。

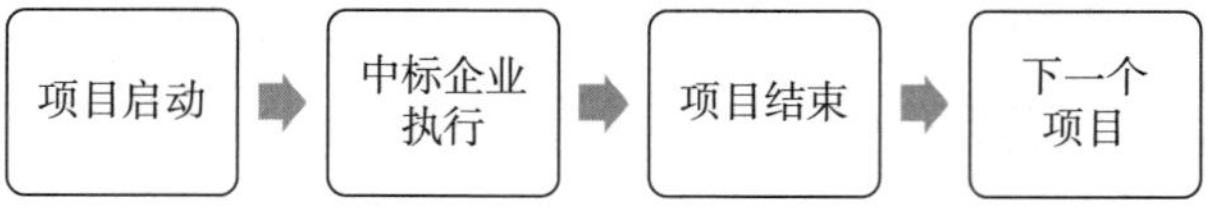

图2－6　单一管理项目流程

相对于工程管理在国际上的发展而言，我国在工程项目管理上仍处于比较落后的位置，迫切需要进行分析研究，找出差距，借鉴先进的国际经验，根据新时期经济发展趋势的要求，积极推进工程管理的科学化和规范化。本书将分析国际权威组织世界银行在项目执行中的全流程，以总结出对我国央企在海外投资项目中有利的管理方式。

世界银行的项目管理方式是一个全闭环的模式，从项目的筛选、启动、计划到项目的进度监控、完工报告、绩效评价、影响评价，都有非常清晰正规的流程和文件来进行管理，这样就在其项目经理施工体系外增加了评审、监控和评价系统，项目的执行和管理既独立又关联，保证了项目的实施效果和经验沉淀。在今后开展项目时，世界银行就可以根据过往的经验更好地选择和管理项目（见图2－7）。

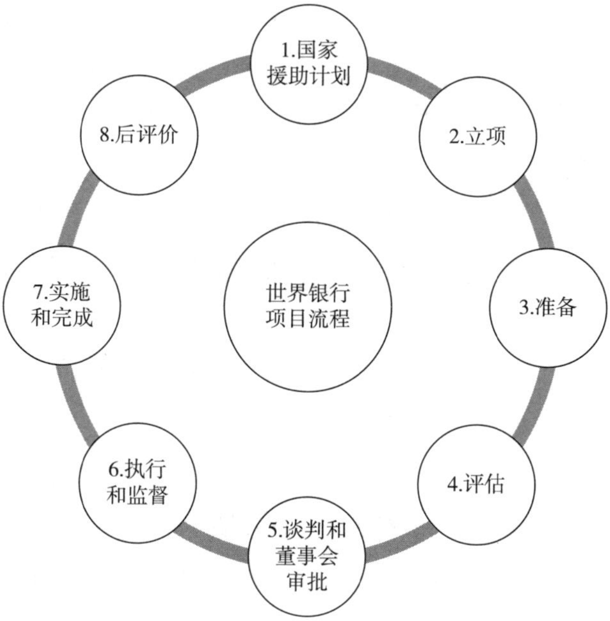

图2－7　世界银行项目流程循环

一、项目可行性研究与尽职调查

立项阶段的任务就是确定那些需要优先考虑、适合银行提供资金并且银行、政府和借款人有兴趣考虑的项目。近年来，世界银行鼓励并帮助一些国家发展它们自己的计划能力，并且也加强了它自己形成项目的方法。世界银行进行的经济分析和部门分析使人们了解有关国家的发展潜力，并为评价国家和部门的政策和问题奠定基础。这些经济分析和部门分析还为世界银行或国际开发协会对贷款国家的“偿债信誉”加以评定。这种分析为银行与有关国家之间就制定恰当的策略，以开发整个经济和它的重要部门的问题（包括政策和机构性的改变）提供了继续对话的基础。这样，就可能确定一些符合并能支持前后一贯的发展策略，这些项目适合部门目标，而且政府和银行均认为适合。这些项目还必须经受可行性的初步试验——所花的费用应与预期的好处相称，这一点可以从技术上和机构上找到解决办法。总结来说世界银行在确定项目时主要关注项目具有一贯的发展性，并且只有通过初期项目实验方可正式立项。

企业申请世界银行贷款项目注意点包括：①应当选择规模较大的整体项目，避免在项目中包含过多的子项目，导致项目的中心目标不明确、不突出。②世界银行不主张由于项目的实施而导致大量的移民拆迁，世界银行贷款也不会用于支付移民拆迁的任何费用。③选择在城市规划中的中期规划骨干项目，比较接近世界银行贷款项目的要求。④尽量避免或者减少涉及世界银行十大政策的项目，减少在项目中不必要的程序和工作。

如何确定一个国家（地区）或者企业有完成该项目的能力也是前期工作中较为重要的一点。在项目准备阶段世界银行会对包括为达到项目的目标所需要的技术、机构、经济和财政条件的全部范围进行调研。例如，一个重新安置居民的项目也许需要根据遥测的数据进行研究，以确定可耕的土地、交通通道以及计划定居地区的现在人口。土地测定后就要对土壤和水力资源进行更详细的调查，根据可能得到的资源以及研究掌握的知识，决定适宜的种植形式；选择有助于提高作物产量所必要的种植技术；对定居了的人们进行经济和社会调查以决定适当的土地使用、推广服务制度、销售制度、项目管理制度和其他机构性安排。政府关于投入费用和农产品价格的政策、费用回收的程度和方法以及他们对受益人和政府的经济地位的影响均须一一加以研究。

世界银行一度不愿意对项目准备进行帮助，认为参与项目准备这一举动可能会影响它评估的客观性。但是，经验证明世界银行参与准备工作对促进项目完成有积极作用。这种作用有许多方面：使有能力、有资金、可以自己准备项目的借款人了解银行的要求和标准；帮助其他借款人为准备工作寻找资金或技术上的帮助；弥补准备不完全或不充分的项目中存在的差距。在一些经济极端落后国家，世界银行自己也做准备工作。在东非和西非建立世界银行代表团，主要就是为了对该地区的政府在确定和准备扎实的项目方面有限能力给予补充。

准备阶段的关键，就是把达到项目目标所需要的技术及机构方面可供选择的方案加以确定并进行比较。大多数发展中国家的特点是有丰富低廉的劳动力却缺少资本。因此，世界银行并不只寻求最先进的技术解决办法，而是要寻找最适合这个国家资源和它目前的发展阶段的解决办法。虽然世界银行已在为先进的电信设备和最现代化的集装箱港口设施提供资金，世界银行仍然在考虑这样的问题：种庄稼用牛是否比用拖拉机更经济；就城市贫民最低限度的居住条件而言，是否对贫民窟加以改进或提供场地和服务比传统的住房更加合适；或者就供水而言，公共储水管是否比各家各户连接水管更为合宜。因此，准备阶段需要有可行性的研究，以确定并准备各种可供选择的技术性及机构性的初步设计方案，并比较它们各自的成本和效益，然后，再对更有希望的方案进行更详细的调查，直到最后得到最满意的解决办法。

世界银行在项目准备阶段会派遣项目准备团前往当地，了解项目准备工作情况，并对可研、环评和移民安置计划报告提出补充修改意见。项目准备团一般由世界银行驻某国家代表处的项目主管或者项目经理以及可研、环评、移民安置、机构、财务与经济等方面的专家组成。

在这个阶段，世界银行要求项目办公室在国际顾问咨询公司的帮助下完成项目前期的准备工作。对于企业而言，国际顾问咨询公司的参与对申请世界银行项目是必不可少的。顾问公司一般具有世界银行项目经验，在可研、环评以及移民拆迁报告书编制中，顾问公司具有初审的权利和义务，可以对项目办提出补充或修改意见；可以提出规划上的调整意见；可以帮助项目办编制与世界银行要求相符的财务、经济与社会分析、采购计划报告。最后，在项目评估前，世界银行方面将要求顾问公司根据项目办提供的材料提出意见，供世界银行参考。作为项目第三方，顾问公司既参与申请贷款方——项目办的项目前期准备工作，又帮助贷款方——顾问公司对项目进行初审后反馈意见给世界银行，起着承上启下的作用。在具体操作上，先由世界银行办与国际顾问公司签订协议，协议内容包括服务范围、顾问公司义务、世界银行办的责任以及付款方式等。项目前期申请工作一旦开始，项目办一般要定期召开项目准备工作进度会议，了解各报告书的编制情况，并对设计单位在报告书编制过程中遇到的问题给予帮助。顾问公司也要参加工作进度会议，对报告书作实时评论并提出补充修改意见。在准备工作后期，顾问公司发挥更重要的作用，项目的财务、经济以及社会分析和采购计划报告主要由其负责。

二、项目评估与谈判

当项目成形，研究接近完成，就准备对项目进行评估。评估是项目周期中一个关键阶段，这个阶段对项目的各个方面进行全面检查，并为项目执行和项目完成时对其进行评价奠定基础。

项目评估工作由世界银行工作人员完成，有时也借助于个别顾问，他们经常在实地工作 3 ~4 周。如果准备工作做好了，评估就能相对地顺利进行。如果不是这样，也许随后还得派一个或几个工作组去该国完成这项工作。评估包括项目的四个重要方面——技术、机构、经济和财务方面。

1. 技术方面

世界银行必须保证使项目设计合理、工程适当，并且符合人们所接受的农学标准、教育标准和其他标准。估价组要对考虑中可供选择的技术方案、拟议中的解决办法以及预期的效果进行研究。更具体地说，技术评估所关心的是设施的具体规模、布局和位置问题；使用的技术，包括设备或制作法的类型；所采用的技术标准对地方条件的适应性；提供服务所采用的方法；执行计划的现实性；达到预期产量的可能性等。对一项计划生育的项目，技术评估也许要关心母子保健站的数量、设计和地点以及产科医务是否适应其所服务人口的需要；对公路项目，要关心公路的宽度以及路面是否和预期的运输量相适应，并在最初的建设费和经常维护费两者间考虑怎样花钱才合算，在采用较高或较低的劳动集约建设方法之间进行权衡；对教育项目，则要关心所拟定的课程和教室、实验室和其他设施的数目和布局是否适合该国的教育需要。技术评估的一个关键部分，就是对费用估计以及它们所赖以作为根据的工程或其他资料进行审查，以决定它们在可以接受的误差的范围内是否正确，在为执行期中所出现的物资方面的意外情况及预料的价格增长所留余地是否适当。技术评估还要审查已提出来的采购安排，务必使这些安排符合银行的要求。取得工程、建筑或其他专业劳动的程序也要审查。此外，技术评估还要审查项目设施的运转和劳务的费用以及取得必要的原材料或其他投入物的可能性。项目对人和自然环境的潜在影响也要进行检查，务使消极影响得以控制和尽量缩小。

2. 机构方面

在世界银行目前所用的术语中，“机构建设”也许已成为世界银行贷款最重要的目的。这意味着资金的转移调拨以及物质设施的建造尽管很有价值，但从长远来看，终究不如建立一套健全而有生命力的当地“机构”更为重要。从最广泛的意义来解释，它不仅包括借款人本身，即它的机构、管理、人事、政策和工作程序，而且还包括政府一系列使机构得以运转工作的政策。经验表明，对项目的机构方面重视不够就会在执行运转过程中发生问题。对机构进行评估必然要处理一系列问题，如负责项目的实体是否组织得很好、它的管理是否能承担所负任务、是否已经有效地使用当地的能力、是否需要从该实体以外进行政策和制度性的改变以达到项目的目标。对于传统的项目实体而言，这些问题都很重要，但是，对于那些负责准备并且执行目的在于造福城乡贫民的新型项目，则这些问题更加重要而且更难回答。我们目前的经验还没有任何现成的解决办法，可以搞出一套机构，能有效地和经济地为许多人提供商品和服务，并能激励他们，改变他们的举止行为。从项目的各个方面来说，机构建设也许是最难解决的。部分原因是因为它的成功在很大程度上取决于对文化环境的了解。世界银行已经认识到对机构性的安排有必要进行连续不断的考察，要吸取新观点，并愿意采取能扩大运用到几个项目的长期方法。

3. 经济方面

对几个可供选择的项目设计方案进行成本效益分析，可借以选择最能达到国家开发目标的那一个方案。这种分析一般是在项目准备期间各连续阶段进行的，但是，评估则是最后审查和估计的时机。经济评估要研究项目的部门背景。对这个部门的投资计划、部门各机构的优缺点以及政府的重要政策都要加以考察。

在交通运输方面，每次评估都要考虑整个运输系统以及它对国家经济发展的贡献。对公路项目进行评估要研究它和与之竞争的其他交通方式，如铁路的关系。整个部门的运输政策要受到检查，并对需要进行的改革提出建议，例如对那些扰乱了交通分配的规章性做法。在教育、电力和电信中，世界银行所定的“项目”可能就涉及整个部门的投资规划。在农业方面，由于它更加多种多样，并且在发展中国家的经济活动中占很大的比重，因此更难为它制定一个全面的策略，但是，对部门性的问题，如土地使用制度、政府税收、价格和补贴政策以及有多少公用服务事业等，均应予以注意。只要目前技术状况许可，就要对项目进行详细分析，分析它们所花费的成本和为国家带来的好处，核算的结果通常用经济回收率来表示。这种分析通常要求解决复杂困难的问题，例如如何决定项目的物质效果，以及如何按照这个国家的发展目标对这些物质效果进行估价。由于估计未来的费用和利益常会有较大误差，因此，要对由于一些设想的主要情况变动而使回收利润率随之变化的敏感性进行分析，对出现较少但是重大的不稳定因素也要进行风险性或概率分析。最适宜的投资时间可以联系第一年的效益进行考察。当银行提供资金给中间机构（开发金融公司、农业信贷机构等）使之转贷给较小的企业，或者在部门性贷款的情况下，这些机构自己的评估方法也应当是令人满意而且可以接受的。

项目费用和效益的一些因素，如污染控制、保健、教育或人才培训，也许不能以数量加以衡量；其他项目，如电力和电信，也许有必要使用例如财政收入这类替代性的东西来衡量，但它不能完全表示出电力和电信服务所产生的对经济的价值。在有些情况下，可能需要在两个具有同样好处的可供选择的解决办法中间作出取舍，并选定费用最少的办法。在其他情况下，如教育，则可能要在效益不同、费用不同的几种供选择的办法间决定取舍，这样就要取决于质量的估计。不管质量估计也好、数量估计也好，经济分析总是要按项目对国家开发目标所作贡献的大小加以估算。项目能取得的经济利益仍是选择项目、评估项目的一个根本标准。世界银行坚信一个项目能取得令人满意的经济利益是符合国家和世界银行的最高利益的。

4. 财务方面

财务的评估有几个目的。一个目的就是保证有充分的资金以解决执行项目所发生的费用。银行一般并不贷给项目的全部费用。一般地说，它只为外汇费用提供资金而希望借款人或政府能够解决国内费用的部分或全部。因此，评估的一个重要方面，就是保证有一个能获得资金、使项目按日程进行的资金提供计划。当资金应由政府提供，而该政府筹措国内收入又有困难的情况下，可以提出特殊安排，例如提前拨给周转性基金，或者在税收中明白指定用途。

财务检查经常强调有必要调整企业所提出的价格水平和结构。由银行提供资金的企业不论是否属于公有，它们一般都要提供基本性的服务并且要受到公众的仔细检查。由于政府愿意把津贴这种对消费大众的服务作为一项政策，或者只不过作为一项方针，以求可以受到最小限度抵制，因此它也许不愿批准为保证有效使用企业产品、完成其财务目标所必需的涨价办法。但是，适当的价格乃是银行给予盈利企业贷款的绝对必要的条件。价格的调整问题对于评估及以后的执行均极为重要。

财务评估也关心从项目受益人回收投资和经营费用的问题。就灌溉项目而言，世界银行一般期望农民能经过一定时间，从他们增加的生产中支付所有的经营费用和至少大部分的资本费用。对各种情况来说，实际的回收都要考虑受益人的收入地位以及许多实际问题，例如，很难实行一种特殊的收费制度，或者采取对世界银行资助项目收费比别处为高的制度。因此，世界银行的政策是要在以下三方面相互间求得平衡：需要有效地使用不多的资金；公平合理以及需要产生出更多资金，使这个项目能反复进行下去；让更多的可能受益人得到好处。费用可能通过许多方法收回——通过对灌溉用水收费，通过普遍收税或者要求农民按照控制价格把他们的粮食卖给政府的销售机构。有些国家一直采用比世界银行建议的标准为低的费用回收标准，因此，要就怎样才合乎需要、怎样才切实可行的标准取得一致意见，乃是评估或随后的协商谈判阶段中比较难办的问题之一。

自 1998 年实施《综合发展框架》政策以来，世界银行进一步重视从其贷款项目对人群及其需求产生的影响而不是从投入水平角度对这些项目进行成果评价。为此，世界银行开发了几种工具，包括注重单个项目成效的评价以及旨在考察世界银行各国工作和各经济或社会部门工作的范围更广的总结评估。根据信息披露政策的规定，这些方面的很多报告都可以对外公开。针对单个项目的评价报告包括：

（1）项目实施完工报告。该报告在每个世界银行贷款项目支付期末（支付期为 1 ~ 10 年不等）编制，其内容包括所取得的成果、存在的问题以及所吸取的经验教训。报告由世界银行项目人员编写，并提交世界银行执董会，供其参考。

（2）项目绩效评估报告。该报告对项目成果、成果的可持续性以及机构发展影响等进行评价（在评价项目成果时要考虑项目的相关性、有效性和效率）。世界银行每年选取 1/4 的已完工（或 70 个左右）项目编制《项目绩效评估报告》。该报告由世界银行业务评价局工作人员编写，耗时约为 6 周。在报告编写过程中，一般要进行实地考察。

（3）影响评价报告。该报告评估项目的经济价值以及对人与环境的长期影响。这些对项目进行的“二次评价”在贷款关账后 5～8 年进行。

（4）检查组报告。对受影响各方的投诉进行评估，如世界银行在其资助项目的设计、评估和/或执行方面未能执行其业务政策和业务程序。

相比于只注重对单个项目进行的评价，针对发展活动的范围更广的评价包括：

（1）国别援助评价。世界银行有关部门每年开展 10 项左右研究来考察世界银行过去四五年间在某个特定国家的工作绩效，并以报告形式反映世界银行对相关《国别援助战略》的执行情况以及该特定《国别援助战略》的总体有效性。

（2）部门与专题回顾。每年约有 6 项研究对世界银行在某个贷款部门（如农业、交通等）或专题领域（如减贫、性别等）5～10 年间的绩效和经验进行考察，并以报告形式反映它们是否符合世界银行政策和优良惯例以及世界银行项目的发展有效性。

（3）程序性回顾。每年有 2～3 项研究对正在开展的活动，如援助协调或发展赠款提供等进行考察，并以报告形式反映这些活动的总体效率和成效以及是否符合既定目标。

谈判是世界银行和借款人为保证项目的成功、力求就所采取的必要措施达成协议的阶段。然后，将这些协议变成法律义务，列入贷款文件。例如，世界银行可以同意一个公用事业的借款人，为了赚得适当的报酬并且为它的投资筹措一定比例的资金，价格必须立即提高，例如 20%，并且在今后2年内再提高10%。在谈判期间订立的一项财务契约可以载明总的财务目标，规定必要的利润回收率以及最初的增加利润率的时间。如果必须建立一个新的项目单位来管理项目或者协调有关各部的活动，贷款文件还必须规定什么时候并且怎样建立这个机构并配备人员。事实上，在评估前或评估期间所提出来的所有主要问题都在贷款文件中加以处理。这样，法律文件的起草和谈判是保证借款人和银行不仅在项目的一般目标，而且在为达到这些目标所必须采取的行动以及项目执行的具体日程上都能取得一致的一个重要部分。

谈判是双方折中妥协的过程。就世界银行方面来说，必须学会把它的一般政策适应于在具体的项目、部门和国家的处境内所能合理达到的程度。而借款人方面，必须认识到世界银行的建议乃是根据专业知识和从世界范围取得的经验作出的，还须认识到世界银行要求把它的资金合理使用乃是符合项目的最高利益的。尽管在解决困难问题时不可避免地会出现分歧，但在项目周期的这一阶段或其他阶段，谈判对于该项目的长期发展是起到良好效应的。世界银行工作人员清楚地知道，当地条件是项目取得成功的关键。借款人也意识到世界银行所采取的方法是专业的、客观的。贷款给那些考虑周到、执行良好的项目是世界银行的义务。

谈判以后，把经过修正用于反映达成的协议的评估报告，连同行长的报告和贷款文件，一并提交世界银行执行董事会。如果执行董事会批准这项任务，贷款协定就在简单仪式中签订。这标志着项目周期中一个阶段的结束及另一个阶段的开始。在提交执董会前，项目的安全计划必须公示100天，一般采取将资料上网的形式进行公示。

谈判以后，世界银行方面会把经过修正用于反映达成协议的评估报告，连同贷款文件，提交世界银行执董会。如果世界银行执董会批准这项任务，贷款协议就在简单仪式中签订。这标志着项目已被批准，可以正式实施。

在世界银行执董会批准项目之前的12个月里，项目已经实施且符合世界银行支付程序的可追溯报账（见图2－8）。

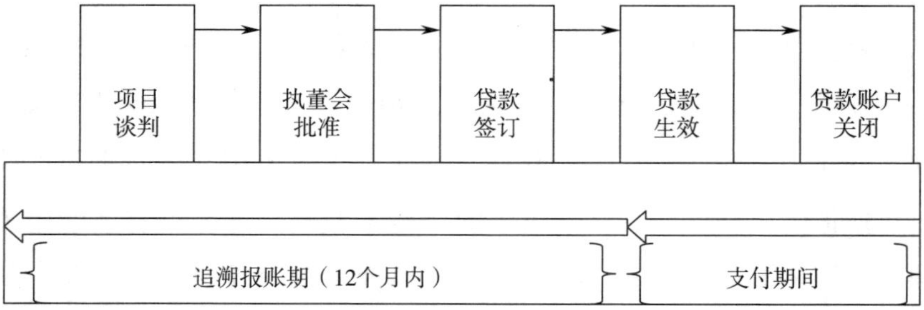

图 2－8　世界银行贷款发放流程

追溯报账必须符合如下几项：

①最高金额——不超过贷款总额的 10%；

②期限——在项目生效之前的 12 个月内；

③货币——谈判承诺的货币；

④贷款程序——遵守世界银行正常的支付程序。

三、项目执行与监测

项目的下一个阶段就是建设及其以后的业务活动的实施时期。当然，实施是借款人的责任。世界银行可以根据协议给予诸如组织方式的研究、人员的培训、派遣管理人员和顾问帮助监督建设等方面的援助。世界银行的作用就是在项目的实施中进行监督。

监督是项目工程最重要但却也是最容易被轻视的环节。只要某项目的贷款一旦签订，借款国的注意力就会转到新项目上去。这种态度是可以理解的，尤其是，要过几个月或几年，“老”项目才能开始产生有形的成果。然而，需要清楚的是，不论一个项目确定、准备、评估得怎样好，只有实施恰当，项目的开发利益才能实现。所有项目都面临实施问题，其中有些问题是无法事先确定的。有些问题来自发展过程中所固有的困难，或者来自具体原因，如经济和政治形势的变化、项目管理的变化，甚至气候的变化。结果，虽然项目的发展目标一般并不改变，但是，它的实施过程却往往与设想相距甚远。正因为这些原因，世界银行才决定项目工作人员的首要任务就是实施适当的监督。实际上，随着时间的推移，用于监督的资金，其绝对数及与项目的其他任务相比的相对数均大大增加。

监督的主要作用，在于保证项目能达到它们的开发目的，特别是世界银行和借款人一起明确并处理在实施期间所产生的问题。因此，监督主要是为了解决共同的问题。这些年来，出现了另一个监督成为中心的目的，这就是集中所积累的经验“反馈”到为未来项目的设计和准备中去，“反馈”到政策和程序的改进中去。监督和评价单位经常结合在一起，以求为此目的取得资料，特别是在新型的项目中更是如此。每年要对整个监督工作进行总结，以找出实施方面的重大问题，并提出建议对世界银行的政策或程序作适当修改。

项目监督的一个重要内容涉及用贷款采购商品和工程。采购是按照列入每个贷款协议的指导方针进行的，这些指导方针是为了保证能用最有效和最经济的方式采购到所需的商品和工程而设计出来的。在多数情况下，达到这个目标的最好办法是通过对世界银行全体成员国中有资格的承包商或制造商开放的国际竞争性招标。为了促进当地能力的发展，可以给予国内供应商以某种程度的优惠，在某些条件下，此种优惠也可给予国内承包商。对某些工程太小，不适于国际招标的项目，当地的竞争性招标，由借款人以自己的力量进行建设，可能更经济有效。要使商定的采购方针在实际中执行一项贷款可以包括几项到几百项合同是一件很费时间的工作。世界银行对此也极为认真。有些时候，这一工作相当简单易行，而在某些情况下，它又成了重大问题。例如，在电信或电力项目中，就需要在几家国际供应厂商之间仔细挑选，看谁对几百万美元的合同所开的评定投标价最低。借款人负责准备各种规格和招标文件以及评定投标。世界银行的作用是务必使借款人准确地进行工作，并遵守指导方针，这样，世界银行的资金就可按合同支付。任何有关中标建议的争执肯定会很快引起世界银行的注意。

四、项目总结与评价

监督在某种程序上只是一个通过经验而学习的过程，它主要关心项目实施过程中这样一段时期，在此时期中，各具体组成部分要进行建设，设备要采购和安装，新机构、新规划和新政策要妥善落实。只要这些阶段完成了，世界银行资金全部支出了，监督的程度就明显降低。在积极进行监督时期，注意力自然会集中在当前的问题上。尽管项目在实施过程中也受到监督和评价，但很明显，有必要用更加全面的办法来评价项目的成果。

所有由世界银行提供资金的项目现在都要受到事后的审核。为了保证审核的独立性和客观性，它由“业务评价局”（OED）负责。该机构与世界银行的业务人员完全分开，通过由执行董事会任命的评价局局长直接向执行董事会和行长提出报告。这个制度既保证充分的责任所在，也设想它可以紧密配合业务人员的监督活动，并加以利用。项目工作人员在支付末期，为每个项目准备一份完成报告，作为监督的最后一步。这些报告，从某种程度上说，是自我评价，每份报告都要受到 OED 的检查，OED 再提出自己的评价报告。两份报告通常都送交执行董事会。在许多情况下，评价是根据对有关项目的全部材料进行案头审查而作出的。但是，如有必要，评价人员可以实地审查，其全面程度有些时候，可以和最初评估阶段一样。要求借款人评论业务评价局的评价并且还要求他们准备他们自己的完工报告。另外，世界银行还鼓励借款人建立评价制度以审查他们的开发投资。

每次评价和完工报告都根据实际执行费用和有关业务费用的最新资料及预期收益重新估计经济利润回收率。然而，这种评价并不能对某些项目的成败作出最后判断。这些项目的经济寿命，连同其业务费用和收益，都远远超越支付终止的时间。因此，业务评价局的年度报告总结了所有项目的评价。对一些项目群、特别问题或者是某个国家某个部门，还要作更深入的研究。

世界银行的借款人可以包括会员国政府本身、政府机构或公司，或者是有政府担保的私营单位或公司。国际开发协会（IDA）的信贷只对各国政府，如有必要，可下放到负有实施项目责任的经济实体。贷款是由世界银行发放的，收取利息，其利率按照世界银行借入款的成本定期调整。国际开发协会（IDA）按50年为期的优惠条件提供贷款，只收0.75%的手续费。两机构的项目工作方法是一样的。本书中凡适用于世界银行及贷款的，也适用于国际开发协会及信贷。国际金融公司（IFC）也是世界银行的附属机构，负有通过鼓励发展中国家的生产性私人企业的发展，进一步发展经济的任务。它的项目周期与世界银行和国际开发协会的不同。

第三节　央企海外投资项目管理改进措施

一、央企海外项目（联合公司）的项目管理现状

我国央企目前主要采用“两条线管控、三种方式监督”[①]的管控模式。海外项目管控的两条线如下。一是中方行政管理线。中方行政管理线主要是中方党组织的领导以及央企总部和海外业务管理平台制定的各类管理规定、管理办法等。中方行政管理线的核心是管控政治方向以及中方干部的任免、投资、派出股东代表和管理层成员、维护中方核心利益等。通过中方行政管理线，可将中方股东意志传递到联合公司的中方团队，再通过中方团队的工作，将中方股东战略意图落实到联合公司工作中。二是联合公司的法人治理线。联合公司的法人治理线主要是联合公司运行所依据的与驻在国签订的专门合同、股东协议、联合公司创建协议、公司章程、联管会章程、公司管理规章制度与管理流程等，其核心是管控项目公司的实际运作。合作伙伴分别向各自的股东负责，合作伙伴之间相互制衡、相互制约，可以起到很好的自我约束和内控作用。

海外项目监督的三种方式如下。一是驻在国政府的合法性检查，包括与驻在国政府签订的专门合同执行情况、招投标合规性、税务执法、

① 张平占．央企海外项目管控模式研究［J］．国际石油经济，2016，24（5）：9－16.

环保执法以及劳务签证合法性检查等。二是各类合规性审计，包括股东单独或合作伙伴联合审计（如中方单独的总经理离任审计与各类专项审计）、联合公司内部审计以及独立的第三方年度审计或专项审计。三是央企内部的党内监督巡视，央企内部的党内监督巡视、纪检监察等是有效的监督方式之一，2011 年央企内部开展过对海外地区公司的首次巡视。

“两条线管控、三种方式监督”相结合，实现了央企总部对海外项目人、财、物的有效管控。总体来看，海外项目管理团队接受的监督检查多于国内同等项目。例如，既有来自合作伙伴、联合公司内部代表不同股东利益的相互监督、制约、制衡，也有来自驻在国政府的各类合法性检查等，这是国内同类项目所没有的。这样一种包含多方制度和机制的安排，有效地规范和制约着央企海外项目管理人员的行为，但同时也对海外项目的执行效率和项目绩效考核产生了一定的负向影响。中央企业的海外地区公司的管理层人员不足，只相当于国内央企的一个中级部门，然而所需要管理的范围涵盖一个产业中下游的全部端口，从原材料的供货渠道至销售市场的开拓均要由管理层协调，加之大规模的企业生产使得中央企业的单个海外地区公司承担的工作量堪比国内超大型公司。据统计，一个海外地区公司每年收到中方上级各类文件 1200 ~ 1500 份，海外地区公司中具有签字审核权力的中方人员少，对于此类文件疲于应对。多方的监管也导致一些文件未经过滤，甚至文件内容并不针对海外公司也需要纳入考核与合规范围。这种固化的文件考核管理理念背离了海外地区公司绩效考核的初衷，对绩效管理是负面和无效的。

央企总部将传统的国内地区公司行政管理模式僵化复制到海外地区公司的管理，但却忽略了海外地区公司同时也要遵循驻地所在国的法律制度监管。因此，将海外地区公司设置在“两级行政”中，像对国内地区公司一样进行管理，脱离了海外地区所处的法律环境。从“两条线管控”的角度分析，国内的中方行政管理线和法人治理线是合二为一的，不存在两条线冲突问题；而联合公司属于驻在国法律管辖，在海外项目中，中方行政管理线与联合公司法人治理线是独立、分开运行的，很多适用于国内地区公司的文件在海外难以执行。同时，海外地区公司机关编制与人员又不像国内地区公司那样部门齐全且人数众多，职能定位与管理资源不匹配，导致海外地区公司疲于应付，分散大部分精力处理文件书面工作，使得最终海外项目结果不尽如人意，也打击了海外工作人员的工作信心。

目前央企海外管理的特点使得海外公司的运作必须遵守驻在国的法律法规，必须遵守与资源国签订的专门合同，必须遵守股东协议与公司章程等。因此，联合公司的适用法律已超出中国法律的管辖范围，联合公司的适用规章制度也超出央企总部中方规章制度的管辖范围。如果要在联合公司落实中方股东的意图，必须通过中方管理团队将中方股东的意图变成联合公司内部的规章制度或执行命令方能落实。中方行政管理线对海外地区项目的作用是间接的，以企业长期战略目标发展和运行为中心，很大程度上服务于法人治理线。法人治理线（具体执行海外地区项目的法人公司）对海外项目的作用是直接的，是海外项目顺利开展和运行的直接法律规章依据，也是海外项目实现利润的中心。根据以上对“两条线管控”的分析，综合对世界银行项目管理的现代化经验，中央企业要树立起“中方行政线要服务于法人治理线，并以海外项目的运作为中心”的管理理念。下文将从行政管理与相关法律法规两个方面为出发点，探讨我国海外项目的改进措施。

二、央企海外项目行政管理改进措施

（一）细分央企海外业务管理界面

按照股权关系，央企海外项目法人治理层级顺序如下。最高层股东：央企总部（集团公司或总公司）。第二层股东：海外业务投资平台（国内注册的专门从事海外投资的子公司）。第三、第四层股东（过渡层）：根据全球税收筹划架构，在第二、第三国甚至第四国设立的子公司或子公司的子公司等，子公司层级的多少完全取决于税收筹划的需要。该层级也可以是与合作伙伴成立的合资公司。项目公司层级：在投资项目驻在国设立的子公司，或与合作伙伴共同设立的合资公司，是实际执行海外项目的法人公司，简称为联合公司或合资公司。公司承担着实际的生产经营、中外方员工管理、纳税、接受驻在国政府主管部门检查等职责。同时，为了中方管理方便，通常在驻在国设立一个纯中方的实体或虚拟的项目管理公司，该机构不实际运作项目，只用于管理纯中方的管理团队。①

基于以上央企的管理层级介绍及上文所分析出的由于顶层设计导致的深层次矛盾，未来在为实现央企总部的战略目标过程中应细分央企海外业务的管理界面。其中，找准央企总部、事业部制分公司、国内外地区公司、项目公司的定位，是厘清管理界面的关键。从合法合规原则出发，严格按照中方行政线和法人治理线的实际作用，规范央企总部—海外投资平台—海外地区公司—中方项目公司（联合公司）之间的管理职能定位。按照股东会层、董事会层、管理层和执行层的职能进行划分界定。从务实高效原则出发，对于长期难以解决的问题，要通过深入研究，改变管理思路和方式。例如，对于海外联合公司重大项目资源采办的审批，长期以来明确要求采取国内报批制，但事实上，国内总部公司由于语言等障碍缺乏对海外项目的了解，再次审批会浪费管理资源与项目实践；再者海外地区公司已按照当地招投标规则进行了资源采办的招标，国内总部审批可能会导致已经进行招标项目终止。针对这种情况，建议修改现行制度，按照务实高效的原则，推行“重大采办备案制 + 采办专项审计制”，确保海外采办管理的合法合规，提高采办管理的针对性和工作效率。从属地就近原则出发，根据业务办理便利性，部分纯中方事务如在国内能办好且效率高、成本低，就放在国内办理，高效配置管理资源，实现资源共享。从管理职能与管理资源匹配原则、责权利对等原则出发，按照海外投资平台、海外地区公司自身的科学合理定位、管理

① 张平占．央企海外项目管控模式研究［J］．国际石油经济，2016，24（5）：9－16.

幅度以及管理规模，确定其机关的机构编制及定员。同时为实现这一目标，也应加强央企海外公司人才库建立。

（二）转变观念与管理理念，切忌照搬国内经验

海外投资中切忌照搬中国经验，应因地制宜，根据当地营商环境制定项目进程。例如，照搬国内利用加班加点甚至“三班倒”的方式来加速项目进度，但风俗习惯、文化宗教等各种差异使得企业无法达到预期，进而导致项目进展受挫。类似的国内思维模式不但给本地员工造成极大困惑，也导致中外方员工沟通不畅，给项目进展和投资成本造成不利影响。另外，要避免因市场认知不足，对落后地区发展预期产生误判，从而制定了错误的投资目标，使得结果与预期相差甚远。

央企作为我国海外投资的中坚力量，投资决策需要平衡长短期利益关系。海外项目普遍具有周期长、回报慢、退出难等特点，需要企业使用战略视角来做长远规划，如仅将短期效益作为投资决策标准，就很难给企业带来可持续良性发展的局面。随着“一带一路”倡议的推进，对外投资增长迅速，但很多企业更多关注的是短期合同额增长和营业额的增加，严重忽视项目全生命周期整体效益的考量，这样的决策思维在短期内看起来欣欣向荣，但给企业长远发展埋下了较大隐患。近年来，随着建设期逐步结束，很多“一带一路”项目进入运营阶段，正是前期决策的短期思想影响，使得运营收益远不达预期，导致项目债务缠身、步履艰难，甚至将企业推向破产重组的边缘。

（三）建立国家级的项目动态评估、监督体系

目前国家对境外投资项目及机构进行备案或核准的审查主体包括四个主要部委。国务院国有资产监督委员会（以下简称国资委）监管中央所属企业的国有资产，承担监督央企国有资产保值增值责任，但不对央企海外投资项目进行具体审批；国家发展和改革委员会（以下简称发展改革委）代表国家对境外重大投资项目进行备案或核准；商务部在国内企业在境外投资开办企业（金融企业除外）事项中，对涉及敏感国家和地区、敏感行业的，进行核准；国家外汇管理局负责央企对外投资所使

用外汇资金的审批。

其中，国资委代表国家履行出资人职责，考核、任免央企负责人，只对央企国有资产保值增值的结果进行监督和考核，并通过监事会适度监督央企国有资产保值增值的过程，没有更多地参与央企的过程管理，主要以最终的经济考核为抓手进行绩效评定。这样的考核方式的确赋予了央企更大的自主投资决策权，但针对海外投资项目此类涉及国家长期战略计划发展的评估与监管，本书倡议建立起国家级的项目动态评估、监督体系。四个部委联合央企的管理部门从批准立项、项目评估、全程监督等项目周期进行监督考核。国资委将央企总部所拥有的国有资产情况同步给其他三个部委，发展改革委根据央企的投资能力与资产结构对项目的可行性进行批准立项工作，同时商务部将所涉及的敏感行业或产生的损益进行预估，最终国家外汇管理局及其他融资机构根据该项目的成本利润情况及能带来长期效益进行外汇与融资的发放。企业在这个过程中要做到对项目进行预期评价、事中评价和事后评价，要评估项目的预期效益、工程效益和最终效益，不仅要对项目进行技术评价、组织评估、经济评估、成果评估，而且要对项目进行社会评估、环境评估、风险评估，对整个项目实施过程中进行动态评估，并及时同步给相关部委。在完成一个项目后，将以上的项目的风险报告与效益报告上交给各大部委留存备档，便于日后项目相关责任追究与优良经验的保留。国家级的项目动态评估、监督将真正实现海外投资项目的长远策略目标，促进海外地区公司执行项目规范化、部委考核一体化。

三、央企海外项目相关法律法规改进措施

（一）基于 FIDIC 合同条件的项目法规完善

以上研究可得到世界银行贷款项目管理模式基本基于 FIDIC 合同条件[①]和一些国际惯例。FIDIC 合同条件是国际通用的项目管理模式，它科

① FIDIC 条款为 FIDIC 编制的《土木工程施工合同条件》的简称，也称为 FIDIC 合同条件。FIDIC 即是国际咨询工程师联合会（Fédération Internationale Des Ingénieurs – Conseils）。

学地将土建工程权益、技术、管理、经济、法律有机地结合在一起，通过实行招标投标和监理机制，规范了业主、承包商、监理的行为，使工程承包活动规范化、科学化和系统化，对监理制度进行改革。

FIDIC 合同条件具有下列特征：①他人监督原则。将监理工程师作为第三方引入管理机制，形成以业主和承包商的合同关系为基础，以独立、公正的工程监理为核心的相互制约、相互联系的合同管理模式。②竞争择优原则。通过公平竞争的招标制度，实现效益和利益的最大化。③依法管理原则。被管理者与管理者都要依法行事，管理者不能滥用职权。④公平合理原则。在合同中表现为：权利与义务对等，利益与风险共存；风险分担公平、合理。⑤诚实信用原则。基于 FIDC 合同本书对央企海外投资提出以下改进措施。

1. 完善企业合规体系建设。建立健全企业风险管理制度。我国企业应在充分调研的基础上识别各类风险，并制定规范有效的风险管理制度。健全、科学的风险管理制度可实现以下目标：①将风险水平控制在一定范围内，使风险发生时不会对企业造成致命伤害；②企业行为遵守法律法规的要求；③提升企业的经营效率与效果；④风险发生时，各项应急措施与危机处理计划有章可循。

完善企业决策机制。完善的企业决策机制主要由权力结构、责权利关系和组织保证体系组成。①明确决策主体。企业的决策呈现出由简单到复杂、由下级到上级、由分散到集中的特点，为保证决策的有效性，企业需要明确各种决策的主体。②权力均衡。决策权力既要避免过于集中，使决策风险过大，导致相关人员积极性不高；同时也要避免决策权力过于分散，导致决策效率低下，错失市场机遇。③责权利关系。决策者行为受到责权利关系的影响主要表现为其行为受利益驱动、受责任约束、受权力保证。要保证决策行为的科学、合理，需要匹配与权力相适应的利益，处理好责、权、利三者之间的关系。④组织保证体系。为保证决策主体履行职能，除赋予其相应的权力外，还应提供组织的保证，如有效的信息管理系统、企业智囊团队、外部咨询力量等。

2. 加强合同管理。做好合同签署前的项目背景调查。在启动签约前，需了解清楚真实的项目背景、签约方及合同标的物是否涉及国际制裁、项目是否有最终用户以及最终用户的身份、对方是否在相关制裁名单中等。严格履行合同义务。合同签署后，需要严格按照合同约定履行合同义务，对于履行合同中出现的问题需要与另一方保持密切沟通，并做好相关文件的收集整理工作，以作为日后出现合同纠纷时可以出示的证据。加强合同条款审核与评估。合同条款的描述要清晰、准确，避免任何歧义。在签订合同时，企业需要认真审核相关条款，对重要条款的描述进行仔细推敲与评估，特别是合同中的特殊条款，如违约责任、索赔、不可抗力、适用法律、仲裁调解机构等相关条款。管理手段也要充分应用计算机软件，对相关的重要条约进行电子存档，方便后续工作中查档，避免由于条约毁坏、丢失相关的纠纷，管理的相关记录留存也便于后续项目中作为参考经验。持续进行合同的动态管理，做到记录可查、追责可担，实现项目全过程、全方位管理。项目“投资、建设、运营一体化”的全生命周期管理，即从规划、可研、投资、合同签订，到工程建设阶段（进度计划、投资、质量、安全、设备管理等）至竣工验收，到运营阶段（安全、设备等）的管理。对管理性工作如计划、文件等的报送、审批、执行等环节实行闭环管理。

（二）企业积极协商与东道国政府设定稳定条款

央企在海外投资中面临着东道国的投资法律环境变动风险。由于东道国法律不稳定，发生法律变动导致央企海外项目受到重大不利影响的风险客观存在。东道国投资法律环境的稳定，是决策投资的重要考虑因素之一，但法律变动具有不可预见和无法控制的特征，特别是在能源、基础设施投资等期限较长的领域，加之在低碳发展、能源转型的大背景下，各国国内能源法律法规或政策的修订频繁，东道国法律环境的稳定对于央企海外项目的投资利益影响重大。作为国家主权，东道国政府可以依据程序对法律进行修订变动，不以外国投资者的意志为转移。我国“走出去”企业应该有这样的法律风险认知，通过与东道国政府积极协商，重点关注项目合作中特许协议中稳定条款设立的事项。

特许协议或称特许权协议（Concession Agreement）是指东道国政府同外国投资者约定，在一定期间和一定条件下，允许外国投资者享有专属于政府的某种权力，投资能源开发或基础设施建设等特殊经济活动的协议。① 为保证我国央企在海外项目中的利益与争端解决机制，在特许协议中设置稳定条款很有必要，关乎东道国政府是否对外国投资者的投资利益作出具体承诺。假使外国投资者将东道国诉至投资争端仲裁，东道国的具体承诺是一个重要的考量因素。设置稳定条款的重要关注点包括以下两点：

1. 明确触发重新协商的具体范围和条件。从国际投资争端实践反映的情况看，影响稳定条款适用的一个重要的因素是约定太过宽泛的宣示性合同条款笼统地将东道国所有的法律变动都纳入稳定条款下，是缺乏实际可操作性的。作为外国投资者应尽量将触发重新协商的情形约定清晰，减少仲裁庭解释条款时的自由裁量权。

2. 明确管辖法律及投资争端解决机制。特许协议签署方为外国投资者和东道国政府，主流观点认为属于私人契约，可能存在部分东道国认定政府签署的特许协议为行政协议，必须受本国法律管辖，不得提交国际仲裁。这就需要我国央企签订稳定条约时争取将国际法条约或者国际法准则，纳入特许协议的准据法范畴，为将来可能发生的国际仲裁提供法律依据。在特许协议中，还应明确投资争端的解决机制，避免未约定或约定不明，导致投资争端被迫在东道国国内解决。

（三）聚焦社会许可，积极对标国际标准和良好实践

聘请专业咨询团队，与社区直接建立互动关系。海外项目建设过程中，项目的顺利进行仅依赖当地政府许可是不够的，还需要获得“社会许可”。企业在海外投资中要注重提升处理社区关系和风险管理方面的能力，项目公司可专门引入咨询公司相关专家作为顾问。一方面，通过

---

① 宋玉祥，刘越．浅析海外投资特许协议中的东道国法律变动风险及防控［J］．国工论坛，2022（4）．

培训，提升公司管理层和员工在社区沟通方面的能力；另一方面，帮助公司建立有效的社区参与机制，获取居民诉求的一手信息，提高公司响应居民诉求的针对性和有效性，从而建立信任，获得“社会许可”。

海外投资要积极对标各类国际要求，尤其以我国常年忽视的环保要求为主。我国央企海外投资中应积极构建高等级环保管理体系，项目过程中严格执行世界银行 IFC 准则等国际惯例的环保要求，并主动考虑项目周边区的环保诉求，给出一套高标准的环保管理制度，定期邀请第三方机构进行环保评估，给出评估报告。在项目建设中秉持生态文明建设，对标国际环保标准。

第三章　央企海外投资现状

第一节　央企海外投资项目总体情况

《中共中央关于建立社会主义市场经济体制若干问题的决定》中明确提出：央企是我国国民经济发展的重要支撑，以公有制为主体的现代央企制度是国民经济体制发展的基础和先决条件。2008 年以来，全球化中的不确定性不断加剧，世界正面临“百年未有之大变局”。[①] 世界秩序加速转型，国际互动发生深刻变化，中国国际地位呈现全面、持续、快速上升的总体态势。[②] 随着国际互动进程的深层次变化，影响中国国际地位演进的内外因素之间的传统界限日益模糊。中国在积极变革自身的基础上，通过调整国家战略资源配置，主动融入全球治理体系，承担更多大国责任，塑造了自身国际地位的新内涵。央企作为我国对外投资的主力，为加快我国“走出去”步伐作出突出贡献。

本节将从央企海外投资演进态势、海外投资规模、区域结构和产业结构四个角度分析央企海外投资项目的总体情况。

一、央企海外投资的演进态势

“央企”的称谓始于 2003 年国资委成立，但其中一些企业在此之前

① 习近平．顺应时代潮流实现共同发展［N］．人民日报，2018－07－26（2）．

② 门洪华，王骁．中国国际地位动态研究（2008—2018）［J］．太平洋学报，2019，27（7）：76－92. DOI：10. 14015/j. cnki. 1004－8049. 2019. 07. 007.

就进行了对外投资。[1] 早在1980年3月，央企中国船舶工业总公司、中国租船公司就率先试水OFDI，与香港环球航运集团合资成立了国际船舶投资公司，总部位于百慕大，项目初始投资额为5000万元，我方占45%，成为当年OFDI金额最大的一个项目。

我国一直坚持以公有制为主体、多种所有制经济共同发展的基本经济制度。央企作为由中央政府直接监督的企业，集资金、技术和政策等优势于一身，具有更为丰富的自然、社会和人力资源，是我国对外投资的主力和中坚力量。如图3-1所示，我国对外投资逐步呈现出多元化趋势，央企海外投资在当年整体海外投资流量中的比重整体呈现下降的趋势，从2003年近九成降至2016年的17%，随后几年比例有所上升。值得格外关注的是，2020年受新冠肺炎疫情严重冲击，世界经济萎缩3.3%，自2009年以来首次出现负增长，全球货物萎缩5.3%。在如此严峻的世界环境下，中国2020年对外直接投资流量非降反升，同比增长12.2%，中国对外直接投资流量在全球的位次首次取得第一，其中中央企业和单位对外非金融类直接投资流量492亿美元，占当年我国对外非金融类直接投资流量的36.7%。央企克服了重重困难，在做好疫情防控的基础上，从能源供应、技术攻关、物流保障等方面下功夫，保障项目正常开展，特别是"一带一路"的重点项目，没有一例因疫情而停工，这对于稳定全球产业链、价值链、供应链具有重大作用。从企业数量来看，央企参与海外投资的境外单位仅占所有海外投资企业数量的13.9%，数量较少的情况下，央企对外投资金额仍占据绝对地位，发挥着经济主力作用。[2]

"十一五"以来，央企从保障国家经济安全和企业战略发展需要出发，积极利用"两种资源，两个市场"不断加快"走出去"步伐，对外投资合作取得了长足进展，境外经营的规模、效益大幅提升，经济实力

---

① 于佳."一带一路"战略下关于对外直接投资和央企"走出去"的探析［J］.农村金融研究，2017（3）：25-30. DOI：10.16127/j.cnki.issn1003-1812.2017.03.006.

② 聂爱云，何小钢.中国"一带一路"投资：进展、挑战与对策［J］.国际贸易，2018（12）：32-37. DOI：10.14114/j.cnki.itrade.2018.12.007.

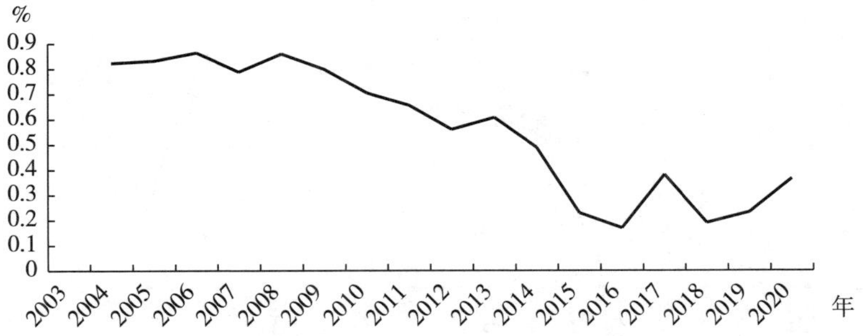

图 3 – 1　央企对外投资占全国海外投资流量比重变化（2003—2020 年）

不断增强。“十二五”以来，尤其是 2013 年“一带一路”倡议提出以来，我国对外投资金额大幅度增长，许多民营企业加入对外投资的队伍中，央企境外资产总额也从 2.7 万亿元增加到 4.6 万亿元，年均增长 12.2%。截至 2014 年末，央企境外资产总额、营业收入和利润总额分别占央企总体的 12.7%、18.3% 和 8.6%，大部分央企已涉及国际化经营。“十三五”期间，央企在海外的资产约 8 万亿元，实现海外营业收入超过 24 万亿元，利润总额接近 6000 亿元，对外投资收益率达到 6.7%。其中，81 家中央企业高质量建设“一带一路”沿线项目超过 3400 个，打造了一大批标志性工程，有力促进了当地经济社会发展（见图 3 – 2）。[①]

二、海外投资的规模

1. 中央企业海外投资规模不断扩大。据估计，央企在海外的资产大约有 8 万亿元人民币，在全球 180 多个国家和地区拥有超过 8000 个机构和项目，海外员工达到 125 万人。“十三五”期间，央企实现海外营业收入超过 24 万亿元，利润总额接近 6000 亿元，对外投资收益率达到 6.7%。[②] 2021 年，央企实现营业收入 36.3 万亿元、净利润 1.8 万亿元，

① 聂爱云，何小钢．中国“一带一路”投资：进展、挑战与对策［J］．国际贸易，2018（12）：32 – 37. DOI：10.14114/j.cnki.itrade.2018.12.007.

② 中新经纬财经资讯平台。

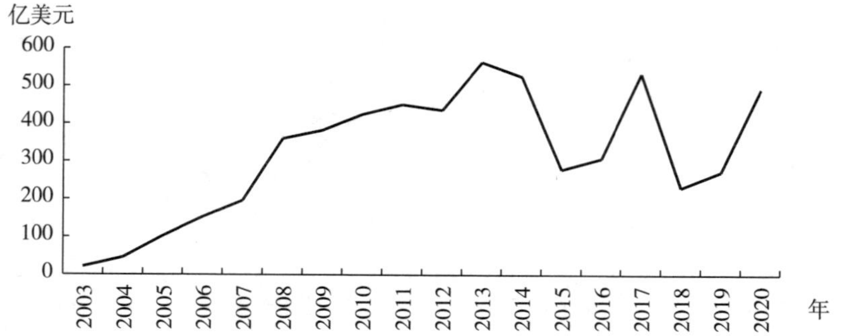

图 3-2 2003—2020 年央企对外投资流量情况

（数据来源：《对外直接投资统计公报》）

同比分别增长 19.5% 和 29.8%，营业收入利润率、研发投入强度、全员劳动生产率和资产负债率等也圆满完成预期目标。近八成央企净利润同比正增长。冶金、矿业、发电、建筑、通信、机械等行业累计净利润保持正增长，其中，冶金、发电等行业净利润增速超过 15%（见图 3-3）。①

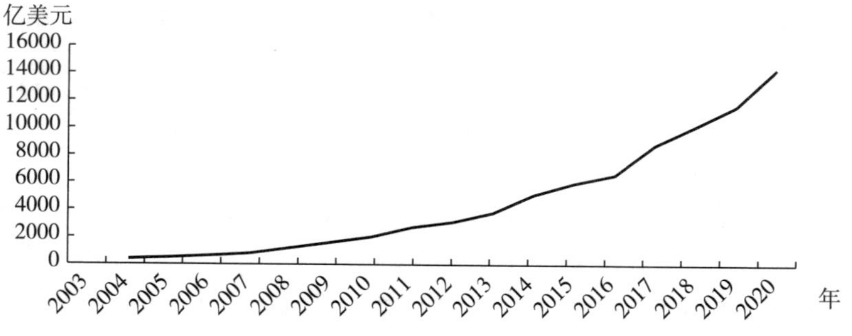

图 3-3 2003—2020 年央企对外投资存量情况

（数据来源：《对外直接投资统计公报》）

① 冯体一. 央企对外直接投资的战略选择［J］. 华东师范大学学报（哲学社会科学版），2015，47（2）：113-123+171-172. DOI：10.16382/j.cnki.1000-5579.2015.02.014.

近年来，世界经济处于国际金融危机后的深度调整期，国内经济发展进入新常态，国内经济总体保持平稳，但下行压力加大。[①] 面对复杂多变的国内外经济形势和繁重的改革发展任务，央企在国际化经营中坚持服务国家战略，顾大局、谋发展，不断加快“走出去”步伐，取得显著的成效。

2. 境外单位不断增多。截至2012年底，共有106家央企在境外设立了7028家分支机构。截至2014年底，共有107家央企在境外设立了8515家分支机构，相比2012年增长了21.2%。

3. 资产规模进一步扩大。央企境外资产扩张自2003年以来经历了两个阶段：一是2010年以前的资产高速扩展阶段，二是2010年以来的资产稳步增长阶段。2014年，央企境外资产总额达到4.9万亿元（见图3-4）。[②]

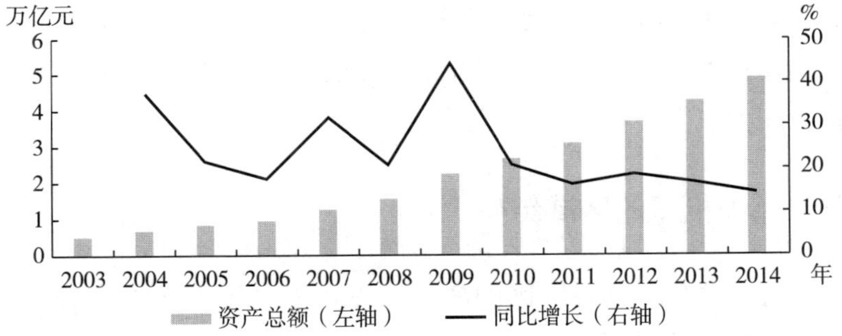

图3-4　央企境外资产总额及增长率（2003—2014年）

（数据来源：央企国际化经营状况报告）

4. 营业总收入持续增长。央企营业收入2003—2008年呈现高速增长；受国际金融危机的冲击在2009年发生大幅波动；2010年以来恢复原有规模并逐年扩大，增速稳定。2014年央企境外经营单位实现营业收入4.6万亿元，同比增长6.2%（见图3-5）。

---

① 王运达．浅谈我国对外投资现状［J］．北方经贸，2019（4）：43-44+55.

② 中央企业国际化经营状况报告2012—2014年。

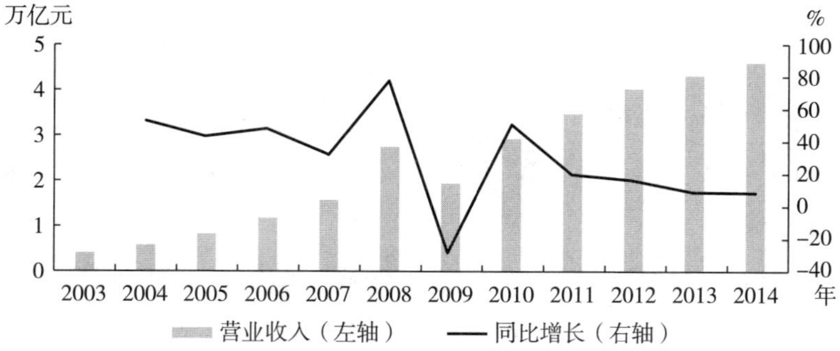

图 3－5　央企境外营业收入及增长率（2003—2014 年）

（数据来源：中央企业国际化经营状况报告）

5. 利润总额、资产利润率、利润率略有下降。2011—2014 年，受全球经济环境、行业周期性波动等因素影响，央企境外经营单位利润总额连续 4 年下降。2014 年实现利润总额 1228.7 亿元，同比下降 8.1%。此前 2012 年和 2013 年，央企境外经营单位利润总额同比分别下降 9.6% 和 1.6%。2010—2014 年，央企海外投资利润率和营业收入利润率持续保持在较低的水平。①

三、海外投资的区域结构

中国的对外投资既是中国的海外利益，也是中国为世界各国提供的巨大商业机会和投资利益，为全球跨境投资、基础设施投资提供更大规模的资金。② 中国对"一带一路"沿线国家的投资保持较快增长。据联合国贸易和发展会议数据，1990—2013 年沿线国家外资流入年均增速在 7% 左右，主要来自中国的投资。③ 美国传统基金会与美国企业研究所（Heritage/AEI）共同设立的"中国全球投资追踪"（CGIT）数据库数据

① 李婷，汤继强．"一带一路"沿线国家金融风险对中国 OFDI 的影响研究［J］．国际经贸探索，2022，38（3）：36－50. DOI：10.13687/j.cnki.gjjmts.20220309.001.

② 徐世腾，陈有志．政治风险、自由贸易环境与我国企业 OFDI 地理布局——基于央企与地方企业的比较研究［J］．华东师范大学学报（哲学社会科学版），2017，49（2）：155－162＋185. DOI：10.16382/j.cnki.1000－5579.2017.02.016.

③ 联合国贸易和发展会议数据库，http：//unctad.org/en/Pages/statistics.aspx。

显示，从2005年1月至2015年6月中国企业对沿线国家的总投资存量达4891.3亿美元，占中国对全球投资存量的44.42%。央企是“一带一路”倡议的主力军，其中央企投资占总投资的80%以上。

央企投资主要集中在中国周边地区，延伸至欧非。从投资区域和投资存量来看，《推动共建丝绸之路经济带和21世纪海上丝绸之路的愿景与行动》中提出的主要经济走廊中，“中国—中亚—西亚”和“南海—印度洋—北非”经济走廊是央企投资的主要经济带，其次是“新亚欧大陆桥”和“中国—中南半岛”经济走廊（见图3－6）。

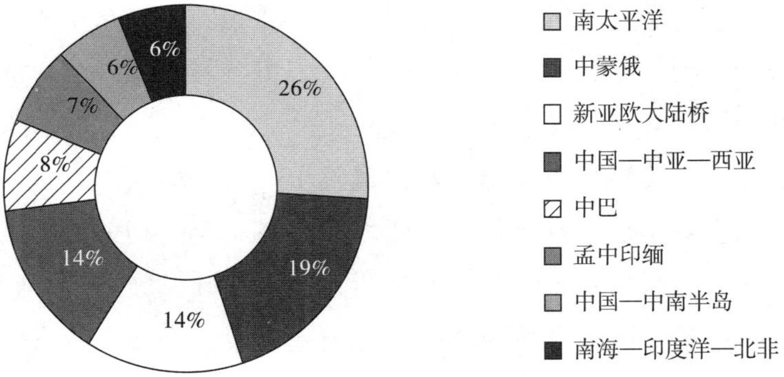

图3－6　央企对八大经济走廊的投资存量情况（2005年至2020年6月）

中国境内投资者在全球189个国家（地区）设立对外直接投资企业，遍布全球超过80%的国家（地区）。从区域布局来看，中国企业在亚洲的投资项目最多，占比超过73.1%，其次分别是拉丁美洲、欧洲、北美洲、非洲和大洋洲（见表3－1）。

表3－1　　2020年中国对外直接投资流量地区构成情况[①]

洲别	金额（亿美元）	同比增长（%）	比重（%）
亚洲	1123.4	1.4	73.1
拉丁美洲	166.6	160.7	10.8
欧洲	126.9	20.6	8.3
北美洲	63.4	45.1	4.1

① 《中国对外直接投资统计公报》。

续表

洲别	金额（亿美元）	同比增长（%）	比重（%）
非洲	42.3	56.1	2.8
大洋洲	14.5	-30.3	0.9
合计	1537.1	12.3	100.0

中国对亚洲投资比重最大，得益于亚洲各国同中国地理位置相近，交通便利，同时各国有着不一样的自然资源，对于企业的吸引力较大，如沙特阿拉伯、伊朗、伊拉克等西亚北非国拥有丰富的石油资源，印度尼西亚、马来西亚等东南亚国家拥有丰富的海洋资源，越南、老挝等东亚国家拥有丰富的森林资源。除此之外，亚洲各国人口众多，产品需求量大，市场广阔，对亚洲的投资可以寻求到市场发展的机会。同时，亚洲整体环境相对安定，投资后可以长期发展经营。

中国对拉丁美洲和非洲的投资比重较小，但是增长速度极快。拉丁美洲和非洲有着丰富的自然资源，两大洲存在一定的相似之处，都拥有丰富的林业、水利和矿产资源，但是两大地区基础设施不全，经济发展速度缓慢，通过中国不断与两个地区加强基础设施合作，带来先进的建设标准，提高当地基础设施水平，在一定程度上带动经济发展。当人们有一定的收入后，凭借当地丰富的人口资源，进一步开拓市场、带动消费，提高当地生活水平。

四、海外投资的产业结构

中国对外投资产业类型几乎覆盖了国民经济的各个行业，行业分布越来越趋向于多元化发展。随着中国经济的增长、人均 GDP 水平的提高，相比一些发展中国家，中国已经有越来越多的企业具备了真正意义上的“所有权优势”。近年来，中国对外投资并购活跃，不再单一追求海外并购投资金额，而是聚焦高质量发展。中国企业对外直接投资方式多元化发展格局已初步形成，正积极向对外投资强国的方向发展。①

① 吴英艳，王心语．人民币汇率波动背景下中国企业对外投资问题研究［J］．商业经济，2022（5）：74-75. DOI：10.19905/j.cnki.syjj1982.2022.05.015.

中国政府早就意识到资源的约束会严重影响和制约经济的发展及规模，因此鼓励企业开展以自然资源寻求为目的的海外投资。据报告，中石化、中石油、中海油（以下简称“三桶油”）肩负着国家寻求海外自然资源的重任，仅2009年“三桶油”在全球范围内并购资源类项目就超过100个。对资源的渴求可以很好地解释为什么中国OFDI主要流入发展中国家。产业分布较广，但主要集中在第二产业，其中采矿业是央企海外投资的重点，OFDI多达490次，主要投资方式为收购、合资公司、产品分成、设立办事处等，区域涉及六大洲，并以亚洲、非洲、大洋洲居多，充分体现了我国海外能源投资的国家意图。建筑业的OFDI次数也高达340次，主要为在亚洲、非洲进行国际工程的承揽并带动劳动力、建筑材料、工程机械等出口。制造业次数314次，投资方式多采用海外直接建厂，或设立办事处、代表处等分支机构，采用收购形式的仅30次。交通运输、仓储和邮政业，电力、煤气和水的生产和供应业，信息传输、计算机服务和软件业的OFDI次数也超过100次，出于地理因素的考虑，多集中在亚洲，投资形式多为设立代表处、办事处和公司等。

央企投资集中能源、交通两大行业。中老铁路、中泰铁路、匈塞铁路建设稳步推进，雅万高铁全面开工建设；斯里兰卡汉班托塔港二期工程竣工，科伦坡港口城项目施工进度过半；希腊比雷埃夫斯港建成重要中转枢纽；中缅原油管道投用，实现了原油通过管道从印度洋进入中国；中俄原油管道复线正式投入使用，中俄东线天然气管道建设按计划推进。[①] 从投资行业类别看，央企对“一带一路”沿线国家的投资覆盖了国民经济主要行业类别。央企在能源（54.4%）和交通（22.6%）行业累计存量达3115.5亿美元，占央企对沿线国家总投资的76.9%。此外，房地产（7.7%）、矿产（7.5%）和农业（3.2%）三个行业累计存量达741.5亿美元，占央企对沿线国家总投资的18.3%，是央企投资集中的第二梯队（见表3-2）。

---

① 胡键．“一带一路”与中国软实力的提升［J］．社会科学，2020（1）：3-18. DOI: 10.13644/j.cnki.cn31-1112.2020.01.002.

表 3－2　　央企投资行业分布　　单位：%

行业	2005 年	2006 年	2007 年	2008 年	2009 年	2010 年	2011 年	2012 年	2013 年	2014 年
能源	59.0	49.6	57.8	51.4	78.4	69.0	50.6	42.5	60.3	44.4
交通	23.7	29.2	6.3	28.5	15.1	5.3	15.0	26.5	24.1	31.9
房地产	7.4	5.7	5.2	3.4	3.0	5.9	15.7	16.8	3.1	9.2
矿产	3.0	3.7	28.8	11.1	1.1	6.9	10.1	5.3	4.0	4.4
农业	2.1	1.7	0.0	3.6	0.4	8.9	4.9	4.1	1.7	2.9
化工	3.4	0.0	0.0	0.0	0.0	2.8	0.3	0.0	2.11	1.9
技术	0.0	9.5	1.5	0.0	1.8	0.5	0.3	0.2	0.9	2.8
旅游	0.0	0.0	0.5	2.2	0.0	0.0	0.8	0.7	1.6	1.1
公共事业	1.5	0.0	0.0	0.0	0.3	0.7	1.9	0.3	1.9	0.0
其他	0.0	0.5	0.0	0.0	0.0	0.0	0.4	3.6	0.3	1.4

数据来源：中国全球投资追踪数据库（CGIT）。

从行业投资额变化情况看，虽受到市场等因素影响，央企对交通、房地产、农业行业的投资波动较大，但是央企对外总投资流量中占比呈现上升趋势，行业集中度上升。中央企业对能源和矿产行业的投资在总投资流量中的比重呈现下降趋势，行业投资集中度下降。此外，央企对化工、旅游、公共事业及其他领域的投资还处于萌生起步阶段，同时对国外信息和技术行业的投资近两年呈现爆发式增长，说明央企投资行业领域在全球价值链所处的位置发生变化，向附加值更高的价值链高端行业领域转移。

五、央企投资的国际意义

中国的国际投资业务在动荡和曲折中从小到大发展起来，中国已经成为国际投资大国，正在迈向国际投资强国。[①]“一带一路”倡议是我国形成陆海内外联动、东西双向互济全面开放新格局的重点。目前及未来

① 卢进勇，李小永，张航．中国国际投资发展史研究：意义、重点和突破点［J］．国际经济合作，2019（5）：29－35.

一段时期，保障和推进“一带一路”倡议行稳致远有着极为深远的国际意义。[①]

1. 央企对外投资有利于建立外交新格局。随着近几年我国整体经济不断进步和发展，我国的国际地位也发生了前所未有的变化。众所周知，经济发展是当今世界各国之间交流与合作的重要支撑，一个国家的外交关系不仅仅体现在政体方面，还体现在国家与国家之间经济合作与交流方面。随着世界经济的不断发展，各国之间的交流越发密切，“一带一路”倡议顺应着古丝绸之路的发展思想逐渐形成了如今我国开放型经济的新格局。“一带一路”倡议自身是以平衡地区经济发展为中心，激活中西部市场经济活力的同时，实现东部地区的经济结构升级和转型，不仅有利于我国经济的均衡发展，还有利于对外的资本输出，促进我国企业对外投资贸易的发展，提高了市场配置资源的效率，从根本上有利于建立我国的外交新格局。央企作为我国国资委直属企业，对外投资行为极大程度上反映了我国政府的外交态度，对外投资规模的不断扩大体现出我国“走出去”进程不断深化，有利于构建外交的新格局。

2. 央企对外投资有利于加强对外经贸关系，促进我国经济发展。当前我国经济发展速度进入中高速阶段，在这种背景下，经济结构面临深刻调整的情况，“一带一路”倡议的出台对于我国与周边国家各方面合作都是一场机遇，“一带一路”的实施是一个具有国际意义的全球经济发展战略。

通过“一带一路”建设共同分享中国改革发展红利、中国发展的经验和教训。“一带一路”是作为世界经济增长“火车头”的中国，将自身的产能优势、技术与资金优势、经验与模式优势转化为市场与合作优势，实现全方位开放的一大创新。

① 马晓夏．中国企业对“一带一路”沿线国家投资的经济效应评估——“发展馅饼”还是“债务陷阱”[J]．金融发展评论，2021（2）：24－38. DOI：10.19895/j.cnki.fdr.2021.02.001.

第二节　央企海外投资标志性工程与问题项目案例分析

《推动共建丝绸之路经济带和21世纪海上丝绸之路的愿景与行动》对“互联互通”作出如下阐释：共建“一带一路”致力于亚欧非大陆及附近海洋的互联互通，建立和加强沿线各国互联互通伙伴关系，构建全方位、多层次、复合型的互联互通网络，实现沿线各国多元、自主、平衡、可持续的发展。“一带一路”的互联互通项目将推动沿线各国发展战略的对接与耦合，发掘区域内市场的潜力，促进投资和消费，创造需求和就业，增进沿线各国人民的人文交流与文明互鉴，让各国人民相逢相知、互信互敬，共享和谐、安宁、富裕的生活。互联互通是“一带一路”建设的核心内容，主要研究议题包括互联互通网络建设与问题、互联互通与共同体建设以及互联互通与区域发展的关系等。基础设施互联互通能够在物流、贸易、信息等领域产生巨大的“溢出效应”，是互利共赢和人类命运共同体构建的主要体现。①

自“一带一路”建设以来，中国取得了实打实、沉甸甸的成果，但是在项目推进过程中也遇到了一些困难和挑战。总结与提炼历史上的成功经验与失败教训，分析其贡献和作用，是为了古为今用，是为更好地发展中国的国际投资事业，加快推进“一带一路”倡议的实施和培育世界一流的中国跨国公司服务。

本节共选取了五个正面案例及两个负面案例，按行业划分，涉及铁路、港口、矿山开采及冶炼、境外经贸合作园区等不同类型的项目；按区域划分，项目分布在东南亚、欧洲和南美洲地区。本节基于以上考量，旨在从成功案例中获得启示，从失败案例中总结经验，为未来“一带一路”海外项目投资提供行之有效的对策建议，从而推动“一带一路”高

① 梁双陆，张梅．“基础设施”互联互通对我国与周边国家贸易边界效应的影响［J］．亚太经济，2016（1）．

质量发展。

一、标志性工程

（一）中老铁路（中国—老挝）

中老铁路是与中国铁路网直接连通的国际铁路，线路北起中国云南省昆明市，向南经中国玉溪、普洱、磨憨边境口岸，再经老挝磨丁边境口岸，最终到达老挝首都万象，线路全长1035千米。中老铁路是中老政府间合作的最高层次项目之一，是“一带一路”倡议提出以来新建的第一条我国与周边国家连通的铁路，也是“一带一路”建设的旗舰示范项目。中老铁路是“一带一路”倡议同老挝“陆锁国”变“陆联国”战略对接取得的重大成果。中老铁路是以特许经营为基础的BOT项目，中老铁路有限公司运营50年或者75年之后，中老铁路将正式移交给老挝政府进行运营管理。综合来看，中老铁路是一条友谊之路、创新之路、环保之路、廉洁之路、协作之路。

1. 案例背景①

老挝是东南亚唯一的内陆国，山地和高原占国土面积的80%，交通极度不发达，因此也被称为“陆锁国”。在共建“一带一路”的大背景下，2016年9月8日，中老两国签署了《关于编制共同推进“一带一路”建设合作规划纲要的谅解备忘录》，进一步推动了中老关系的发展。2017年11月，中国国家主席习近平访问老挝，揭示出中国对中老关系的重视。在老挝国家经济社会发展“八五”规划中，老挝也把中老铁路项目列为国家一号重点项目。在此期间，中老两国元首见证了中老总体规划的签订，其中包括一系列交通、能源、农业、旅游、商业、银行和工业园区项目。中老铁路开通以来，已经取得了实实在在的成绩。据统计，中国云南、山东、江苏、浙江、重庆、四川、广东等地已经开通中老铁路国际货运列车，截至2021年12月15日进出口货物总值已突破1

① https：//www.yidaiyilu.gov.cn/qyfc/xmal/2463.htm.

亿元人民币。中老铁路的修建不仅满足了老挝国内的建设需求，更重要的是帮助老挝实现了从“陆锁国”到“陆联国”的蜕变，激活了老挝的发展活力，拉近了老挝同世界的距离。

中老铁路是连通中老两国的重要基础设施，也是泛亚铁路的重要组成部分。中老铁路建设的实施，对于发挥铁路在推进“一带一路”建设中的服务保障作用，实现“一带一路”沿线国家交通基础设施互联互通等具有重要推动作用。同时，中老铁路的开通运营对于改善老挝交通条件，形成沿线大能力、低成本的铁路客货运输通道，方便沿线民众出行，促进沿线城市化发展和旅游资源的综合开发，带动区域产业经济的快速发展具有重要的意义。总的来说，中老铁路是老挝建设现代化综合交通骨干网络的重要载体，是老挝沿线社会经济发展的需要，是促进东盟相邻国家间大能力铁路网建设的需要。

中老铁路在设计和建设过程中严格落实生态环保措施，绕避自然保护区核心区和环境敏感地区。同时，中老铁路还是一条科技路，建设者以科技创新攻克多个世界技术难题。世界银行在一份报告中指出，长期来看，通过与“一带一路”广阔的网络连接，中老铁路将使老挝的总收入增加21%。

2. 案例事件

2015年11月13日，中国和老挝两国政府在北京签署了《中老两国间铁路基础设施合作开发和中老铁路项目合作协议》。2016年8月24日，老挝铁路有限公司在老挝注册完成，项目于2016年12月25日正式开工，工期5年，计划于2021年12月通车。

2017年12月20日，中老铁路建设者代表签订《廉洁承诺书》，打造“一带一路”廉洁示范工程。在启动仪式上，中老两国参建企业代表签订了《廉洁承诺书》，中老两国参建员工在现场进行了集体宣誓，郑重承诺共同遵守廉洁准则，打造“一带一路”廉洁建设示范工程。中老双方代表共同为中老铁路“廉洁之路”建设奠基。加强中老铁路廉洁建设是落实中老两国领导人重要政治共识的具体实践，是实现“一带一路”互联互通的内在需要，是企业“走出去”参与“一带一路”建设的竞争力、生命力所在。中方加强顶层设计，精心谋划中老铁路廉洁建设工作，协调各方参建企业共同推进项目工程建设和廉洁建设。首先，将廉洁建设纳入《精品工程建设指导意见》，制订完善《廉洁建设工作方案》，成立廉洁建设领导小组。其次，实施全流程风险防控，制定《中老铁路项目建设重点环节廉洁风险防控手册》和《廉洁建设十条行为准则》。最后，择优选派管理人员履行工程建设和廉洁建设主体责任。

2021 年 12 月 3 日，中共中央总书记、国家主席习近平在北京同老挝人民革命党中央总书记、国家主席通伦通过视频连线共同出席中老铁路通车仪式。中老双方有关部门和地方负责人、工程建设者代表、有关国家驻昆明总领事、驻老使节等分别在中国昆明站分会场、老挝万象站分会场参加仪式。老挝副总理宋赛和中国国家铁路集团有限公司负责人分别向两国元首汇报通车准备情况。两国元首分别致辞。中方客运列车 C3 次在昆明站 1 道、老方客运列车 C82 次在万象站 1 道同时发车。通车仪式在《中老人民友谊之歌》中圆满结束。

3. 案例的分析与启示

（1）中老铁路项目主要风险

①政治风险。老挝深受公务员腐败困扰，其腐败现象已经出现在各行各业，腐败最为严重的领域主要在城市建设、政府基础设施建设、土地开发、招标、资源开采等领域。腐败往往涉及大量金钱，钱权交易在人事晋升、调动方面层出不穷。这些腐败现象可能对项目资金造成极大影响，职能部门配合度低，办事效率低下，在土地征用方面也有可能因为钱权交易拖延工程进度。

②经济风险。项目过于依赖中国资金，回收周期长。中方在该项目中投资占比相对较大，由中老两国合资成立的老中铁路有限公司投资总额约为 23.65 亿美元，中方占有 70% 股份。一旦项目建设或者在后期运行中出现问题，中方会承受绝大多数的损失。

③工程技术与管理风险。一是项目地区地形条件恶劣，对于铁路选

线要求较高。例如，在勃朗拉邦段，初期的选线方案经过深入的地质探究后暴露了岩溶问题严重、工程地质条件差等问题，且其选线方案会影响到前后80千米的地段建设。选线时要根据地形预估可能会出现的风险，例如选线应尽量避免岩溶问题严重、地质条件差的情况。否则会出现增加治理岩溶的投资、增加施工成本、加大施工难度等问题。二是道路运输困难、物资供应短缺、电力保障缺乏。项目地区处于无人区中，项目进驻之前道路不通，施工时只是简单打通道路，泥泞的道路极易造成交通堵塞，而调动设备救援耗时较长。项目的设备物资大部分从中国进口，而老挝境内的物流运输较为落后，境内只有一条南北向的运输道路，运输效率低。从中国进口的物资到达需要半个月左右的时间，而老挝当地的物资供应短缺，曾由于一家石料厂供货的不及时导致大面积停工。在项目所在地接通电网之前，施工现场用的都是发电机供电，发电不稳定、发电机功率低且油料供应依赖于泰国进口，导致成本的增加和工作效率的降低。三是工区管理困难、技术资料落后、施工人员无法适应当地环境。施工现场距离管理营地较远，加之上述提到的道路情况较差，导致生产主管花费大量时间奔波在不同施工现场，管理效率低下。老挝境内各种技术资料难以收集且落后，基本没有可以借鉴的技术资料，加大了工程设计的难度。项目所在地位于原始森林，经常有毒蛇、蜥蜴等危险动物和蚂蟥、马蜂等毒虫的出现，施工者难以适应。

④法律风险。法律体系不健全，缺乏对当地法律精通的人才。老挝法律体系有待进一步完善，体系中存在官僚腐败的现象且执政干预不足。法律具体执行方式和条款之间存在的差异较大。政府部门对于法律条款的解释不清晰，投资者难以准确理解，这为合同的执行带来不确定性。例如老挝当地的纳税系统与中国有所差异，税收从申报到缴纳需要一个漫长的过程，需要有人及时梳理税收政策的变化，才能规避违规交税的风险。

⑤环境与社会风险。一是施工所在地环境恶劣，加大了施工难度。老挝雨季的来临造成塌方不断，拖延项目进程。加之雨季漫长（从5月

持续到10月)，降水多，导致施工的便道修理、料场生产及物资运输极其不便利。同时，如前文提到的施工场地有较多有毒昆虫及凶残动物，对于施工人员的人身安全有较大的影响。二是老挝礼仪风俗与中国不同。佛教在老挝社会中占有重要地位，与老挝人打交道时要十分注意佛门禁忌，比如要遵守不能对佛教不恭、不能站得或者坐得高于僧侣、参观佛寺进门要脱鞋等礼仪。除去宗教礼仪外，还需要注意当地不同民族的民俗，老挝国土面积23.68万平方千米，和中国的广西壮族自治区面积相近，国内却有着17个省、50个民族，不同地区不同民族，文化风俗也有着差异，在与当地人民接触时需要谨慎对待。

（2）启示

中老铁路虽然是一项基础设施建设，但是对沿线国家的发展起到了综合的、持续的带动作用。这种跨国界的铁路在修建的过程中，由于双方的政策环境、法律法规、技术标准等存在差异，项目方无疑会面临各类复杂的风险。地域嵌入程度是衡量一个项目对当地社会经济发展产生影响的程度，程度越高、影响越大。中老铁路的地域嵌入程度很高，将对当地的社会经济系统产生巨大的甚至是变革性的影响，其建设与运营已经深刻地嵌入当地的制度与文化环境中。中国和老挝两国在铁路运营的成熟度和经验上具有较大差异。铁路运营在中国经历了上百年的发展，相应的法律法规以及铁路文化已经非常成熟，“半军事化”管理文化和严格准时的制度观念深入人心。而老挝整体发展阶段仍处于农业社会，工业发展严重滞后，劳动力素质相对较低。受早期法国殖民历史的影响，老挝民众对自由、平等的意识相对较高；受传统文化影响，民众对现代铁路认知还有待提升，对“工业文明”持一定的怀疑态度。因此，中老铁路建成通车之后，如何使中国铁路的“半军事化”管理文化与当地的“农耕”文化相融合，是中老铁路运营需要提前考虑的重要因素。同时，考虑到中老双边在制度和文化方面的差异，如何加强对中老铁路沿线地区的地方政府机构的管理能力培训，加强对沿线民众的宣传和培训，提升对员工铁路运营技术的培育水平等，对中老铁路的安全运营具有至关重要的作用。[1] 标准铁路这个在中国看起来简单的建设工程，实际上是“技术—制度—文化”的复合体，经过几十年的发展在中国国内保障铁路运行的法律法规以及相应的铁路文化已经非常成熟。[2]

中老铁路虽已成功通车，但是仍然面临包括债务风险、地缘战略风险、运营风险等在内的各类风险。目前，老挝政府的外债占比已经超过100%，其外债占比和偿债率均超过警戒线，意味着老挝面临债务风险。中老铁路开通运营之后，其运营能力的保障主要面临两个方面的风险。一是保障铁路安全运营的法律法规和保障机制仍然缺位。二是基础设施配套体系相对薄弱，尚未制定场站、口岸的集疏运体系总体规划。虽然项目的承建方之一——老挝铁路有限公司已经按照中老铁路特许经营协议，开展了一系列针对提高老挝劳动力职业能力的相关培训，但老挝还是极度缺乏一批技术先进的铁路技术工人和管理人员。如何加强老挝当地的铁路相关人才培训，加强中老铁路可持续运营的人才保障是一个重要问题。

因此，在中老铁路正式通车运行后，负责中老铁路建设的央企也将面临一系列具有挑战性的后续工作，以此保障铁路安全、顺利、持续运营。未来中老铁路还将北上、南下连通更多国家，相信将继续发挥更大的带动作用和综合效益，为中老以及区域国家人民创造更多福祉。

（3）对策与建议

加快推动中老铁路现代化运营需要从当地民众、法律法规、企业社会责任等方面入手。第一，加强宣传和培训，提高老挝民众对现代铁路的认识和了解。加强对沿线地方政府的培训，培育沿线地方政府与铁路运营相关的管理能力；加强媒体宣传，提高普通民众对铁路文化及铁路运营的法律法规的认识，使更多民众可以从中老铁路受益。还要帮助老挝方面加强物力、人力和技术方面的战略竞争优势。加强相关配套基础

---

① 刘卫东等．“一带一路”建设案例研究：包容性全球化的视角［M］．北京：商务印书馆，2021：124.

② 刘卫东，姚秋蕙．“一带一路”建设模式研究：基于制度与文化视角［J］．地理学报，2020（6）．

设施建设，优化场站、货运站的集疏运体系总体规划。增加对老挝国内铁路技术工人和管理人员的培养和储备，通过建立铁路技校、培训学校等途径，开展老挝铁路运营和维护的培训和教育。

第二，除人才队伍建设外，还要推动老挝方面建立铁路安全配套保障体系。对此，加强中老政府间合作，协助老挝方面尽快制定和颁布实施有关铁路安全的法律法规与条例，形成规范化、制度化的铁路管理条例。

第三，投资方企业需注重企业社会责任和资源环境保护。强化企业社会责任建设，推动中老铁路实现建设属地化、管理属地化和人员属地化，使中老铁路惠及更多地方民众，增强人民的幸福感和获得感。坚持可持续发展理念，重视环境保护，遵守当地环境保护条例，确保项目得到广大民众的支持。

（二）科伦坡港口城（斯里兰卡）

科伦坡港口城是中国企业在南亚参与经济合作的标杆，也是“21 世纪海上丝绸之路”建设的标杆项目。该工程项目的目标是打造南亚地区第一个高端中央商务区，建设一个可以容纳 25 万人的新城。根据港口城建设规划，斯里兰卡将填海造地 269 公顷，规划建设规模 565 万平方米，包括国际购物中心、文化中心、五星级酒店、国际游艇码头，超高层高档写字楼多座、高档住宅 30000 套。港口城项目的实施将促进斯里兰卡国民经济发展，有力地提升国家形象和国际竞争力。2019 年 1 月 16 日，中斯共同开发的科伦坡港口城项目填海造地工程完工。

1. 案例背景

斯里兰卡位于印度洋航道中心点，素有“东方十字路口”的美誉。从古至今，这里是“海上丝绸之路”的重要一环，是连接亚非、辐射南亚次大陆的重要支点。科伦坡港具有重要的战略地位。该港是世界上最大的人工港口之一，也是往来印度洋船只的重要补给站。从波斯湾经由马六甲海峡的大部分邮轮都要到科伦坡港进行休整补给。① 此外，科伦

① 唐鹏琪. 斯里兰卡科伦坡港口城市项目的现状与前景分析［J］. 南亚研究季刊，2015（4）：21 −29 +4.

坡港还是印度洋上重要的军事要地，既可以为各国海军军舰提供休整和补给，也可以成为监视各国海军在印度洋活动的情报站点。正因为如此，斯里兰卡对于外国投资进入科伦坡港口城引发的国家安全威胁给予高度重视。[①]

科伦坡港口城项目由中国交通建设股份有限公司投资，与斯里兰卡国家港务局（SLPA）共同开发，由中国交建下属的中国港湾科伦坡港口城有限责任公司实施具体开发运营。该项目是公私合营（PPP）的投融资项目。斯里兰卡政府负责各种环境、规划和施工许可证，中国交建负责投融资、规划、施工和运营，资金70%来自中国国家开发银行的商业贷款。这是斯里兰卡目前单一最大的外国投资项目，该项目确立了中国企业在斯里兰卡经济发展过程中的重要地位。科伦坡城市将多出269公顷土地，占科伦坡市中心面积的7%。在这里将建设主题公园、游艇码头、中央公园、酒店、医疗设施、会展中心、教育设施、公寓等。港口城与科伦坡港口、机场、高速公路连接在一起，这里将成为连接东南亚、南亚、中东等地区的重要经济纽带，斯里兰卡政府将在港口城内建设科伦坡乃至南亚地区独一无二的金融商业中心，使斯里兰卡成为印度洋地区重要的经济活动中心之一。

港口城作为投资项目，投资额度大、技术水平高，是中国企业“走出去”转型的代表项目，体现了中国对外投资的雄厚实力。港口城项目是“一带一路”合作倡议和中国企业“走出去”的重要对接项目，将带动中国资金、技术和管理方式等“中国标准”走向世界，扩大全球性影响。科伦坡港口城项目综合推动了“一带一路”互联互通建设。第一，战略对接促进政策沟通。港口城项目是“一带一路”的重要工程项目，同时与斯里兰卡“大西部省”战略对接。中国的对外投资能够帮助斯里兰卡搭上中国经济发展的“快车”。第二，公路网建设加快设施联通。斯里兰卡的交通主要是以首都科伦坡为中心的公路网为基础的。其铁路

① 彭念．“一带一路”倡议下中国投资海外港口的风险分析及政策建议［J］．南亚研究，2019（3）：106－122＋154－155.

主要由连接各大中心城市的轨道组成，科伦坡是铁路网的主要节点。第三，港口建设加强贸易畅通。科伦坡港口目前是南亚地区迄今为止唯一可以停靠作业 1.8 万标准箱的超大型集装箱船舶的港口，由中国招商局港口控股有限公司和斯里兰卡国家港务局合作建设。而且港口码头在建设期间为当地创造了数千个就业岗位。第四，对斯里兰卡投资提升资金融通。中国在斯里兰卡投资建设港口城市，带来了巨额的国外投资，缓解了斯里兰卡的债务危机并有效拉动经济增长。第五，城市开发促进民心相通。科伦坡港口城的建设不仅优化了当地的基础设施，推动科伦坡成为一个南亚乃至于世界范围内的新兴旅游热点，也给未来当地发展旅游业提供了战略支点。此外，港口城项目在促进当地就业、吸引优秀人才方面也发挥了重要作用。

2. 案例事件

（1）2015 年 3 月。斯里兰卡政府 5 日表示，斯方决定暂时叫停由中国企业投资建设的科伦坡港口城项目的施工。此前，斯里兰卡总理拉尼尔·维克勒马辛哈要求对该项目展开调查并进行进一步评估，斯里兰卡政府作出的这一决定正是基于该项调查的报告结果。斯里兰卡外交副部长阿吉特·佩雷拉表示，斯方在综合考虑后决定暂时叫停港口城项目施工。斯里兰卡投资促进部部长卡比尔·哈什姆 2015 年 3 月 4 日对媒体表示，有指控称前政府在包括港口城项目在内的一些项目上涉嫌规避当地法律以及回避相关环境要求。然而，斯里兰卡新政府叫停项目之后，上千名港口建设工人举行集会抗议政府的决定，并要求政府尽快恢复项目施工。可见，港口城项目给斯里兰卡当地民众带来了实实在在的好处，当地民众最关心的是从项目中获取的收益。虽然公众参与程度较高，但是政治影响力有限。

（2）2019 年 7 月。斯里兰卡议会 23 日通过政府方面的议案，正式批准科伦坡港口城为首都科伦坡的一部分。此项议案由斯里兰卡内政和地方政府部长瓦吉拉·阿贝瓦德纳提出。斯里兰卡议会当天通过这一议案。

（3）2021 年 5 月。由科伦坡港口城发起的旨在清洁海滩的“科伦坡美丽海滩计划”活动于 2020 年 1 月 4 日在科伦坡附近的芒特拉维尼亚公共海滩拉开帷幕，来自斯里兰卡政府多个部门、斯里兰卡警察和海岸警卫队、港口城以及当地的 300 多名志愿者参加活动。

3. 案例的分析与启示

（1）分析与启示。科伦坡港口具有天然的区位优势，科伦坡港口城建设对斯里兰卡港口发展意义重大，将成为南亚地区区域性枢纽港。从战略角度看，科伦坡港口城项目对于确保中国能源安全具有重要意义。随着经济的快速发展，中国原油进口量呈现跳跃式增长，能源对外依存度与日俱增。中国在斯里兰卡的投资符合其发展战略，也给斯里兰卡带来了实实在在的好处。

由于斯方对华经济依赖度较低以及科伦坡港重要战略地位，科伦坡港主要面临较高的政治风险。中国企业在斯里兰卡投资项目众多，涉及铁路、公路、机场、港口等，但是斯里兰卡并不是中国在南亚的主要贸易对象和投资目的地。中国在斯里兰卡的海外投资市场不仅不占据优势，而且还要警惕印度、美国和日本构成的地缘战略风险，例如美国在斯里兰卡新政府成立后加强了与斯方的高层接触，并增加对斯里兰卡援助，试图平衡中国在斯里兰卡的影响力；印度和日本等国为了冲抵中国在斯里兰卡提供的巨大投资，也参与了斯里兰卡多项基础设施的建设。在贸易领域，印度自 2001 年以来一直是斯里兰卡第一大进口来源国和第一大贸易伙伴；在援助领域，2017 年以前，印度和日本一直是斯里兰卡最主要的外资来源国。而从 2017 年以后，中国才成为斯里兰卡外国直接投资最大来源国。由此可见，尽管中国在斯里兰卡经济影响力快速提升，但并未占据主导地位，斯里兰卡对华经济依赖度较低。[①]

（2）对策与建议。对于投资和承建大型基建项目的中国企业而言，政治风险应当作为投资决策的重要考虑因素，应当采取适当措施预防政

① 彭念．“一带一路”倡议下中国投资海外港口的风险分析及政策建议［J］．南亚研究，2019（3）：106－122＋154－155.

治风险或者通过投保转移政治风险，在风险实际发生时则应善于利用法律手段尤其是国际仲裁解决争端。科伦坡港口城面临由地缘战略风险引发的政治风险。在这种情况下，中企应重点寻求高层接触和部门协商，加强战略沟通和顶层设计，争取在政府层面达成协议。扎实推进共建“一带一路”合作，将科伦坡港口城打造成助力斯里兰卡经济发展的新引擎，推进斯里兰卡工业化进程，增强斯里兰卡自主发展能力。具体可以从以下两个方面着力。

第一，加强科伦坡港口城和周边区域经济一体化程度，加快完成建设国际金融中心目标。首先，加强中斯双方政策对接，为入驻的跨国企业提供税收减免政策，简化行政审批手续，提升投资便利度，吸引高质量投资者和国际企业落户科伦坡；加强配套基础设施建设，加快连接斯里兰卡境内各大城市的高速公路和铁路网络建设，充分发挥公路、铁路、航空、港口等基础设施对于提高区域经济一体化程度的连通作用。其次，还要不断提升公共建筑层次和水平，打造世界级的住宅、商业、社交和娱乐设施。此外，亟须建立完善的法律法规和管理体系。

第二，推动科伦坡港口城产业多元化发展，引进先进产业增强自身经济发展的“造血”能力。首先，大力发展产业数字化和数字化产业，引入先进数字智能技术，进一步运用到虚拟现实、智慧医疗、智慧交通等众多民生领域，持续打造以人为本的智慧城市，满足未来多样化场景需求。其次，促进海洋贸易提质升级，加快智慧港口建设，协同打造斯里兰卡同周边国家的货物中转枢纽，服务南亚、东南亚、东亚地区区域经济一体化建设目标。

（三）缅甸蒙育瓦莱比塘铜矿项目

莱比塘铜矿项目是“一带一路”标志性示范项目之一，总投资约10.65亿美元。2012年3月，莱比塘铜矿项目举行奠基仪式，但由于缅甸国内政治局势不稳定，中方与缅方在莱比塘铜矿项目上的合作历经了停工、复工、再停工的多重反复，终于在2015年1月实现复工，并于2016年3月顺利实现投产，当年即产铜2万吨。同时，莱比塘铜矿项目也是“一带一路”能源产能合作的标志性项目，更是促进中缅矿业合作提质升级、推动缅甸融入全球产业链的重要项目。

1. 案例背景

矿产资源领域合作是“一带一路”倡议的重要组成部分。一些沿线国家拥有丰富的矿产资源，是世界矿物原材料的主要供给基地。近10年来，中国海外投资流量增长迅速，采矿业投资日益成为中国企业海外投资的主力。中国是世界最大的铜消费国家，由于在铜矿开采、中游冶炼以及下游需求规模中存在供需不匹配，中国资源进口依赖程度高，因此需要通过海外投资积极寻求境外战略资源、保障国家战略资源安全。缅甸境内矿产资源丰富，但矿产勘查和开发程度低，而中国在装备、技术、资金方面具有优势，中国与缅甸在矿产领域的合作有利于缅甸的矿业发展，双方可以充分实现优势互补，共同把资源优势转变为经济优势。中国加大矿产的对外投资另一大主要因素是全球能源结构面临转型，中国“双碳”目标正在逐步落地实施。“碳中和”和清洁能源革命将深刻影响未来发展，光伏、风电、储能、新能源车和电网配套等领域对铜的需求量将显著提升。

莱比塘铜矿位于缅甸实皆省蒙育瓦县查灵吉镇，该地区的铜矿开采和冶炼有着长达几个世纪的漫长而复杂的历史，[①] 铜矿资源储量丰富。

2. 案例事件

隶属于中国兵器工业集团有限公司的万宝矿业于2010年3月与缅甸政府达成合作开发协议草案，初步获得了莱比塘矿床的开采权。莱比塘铜矿项目采取的合作模式是产品分成模式，该模式是由中方企业提供资金、技术和管理，负责矿山的开发运营并承担开发运营成本，缅甸合作方不直接参与经营与管理，且不持股，以矿权作为合作对价。[②] 中缅双方根据投入的资源价值和开发建设投入的成本，结合项目产品生产成本、

① 刘卫东等．“一带一路”建设案例研究：包容性全球化的视角［M］．北京：商务印书馆，2021：458.

② 李正安．产品分成模式下的矿业项目风险管理探讨［J］．财务与会计，2018（13）.

产品价格、税费等参数，计算出双方的利润，然后折算为产品分成比例，项目投产后根据该比例对项目生产出来的产品进行分配。项目的建设以及生产运营成本均由万宝公司承担，缅甸方不承担任何成本，无成本风险。①

莱比塘铜矿项目开发建设以来，缅甸政府、缅甸经济控股有限公司通过产品分成、税收、权利金等方式累计获得数亿美元。中方万宝公司通过精益管理不断提质增产，正在加快投资回收工作。莱比塘铜矿项目正式商业化运营以来，已经为缅甸带来了数千万美元收入，对缅甸的社会经济发展产生了积极的影响。

首先，该项目积极为村民提供征地补偿和补助金，并通过推出“待业补助计划”和创造多样化就业机会，解决了失地村民的可持续生计问题。其次，该项目对地区产业发展起到了很好的带动作用。铜矿项目的开发需要采购物资与服务。万宝 SME 项目通过定向本地化采购、管理指导等方式，支持当地村民创办和发展运输队、采石队、建筑队、木工队、砖厂、PE 管厂、预制板厂等中小企业，带动了本地相关产业发展。SME 项目鼓励村民以土地赔偿金为初始资本进行创业，在当地形成了良好的创业风气，中小企业竞相发展，带动了当地经济增长。另外，万宝公司还成立了社区可持续发展（Community Sustainable Development，CSD）基金，每年投入 100 万美元用于帮扶附近的 33 个村庄，改善当地人民生活条件，促进当地经济社会发展。

自 2012 年项目启动以来，由于中缅双方合作企业未能妥善应对征地补偿、移民搬迁安置、环保问题、佛塔搬迁的宗教问题、社区居民未来生计方式等问题，项目被迫停工三次。② 万宝于 2013—2014 年根据缅甸政府制定的标准增加土地赔偿，还推出了“待业补助金计划”，制订了为期 30 年的补助金整体规划。万宝根据莱比铜矿调查委员会出台的报

---

① 刘卫东等．“一带一路”建设案例研究：包容性全球化的视角［M］．北京：商务印书馆，2021：460.

② Tang – Lee D. Corporate social responsibility（CSR）and public engagement for a Chinese state – backed mining project in My an mar – challenge sand prospects［J］. Resources Policy，2016（47）：28 – 37.

告，在经济、社会和环境方面采取整改措施，2014 年 12 月各项阻碍因素基本被消除，项目全面复工。2016 年项目投产，2018 年项目达产，年产阴极铜 10 万吨。

3. 案例的分析与启示

（1）分析与启示。莱比塘铜矿项目经历了从前期失败到后期成功的转变过程。比较而言，项目公司在项目前期忽视了当地社区利益，不但在开建前没有进行社会影响评估，土地征用与补偿不够透明，而且没能及时有效地回应当地社区的诉求。利益分配失当使得当地社区的不满情绪持续积累，进而演变为强烈的社会抗议并迫使铜矿项目暂停建设。项目暂停之后，缅甸反对派以合作的姿态积极协调项目公司与当地社区的利益关系，督促缅甸政府和项目公司实施更为合理的利益分享措施。这不但使当地社区开始相信缅甸政府和项目公司的利益承诺，而且增加了支持铜矿项目的政治和社会力量，成为推动莱比塘铜矿由停工转向复工并顺利实施的关键因素。

政策风险是中企海外投资铜矿项目须规避的首要风险。莱比塘铜矿从签署合作协议到建成投产，前后历时 6 年，其间由于缅甸的政治经济转型，国家政权、国际社会影响、本地政府权力范围和当地民众意愿不断发生变化，项目历经波折。中方企业在缅甸投资时，仅仅通过与政府或企业合作并不能够完全解决来自多方的冲突和压力，需要从全球、国家、地方等“多尺度”视角综合地“嵌入”东道国的政治经济社会环境。[①]“多尺度嵌入”理论指的是对外投资过程受到来自全球、国家和地方的“多尺度”要素综合影响，企业在动态的环境变化中及时做出适应性的调整以更好地“嵌入”本地，是取得成功的关键。从全球尺度来看，地缘政治环境、大国经济外交政策、国家间经贸外交关系等对东道国投资环境影响深刻。国际组织、具有国际影响力的大国国家政府、非政府组织等机构都从不同的角度综合影响并重塑着东道国政治经济格局，

① 刘卫东等．“一带一路”建设案例研究：包容性全球化的视角［M］．北京：商务印书馆，2021：476.

并深刻影响着全球生产网络的形成和发展，这迫使外资企业不仅需要考虑如何与东道国健康合作，还必须妥善处理其他国家或组织所施加的影响。在国家尺度上，社会政治经济结构和人文社会环境是影响外商投资的重要因素。许多东道国的政治经济环境较不稳定，国家法律法规体系尚不健全，社会经济政策不断变化，不同政党之间和核心权力部门之间长期进行博弈，与外资企业合作的本地领军型企业的经营环境也处在不断变化之中，所以外资企业需要适应并积极应对东道国不断发生的社会政治经济环境变化。在地方尺度上，分权化、社区发展和本地居民意愿是重要的影响因素。分权化使得地方政府具有更大的自治权力，在很多中央政府为“弱势政府”的国家，地方政府对地区和企业的发展具有绝对的控制能力。这三个尺度的要素综合作用、相互耦合，共同影响外资项目进入东道国的可行性与合作效果。①

莱比塘铜矿项目是典型的“多尺度嵌入”的例子。缅甸执政党的变化直接引发了当地社会制度环境的变化，对于在转型时期进入的外资企业而言，原来与军政府达成的协议，在民选政府执政的新环境下，受到了来自全球力量、国家政府、本地环境和当地民众等不同尺度要素的压力。而莱比塘案例通过多样化制度创新，从国际、国家、本地、民众等多个尺度嵌入当地社会经济环境，取得了政府、企业、当地社区多方共赢局面的合作模式。第一，来自高尺度的全球力量，如 NGO 组织、美日等大国国际关系深刻影响着民众的意愿。第二，中国企业突破阻力，通过投资该项目嵌入全球生产网络之中，是适应“全球—国家”高尺度要素的体现。项目开展后，中国企业又相继随着国家、地方要素的变化作出相应的战略调整和变化，过渡到对“低尺度”要素的响应。总而言之，莱比塘铜矿项目的多尺度嵌入过程，为中国企业顺利“走出去”提供了很好的理论指导和经验参考。②

① 高菠阳，刘卫东，宋涛等．社会变革和制度文化制约下的“多尺度嵌入”——以缅甸莱比塘铜矿项目为例［J］．地理研究，2020，39（12）：2718－2730.

② 李锋．“一带一路”背景下中国能矿行业海外投资的机遇、风险与对策［J］．管理现代化，2017，37（5）：98－100.

（2）对策与建议。第一，企业首先要全面了解并自觉遵守项目所在国环境法律法规和相关环境与社会责任指引，自主提升对外投资活动的环境标准，参照国际规则和国内环境法律法规，履行环境责任，做好环境尽职调查和项目的环境影响评价，采取预防性措施控制、规避环境风险。

第二，企业应当重视并全面、系统地评估社区风险，将其作为开展项目投资评价的一个指标，在投资周期内对社区风险进行动态监控，建立长期风险评估机制。目前中国大部分企业都没有考虑到社区风险及其相关预算，往往会在海外开展项目的过程中受到阻碍，甚至被勒令停工。

第三，社区沟通需要得到公司管理层的重视。要提升项目管理团队的社会风险管理能力和积极履行企业社会责任的意识，从战略上进行社区沟通规划，强化内部建设和自我规制，让全公司都参与进来，主动提升应对环境社会风险的能力，积极履行企业社会责任。

第四，社区沟通需要准确识别利益相关方和关键影响人物，主动倾听、及时回应，才能赢得对方的理解和尊重。同时，社区走访是项目建设工作的重要组成部分，切忌因追赶项目进度而长期停止社区走访。社区工作不能流于表面，要深度聚焦社区核心诉求，创新社会许可的量化指标。

第五，做好有针对性的信息披露是判断公司信息透明度和投资者保护的重要举措，增强民众对项目的了解，赢得民众的理解和支持，这也是企业公司治理水平的有效体现。信息透明与公众监督密切相关，信息越透明，公众越容易实施监督。企业要提高信息公开能力，针对不同社会层面对知识的接受程度、不同的诉求和关切方向，制定不同的沟通模式，将项目的真实情况传递给社会。

第六，在全球化背景下，不同经济体处于不同的社会发展阶段，中国应当向上学习、向下兼容，探索适合自己的发展道路。一方面需要深入了解项目当地所处的社会阶段和经济发展情况，从而更好地融入当地社区，提供切实的帮扶；另一方面要学习发达国家的先进经验，例如强化国内 NGO、基金会等第三部门的职能，专业化、系统化地对项目当地进行社会调研，为企业顺利出海保驾护航。

（四）水电项目：国家电网投资建设巴西美丽山工程

1. 案例背景

国家电网是全球最大的电力公司，是行业的领跑者，其在海外投资项目没有亏损失败的，无论是在发展中国家的承包建设项目，还是投资新兴市场国家，布局发达国家，全部实现盈利，因此分析国家电网海外投资管控模式，海外项目的运营管理经验，透明有保障的投资回报机制对中国其他能源企业具有指导及参考意义。

巴西作为南美洲最大的国家，人口约为两亿，作为新兴经济体，巴西近年来发展迅速，工业快速崛起、当地居民生活水平提升的同时，对电力需求激增，但巴西电力能源资源与用电负荷中心呈反向分布，东南部作为负荷中心，消耗了全国 80% 的电力。巴西中南部地区水电资源已过度开发，而巴西雨量丰富，巴西高原起伏的地形是亚马孙、巴拉那和圣弗朗西斯科等众多河流的分水区，形成高原河流，提供了可供利用的水电资源，建造在蕴藏着丰富水能资源和发电潜力的亚马孙河流域的美丽山水电站距离东南部电力负荷中心 800 ~ 3000 千米，要想实现长距离输电，急需特高压输电线路技术，实现远距离、大容量、低损耗的输送电力。

国家电网进入巴西市场后，敏锐地捕捉到快速增长的电力负荷导致的“北电南送”的需求，积极主动地参与美丽山水电站送出项目的论证研究技术方案工作。最终，与巴西电力公司以联营体的形式中标该项目，成为中巴电力行业合作的里程碑。[①]

2. 建设过程

美丽山一期、二期项目作为“特高压 + 清洁能源”在南美洲的示范工程，成为“大能源观”实践的全球典范，同时也推动“一带一路”倡

① 阚萌. 央企海外投资风险防控研究——以国电投资巴西美丽山水电站送出项目为例［J］. 国际商务财会，2018（11）：34 – 36.

议在拉美地区落地。2010 年5 月16 日，中国国家电网开启了在巴西的发展之路。同年年底，国家电网巴西控股公司成立，正式进入巴西电力市场。2014 年，中国国家电网与当地电力公司组成的联营体成功中标巴西美丽山水电特高压直流输出项目，项目既实现大容量、远距离的清洁电能外送，又实现特高压在南美大陆的首次突破。巴西市场对此反响良好，当地合作伙伴的股票在中标当天逆势上涨 2. 36% 。中国特高压技术落户巴西获得中国和巴西两国领导人的高度认可。[①]

美丽山二期为巴西近 10 年来第一个零环保处罚的大型电力工程，成为巴西能源行业绿色建设的典范。2017 年 9 月，在习近平主席与巴西总统的见证下，巴西矿产能源部向国家电网公司颁发该项目开工许可，项目正式开工。该项目由国家电网公司独立投资、建设和运营，是巴西第二大水电站——美丽山水电站的送出工程，解决了巴西北部亚马孙流域清洁水电外送和消纳难题，推动了巴西经济社会发展和能源清洁低碳转型，为实现巴西能源安全稳定供应贡献了“中国方案”，是“一带一路”倡议和国际产能合作在南美的重要成功实践。2020 年 12 月，美丽山二期项目获第六届中国工业大奖，成为首个获得中国工业大奖的中国企业海外项目。

美丽山二期工程全长 2539 千米，经过北部“地球之肺”亚马孙雨林、中部塞拉多热带森林和南部大西洋沿岸山区自然条件迥异的三个地理气候区，从北至南跨越或绕过 20 个自然保护区、863 条河流，绝对是巴西历史上所经区域生态环境最为多样的输电工程。它将巴西北部的清洁水电源源不断地输送至东南部负荷中心，为巴西打造了一条“电力高速公路”。巴西有 2200 万人口受益于这个项目，相当于巴西总人口的 10% 。线路走廊等征地共涉及土地业主 3337 个，需逐个进行征地谈判，还要获取 204 处包括河流、线路、公路、铁路、输油管道、小机场等在内的跨越许可，属地协调工作量巨大。在克服一个个困难与挑战之中，

① “美丽山”的美丽传奇［EB/OL］. http：//m. news. cctv. com/2019/11/16/ARTI2FieaUEMxeN6aW4maS03191116. shtml.

国网巴西控股公司逐步建立起了一整套适合巴西当地的管理制度体系，确保了企业平稳过渡、良好运转。在此过程中，国家电网打造了一个优秀的管理团队，尊重、适应所在国的大环境，积极推进企业本土化经营，依靠当地人去解决问题，充分了解当地社会、不断加强文化的融合与沟通，立足本地长期的积淀与积累，充分利用国家电网自身的资金、技术，最终美丽山二期工程获得成功，成为“一带一路”的典范。[①]

3. 案例的分析与启示

（1）风险分析

央企海外投资的风险可分为三类：海外投资决策阶段风险、海外投资执行阶段风险和海外投资效果评价阶段风险。巴西经济实力雄厚，是拉丁美洲第一经济大国，有旺盛的电力需求市场，透明的电力监管体制，因此欧美众多电力巨擘纷纷进军巴西市场，国家电网想要中标巴西美丽山水电站送出项目不仅要面对巴西当地实力雄厚的电力公司，也要面对欧美国家优质的竞争对手，因此在项目决策阶段要形成严谨有效的管理办法和严密的有效性论证，完善合作模式、谈判方案、估值报价和实施方案，把控好战略决策风险。电力设计投资往往资金需求量大、工期长，融资风险也是国电在立项决策过程中需要考虑的风险点。输出工程需要穿越亚马孙雨林，对原始森林的保护也是重要内容。

（2）国家电网风险防控的措施

①强化内功，特高压助推核心技术优势“走出去”。央企要想走出国门，走得更稳更远，必须要针对自身的发展战略，发展核心技术优势，不断创新突破，在专业领域掌握主动权和话语权。经过不断实验论证、创新突破，我国特高压技术实现行业领先水平，被确立为国际标准，实现了“中国创造”和“中国引领”，它具有输电容量大、送电距离长、线路损耗低、工程投资省、走廊利用率高、联网能力强等优点，国家电网是全球唯一特高压技术投资、建设、运营的企业，成为其在世界舞台

① “一带一路”故事丛书《美丽山的赞歌》［EB/OL］. http://www.mofcom.gov.cn/article/beltandroad/br/chnindex.shtml.

上竞争的筹码。[①]

②重视项目决策，规避决策风险。国家电网为了控制海外投资风险，从源头抓起，从发起、立项、施工准备到开工决策，形成了一系列规范的决策程序。其中立项决策部分又细分为投资论证、审核、决策三个环节。在发起阶段，重点关注新项目是否符合电网集团的发展战略，是否有针对开发条件的否决因素，项目经济性和回报率是否合理。在项目立项及可行性研究阶段，严格进行法律、财务、税务和技术四个方面的尽职调查，以得到科学合理的估值。同时，国家电网在决策过程中重点关注各类风险，认真研究风险防范措施。

③利用金融杠杆优势，创立境外低成本融资。国家电网与巴西电力公司组成联营体，共同中标巴西美丽山水电站送出项目的过程中，国网占股51%，在整个投资过程中，国家电网只出了一部分股本金，向巴西当地银行贷款了部分资金，剩下的资金，其利用“A +”的信用评级和在巴西当地的良好形象，成功发行了两笔海外债券，其中债券利率相对中企同期发行的美元债券来说处于最低水平。利用境外低成本资金来撬动境外优质电力能源，不仅增强了国家电网海外长期投资的战略信心，也增强了国际业务滚动发展能力。

④理性竞争，正确处理竞争与合作的关系。彼此尊重，发挥各自优势，实现互利共赢是国家电网国际化发展理念。理性竞争，不互相拆台，良好的合作可以实现以点带面、深耕一片。巴西作为南美洲第一经济大国，因其电力需求大，透明的电力监管体制，是众多电力企业竞相投资的重点，其中包括欧美国家的电力行业巨擘。正因为国家电网和巴西电力公司组成联营体，最终打败西班牙电力公司和巴西州电力公司联营体，成功中标美丽山送出项目。对于送出项目大部分线路穿越亚马孙雨林，巴西电力公司在环保和处理各方关系方面有经验，可以给国家电网提供学习和提升的机会。

① 阚萌．央企海外投资风险防控研究——以国电投资巴西美丽山水电站送出项目为例［J］．国际商务财会，2018（11）：34－36.

⑤正确处理效益与责任的关系，履行企业社会责任。经济效益最大化不应该是企业所追求的唯一目标，对于海外分公司而言，履行社会责任，兼顾各方利益，树立和重视海外品牌形象，增加当地税收和就业机会，施工过程中保护当地环境，积极供电满足社会发展需要也是企业的目标。国家电网始终秉持着共商、共建和共享的原则，在巴西积极分享特高压技术和电网安全稳定运营的经验，尊重当地的文化和宗教习俗，雇用当地员工，利用税收优惠政策支持巴西贫民窟儿童教育，被当地媒体评为“巴西电力行业最佳公司”，同时获得联合国全球契约组织“社会责任管理最佳实践奖”。

（3）意义

①保护自然环境。环评是工程建设首先要面临的大考。美丽山二期项目 2015 年中标，直到 2017 年 9 月才开工，中间的这两年时间，一直致力于环保工作。巴西是世界上环保法规最多的国家，工程如果没有得到环保部门的许可便无法开工。根据法律规定，对砍伐的植被，必须征用别的土地补种。团队在施工现场外种植的树林面积达 16500 亩。为了减少砍伐，团队采用了加高型铁塔，这样可以确保传输导线从树冠上方经过。

施工前对动植物进行监测。团队在第 9 标段的线路走廊中发现一个鸟巢里的鸟蛋还未孵化。为了保护鸟类，工程暂缓，直到幼鸟长大飞走才开始作业。整个环评期间，团队共调查动物 936 种，救助濒危植物 60 种。在各方努力下，项目提前 100 天投运，创造了巴西电力建设史上的奇迹，并成为巴西近年来第一个零环保处罚通知单的大型工程。

②以人为本，保障社区卫生健康。社区自然资源丰富，但是社区缺少饮用设备，不得不骑摩托车到数千米之外的河边取饮用水。大多数居民甚至把雨水、河水用树叶、大桶简单过滤沉淀后饮用，到了雨季社区中很多人会因此生病。项目公司投入 17 万雷亚尔帮助社区打井，供社区居民日常饮用。有了井就有了合格的饮用水，大大改善了居民的卫生条件，减少了疾病的产生，保障了社区的卫生健康。

③丰富活动，建设社区活动中心。巴西大多社区通过自助组织形式进行管理，社区负责人一般由富有管理经验的居民担任，每4年进行选举，负责人并没有任何报酬。由于社区没有活动室用于开会或开展其他日常活动，导致集体活动动员困难，社区不易管理，政策下达不畅，也影响了居民通过群策群力解决发展问题的能力。国家电网公司经走访调查了解需求后，投入22万雷亚尔对老旧房屋进行翻新改造，用作社区活动中心。社区负责人开会有了固定场所，居民日常活动逐渐丰富起来，也促进了各社区之间的沟通交流。[①]

④因地制宜，打造社区特色产业。美丽山项目二期地处森林深处，天然果树资源丰富。虽然家家户户都有手工制作果汁的经验，但存在规模小、价格乱、卫生差等状况。经多次听证会研究论证，国家电网公司投入47万雷亚尔帮助居民购置机器设备，建设了一座现代化的果汁加工生产厂房。通过聚合家庭式小作坊，社区实现了果汁加工上下游零散资源的整合，联合收益得到了保障。

⑤积极履行社会责任。巴西美丽山项目建设期间，大部分的设备、材料和施工服务采购来自巴西当地，直接带动了巴西当地电工装备和原材料等上下游产业发展，为巴西当地增加了约1.6万个就业岗位，贡献税费约22亿雷亚尔。线路沿途新建、修复了超过1970千米的道路和350座桥梁。该项目向沿线33个受疟疾影响城市捐赠了692套医疗器械和设备、760批防治疟疾专用物资，加强了当地疟疾的预防、诊断和治疗，帮助亚马孙地区贫困社区建立了现代化养鸡场、果汁厂，以实实在在的行动造福当地居民。在维拉帕尔玛斯社区建成养鸡场后，动物学技术人员以及亚马孙联邦大学技术指导被请来，帮助当地居民学习养殖技术并改良帕尔玛斯土鸡产品。在马拉吉尼亚社区建设果汁厂后，该项目帮助社区居民开展操作、包装、储存、运输、联络销售等技术培训，确保连

① 国家电网有限公司：从“走出去”到“走进去”，匠心工程筑造共赢之路［EB/OL］. http：//www.sasac.gov.cn/n4470048/n13461446/n14398052/n16460319/n16460417/c16485700/content.html.

续经营。

⑥打造“一带一路”上的新名片。在美丽山二期项目建设过程中，公司严格履行社会责任和环保义务。建设期间，参建人员共建设和修复道路1970千米、桥梁350座；历时25个月，对两端换流站及沿线2539千米线路走廊开展全面环境调查及保护救助。位于托坎廷斯州中部的马里亚蒂尼亚是一个从奴隶逃亡中心发展起来的社区，当地居民生活贫困，甚至要到数千米之外的河边取水饮用。美丽山二期项目建设人员在考察时了解到这里的情况，利用当地有大量天然果树的条件，使用巴西环保署开工许可和运行许可规定的环境补偿项目资金援建了一座果汁厂。他们还在马里亚蒂尼亚社区打了两口井，供居民饮用，也供生产果汁使用。美丽山二期项目是巴西近年来第一个零环保处罚通知单的大型工程，2019年6月被巴西标杆管理评审机构授予“2019年巴西社会环境管理最佳实践奖”。该工程是尊重环境、合法经营的典范，提升了公司海外形象。从伊泰普到美丽山，从巴西到中国，美丽山一期、二期项目见证了中国特高压落地巴西的历程，也向世界展现了中国智慧和中国方案。[①]

（4）启示

①健全央企海外投资政府监管机制。想要实现海外国资全面系统化和常态化的监管，健全海外国资的审计制度是必不可少的关键步骤。可以通过以下三种行之有效的审计方法来实现：一是“抽查式”审计，审计署和国务院国资委可以采取不定期地抽查部分央企的方式，并针对它们进行特定的审计工作；二是委托第三方审计机构进行审计调查工作；三是央企内部成立海外子公司审计小组，针对海外投资具体情况进行审计，更具针对性与效率。同时要成立以纪检监察部门为核心的检查体系，严格检查与监督海外国资的腐败问题，谨防央企海外工作人员利用职务之便营私舞弊，造成国有资产的流失。[②]

① 「“一带一路”央企逐梦」积极践行企业社会责任　国网美丽山二期项目助巴西小镇脱贫［EB/OL］. https：//baijiahao. baidu. com/s？ id = 1630970269868258361&wfr = spider&for = pc.

② 阚萌. 央企海外投资风险防控研究——以国电投资巴西美丽山水电站送出项目为例［J］. 国际商务财会，2018（11）：34 -36.

②积极推动央企海外投资法律建设。政府应积极维护和其他国家、地区的外交关系，以进一步保证央企海外投资的安全性。加快和其他国家签订投资保护双边协定，并修改和完善已经签订的双边投资协定、国际税收协定以及自由贸易协定。营造良好的海外投资的制度和法律环境。[①]

③强化公司治理，实施本土化经营。要想有效地防范海外国资的流失风险，实现资产保值增值，必须要科学设计海外子公司的内部控制制度，优化治理结构，在关键岗位设置管理人员，派驻高管团队在海外子公司任职，进行战略规划、财务预算管控，以及重大经营事项决策；建立境外子公司的内部审计部门，对其在海外的业务分部进行预算执行、资产经营、投资合作项目、内部控制执行情况的审计；在央企总部成立海外运营管理委员会，负责海外投资的可行性论证研究，进行海外国资的运营监测和风险预警，以保证国有资产的保值增值。

④关注海外投资经营绩效，实现保值增值。央企进行海外投资，必须要仔细考虑投资回报率和后续经营绩效。央企可以构建财务绩效指标和非财务绩效指标两个类别，财务指标主要从海外投资的盈利能力与营运能力两个层面考量，盈利能力主要从收入稳定性及资产盈利性两个角度考核，营运能力通过海外国资的配置情况和保值增值潜力两个方面进行评价。非财务指标主要通过中央企业在海外的社会效益与国际声誉和管理治理水平反映，国际声誉与社会效益可以参考“世界五百强排名”及海外子公司所在地相应荣誉奖项，管理治理水平可以从战略、研发、治理三方面的国际化程度进行评价。[②]

⑤完善海外投资信息化管理。央企应当建立起完善的海外投资信息化管理平台，统筹管理海外各项目投资情况，并对海外投资实施全覆盖的实时监测，建立起风险预警系统，及时防范、化解风险。同时海外各分、子公司应及时通过海外投资信息化管理平台向国内总部上报投资项

① 刘晓光，杨连星．双边政治关系、东道国制度环境与对外直接投资［J］．金融研究，2016（12）：17－31.

② 谭畅．“一带一路”战略下中国企业海外投资风险及对策［J］．中国流通经济，2015，29（7）：114－118. DOI：10.14089/j.cnki.cn11－3664/f.2015.07.019.

目、年度投资计划和投资完成情况。

（五）中白工业园

1. 案例背景

中白工业园又称中白巨石工业园，是当前政策条件最为优惠的境外合作项目，是白俄罗斯最大的招商引资项目，是中国在国外投资规模最大、合作层次最高的工业园区与经贸合作区，也是中白两国共同推动的丝绸之路经济带上最大的合作项目。中白工业园坐落于白俄罗斯明斯克州莫列维奇区，距离首都明斯克市仅有半小时车程，紧邻明斯克国际机场，且靠近欧洲交通干道——柏林—莫斯科高速公路，总占地面积 120 多平方千米。园区主要涉及产业有电子信息、生物医药、精细化工、高端制造、物流仓储等。园区内设施齐全、规划科学，不仅有企业生产经营区，还有商务中心、商品展示中心、仓库、堆场等。

园区由中白工业园区开发股份有限公司开发、建设、运营，公司的注册资本为 8750 万美元。园区由中白两国共同投资建设，其中中国企业拥有 68% 的股份，白方公司拥有 32% 的股份。其中，中方股东包括中国机械工业集团、招商局集团、中工国际工程股份有限公司、哈尔滨投资集团，股份比例为 68%；白方股东包括中白工业园管委会、明斯克市执委会、地平线控股集团公司，股份比例为 31.3%；德方股东为杜伊斯堡港口集团，股份比例为 0.7%。[①]

2. 案例事件

2010 年，时任中国副主席的习近平在访问白俄罗斯期间与白俄罗斯总统卢卡申科达成了在白俄罗斯境内合作建立中白工业园的意向。后来，卢卡申科总统访华时，与中方探讨借鉴中国经验，在白俄罗斯国内合作建立工业园区的想法。2011 年 9 月，时任全国人大常委会委员长吴邦国赴白俄罗斯访问时，与白方签订工业园合作协定。2012 年 6 月，卢卡申科签署总统令，向中白工业园提供“十免十减半”的优惠政策，以立法

① 招商局集团官网“中白工业园”。

形式保障优惠条件。同年8月，中白工业园区开发股份有限公司正式成立。2013年6月，园区总体规划获白方政府审批。同年7月，卢卡申科访问中国期间，两国宣布建立全面战略伙伴关系，提出扩大相互投资，加速推动中白工业园建设。2014年6月，工业园奠基动工。2015年5月，习近平主席访问白俄罗斯时赴工业园视察，提出要推动两国高水平的政治关系转化为更多的务实合作成果，把中白工业园建设作为合作重点，发挥政府间协调机制作用，谋划好园区未来发展，将园区项目打造成丝绸之路经济带上的“明珠”和双方互利合作的典范。2015年下半年，招商局集团入驻工业园，负责工业园的运营、招商工作。2016年9月底，卢卡申科再次访华，与中方就工业园项目推进等问题进行探讨，并开始制定有关支持园区未来发展的新总统令。2017年5月25日，白俄罗斯公布了新版“关于完善中白工业园特殊法律制度”的第166号总统令，进一步扩大了产业范围，降低了投资门槛，提供了更多的优惠政策。根据新总统令，在保留此前电子信息、生物医药、精细化工、机械制造、新材料、仓储物流六大产业的基础上，中白工业园新增了电子商务、大数据存储与处理、社会文化活动三大有限发展行业。总统令还规定，自企业产生总利润的首年开始10年内企业免缴所得税，此后至2062年6月前免除50%的所得税和全部不动产税、土地税。

中国与白俄罗斯合作建设工业园区可以实现双赢。白俄罗斯是中国在独联体地区重要的经贸合作伙伴。中白建交以来，两国经贸关系发展顺利。中国与白俄罗斯的贸易结构具有较强的互补性，且各自处于经济发展重要增长期，经贸合作前景十分广阔。自2001年起，两国贸易额稳步提升，经贸合作规模也不断扩大。中国对白俄罗斯出口较多，且增长较为迅速。白俄罗斯对华出口总体呈增长态势，但存在波动。双边贸易结构中，中国主要向白俄罗斯出口机电产品、音响设备、化工产品、日用品等，高附加值产品比重逐年增加，出口商品结构逐步优化；白俄罗斯向中国出口商品主要为化工原料及丝织品、大型运输车辆等，其中钾肥在对华出口中占有较大比重。近年来，白俄罗斯积极参与“一带一路”建设，带动了两国贸易额快速增长。据统计，2020 年两国双边货物进出口额达 20.03 万美元，同比增长 10.6%。

建设中白工业园区，带动区域经济发展。区域经济发展成为世界经济一体化的重要组成部分，工业园是产业集群发展的必然产物，是促进区域经济大发展的重要举措。白俄罗斯地处俄欧之间，中白工业园辐射欧亚经济联盟与欧洲市场，是“一带一路”与欧亚经济联盟对接的重点项目之一。随着近年的不断发展，中白工业园已成为促进白俄罗斯发展和地区经济一体化的重要因素。2018 年 12 月，白俄罗斯总统卢卡申科签发总统令，中白工业园被授予特殊经济区地位。获得该地位后，工业园将在欧亚经济联盟海关法框架内享受到报关、清关、物流、生产等领域的手续简化和税费降低等优惠。此外，中白工业园内企业还可按照治外法权原则与特殊经济区内、区外公司建立关系和组织生产流程。中白工业园也因此成为白俄罗斯第一个能最大限度享受欧亚经济联盟相关海关便利政策的经济特区。

白俄罗斯基础设施较为完备，地理位置优越。位于俄罗斯与欧盟之间，是欧亚大陆上铁路、公路、输油输气管道、水路和航空交通枢纽。白俄罗斯铁路和公路交通网较为发达，铁路总长 5490 千米，其中电气化铁路约 900 千米。公路总长度 10.1 万千米。白俄罗斯还是两个跨欧洲交通走廊的交会点，每年约有超过 1 亿吨欧洲货物在白俄罗斯运输过境，其中约 70% 为俄罗斯与欧盟之间往返货物。近年来随着中欧班列过境白俄罗斯班次逐渐增多，中国货物过境运输成为白俄罗斯运输业新增长点。为进一步挖掘过境货物运输潜力，白俄罗斯铁路部门近年来持续进行铁路电气化改造、购买新电力机车、更新改造边检站基础设施，以提高铁路的货运效率和货运能力。①

3. 案例的分析与启示

（1）坚持“一带一路”共商、共建、共享原则。融资难、招商难和

① “一带一路”故事丛书《“巨石”般矗立的中白工业园》[EB/OL]. http://www.mofcom.gov.cn/article/beltandroad/by/chnindex.shtml.

相互了解不够是政府引导型境外经贸合作区普遍面临的问题。[①] 目前来看，中白工业园的发展仍旧面临一些问题，只有坚持“一带一路”共商、共建和共享原则，才有可能逐步解决这些问题。

工业园是通过产业聚集形成的一个特殊区域，以地理空间作为增长极带动经济发展。企业是这个特殊区域的核心组成要素，企业发展的本质特征是创新，所以，工业园的本质就是聚集优势产业，推进创新，从而提升国家（地区）的竞争优势。通过技术创新来实现产业改造，提升产品复杂度，创造更高的市场价值，从而为园区发展引入更多资本，为技术的再次创新提供支持，形成“技术转让—投资—技术创新—资本流入”的良性循环系统，即“知识信息流—投入产出流—资金流”的循环，形成良好的竞争优势和外溢效应。两国有关部门应继续发挥协调指导作用，科学把握开发规划和节奏，加强沟通，进一步了解彼此需求，根据实际情况适当调整招商计划，分阶段逐步实现吸引高科技企业入驻园区的目标。预先腾出园区内最好地块留待高科技企业进驻，在此之前，挑选有市场前景的企业先行进驻园区，以保证园区建设的资金正常周转和顺利运营。此外，在招商方面，管理公司还需加强宣传推介，可以通过第三国和国际组织的平台开展投资宣传活动。推动白俄罗斯继续改善投资环境，特别是推进两国在规则、标准方面的对接，在中白工业园官网上增加法律法规咨询服务功能。坚持开放、创新的理念，完善园区功能体系，健全基础设施，坚持节能环保，建设绿色园区。管委会需要真正把“一站式”服务做到位，履行承诺，保证入驻企业顺利办完入驻手续，并把服务理念贯彻到日常管理工作中，为投资者提供详细、可靠的商业信息。可以促进园区内部合作，企业间、企业与所在国政府、企业与智库之间定期交流，从中外智库聘请专业顾问，建立行业协会和企业服务中心，为中小企业提供市场咨询、商务会谈等服务。

---

① 李燕，T. 维尔金斯卡娅，O. 卡列达．“一带一路”中的中白工业园：建设进展与发展战略［J］．西伯利亚研究，2017，44（4）：39－45.

（2）切实防范投资合作风险。在中白工业园开展投资、贸易、承包工程和劳务合作的过程中，要特别注意事前调查、分析、评估风险，事中做好风险规避和管理，切实保障自身利益。[①]包括对项目或贸易客户及相关方的资信调查和评估、对项目所在地的政治风险和商业风险的分析和规避、对项目本身实施的可行性分析等，合同条款尽量细化。中国企业可积极利用保险、担保、银行等保险金融机构和其他专业风险管理机构的相关业务保障自身利益，包括贸易、投资、承包工程和劳务类信用保险、财产保险、人身安全保险等，银行的保理业务和付费业务，各类担保业务等。企业在开展对外投资合作过程中可使用中国政策性保险机构——中国出口信用保险公司提供的包括政治风险、商业风险在内的信用风险保障产品，也可使用中国进出口银行等政策性银行提供的商业担保服务。

（3）加强中白两国金融领域合作，拓宽双方财政与货币政策的对接。2014年，中国出资400亿美元，设立丝路基金，服务对象主要是“一带一路”沿线的基础设施建设项目。2017年“一带一路”国际合作高峰论坛上，中国宣布再向丝路基金注资1000亿美元，丝路基金的资金规模获得进一步扩大。中白工业园作为投资回报期长、商业资本不愿进入的基础设施领域项目，在建设过程中就已经获得过丝路基金的大力支持，未来，中白两国的格罗德诺州核电站项目、铁路电气化改造项目、钾肥贸易等基础设施建设项目，都可以考虑向丝路基金申请融资支持。与其他金融支持方式相比，丝路基金具有创新性，因为它采取的不仅是传统的贷款方式，还采用了购买股权等多种投资支持方式，更具多元化和灵活性。更重要的是，丝路基金还具有撬动其他资本、引导其流向的作用：丝路基金的起始资金来源于中国的国家外汇储备、中国进出口银行等渠道，故具有很强的政策性背景，基金的投资方向，在一定程度上代表着国家政策的引导和支持方向。丝路基金的运作还是长期的、可持

① 王超，叶天乐．“一带一路”背景下中白工业园发展研究［J］．俄罗斯学刊，2019，9（6）：57－69.

续的，因为它不是完全的单向扶持和援助，而是考虑投资回报的行为，这就为它后续的发展注入了动力，这也决定了未来中白经贸合作有望从基金中获得源源不断的支持。①

（4）明确中白贸易法规差异，尊重白方商业习惯。白俄罗斯银行对外贸易结算有时间要求，出口收汇应在货物运输或服务提供完成两个月内付款，进口要求货款支付后两个月内到货，否则参与贸易的经济主体可能受到处罚。由于白俄罗斯个别企业受欧美国家银行制裁，可能会影响中国国内银行支付效率。中方企业应当事先了解合作企业背景，遵守付款与交货时间。许多白俄罗斯企业希望进口中国商品和设备，但贸易量不大或暂时无法支付货款，导致一些中小贸易无法顺利进行，可推荐其考虑银行贷款或国际贸易保理等方式。中方企业应尊重白俄罗斯相关规定，特别是付款期限的规定，以免给合作伙伴带来麻烦和损失。白俄罗斯中央银行规定，各银行必须拒绝国民在交易所之外购买进口预付外汇申请，只有提交相应文件后才能支付进口货物和服务款。换言之，白俄罗斯进口商只有在对方完成交货义务后才能对外付款。中白贸易中通常采用预付款方式交易，上述规定给中国出口商带来很大的收汇风险。另外，白俄罗斯政府非常关注保护消费者利益，中国企业出口商品必须保证品质、讲求信誉，以信誉和质量取胜。

企业要尊重东道国文化，积极承担社会责任，树立良好形象，加强对当地人才的培养和使用，为当地创造就业机会，不断提高技术水平，进行技术创新，提升产品竞争力。主动对接东道国重点区域发展战略，实现输出国与东道国产业发展双赢。尊重白方商业习惯，白俄罗斯人在商业上较为严谨，比较守时，喜欢提前约定会面时间与地点，对于约定好的事项不喜欢更改。中方企业在与白方企业洽谈时，应遵守约定时间，如迟到应道歉。与商业伙伴的谈判通常使用俄语，使用英语或其他语言

① 赵会荣．“一带一路”高质量发展与境外经贸合作区建设——以中白工业园为例［J］．欧亚经济，2019（6）：46－63＋123＋125.

应事先商定。

二、问题项目分析

（一）A公司并购B公司

1. 案例背景

B公司是全球第三大多元化矿产资源公司，总部位于英国，是全球前三大铁矿石生产商之一，除铁矿石外，还涉及铜、铝、能源、钻石、黄金、工业矿物等业务。A公司着眼于国际化多金属矿业公司的战略定位，立足国内、面向海外，积极整合国内资源，加快开拓全球业务以及广泛的产品组合。

本次并购最终以失败告终。2008年2月，A公司在市场高峰期斥资140.5亿美元合作收购B公司12%的普通股股份，并持有B公司9.3%的股份成为其单一最大股东。

经过谈判，A公司将向B公司注资195亿美元，其中123亿美元将用于参股B公司的铁矿石、铜、铝资产，72亿美元将用于认购B公司发行的可转换债券，如果交易完成，A公司将持有18%股份，并将向B公司董事会派出两名董事。

2. 案例事件

2007年11月8日，C公司提出以该公司3:1的比例和B公司换股。2008年2月1日，A公司以140.5亿美元闪电参股矿业巨头B公司12%股权震动全球。2008年11月25日，C公司正式撤回了对B公司的并购。2008年12月，传出A公司将进一步注资B公司的消息。

2009年2月2日，A公司与B公司双双确认谈判合作事宜，但并未透露具体合作的项目内容和涉及的金额。有消息表示，A公司方面就收购B公司部分资产的交易与国家开发银行洽谈融资方案。2009年2月12日，A公司与B公司通过伦敦证券交易所和澳大利亚证券交易所发布联合公告，签署战略合作协议，创中国海外投资最高纪录。A公司本次与B公司合作共投入195亿美元，其中72亿美元用于认购B公司发行的可转债，债券的票面净利率为 9%。A 公司可在转股期限内的任何时候选择转股。转股后，A 公司在 B 公司整体持股比例将由目前的 9.3% 增至约 18%，其中持有 B 英国公司的股份增至 19%，持有 B 澳大利亚公司股份的 14.9%。

2009 年 2 月 16 日，A 公司和 B 公司的“联姻”新增变数。据外媒报道，B 公司部分机构投资者向 C 公司抛出了“橄榄枝”，称如果 C 公司发起新一轮对 B 公司的收购，他们将提供融资。英国媒体引述 B 公司主要股东说法称，C 公司参与收购，比 A 公司收购更为理想。2009 年 3 月 17 日，A 公司 195 亿美元注资 B 公司的交易再生波澜。澳大利亚外国投资审查委员会 16 日在澳洲证券交易所发布公告，称将延长对 A 公司与 B 公司 195 亿美元交易的审查时间，在原定的 30 天审查期基础上再增加 90 天。

2009 年 3 月 26 日，中国企业在澳投资屡屡遭受延期审查之后，澳方终于传来消息。澳大利亚竞争和消费者委员会明确表示将不反对 A 公司注资 B 公司的交易，原因是这一交易不会降低全球铁矿石的价格。2009 年 4 月 2 日，德国政府放行 A 公司注资 B 公司，这是继澳大利亚反垄断部门批准后，该交易获得的第二个权威部门的认可。

2009 年 6 月 5 日，A 公司确认，B 集团董事会已撤销对 2009 年 2 月 12 日宣布的双方战略合作交易的推荐，并将依据双方签署的合作与执行协议向 A 公司支付 1.95 亿美元的分手费。在 B 集团单方面宣布撤销 A 公司对其的 195 亿美元注资后，澳大利亚总理陆克文随后会见了 A 公司方面的高层。澳洲媒体对此称，在此次“匆忙的会面中”，陆克文向中国人表示，“我们仍然需要你们的钱”。至此，这单中国国企目前在海外的最大的并购案以失败而告终，尽管表面上看，A 公司会因对方的毁约行为获得近 2 亿美元的违约金，但是除去前期 A 公司为并购所作大量工程的付出，显然成为最大的输家。

并购项目重要事件如表 3-3 所示。

表 3-3　　并购项目重要事件

重要日期	重大事件
2007 年 10 月	A 公司出资 380 亿美元购买某产品，导致 340 亿美元的债务
2007 年 11 月	C 公司试图通过三股换一股的互换方式购买 B 公司的全部股份
2008 年 2 月	A 公司共同注资 140 亿美元购买 B 公司 9% 的股份
2008 年 8 月	A 公司对 B 公司的持股提高到 11%
2008 年 11 月	由于 A 公司的介入，C 公司放弃购买 B 公司的计划
2009 年 2 月	A 公司同意再次向 B 公司出资 195 亿美元，其中，123 亿美元用于购买若干澳大利亚的铁矿石、铜矿和铝矿的少数股权，72 亿美元用于购买年息为 9% 的可转换公司债券，转换后 A 公司对 B 公司的持股将提高到 18%，并将得到两个非执行董事席位
2009 年 6 月 5 日	B 公司单方面与 A 公司毁约，取而代之的是，通过发行新股获取 152 亿美元，同时与 C 公司在西澳组建合资企业并从后者获得 58 亿美元

3. 案例的分析与启示

（1）失败的原因

①被并购企业所在国担忧中国收购威胁本国安全[①]。最主要原因是政治方面的因素。澳大利亚的一项民意调查显示，超过半数的人认为应该抵制中国收购澳大利亚的矿业资产。澳大利亚的一些政客、媒体，也采取种种措施阻挠和反对 A 公司的注资。A 公司与 B 公司交易的失败，完全与 B 公司董事会受到的政治压力有关。从此次 A 公司并购 B 公司失败的经过可以看出，政治风险仍然是中国企业跨国并购能源、矿产企业的最大障碍。多年来，国际上的“中国威胁论”始终不绝于耳，而将国企等同于政府的判断也使得国外对于中国国企的海外收购抵制尤其强烈，再加上能源、矿产等资源的重要性，多种因素加在一起，造成了现在的这种局面。担忧中国收购威胁本国安全并不是空穴来风。在外国人眼里，A 公司既是大企业又代表政府，它们的企业决策机制、收购融资的成本、收购之后的发展战略等，都容易引发质疑。而由名不见经传的民营企业出面收

① 张伟琦．被投资国社会评价对中企海外投资的影响——以中亚国家为例［J］．经营管理者，2020（11）：102-103.

购，也面临着同样的信任问题。因此，中国企业海外并购之路依然漫长。

②国有企业身份致使合作伙伴担心未来不被平等对待。西方国家政府并不经营企业，尤其涉及国际经济贸易往来的公司，都是私人企业。一国的私人企业不愿意和他国的国有企业打交道，原因在于国有企业不是从纯粹经济角度考虑问题来决策，其经营决策有可能受政府的非经济因素影响。有的时候，这种非经济考虑可能给企业、给他国的贸易伙伴带来意外的好处，但也有相反的时候。于是，该企业的行为就缺少可预见性。另外，国有企业背后是国家力量作后盾，其真正的实力往往比看上去的大得多，合作伙伴担心未来不被平等对待，或者保持自己平等地位有困难。

因此，中国方面对并购失败这件事，应该采取两项对策：一是减少国有企业，扶植民营企业；二是减少出口倾销，使未来外贸的进出口基本平衡。这两件事如果都不做或者做不到，越来越巨额的外汇结余很难买到自己想买的标的物。

③A 公司败在并购速度太慢。A 公司 195 亿美元的注资案，实际上是 B 公司救助于 A 公司的，当初，B 公司董事长甚至是急于求得 A 公司的注资。因为在国际金融危机的冲击下，铁矿石价格暴跌，B 公司股价一落千丈，急需资金偿还 2009 年 10 月到期的 89 亿美元债务，其 2010 年到期的债务高达 387 亿美元，在国际金融危机的环境下筹集这么多的偿债资金是不可能完成的任务，A 公司资金对 B 公司来说几乎是唯一的“救命稻草”。但 B 公司方面没有想到的是，金融市场反转得如此之快，短短几个月 B 公司股价升幅达 70%，铁矿石等大宗商品市场也大幅回暖，金融市场已显著改善，使得 A 公司与 B 公司交易条款的价值显著下降。于是，B 公司方面过河拆桥，一脚把 A 公司踢开。这次 A 公司收购失败在 2009 年 5 月就已经注定了，败在速度太慢、明显准备不足。A 公司收购 B 公司的时间窗口就开 3 个月，也就是国际金融危机最严重的 3 个月。收购失败违背了收购成功要素中的“快速”原则。A 公司这次行动太慢，没有把握住机会，这明显是对这次收购准备不足。国内企业对海外公司的收购，审批快慢也是成败的关键。国内主管部

门对国内企业的海外收购审批太慢，过程过于烦琐也是影响海外收购的重要原因。

④A 公司缺乏财经媒体公关。国外一些力量反对这次收购的一个重要原因就是 A 公司没有做好宣传和舆论引导。这样大型的收购，收购方还是中国的大型国有企业，A 公司竟然没有在全球大型、权威财经媒体上做财经公关，没有请专业的游说公司，这是很难想象的。尤其是在财经媒体公关方面，A 公司根本没有做，在全球范围内都没有想到这部分工作。中国现在的确不差钱，但是在外国看来中国企业就是“暴发户”形象，再加上国资背景，国外力量会怎么看我们？A 公司很早就应该做好财经媒体公关，在全球范围内进行舆论宣传和引导。

（2）启示

①应把外汇储备对外战略性资源投资作为重点。“如何化解过高的外汇储备风险，实施央企的国际化战略”是一个热门话题，在这样的背景下，目前有两种思路：其一是以中投公司为代表去收购美国金融公司的股权，其二是以大型央企为代表在海外进行战略资源投资。从投资主体上看，可分为产业战略投资者与财务投资者两类。战略投资者具有较强的实业背景，有利于业务拓展，关注长期战略协同价值，积极参与公司管理，投入资金稳定（见表 3－4）。

表 3－4　　　　战略投资者与财务投资者对比

项目	战略投资者	财务投资者
特点	具有较强的实业背景，有利于业务拓展；关注长期战略协同价值，积极参与公司管理，投入资金稳定	有专业的投资管理技术和丰富的资本运作经验；较少参与公司管理；更关注流动性，购买公司股权是为了短期获得溢价退出
收益方式	主要来自分红	主要来自资本增值
投资周期	长	中短
控股要求	通常会要求控股权	少数股权投资
支付价格	对资源、资产的评估，相对收益法较为保守，能节约成本；但有针对控制权的溢价	采用收益法，主要关注未来自由现金流，较难把握
退出机制	大宗转让，对象为其他战略投资者和投资机构	主要借助资本市场

对于具备竞争力的央企，国家应该通过国有资本经营预算与外汇支持，增强企业的资金实力，鼓励其在国外并购更多的实业公司股权、资源开采权，从而提高国家战略资源储备。购买战略性资源，如石油、矿石等，为中国日后的高速发展、能源消耗与消费升级提供充足的资源。

②对外战略资源性投资应高度重视定价话语权。目前操控市场价格的有两种力量：国际大型金融机构与矿业巨头公司，利用其垄断地位操控市场价格。从国家经济安全角度看，前者应当由金融机构来对付，后者则应该通过培育中国的资源产业型跨国公司来抗衡。需要培养一批像A公司这样的大型央企通过收购B公司的股权，制约与控制海外大型跨国公司的垄断定价权，这要比通过金融机构去控制国际金融市场的期货、期权等衍生品价格更符合实际国情。

③要重视股权并购并以单一第一大股东作为收购的战略目标。央企国际化战略对中国参与世界资源的分配和合理布局具有重要意义，有利于中国的可持续发展。同时，对于增强企业国际竞争力，推进中国产业结构升级，提高对外开放水平，维护国家利益都具有十分重大的现实意义。在资源型海外扩张上，中国大型央企产业集团扮演着重要角色，如宝钢、中石油、中海油、中铝公司等已积极地迈出了国门。从央企国际化战略资源储备方式上看，一种是直接购买海外的资源、矿山；另一种是并购成熟公司股权。

④树立跨国并购的风险意识。对于目前中国国企在海外的并购行为，相关方面对于并购的风险意识绝对要有充分的认识。跨国并购不能像国企在国内的企业行为，目前，国内的体制无疑给了国企很多先天的优势，但是在海外就不一样了，我们的国企管理层应该学会按照国际游戏规则出牌，如果还是按照国内的那一套出牌，无疑是要吃大亏的。就拿这次并购案来讲，A公司出资195亿美元目的是将其在B公司的持股比例由目前的9%增至18%，但是约束合同双方履行的保证金（也就是违约金）才2亿美元。有人为此算过一笔账，如果此次海外并购案成功，A公司能够盘活国内的巨大市场不说，还会获得数千亿美元的长期企业效益。2

亿美元对数千亿美元，这当中的利益选择相信傻瓜都知道如何做。假如我们的A公司当初在与对方签订合同时，能够对合同的风险有足够的认识，把合同的违约金提高到数百亿甚至上千亿美元，恐怕事情的结局又是另外的情形了。

（二）M水电站

1. 案例背景

2003年，“走出去”倡议正式实施，中国企业纷纷进驻国外市场；时隔10年，“一带一路”倡议构想的提出，进一步加快企业“走出去”步伐。随着中国大型工程企业“走出去”进程不断深化，面临工程的自我期望形象与公众舆论形象的差异化、企业的主观形象与客观形象的差异化、国家的贡献度与美誉度不匹配等形象塑造现状，一些国际主流媒体甚至刻画了中国企业掠夺资源、破坏环境、“妖魔化”、未负担大国责任和缺乏社会责任意识等负面形象，不少中国建设项目为此折戟海外市场。

2006年，缅方邀请中国D集团投资水电，M水电站是7个梯级电站中最大的一座，投资逾36亿美元，装机容量600万千瓦，总工期为8年，计划于2017年首台机组发电。2009年，两国政府签署合作协议，M水电站正式开工，中方投入巨大的精力和财力，聘请数百名专家学者，完成20多项专题研究，坝区“三通一平”及库区移民安置工作基本完成。

中缅两国政府签署《关于合作开发缅甸水电资源的框架协议》，计划修建七级梯形水电站，装机总容量2000万千瓦，建设工期为15年，年均发电量约1000亿千瓦时。作为计划中最大项目的M水电站由中国D集团（以下简称D）投资36亿美元，D将兴建缅甸7个梯级电站中的第一座。

2. 案例事件

M水电站于2009年12月21日开工，中国D集团下属几个工程局也参与了具体实施。2011年9月30日，缅甸总统吴登盛宣布在本届政府任期内搁置原本由中资公司开发建设的规划中最大的水电项目，即 M 水电站，项目业主 D 成了最大的受损方。此时，D 公司已经完成 20 亿元投资。据中国官方媒体报道，截至 2013 年 3 月，D 公司已投入资金 73 亿元，且费用还在以每年 3 亿元人民币的速度增加。

2009 年，作为项目启动的前提条件之一，D 公司邀请并资助了中缅两国的研究机构进行环境影响评价，该报告于 2009 年完成，但 D 公司和政府从未将其向中缅两国公众公开，直到环评参与机构“缅甸生物与多样性保护协会”（BANCA）将其获得的报告公布。据 BBC 报道，环评机构在这份 D 公司自己资助的报告中表示，M 水电站对周边地区环境影响严重，专家建议要么“取消整个工程”，要么“至少分建两座小型水电站”。报告公布后在缅甸国内引起轩然大波，缅甸政府在民众压力下于 2011 年决定暂停 M 水电站项目。项目暂停 2 年后，中方于 2013 年撤出了人员设备，M 水电站的建设工作陷入全面停滞状态。尽管缅甸新政府在 2016 年 8 月建立了“M 项目调查委员会”，但 M 水电站至今仍没有重启的明确迹象。

3. 案例的分析与启示

（1）失败的原因

M 水电站被搁置的因素繁多，既有海外投资项目都会面临的客观因素，如文化因素、政治因素、环境因素、西方势力和当地民间组织的干预，也有一些主观因素，如中国 D 企业建设过程中自身存在的问题等。

①缺乏科学合理的风险评估体系是 M 水电站工程搁浅的重要原因。不可否认，D 集团在与缅甸政府合作时会对整个建设项目进行一定的评估，这是每一个大型工程项目建设必须通过的论证阶段。但 D 集团是否进行了科学的评估，包括对缅甸国内政治势力、生态环境进行合理评估，是值得怀疑的。

②利益分配失当引发当地社会抗议。尽管 M 水电站给缅甸带来显著的经济收益，但是项目建设却没有充分考虑项目影响社区的合理利益。在移民安置、环境保护和社会就业方面，项目公司虽有相应的政策，但

总体上是承诺多于实践，规划多于实施。例如，当地公司虽然新建了示范移民村，但移民村的规划和建设存在诸多问题，中方企业虽表示给予征地补偿，但是赔偿资金却直接交由缅甸政府，并且具体负责征地工作的缅方企业存在强制拆迁的行为。

③过程风险评估与认知不够。根据某知情者称，M 水电站的搁置似乎早有预兆。在 2011 年 3 月时，缅方就以各种形式刁难施工方进入，同时国内环保组织抗议加剧。对此，D 集团并没有意识到风险，没有相应地进行阶段风险评估，及时停止或者延缓工程项目的建设。同时，D 集团对当地的基本情况认知不够，如当地的文化、地方自治政府等，这些基本认知的缺乏更加剧了过程风险评估的危险性，以至于在工程真正被停止建设后才开始寻找原因。

④未能充分了解当地文化与国内民意走向。对于 M 项目的方案，缅甸国内是有较为广泛的群众基础的。除去中央与地方之间的关系（军政府与克钦独立组织）之间的博弈之外，M 在当地神圣的地位也是一个重要原因。山川崇拜本是克钦人古老“万物有灵”信仰的体现，是当地民族精神的体现。D 集团缺乏与当地的自治政府以及民意的充分沟通，一定程度上忽视了当地文化习俗的因素。自 M 水电站开工以来，国内民意也呈现了变化。以大坝的安全性以及中缅之间一些谎言（如 D 集团在掠夺当地资源等）为代表的民意逐步攀升，加上环保组织的加入，使得缅甸国内民意走向已经发生了重大变化。加之国内政治力量的角逐，大选后，军政府的标签被摘下，这些因素综合起来已经使缅甸国内的民意发生了重大变化。而 D 集团却没有跟踪并且研究这些民意的变化与走向。

⑤缺乏独立性、自主性与风险分担和保障意识。对外投资尤其是重大工程项目涉及国家的多种利益。中国的对外大型公司，无论是央企还是私企，首先都应该具有充分的独立性与自主性，不应该过分依赖国家去处理或者协调一些事情，如企业公关是现代企业必须要具备的基本本领，不应当认为只要是国家高级别的项目就万无一失。政治风险不是母国可以控制的事情，国内与国际政治力量之间的角逐也非人力可控。此

外，由于缺乏风险分担意识，使得一旦海外工程项目停建则损失巨大。因此，中国对外工程企业应加强自身独立性与自主性，发挥主观能动性，积极地在东道国进行一定的企业公关。其次，要做好整个工程项目前、中、后时期的整体评估。最后，要有一定风险分担意识，例如与当地企业合作或者外包一些子项目，进行相关大型保险的投入等。

⑥中央企业对外投资风险控制机制欠缺。目前，中央企业对外投资逐步扩大，伴随着风险也在逐步增强。一方面，我国中央企业虽然拥有大量的国有资本，规模大，但这些资源的初始配置基本是政府主导，而不像西方的大型跨国公司是在长期市场竞争中不断壮大，我国央企从一开始就缺乏竞争环境，市场竞争经验不足，对外投资的经验更是缺乏，在企业内部更是缺乏风险评估和控制的专门机构和制度；另一方面，由于中央企业的国有产权性质，多层委托—代理关系产生，企业管理者缺乏剩余索取权，管理者的道德风险问题随着企业的扩张越发凸显，加之监督制度的不完备，往往容易产生“内部人”控制现象，最终导致央企的对外投资决策与责任不对称，“公地悲剧”现象屡见不鲜。

⑦中央企业海外投资的风险形势严峻。受大国地缘政治、种族冲突、恐怖主义等多重因素影响，投资的国家政局不稳定，政治风险和安全风险严峻。受市场不够成熟、法律不够完善、监管不够透明、政策不够协调等因素影响，中央企业的部分投资项目经济性相对较差。而我国中央企业跨国经营水平普遍比较低，缺乏对世界各地不同的法律法规、宗教、文化、投资政策及环境等方面的了解，使中央企业境外生产经营面临一定风险问题。

综上分析，社会抗议提高了 M 水电站的社会关注度，并说服不少缅甸政府官员改变对项目建设的态度。更为重要的是，缅甸主要反对党民盟和克钦独立组织都明确反对 M 水电站建设，这使得项目的政治和社会反对力量远远超过支持力量。反对派的对抗使得执政党和项目公司的利益承诺难以获得足够的信誉支撑，最终执政党不得不单方面叫停了 M 水电站建设。

（2）启示

①增强保护生态环境意识，塑造有形化施工现场。现阶段，保护环境已是国际社会共同关注的全球性话题，任何一个企业如果被贴上破坏环境的标签，那么这个企业的形象必会大打折扣。海外企业更是如此，如果漠视东道国的环境保护，不仅工程项目可能搁置，而且企业形象乃至国家形象会受损。如缅甸以“破坏生态环境，尊重民意为由”决定暂停在建的 M 工程，致使中资企业形象塑造受困，同时引发国际反对电力项目的连锁反应。施工现场的有形化塑造就是在建项目现场符合文明施工标准化建设的整体要求，尊重项目所在地的文化宗教及风俗习惯，保护好当地生态环境，融入本企业文化元素，形成本项目的特色文化，给人以强烈的视觉冲击感，进而联想到企业实力，从而得到东道国政府和民众的理解和支持，有助于项目顺利开展。

②全过程的项目管理法塑造工程形象。通过在施工现场对项目全过程实施综合动态管理，以符合国际管理的项目现场标准化为基础，采用“三控、三管、一协调”原理，围绕项目管理这个中心，以施工现场为载体。首先，注重安全管理，提高员工“安全第一”觉悟；其次，强化质量意识，严格“三检”制度；再次，加强工期控制，树立企业信誉；又次，增强合同管理，深化法律观念；最后，创新工程形象，塑造企业形象。

③建立合理的信息沟通机制。在重大工程项目规划、立项、选址、征地拆迁、移民安置和工程招投标等关键环节，“走出去”企业应公开透明、民主决策，积极接受当地媒体和民众的全程监督，倾听民意，增加公众对企业的好感。同时项目部通过网络、新闻媒体建立有效的信息沟通机制，主动邀请新闻媒体、非政府组织、公众等参观交流，了解社情民意。

④积极参与改善东道国整体营商环境的工作。缅甸存在政府执政能力较弱、政策缺乏连续性和稳定性的问题，中国企业应当加强与东道国政府的合作，协助当地政府完善政策制定和落实。例如，中国企

业可以作为第三方机构帮助加强中外政府部门沟通，协助中国政府建立覆盖范围更广、规模更大的行政管理人力资源开发培训项目，邀请东道国政府官员来中国参加学习和培训，以帮助东道国政府提升治理能力。

⑤针对域外国家干预带来的风险，中国企业应当加大参与公共外交建设的力度。中国企业应研习东道国当地特色，用当地社会熟悉的“语言”开展公共外交，加强对外宣传的内容建设，避免“自说自话”。自2011年缅甸M水电站事件发生后，“走出去”的中国企业逐渐意识到改善对外形象的必要性。中国企业不能依赖当地以及域外媒体主动转变报道方式，而应积极优化对外传播策略，善于利用东南亚和南太平洋岛国民众喜好的文化传统、历史底蕴等话题来增加中国企业对外形象的吸引力，从单向的“对外宣传”转变为双向的“国际传播”。同时，中国企业应积极联系当地华人华侨群体，了解当地社会的话语体系并以其熟悉的讲话方式讲述“中国故事”，降低非传统政治风险对海外经营项目的冲击。

第三节　央企高质量参与“一带一路”意义重大

自“一带一路”倡议提出以来，央企作为我国经济发展的重要支柱，充分利用自身实力与技术，积极参与“一带一路”建设，成为我国践行“一带一路”倡议的重要骨干力量，取得了显著成绩。根据国资委披露，截至2018年10月末，我国央企已在“一带一路”沿线承担了3116个项目，已开工和计划开工的基础设施项目中，中央企业承担的项目数占比达50%，合同额占比超过70%。立足当前，建议央企认真总结经验，找准新发力点，积极发挥其作为“一带一路”沿线国家和地区经贸合作重要参与者的影响力，高质量参与“一带一路”建设。

第一，高质量参与“一带一路”建设，有助于央企发展成为具有国际竞争力的世界一流企业。“一带一路”沿线覆盖65个国家和地区，总人口超过44亿，拥有巨大市场空间，为央企海外发展提供了广阔舞台。国资委监管的97家央企中，有48家为2018年度《财富》世界500强企业，具备高质量拓展“一带一路”国际市场的雄厚实力基础。2019年1月25日，国资委选定了航天科技、中石油、国家电网、三峡集团、国家能源集团、中国移动、中航集团、中国建筑、中国中车、中广核10家中央企业作为创建世界一流示范企业，并力争用3年左右时间在整体上取得显著成效。此外，还有多家央企将“具有国际竞争力的世界一流企业”作为企业发展目标。我国央企高质量参与“一带一路”建设，将有助于目标实现，主要包括以下几点：

一要遵守国际规则，也要推动优化规则。央企在“一带一路”沿线国家和地区拓展市场，前提是要熟悉国际通行准则，也要遵守当地法律法规。我国央企“走出去”，应先做既定国际规则、东道国当地法律法规的接受者，但也要通过展业需要，持续优化国际商业规则和东道国当地营商规划，争取更多权益保障。

二要持续提升国际市场竞争力。央企参与“一带一路”沿线国家和地区基础设施等项目建设，需要直接面对跨国企业、东道国本土企业以及我国其他企业的完全市场化竞争，比拼的是包括价格、技术、服务等在内的综合竞争力。参与“一带一路”建设的央企，应积极通过“一带一路”市场竞争提升自身市场化程度，并将积累的境外市场化经营经验认真总结，吸收到央企国内主体改革中，提升央企的整体经营效率。

三要注意培养“一带一路”市场拓展持久力。“一带一路”大型项目往往涉及主体多、周期较长，需要多方充分酝酿，央企应保持一颗平常心，戒骄戒躁，扎扎实实做好各项基础性工作，这也是央企国际竞争力的重要组成部分。

第二，高质量参与“一带一路”建设，有助于提升国内金融机构国际化程度和国际服务能力。经济是“肌体”，金融是“血脉”，两者共生共荣。央企高质量参与“一带一路”建设离不开金融大力支持，特别是国内金融机构的国际支持。央企与国内金融机构在“一带一路”业务上相伴相随。同时，央企参与“一带一路”建设，也有助于国内金融机构提升“一带一路”沿线国家和地区金融服务能力和水平，并根据包括央企在内的我国企业在“一带一路”上业务拓展区域，实现国内金融机构的国际化覆盖。

一是金融产品或服务国际合作。国内金融机构可以通过与东道国金融机构合作，为央企提供东道国项目所需的银行信用提供支持。

二是金融机构国际化布局。国内金融机构可根据“一带一路”中资企业发展情况，完善海外机构布局，以便更加熟悉当地法律环境、营商环境以及金融环境，为当地央企等“走出去”企业及项目提供更便捷的金融服务，同时也提升了自身国际化服务能力。

三是金融服务竞争国际化。央企在“一带一路”沿线国家和地区开展项目合作，往往也是跨国金融机构，乃至东道国本土金融机构追逐的对象，国内金融机构及其海外分支机构也必须得提供具有国际竞争力的金融服务解决方案，才能得到央企认可，也增强了我国金融机构国际化服务能力。

此外，央企也可加强与国内金融机构合作，积极推动人民币海外直接投资，或者人民币跨境结算等，利用好丝路基金、亚洲基础设施投资银行、国家开发银行等政策性金融机构或国际金融组织的金融资源。央企还可积极利用企业内部金融板块资源等，为其“一带一路”项目提供金融服务，同时也可帮助合作方积极提供金融解决方案，包括融资、外汇、跨境结算等。

第三，高质量参与“一带一路”建设，有助于促进我国中小企业“走出去”。中小企业大都属于民营企业，独立拓展“一带一路”沿线国家和地区市场，相对成本高、挑战多、难度大。央企高质量参与“一带一路”建设，可积极利用自身处于产业链的重要地位优势，积极带动中小企业到“一带一路”沿线国家和地区开拓新市场。

一是上下游产业链带动。带动中小企业“走出去”，央企“一带一路”项目通过产业链的上下游带动，有效降低了中小企业面对的信息不对称问题，降低了在“一带一路”沿线国家和地区市场拓展的试错风险，为实现中小企业“走出去”提供必要的“缓冲器”。

二是基础设施服务带动。央企参与“一带一路”沿线国家和地区的基础设施建设，提高了这些国家和地区的电力、通信、交通等基础设施服务供给水平，为后续跟进投资的中小企业提供了有力保障。还有部分央企建设了当地产业园区，便利了国内中小企业以园区为依托，实现在“一带一路”沿线国家和地区快速发展，大大降低了“走出去”门槛。

第四，高质量参与“一带一路”建设，有助于充分展示良好的中国企业与国家形象。

央企高质量参与“一带一路”建设，依法合规、诚信经营的意识比较强，更加有助于充分向当地和国际社会展现良好的中国企业以及国家形象，争取越来越多国家支持，以及当地企业和民众的欢迎。

首先，要充分尊重所在国当地的文化、宗教信仰和风俗习惯。央企无论是在当地交流沟通，还是提供产品和服务设计等方面，都要充分尊重当地风土人情，同时也积极介绍企业文化和中国文化。

其次，要认真履行社会责任，注重当地生态环境保护。央企不能以牺牲“一带一路”沿线国家和地区当地环境和长期发展利益为代价，为企业自身谋私利，否则合作无法长久。要在项目施工过程中，注意当地生态环境治理，积极履行社会责任。

最后，要努力帮助解决当地就业问题，积极参与公益事业等。央企可以充分利用自身资源优势，带动“一带一路”沿线国家和地区，特别是较为落后地区的经济发展，促进解决当地就业、医疗、教育等问题，积极帮助当地脱贫，为当地公益事业发展作出应有贡献。此外，央企也应主动加强在当地社会形象宣传与推广。

第四章 “一带一路”央企海外投资履责分析

央企长期以来作为中国国民经济的重要支柱，在保持国民经济平稳较快发展中发挥骨干作用。“一带一路”倡议提出后，中央企业积极响应，凭借强大的技术、资源和良好的政府关系成为海外投资中的推动者和主力军，是全球基础设施等优质公共品的提供者。“一带一路”的核心精神是和平合作、开放包容、互学互鉴、互利共赢。在海外投资过程中，央企不断将社会责任融入“一带一路”海外投资、决策、治理结构和日常运营的各个流程之中，强调海外社会责任工作与企业国际化发展相结合的经营管理模式，坚持负责任的投资原则，有效管理企业海外运营对当地社会和环境的影响。这不仅推动了企业发展和履行责任的良性循环，也是对“一带一路”核心精神的最好诠释。

当前，“一带一路”建设进入高质量发展阶段，对央企海外社会责任的履行提出了更高的要求。在百年变局和世纪疫情交织叠加的国际环境下，为使“一带一路”倡议得到稳步有效推进，央企需要不断完善社会责任管理体系，通过履责提升央企海外品牌形象，树立负责任的大国形象，从而降低海外投资风险。然而，随着海外投资的逐步深入，央企所涉及的利益相关主体越来越复杂，所面临的社会责任议题也更为丰富，既包括宏观层面上国家间的利益考量，也有微观层面上双边社会各市场主体的广泛参与，需要在短期利益与长期战略和经济目标与非经济目标中做好权衡，这对“一带一路”背景下央企海外社会责任的履行提出了挑战。

结合企业社会责任经典理论与央企的国有性质，可以发现央企在海外履责的驱动因素首先是对“一带一路”倡议的积极响应；其次是适应东道国市场环境的要求，提升央企海外形象，从而推进其国际化战略。“一带一路”倡议提出以来，央企履责成绩显著，在促进当地经济发展、保障海外员工权益、保护当地生态环境、促进双边文化交流、拓展海外志愿帮扶和助力全球减贫与抗疫中发挥了重要作用。同时也要注意到，部分央企在履责中缺乏专业组织与人才服务，缺少海外履责理论指导和实践支持，海外社会责任管理体系亟待完善。本书尝试对央企的海外履责议题识别进行分析，并就当前央企在海外投资履责中所面临的挑战提出相关建议。

第一节　“一带一路”央企履责研究

一、企业社会责任经典理论

（一）企业社会责任“金字塔”模型

19 世纪末，工业革命催生了经济的快速发展，商业兼并与收购活动使公司规模急剧扩大。大型企业所带来的对经济、政治和文化的影响与其对社会或环境所承担的责任之间产生了矛盾，引起了人们对企业与社会之间关系问题的思考。英国学者欧利文·谢尔顿（Oliver Sheldon）在 1924 年提出了“企业社会责任”（Corporate Social Responsibility，CSR）的概念。1953 年美国学者霍华德·鲍恩（H.R.Bowen）定义了商人社会责任，即商人有义务按照社会所期望的目标和价值来制定政策、进行决策或采取某些行动，鲍恩也被称为“企业社会责任之父”，从此开创了企业社会责任领域的研究。

20 世纪 60 年代以来，倡导企业社会责任的运动在西方广泛开展，大量学者对企业社会责任概念的认识逐渐加深。1971 年，美国经济发展委员会在《工商企业的社会责任》的报告中详细阐述了“三个中心圈”

的企业社会责任界定：内圈代表企业为社会提供产品、工作机会并促进经济增长的经济职能；中间圈是指企业在实施经济职能时，对其行为可能影响的社会和环境变化要承担责任，如保护环境、合理对待雇员、回应顾客期望等；外圈则包含企业更大范围地促进社会进步的无形责任，如消除社会贫困和防止城市衰败等。

阿奇·卡罗尔（Archie B. Carroll）最早将企业社会责任研究带往理论化方向，并于 1979 年提出了企业社会责任“金字塔”模型。他认为企业社会责任是指特定时期内社会对企业所寄托的经济、法律、伦理和企业自行裁量（慈善）的期望，[①] 如图 4－1 所示。其中，经济责任反映了企业作为营利性经济组织的本质属性，也是企业最重要的社会责任，但不是唯一责任；法律责任要求企业在法律框架内实现经济目标；伦理责任期望企业遵循那些尚未成为法律的但却是社会公认的伦理规范；自行裁量的责任完全由个人或企业自行判断和选择，这是一类完全自愿的行为。

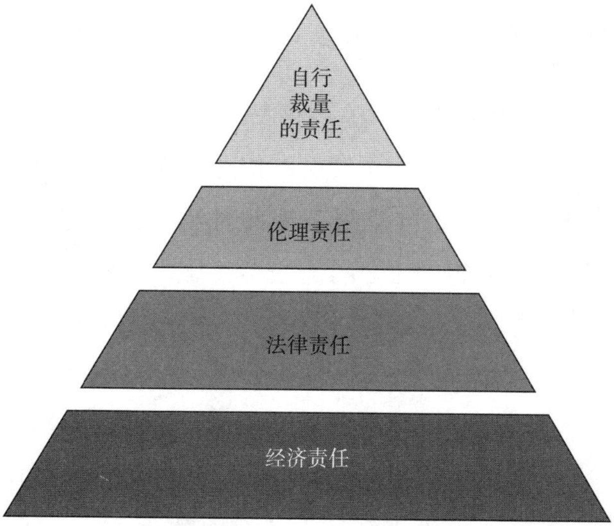

图 4－1　企业社会责任“金字塔”

① Carroll A. B. A Three－dimensional Conceptual Model of Corporate Performance [J]. Academy of Management Review, 1979, 4 (4): 497－505.

当然，四种责任彼此间并不是相互排斥的，也不是固定的，彼此间可能相互转化，而且任何一个行为可能同时包含着其他几种责任。在理解企业社会责任时，不能将企业的经济功能与企业的社会功能对立起来，而应把它们作为相互匹配、相互补充的两个方面，共同纳入企业社会责任的框架之中。之后，许多学者从不同的角度对企业社会责任的范围进行了界定，并逐渐将企业社会责任的概念框架与利益相关者理论相联系。

（二）利益相关者理论

利益相关者理论是20世纪60年代左右，在美国、英国等长期奉行外部控制型公司治理模式的国家中逐步发展起来的。1963年，斯坦福研究院首次提出利益相关者概念，区别于传统的股东利益至上企业理论，该理论认为任何一个公司的发展都离不开各种利益相关者的投入和参与，如股东、债权人、雇员、消费者、供应商等。弗里曼认为，利益相关者是能够影响一个组织目标的实现或者受到一个组织实现其目标过程影响的群体。由此可将利益相关者的概念分为广义和狭义两种：广义的利益相关者是指任何可识别的能够影响组织目标的达成或被组织目标所影响的团体或个人，包括雇员、消费者、股东以及公共利益集团、环境保护组织、政府机构、贸易联盟、竞争者、工会等；狭义的利益相关者则是指任何组织所赖以生存的团体或个人，包括雇员、顾客、供应商、政府机构、股东以及金融机构等。

克拉克森（Clarkson）认为，利益相关者是在企业中投入了一些实物资本、人力资本、财务资本或一些有价值的东西，并由此承担了某些形式的风险的个体。企业不仅要为股东利益服务，同时也要保护其他利益相关者的利益，应该以利益相关者理论为基础建立企业社会责任评价模式，① 并根据相关群体与企业的紧密性将利益相关者分为首要的利益相关者和次要的利益相关者。对于不同的行业、某行业内企业不同的发展阶段，企业的利益相关者是不相同的，或者说同样的群体或个人针对

① Clarkson M. B. A Stakeholder Framework for Analyzing and Evaluating Corporate Social Performance [J]. Academy of Management Review, 1995.

不同性质的企业或企业不同的发展阶段会归入不同类型的利益相关者。例如，政府对市场竞争程度很高的企业来说是次要利益相关者，而对于垄断性较高的企业应是主要利益相关者。同时，利益相关者理论契合了知识经济时代“人”的地位提高的趋势，更符合可持续发展的经营理念。

我国企业社会责任研究和实践起步较晚，但随着中国整体的经济转型、科学发展观的逐步落实以及统筹推进“五位一体”总体布局战略目标，企业社会责任正成为政府、企业和社会各界的讨论焦点。国内现有的企业社会责任知识体系大部分是建立在发达国家学术研究范式和理论框架基础之上，从最初理论借鉴比较研究到用中国企业的数据去检验经典理论，再到逐步提出本土化的相关理论并应用于实践。

当前，我国经济已由高速增长阶段转向高质量发展阶段。以往企业短视行为带来的粗放式增长、环境恶化等问题制约着经济的可持续发展。应当将企业社会责任提升到与当前流行的社会规范、价值和目标相一致的层次。现代企业更加强调其是存在于自然环境和社会环境中的复合主体，必须借助各种条件才能发展。这里的各种条件本质上是企业利益相关者各自所拥有和投入的资本，包括物质资本、人力资本、社会资本和生态资本等。企业社会责任的边界取决于企业生存和发展所依赖的多元资本的所有者——利益相关者的范围，由于企业价值触及的利益相关者越来越多，故企业社会责任的边界也越来越广。国内学者徐尚昆等整理了在西方文献中有关企业社会责任最常使用的 8 个维度，并通过相关文献及问卷调查等方式得出了中国企业社会责任的 9 个维度，包含 6 个共有的维度和 3 个中国独有的维度。[①] 如表 4 - 1 所示，股东权益和平等是西方企业社会责任独有的维度，而就业、商业道德及社会稳定与进步是中国独有的企业社会责任维度。

---

① 徐尚昆，杨汝岱．企业社会责任概念范畴的归纳性分析［J］．中国工业经济，2007（5）.

表 4－1　　中西方企业社会责任维度对比

	西方		中国	
共有的维度	经济责任	创造财富和利润	经济责任	提高经济效益、创造财富
		为社会提供有价值的产品和服务		有效率地提供合格产品和服务
		经济增长效率		促进国家和地方经济发展
		确保企业可持续发展		强调技术与创新
				企业可持续发展
	法律责任	在法律允许的范围内经营	法律责任	遵守国家各项法律法规/合法经营
				纳税
	环境保护	不应以环境的恶化和生态破坏为代价	环境保护	加强环保，减少污染
		对环境和生态问题承担治理的责任		加强环境污染治理
		环境保护		节约资源，提高资源利用率
	顾客	产品、服务的质量	客户导向	产品质量和安全
		产品使用过程中的消费者安全		质量是企业之本
		不提供虚假广告，信息公开		消费者权益
				货真价实
	员工	员工健康与工作安全	以人为本	安全生产与职业健康
		员工技能开发与培训		员工学习与教育
		身心健康与工作满意度、意义感		禁用童工
		发展和晋升机会		员工合法权益、福利、保险
		保障体系以及稳定的收入		最低工资标准及工资及时发放
				工会、人权
	社会捐赠、慈善事业	积极开展慈善活动	公益事业	捐助和慈善事业
		积极参与慈善事业		支持和参加社会公益事业
		关注社会弱势群体		关心弱势群体、希望小学
		支持教育和文化艺术事业		
独有的维度	西方		中国	
	股东	为股东创造利润	就业	增加就业机会
		信息透明、防止交易腐败		安排下岗就业人员
		保护中小股东权益		缓解国家就业压力
		完善治理结构		给残疾人提供就业岗位
	平等	种族平等	商业道德	遵守商业道德
		性别平等		诚信经营、遵守合同

续表

<table>
<tr><td></td><td colspan="2">西方</td><td colspan="2">中国</td></tr>
<tr><td rowspan="4">独有的维度</td><td rowspan="4">平等</td><td rowspan="2">弱势群体机会平等</td><td rowspan="4">社会稳定与进步</td><td>保证社会稳定与和谐</td></tr>
<tr><td>服务和回馈社会、促进社会进步</td></tr>
<tr><td rowspan="2">地区发展机会平等</td><td>支持文化科教事业</td></tr>
<tr><td>爱国主义、促进国家繁荣</td></tr>
</table>

然而，弗里德曼认为社会问题不是企业人士所要关注的，应该由自由市场体系里不受约束的活动来解决。自由市场不能解决的，应该由政府和立法来处理，企业的唯一目标就是实现经济利润最大化。利益相关者理论的出现，分散了企业的经营目标，除了经济上的目标外，企业也必须承担社会上的、政治上的责任。在社会责任理论和利益相关者理论的观念下，企业不再是单一的“经济人”，而是具有社会责任的“社会生态经济人”。虽然追求经济利益仍然是企业的重要目标，但这一目标必须在保证经济利益、社会利益和生态利益相统一，代内与代际公平相统一的过程中得以实现。[①] 因此，利益相关者理论扩展了“经济人”的内涵。

利益相关者理论明确了企业社会责任的对象，为研究衡量企业社会责任有效方法和促进企业发展提供了理论依据，即企业要想可持续发展，必须充分了解其利益相关者的要求，并尽量满足这些要求。在我国，《深圳证券交易所上市公司社会责任指引（2006）》从利益相关者的视角规定了上市公司对国家和社会的全面发展、自然环境和资源，以及股东、债权人、职工、客户、消费者、供应商、社区等利益相关方所应承担的责任。公司应在追求经济效益、保护股东利益的同时，积极保护债权人和职工的合法权益，诚信对待供应商、客户和消费者，积极从事环境保护、社区建设等公益事业，从而促进公司本身与全社会的协调、和谐发

① 温素彬，方苑．企业社会责任与财务绩效关系的实证研究——利益相关者视角的面板数据分析［J］．中国工业经济，2008（10）．

展，[①] 这为我国企业建立社会责任制度、形成社会责任报告提供了建议。2021 年 12 月 24 日，《公司法（修订草案）》指出，将加强公司社会责任建设，公司从事经营活动，应当在遵守法律法规规定义务的基础上，充分考虑公司职工、消费者等利益相关者的利益以及生态环境保护等社会公共利益，承担社会责任。

（三）企业公民

20 世纪 80 年代，企业公民（Corporate Citizenship）概念由实践进入企业社会责任研究领域，它表达了一种新的社会期望：企业应该像公民那样，成为对社会的福利与发展负有义务的公民。企业作为经济社会中的组织被赋予经营和营利的权利，因而也应在法定的范围内对社会负责。从 20 世纪 90 年代末开始，全球性企业公民运动的普及促进了这个概念的广泛应用，但仍缺乏统一的定义。曼坦等区分了三种较具代表性的企业公民定义：第一是有限的观点，即企业公民的含义与企业慈善活动、社会投资或对当地社区承担的某些责任相近；第二是与 CSR 类似的、最普遍的观点，以卡罗尔的观点为代表，即“有社会责任的公司应该努力创造利润、遵守法律并成为一个好的企业公民”；第三是延伸的观点，即企业对社区、合作者、环境都要履行一定的义务和责任，责任的范围甚至延伸至全球，它将经济行为与更广泛的社会信任相联系，并服务于双方的利益，特别强调企业作为社会中的经济实体必须承担与个人类似的、应有的权利和义务。

企业公民的要素由社会责任和道德责任两大类构成。社会责任主要指法律规定必须承担的责任，如为政府提供税收、为社会提供就业机会、为市场提供产品和服务、执行政府的宏观政策、维护职工的权利、遵守市场秩序等；道德责任主要指支持社会的公益活动、福利事业、慈善事业、社区建设等，特点是自觉自愿。“企业公民”建设的目的是寻找企业发展与社会和谐的契合点，达到互惠与双赢。国际上对企业公民理念

---

① 深圳证券交易所上市公司社会责任指引［EB/OL］. http：//www.szse.cn/disclosure/notice/t20060925_499697.html.

的表述，一般引用的是世界经济论坛、美国波士顿学院企业公民研究中心和英国企业公民机构的概念：企业是社会的一个主要部分；企业是国家的公民之一；企业既有权利，也有责任为社会的一般发展作出贡献。企业作为“企业公民”，应主动地承担社会责任，将社会责任整合到企业的核心战略和实践中，达到履责与经营的双赢。

“企业公民”包含“企业”和“公民”双重含义，意味着企业不仅仅是“经济人”，还是一个守法、有责任感和道德感的“社会人”和“道德人”。企业不仅需要提供满足社会需求的产品和服务以保证企业的生存和发展，而且还应该遵守基本的道德准则，接受社会伦理的约束，在保护和增加整个社会福利方面承担其应有的责任。[①] 做负责任的企业公民，在内要树立正确的公司治理和道德价值观，自觉按照企业公民的标准制定决策和选择行动，建立企业社会责任绩效制度规范，并定期发布企业公民报告，自觉接受社会的监督。在外要协调好与员工、业主、社区及合作伙伴等利益相关方的关系，优先选择当地优质资源进行属地化经营，做当地社会、经济、自然环境实现全面、协调、高质量可持续发展的推动者。同时，企业社会责任是社会经济发展到一定阶段的产物，具有客观性和演进性。在全球化背景下，意味着企业需要在世界层面规划社会责任的履行，担当“全球企业公民”。

（四）负责任的投资

对社会负责任的投资（Socially Responsible Investment，SRI）也称伦理投资或绿色投资，它关注的是企业社会责任的实现，其基本原则是通过资本引导，促进企业对社会负责任的行为。SRI 来源于 17 世纪贵格会带有道德筛选意味的投资，当时的贵格会拒绝对进行武器买卖的公司进行投资。而现代的 SRI 运动始于 1971 年的柏斯全球基金（Pax World Fund），该基金由抗议越战的牧师发起，他们创办了一个共同基金，把认为不合道德的公司剔除出他们拥有的所有股票组合之外。从 20 世纪

① 郑文，胡元林．企业社会责任的内涵及其实现机制研究——基于企业公民视角［J］．经济研究导刊，2018（5）．

90年代末开始，各国SRI资金急剧增长，以养老基金和保险基金等机构投资者为主流，将股票筛选、股东行动主义和社区投资三种方法相结合，以一种更积极的方式来推动企业社会责任的履行。①

具体地，“负责任的投资”是指具有明确且合理的目标导向的投资；是项目方案具有可行性，且能规避项目风险的投资；是能够满足产出需求，实现项目价值的投资；是能够满足经济、社会、资源、环境等政策要求，符合准入条件，且具有可持续性的投资；是有关各方能够有效参与，实现多方共赢，能够变风险为机遇的投资。就工程技术经济的角度而言，“负责任的投资”应从需求可靠性（Demand Reliability）、工程可行性（Engineering Feasibility）、运营有效性（Operational Efficiency）、财务合理性（Financial Rationality）、影响持续性（Impact Sustainability）和风险可控性（Risk Controllability）6个维度进行评价，而不是仅仅关注工程项目的环境和社会影响②（如图4－2所示）。

图4－2　“负责任的投资”可行性研究评价模型

与“负责任的投资”概念类似的还有“环境—社会—治理（ESG）责任投资”。联合国全球契约组织（UN Global Compact）于2004年发布

① 郑若娟．西方企业社会责任理论研究进展——基于概念演进的视角［J］．国外社会科学，2006（2）．

② 李开孟．新时代要大力倡导“负责任”的投资［EB/OL］．http：//www.ciecc.com.cn/art/2021/12/23/art_5099_74893.html.

《在乎者即赢家》（*Who Cares Wins*）报告，首次提出“环境、社会、治理”（ESG）概念，强调企业在选择投资项目时不仅要关注传统的财务指标，还要考虑环境保护、社会责任和公司治理三大要素。此外，责任原则投资（PRI）是由联合国前秘书长科菲·安南于2006年牵头发起成立的联合国责任原则投资组织（UN PRI）所倡导的投资概念，要求加入该组织的企业，在选择投资项目时应考虑环境和社会等责任，并支持签署加入该组织的机构将环境和社会等要素融入投资战略及项目决策之中，强调投资对经济社会可持续发展的贡献。

综上所述，企业社会责任理论的衍生与社会的发展进步有很大关系，其基本原则是企业不应仅仅关注利润和经济绩效，也应该回应和满足社会诸多利益相关者对企业的多重期望。学者们从企业社会责任的概念出发，不断扩大企业社会责任的外延，逐步过渡到研究企业社会责任的过程、结果以及绩效评价，最后落实到如何激励企业实践者以更符合企业传统目标的形式履行社会责任。对于CSR研究领域的状况，卡罗尔是这样描绘的：“这是一个兼容的领域，有着宽泛的边界、多元化的成员、不同的学术背景、大量非集中的文献、多学科交叉的观点”。[①] 未来，有关企业社会责任的理论和研究会在前述研究成果的基础上继续推进，特别是在经济全球化和气候变化的背景下，企业社会责任的实施战略和各方面评价指标会在全球这个空间尺度上进行规划和考量，不断构建一个更系统、更全面、更具可操作性的企业社会责任理论框架，为促进全球治理提供强有力的理论支持。

二、央企海外社会责任

（一）央企履责的特殊性

企业是服务于经济目标的组织，国有企业又是企业组织中的一种特例。按照国有资产管理权限划分，国有企业分为央企和地方企业（由地

---

① Carroll，A . B. Social Issues in Management Research：Experts's Views，Analysis and Commentary [J]. Business and Society，1994，33（1）：5 – 29.

方政府监督管理的国有企业）。央企在关系国家安全和国民经济命脉的主要行业和关键领域占据支配地位，对经济社会发展具有极为重要的社会影响力，是国民经济的重要支柱。这意味着央企在生产经营投资中既有“营利性使命”，也有“公共政策性使命”：一方面，企业要通过追求营利性实现国有资产保值增值，从而保证其主导地位；另一方面，要弥补市场缺陷，服务公共目标，兼顾效率与公平。企业运行的逻辑由使命决定，因此央企的国有性质从根本上决定了其非经济目标和经济目标的两重性。

美国也有20多家类似“中央国有企业”的机构或公司，分别称为联邦政府公司（Federal Government Corporation）和政府资助企业（Government－Sponsored Enterprises）。联邦政府公司中有一类是私人持有的，这类公司的所有者不是政府，但它们在经营活动中会获得政府或公共基金的拨款，因而要遵守其他私营企业不需要服从的一系列特殊的法律法规。①

履行社会责任是对央企的必然要求。一般认为，我国央企有三个主要特征：一是资产财务关系在财政部单列；二是人事关系在人社部单列；三是经营上在国家计划中单列（国务院可以直接向其行文）。在此层面上，央企是国家财政的有机组成部分，是政府针对出现或可能出现的市场失效问题而代表公众利益参与和干预经济的一种工具与手段，承担着执行和实现国家宏观战略经济调控、产业结构合理化调整等目标的职能。央企拥有一般民企或地方国企所不具备的资源、技术以及国家政策支持，具有强大的社会发展基础，且历经时代发展和变迁，多数央企具有丰厚的经济基础和历史积淀，承担着促进社会经济健康可持续发展、维护社会稳定大局、促进就业等多方面的社会目标。

央企履责的社会影响较大，社会期望较高。央企一般都是国有大型、特大型企业，人数众多，企业规模大，经营领域涉及国计民生的各个行

① Whincop M. J. Corporate Governance in Government Corporations [M]. Aldershot: Ashgate, 2004.

业，经营范围遍及全国乃至世界各地，其利益相关者群体对象广泛、数量众多，在我国经济社会发展中发挥着举足轻重的作用。央企发挥履行社会责任的带头作用，对社会尤其是其他企业具有很强的示范引导意义。同时，社会对央企履行社会责任的期望很高。央企除担负着国民经济发展重任之外，还担负着诸如社会公益等非经济目标的重要职责，公众对央企履行社会责任的期望明显高于其他类型企业。

此外，政治责任是央企区别于其他企业的一个很重要的特点，央企必须要服务党和国家的发展大局，认真贯彻落实党的路线、方针、政策，不断发展壮大国有经济，巩固党的执政基础，其经营发展必须站在维护国家形象和集体利益的全局高度。①《OECD 国有企业公司治理指引》一文中强调，央企履行社会责任和义务以及实现公共政策目标的追求，往往高于一般公认标准。因此，央企的社会责任不可避免地将是一个复杂的问题，不能简单地运用适合于一般企业的社会责任的标准来衡量其履行社会责任的绩效。

（二）“一带一路”央企海外社会责任

“一带一路”倡议是一项系统工程，除涉及与各国能源、贸易、金融以及基础设施建设等经济领域的合作外，还包括文化、技术和卫生等多方面的沟通交流，这给中国企业海外投资带来巨大契机和广阔前景。“一带一路”倡议提出后，大批企业投入“一带一路”的建设之中，在响应国家号召的同时，也提升了自身经济效益。2013 年以来，央企积极响应“一带一路”倡议，加快海外投资步伐，积极实施海外并购、开发海外资源、延伸产业链条，大力提升全球配置资源能力，是中国企业“走出去”和“一带一路”建设的先行者和主力军。“一带一路”倡议给海外投资企业带来机遇的同时，也对其提出了社会责任的要求。央企在全球 180 多个国家和地区拥有机构和项目超过 8000 个，在海外发展中承担着大国责任，做好海外履责意义重大。

① 张卫平．中央企业社会责任问题研究［D］．济南：山东师范大学，2012.

然而，“一带一路”共建国家地理环境、经济水平、政治制度和文化习俗差异较大，央企自然面临着多元的社会责任问题。塞西（S. Prakash Sethi）指出，企业社会责任的表现和认识受到文化和社会背景的影响，其维度会根据不同的社会、文化和时间存在巨大的差异。[①]“一带一路”共建国家在经济发展、提高就业率、员工培训以及环境保护等方面的需求上有相似之处，但各国的宗教和社会状况等差异也十分明显，社会责任的承担不能“一刀切”。[②] 中央企业海外投资过程中所涉及的利益相关主体较国内而言更加复杂，所面临的社会议题也更为丰富。既有宏观层面上国家间的利益考量，也有微观层面上双边社会各市场主体的广泛参与，需要在短期利益与长期战略和经济目标与非经济目标中做好权衡，这对“一带一路”背景下央企海外社会责任的履行提出了挑战。

海外企业社会责任是指在海外投资、经营和管理中，企业应该对东道国承担的社会责任。2003 年，联合国提出了关于企业社会责任的《全球协议》：企业在海外经营中要尊重各个国家的人权，保护劳动者的权益；要给予员工游行、结社自由，尊重工会的权利，允许劳资双方就很多权利展开谈判；排除种种强制性劳动，不允许使用童工；拒绝用工和行业方面的歧视行为；具有环保意识；主动承担对社会的责任；鼓励优先发展无污染工业和应用清洁技术。国内学者欧阳峣教授将海外企业社会责任分为经济责任、员工权益保护责任、环境责任、道德责任、慈善责任。

（1）经济责任。这一责任是指企业在经济活动中能够按照商业规则不断增强自身经济实力，提升企业盈利能力的责任，其中包括提供质量合格、价格公正的产品，同时能够在经济行为中公平竞争，为社会的可持续发展贡献力量。

（2）员工权益保护责任。这一责任主要包括为当地员工提供合理的

① Sethi. S. P. Dimensions of Corporate Social Responsibility［J］. California Management Review, 1975（3）.

② 吕儒红，王贺猛．“一带一路”建设背景下中国企业在发展中东道国承担社会责任问题探讨［J］. 对外经贸，2015（12）.

报酬，安全的工作环境，公平的就业、升迁机会，提供民主参与企业管理的渠道，反对歧视等。

（3）环境责任。企业要合理利用自然资源、减少甚至消除有害废弃排放、减少大气和河流污染。

（4）道德责任。这一责任主要包括海外企业在经营管理过程中要遵守东道国法律、法规，恪守商业道德、行业规范和商业规则等。

（5）慈善责任。慈善责任是指企业对于社会福利和公益事业应尽的道德义务。慈善责任作为社会与公众对于企业倡导与期望的一种责任，不具有经济责任和法律责任的强制性特征。①

2008 年，国务院国资委发布了《关于中央企业履行社会责任的指导意见》（以下简称《指导意见》）。②《指导意见》要求企业自觉遵守法律法规、社会规范和商业道德，在追求经济效益的同时，对股东、职工、消费者、供应商、社区等利益相关者和自然环境负责，实现企业和社会、环境的全面协调可持续发展，体现了各利益相关方对中央企业履行社会责任的要求和期望。规定央企履行社会责任要重点把握好八个方面：一是坚持依法经营诚实守信，二是不断提高持续盈利能力，三是切实提高产品质量和服务水平，四是加强资源节约和环境保护，五是推进自主创新和技术进步，六是保障生产安全，七是维护职工合法权益，八是参与社会公益事业。这八个方面是立足中央企业整体特点，结合当前中国国情和企业实际，对央企履行社会责任提出的具体要求，更多的是基于国内层面的要求。

区别于国内利益相关者视角下央企的社会责任，在参与“一带一路”建设的海外投资过程中，央企主要社会责任可以归纳为战略性企业社会责任和反应性企业社会责任。战略性企业社会责任包括内外两个维度协同工作，是企业主动地把社会责任或者需要解决的社会问题纳入公

① 欧阳峣．跨国企业的社会责任［M］．北京：中国经济出版社，2006.

② 国务院国资委出台中央企业履行社会责任指导意见［EB/OL］．http：//www. sasac. gov. cn/n2588035/n2588320/n2588340/c4426934/content. html.

司规划框架中，努力在企业经营和竞争环境的社会层面找到共同价值，不是作为公关活动或牺牲某一方利益，不依赖私人或政府补贴进行履责，其社会和商业利益是巨大的。反应性企业社会责任包括两个要素：适应利益相关者不断变化的社会关切以及减轻商业活动的现有或预期不利的影响。[①] 有研究发现，央企在“一带一路”部分共建国家法治环境相对薄弱的情况下，外部环境和央企内部价值链都会驱动央企社会责任的履行，且积极履行反应性社会责任可以促进战略性社会责任的顺利实施，[②] 具体关系如图 4－3 所示。

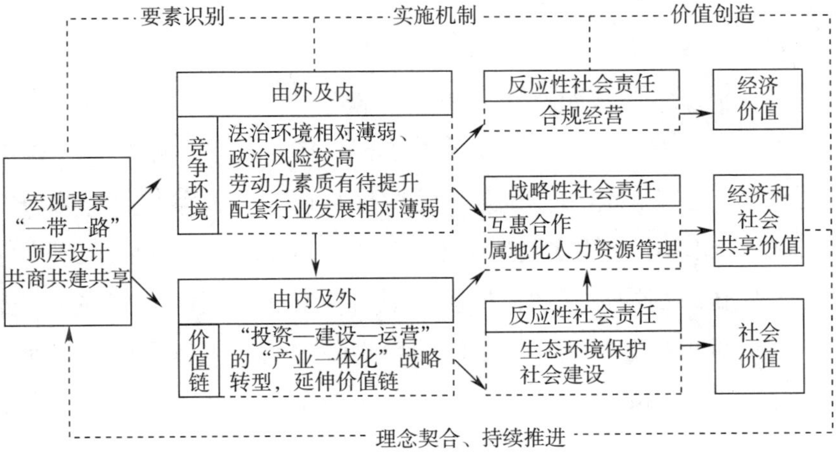

图 4－3 “一带一路”倡议下央企履行社会责任理论框架

一方面，央企作为我国国民经济的骨干力量，在经济社会发展中具有重要地位和作用，进行海外投资在促进当地经济发展的同时可以推进央企的国际化经营，有利于央企自身保值增值，这需要挖掘海外投资与履行战略性社会责任的利益交汇点。通过将“一带一路”共建国家中的人才优势、生产原料优势进行属地化运营，既可以促进当地经济发展，

① Porter ME. Strategy and society: the Link Between Competitive Advantage and Corporate Social Responsibility [J]. Harvard Business Review, 2006, 84.

② 祝继高，王谊，汤谷良．“一带一路”倡议下中央企业履行社会责任研究——基于战略性社会责任和反应性社会责任的视角 [J]. 中国工业经济，2019 (9).

也可以为央企国际化经营提供生产要素，形成竞争优势。另一方面，在“一带一路”共建国家投资经营需要获得东道国政府和民众的支持，需要一个良好的社会营商环境，企业为此必须适应更多利益相关者的诉求，尊重当地的文化习俗，遵守法律法规，关注海外员工权益和社区建设，注重生态环境保护，这是反应性社会责任。在这两种社会责任的相互配合下，可以实现母国与东道国、央企与当地企业以及双边民众的共赢。

三、央企海外投资履责驱动因素

（一）响应“一带一路”倡议

共建“一带一路”正在成为我国参与全球开放合作、改善全球经济治理体系、促进全球共同发展繁荣、推动构建人类命运共同体的中国方案。企业是“一带一路”倡议实施的主体，在“一带一路”倡议推进过程中起着相当重要的作用。在国务院授权发布的《推动共建丝绸之路经济带和21世纪海上丝绸之路的愿景与行动》中，中国政府明确提出促进企业按属地化原则经营管理，积极帮助当地发展经济、增加就业、改善民生，主动承担社会责任，严格保护生物多样性和生态环境。当前，推动“一带一路”高质量建设转变对中国海外企业社会责任的履行提出了更高的标准和要求。

向高质量发展转变，就是要从“有”向“好”的发展。要在项目建设上下功夫，建立工作机制，完善配套支持，全力推动项目取得积极进展，注意实施“雪中送炭”、急对方之所急、能够让当地老百姓受益的民生工程；要推动教育、科技、文化、体育、旅游、卫生、考古等领域交流蓬勃开展，围绕共建“一带一路”开展卓有成效的民生援助；要规范企业投资经营行为，合法合规经营，注意保护环境，履行社会责任，成为共建“一带一路”的形象大使；要高度重视境外风险防范，完善安全风险防范体系，全面提高境外安全保障和应对风险能力。[①] 同时，当

① 共建“一带一路”，习近平提出从“大写意”到“工笔画”［EB/OL］. https：//baijiahao.baidu. com/s？ id = 1610105272226282462&wfr = spider&for = pc.

前国际社会越来越重视企业社会责任的履行，各国也都强调公平竞争和共同发展。在这种大环境下，“一带一路”倡议要想顺利推进，需要央企高质量参与，切实履行好海外社会责任，服务于国家重大战略。

“一带一路”倡议的推进与央企履行海外社会责任是相辅相成的关系。[①] 海外社会责任的履行有助于推进“一带一路”倡议；反过来，“一带一路”倡议的逐步实施能够提升中国国际地位和国际话语权，更有利于企业海外社会责任的履行。履行海外企业社会责任是企业贯彻“五通”的法宝，要实现政策沟通、设施联通、贸易畅通、资金融通、民心相通，企业不能只着眼于自身利益和发展，还必须与企业所在国利益相关方形成合作共赢的伙伴关系，成为责任共同体，推进“一带一路”倡议的实施。央企在“一带一路”共建国家的投资是负责任的投资。在投融资决策过程中，将 ESG 策略纳入可行性评估和风险管理体系，兼顾东道国的债务与环境问题，注重提升项目的综合效益，这可以破除一些国家对“一带一路”倡议的疑虑和误解。由此可以看出，海外投资政策倾向与央企社会责任的内涵紧密相关，这有助于企业履行海外社会责任。

（二）提升央企海外形象，降低海外投资风险

按照卡罗尔的定义，企业社会责任是某一特定时期社会对企业组织所寄予的经济、法律、伦理和自由裁定的期望。这个定义所界定的企业社会责任，更侧重于微观层次的企业社会责任。央企是我国国民经济的骨干力量，在宏观经济社会发展中具有重要地位和作用。积极履行海外社会责任不仅可以促进当地社会进步，还可以树立良好的企业品牌和母国形象，降低投资风险。这也是央企参与国际经济合作交流的客观需要，是实现其国际化战略的必然选择。

积极履行海外社会责任有利于提升企业海外形象，提高企业国际竞争力，降低央企海外投资风险。企业经营总是机遇与风险并存，投资风险存在于企业运行的整个过程中。海外投资风险不确定性更大，许多风

---

① 李阳．“一带一路”背景下中国海外企业社会责任研究［D］．武汉：华中科技大学，2016.

险一旦发生可能造成项目暂停、失败甚至企业破产。海外中资企业面临的社会责任风险既包括劳资关系、人权、环境等微观领域的风险，也包括对华关系、地缘政治等宏观领域的风险。短期来看，企业履责会增加项目运营成本，降低企业的效率和收益，造成竞争者之间的成本差异。但是从长期看，这一行为会为企业带来巨大的长远利益。央企通过实施社会责任，既能像广告和其他公关策略一样，有品牌营销价值；又可以通过服务社会，取得相关管理机构和社区等的支持、债权人的信任、消费者的认可，从而树立优秀的企业形象，更重要的是可以获得东道国的社会许可，这无疑对降低企业海外投资风险有巨大的帮助。

央企从服务自身战略出发，主动承担社会责任，改善与当地员工、政府、社区和居民之间的关系有助于母国国家形象的树立。央企作为某种意义上的“跨国企业公民”，其海外投资和履行海外社会责任都代表着母国的国家形象。消费者对其他国家的国家形象认知是通过产品、艺术、文化等多种渠道形成的，任何一种体验都有可能上升为整个国家形象。企业在这中间就成为最直接和常见的一种认知渠道。也就是说，消费者通过对其他国家产品的体验间接形成了对其他国家形象的认知。因此，央企在海外经营中只有积极主动地履行社会责任，秉持共商、共建、共享原则，坚持开放、绿色、廉洁理念，实施高标准、惠民生、负责任的投资，才能帮助母国树立良好的国家形象，增进双边政治关系，降低央企海外投资的社会风险和政治风险。

（三）经济激励

如果企业使用指导其核心业务选择的相同框架来分析其社会责任前景，它们就会发现，企业社会责任可能不仅仅是一种成本、一种约束或一种慈善行为，它可以是机会、创新和竞争优势的来源，甚至是社会巨大进步的源泉。一般将企业履行社会责任的动因概括成三类：经济激励、合法性动机与利他主义，其中主要驱动因素是经济绩效。① Griffin 和

① Campbell, D., Moore, G., Metzger, M. Corporate Philanthropy in the U.K. 1985 - 2000: Some Empirical Findings [J]. Journal of Business Ethics, 2002, 39 (1-2): 29-41.

Mahon对1972—1994年有关社会责任与财务绩效的51篇实证研究进行分析后发现，证明二者之间存在积极关系的有33篇，消极关系的有19篇，没有关系的有9篇。[①] 国内学者李正以上海证券交易所2003年521家上市公司为样本进行研究，结果表明，从当期看，承担社会责任越多的企业，企业价值越低；但从长期看，承担社会责任并不会降低企业价值。[②] 温素彬等以46家上市公司2003—2007年的数据为依据进行研究，结论显示，大多数企业社会责任变量对当期财务绩效的影响为负；长期来看，企业履行社会责任对其财务绩效具有正向影响作用。[③] 张兆国等以2007—2011年沪市A股上市公司为研究样本实证分析了企业社会责任与财务绩效之间的交互跨期影响，结论是滞后一期的社会责任对当期财务绩效有显著正向影响，当期财务绩效对当期社会责任有显著正向影响。[④] 综合来看，在长期，企业履行社会责任对财务绩效有正向的促进作用。

此外，有学者从企业社会责任与投资效率的角度分析了企业履责的影响。基于信号传递理论、声誉效应理论和委托—代理理论，企业履责可以缓解信息不对称，积累更多的社会资本，保障各利益方权益，以此提升投资效率水平。以2014—2019年我国沪深A股上市公司作为研究对象，研究发现，企业社会责任对融资约束有明显的抑制作用，对投资效率有明显的促进作用。[⑤]

央企海外投资中不是不顾一切代价地履行社会责任，央企作为国有企业有保值增值的需求，其履责行为应该建立在其可承受的成本范

---

① Griffin, J., Mahon, J. The Corporate Social Performance and Corporate Financial Performance Debate, Twenty Five Years of In - comparable Research [J]. Business and Society, 1997, 36 (1) 5 - 31.

② 李正．企业社会责任与企业价值的相关性研究——来自沪市上市公司的经验证据 [J]. 中国工业经济，2006 (2).

③ 温素彬，方苑．企业社会责任与财务绩效关系的实证研究——利益相关者视角的面板数据分析 [J]. 中国工业经济，2008 (10).

④ 张兆国，靳小翠，李庚秦．企业社会责任与财务绩效之间交互跨期影响实证研究 [J]. 会计研究，2013 (8).

⑤ 颜剩勇，王典．“一带一路”企业社会责任、融资约束与投资效率 [J]. 财经科学，2021 (2).

围内，履责应当从根本上促进企业长远的发展来进行规划。同时，在央企参与海外投资的过程中，履责有助于促进东道国和母国的社会经济发展。就代表公众利益影响经济活动的初衷而言，国有企业作为一个相对独立的行为主体，在短期开展不经济的经营活动（履行海外社会责任），其目的是要在一个更为长远的时间段里实现国家、公众的总体经济利益。在这个前提之下，实现国家社会经济发展战略、改变经济结构失衡的状况、平抑经济周期波动等体现社会主义市场经济特性的目标成为国有企业履责的长远经济目标[①]，当然，这其中也包括特殊国际形势下所形成的国家安全目标和重要产业的国际竞争目标，都是可持续的经济激励。

进一步地，履行社会责任对经济绩效的拉动作用可以借助利益相关者视角拆开来看。研究发现，政府、NGO、社区、供应商和竞争者通过对企业施加硬法规约束和软制度压力推动企业承担社会责任，而雇员和消费者通过促进企业提高经济绩效拉动企业履行社会责任，在这些内外部利益相关者的共同作用下，企业家和股东倾向以积极的心态主动履行社会责任，这有助于企业获得长期利益，实现可持续发展。[②] 央企采购本地化、社区建设、环境保护和志愿帮扶可以通过当地消费者忠诚和供应商稳定提升经济绩效，维护海外员工权益可以通过员工忠诚降低企业成本，正是这两个核心利益相关者对企业承担社会责任的诉求驱动，最终实现央企整体利益的提高。有学者从利益相关者的不同角度总结了中国企业履行社会责任的6个驱动因子[③]，如表4－2所示。其中“客户与环境利好”因子解释了最大的方差（29.51%），反映了企业履行社会责任最基本的驱动因素。

---

① 黄速建，余菁．国有企业的性质、目标与社会责任［J］．中国工业经济，2006（2）．

② 毕楠．企业社会责任价值创造的驱动因素与作用机理研究［J］．当代经济研究，2012（7）．

③ 辛杰．企业社会责任驱动因素研究——以山东省2200家企业调查为例［J］．预测，2008（6）．

表4-2　企业社会责任六大驱动因子

企业社会责任驱动因子	具体内容
客户与环境利好	获得某产品的经销权
	扩大物资供销渠道
	与竞争者建立良好的关系
	获得政府合同或资金、政策支持
	改善企业与客户的关系
	避免贸易制裁
	提高企业在行业和整个社会的话语权
	改善与特殊利益集团的关系
	避免因消费者抵制而失去市场
	获得政治地位，追求受人尊重
员工、文化与形象	培育良好的公司价值观和企业文化
	提高员工忠诚度，改善企业与员工的关系
	鼓舞员工的士气，发挥员工的潜能
	营造良好的口碑效应，争取更多的合作机会
	提升公司的品牌形象与广告效应
	招聘到良好的员工
	体现企业的人文关怀，实现终极自我价值
	谋求人类和整个社会的共同福祉
管理创新与竞争力	改善公司的组织结构
	能形成科技创新（新工艺、新技术）
	追求可持续发展
	提高战略规划能力
	改善产品研发理念（绿色产品、环保产品）
	提高产品的竞争力和销售业绩
	提高企业抗风险能力
	提高生产率和优化供应链管理
和谐经济与国际社会	提高管理的和谐性
	适应市场经济的大环境
	共建和谐社会的需要
	绿色消费主义的盛行
	企业融入国际社会的需要
	提高企业在国际上的影响力

续表

企业社会责任驱动因子	具体内容
外部利益相关者	改善债权人之间的关系
	改善社区关系，获得社区支持
	满足供应商的要求
	改善与行业协会的关系
	稳定公司股权，吸引投资者
风险规避	抑制额外的政府法规管理与干预
	避免受到法律制裁的成本损失
	避免自我良知的谴责

（四）东道国约束

合法性动机认为企业的行为首先受到外部环境，特别是制度环境压力的约束，遵从社会对企业履行社会责任的规范和期望使得企业获得合法性和生存所必需的资源。在海外市场拓展中，社会责任对于企业的重要性已经成为一种共识，越发受到东道国和国际舆论的广泛关注，并成为评判企业的重要标准。一些国家利用社会责任标准设置投资障碍和市场壁垒。此外，海外投资经常与所在社区发生关联，所在社区也会在经济补偿、改善当地环境以及人员雇用等方面提出自身要求。例如，周边居民要求跨国公司必须与其进行商务合作，否则就要求政府介入，甚至以暴力或集体性事件相威胁。同时，企业在"走出去"过程中最直接和最可见的挑战，实际上也都源于不适应和不熟悉。在这种情况下，企业在海外经营和管理过程中只有主动承担社会责任，结合自身实际情况和承受能力积极履责，才能突破种种贸易和市场壁垒，赢得当地政府、民众的认同，帮助企业顺利进入当地市场。

制度理论强调外部制度环境影响企业履行社会责任。制度理论认为，企业的行为受到来自管制、规范和文化认知三方面制度环境的约束。①而影响企业社会责任的制度环境包括来自政府法律法规强制性压力、社

---

① Scott, W. R. Institutions and Organizations. Thousand Oaks [M]. CA: Sage Publications, 1995.

会文化和传统的规范和期望压力以及社会舆论压力。央企在海外投资过程中面临着东道国复杂的制度环境，企业要想在当地发展可持续，就必须适应东道国政府的合规约束、文化习俗和公众的合法期望，这样才能缓解社会舆论压力或者引导社会舆论对企业进行正面宣传，形成良好的东道国制度环境。波特认为企业履行社会责任的普遍理由包含四个方面：道德义务、可持续性、经营许可和企业声誉。① 其中道德义务强调以尊重道德价值观和尊重当地人民和自然环境的方式取得商业成功；可持续性强调公司的运作方式应确保长期经济绩效，避免短期行为对社会产生负面影响；经营许可强调每个公司都需要政府、社区和许多其他利益相关者的默许才能投资经营；声誉是一种稀缺、有价值和难以模仿或替代的战略性竞争资源。道德义务、可持续性和经营许可都含有东道国政府对央企履行社会责任的期望和约束，声誉是履责后的一个重要衍生品。

此外，每个公司都在市场竞争环境中运作，包括消费者需求不确定性、技术动荡性以及竞争强度在内的市场竞争环境都可能影响企业履行社会责任。竞争环境可分为四大领域：第一，可获得的商业投入的数量和质量，如人力资源或运输基础设施；第二，管理竞争的规则和激励措施，如保护知识产权、确保透明度、防止腐败和鼓励投资的政策；第三，受产品质量和安全标准、消费者权利和政府采购公平性等因素影响的当地需求的规模和复杂性；第四，当地是否有支持性行业，如服务提供商和机械生产商的产业链是否完整。如果当地人才缺失但劳动力充足，企业可以通过对员工进行技术培训积累人力资源优势；如果当地产业链较弱，企业可以加强本地化采购和运营带动当地产业发展。这些都是企业在海外履责约束中可以实现的经济效益。

然而，如果企业所处市场环境不健康，或行业的竞争不合理，企业更可能降低产品质量和安全，压榨员工和合作伙伴，做出机会主义行为。如果市场公平竞争，企业可以通过战略性社会责任行为来实现差异化竞

---

① Porter ME. Strategy and Society：the Link Between Competitive Advantage and Corporate Social Responsibility［J］. Harvard Business Review，2006，84.

争，如在产品中突出绿色环保、公益营销等。因此，行业竞争强度越高，企业越可能履行企业社会责任实现差异化竞争。随着行业竞争强度达到某个点，行业可能出现大量恶性竞争现象，如持续价格战、产品同质仿冒严重等。此时由于资源有限，企业在保证正常经营活动后，没有足够的精力履行社会责任，企业可能会消极或被动地履行企业社会责任。因此，竞争强度与企业社会责任呈倒“U”形关系。[①]“一带一路”共建国家大多数为发展中国家，市场竞争环境绝大部分处于上升期，央企海外投资是出于持久的可持续战略考虑，更多的是积极履行社会责任，尽可能满足东道国政府和民众的期望，不会出现机会主义行为。

（五）利他主义

利他主义认为企业家的个人道德修养或企业内部所形成的伦理文化直接影响企业是否履行社会责任行为。宏观层面上，以共建“一带一路”为实践平台，推动构建人类命运共同体，这是从我国改革开放和长远发展出发提出来的，也符合中华民族历来秉持的天下大同理念，符合中国怀柔远人、和谐万邦的天下观，占据了国际道义制高点。央企在海外投资中履行社会责任不仅仅是出于经济目的，部分海外志愿帮扶完全是出于国际人道主义，是为了进一步推进全球治理、促进经济全球化健康发展。

综上所述，央企履行海外企业社会责任不仅表现为成本的消耗和对外部压力的反应，还有一部分是将其作为企业管理战略的主动行为。首先是宏观层面响应“一带一路”倡议，服务于国家重大战略推进，积极履责可以保障产业链畅通衔接和推动规则软联通。其次是央企自身的国际化战略，积极履责可以提升央企海外形象，加速国际产能合作布局，降低海外投资风险；结合利益相关者视角与央企的特殊性也可以得出央企海外履责有着潜在的经济激励，主动地把海外社会责任纳入企业国际化长期投资和经营的内部价值链延伸上，可以促进央企的可持续发展；

① 贾兴平，刘益．外部环境、内部资源与企业社会责任［J］．南开管理评论，2014（6）．

在较为主动的战略式履责以外，部分社会责任是为了适应东道国的合规性约束，获得在东道国进行展开业务的许可，包括适应东道国的制度环境、法治约束和市场竞争环境。最后是企业在海外的志愿帮扶，这是更为长远的减少文化距离、促进民心相通和构建人类命运共同体的使命。此外，各类央企因行业特征、企业规模和生命周期的不同在履行社会责任的驱动因素方面也略有差异。

第二节 “一带一路”央企海外投资履责现状

一、央企海外投资履责总体概述

央企是国家经济发展的重要支柱，也是建设“一带一路”的主力军和骨干力量。央企在“一带一路”共建国家中承担了基础设施建设、能源资源开发、国际产能合作等领域的主要投资项目。在项目开发的同时，央企在“一带一路”沿线国家积极履行社会责任，为党的十九大所提出的“建设持久和平、普遍安全、共同繁荣、开放包容、清洁美丽的世界”作出了积极贡献。可以说，央企作为海外履责的榜样和“排头兵”，在推动构建政治互信、经济融合、文化包容的利益共同体、命运共同体和责任共同体，增进不同文明之间的交流互鉴，促进世界和平稳定繁荣等方面发挥了独特而重要的作用。

（一）央企海外投资履责成绩

央企在“一带一路”共建国家海外投资中积极履行社会责任，不仅是党和政府的要求，也是企业海外可持续发展的需要。中央企业是我国实施“走出去”战略、积极参与“一带一路”建设的先锋力量。在海外投资中，央企不断拓宽境外经营覆盖的区域，持续优化产品结构和业务经营范围，投资方式、产品和劳务输出方式不断丰富。在投资区域上，除继续保持对亚洲、非洲等传统市场的优势，对欧洲、大洋洲的投资合作规模日益扩大。在投资领域上，逐步由贸易和对外承包工程，拓展到设计研发、生产制造、资源开发、物流和园区建设等领域。2021 年，我国企业在“一带一路”沿线对 57 个国家非金融类直接投资 1309.7 亿元人民币，同比增长 6.7%（折合 203 亿美元，同比增长 14.1%），占同期总额的 17.9%，较上年同期上升 1.7 个百分点。[①] 在基础设施建设中，央企承担了 50% 的项目，合同额超过了 70%。[②]

1. “走出去”过程中，央企坚持立足主业优势，将发展成果惠及更多地方人民，为东道国经济发展与社会进步提供了诸多助力。央企利用国家间发展差异形成的比较优势，积极开展国际产能合作，加速融入当地产业链中，为产业发展注入新的活力。《中央企业海外社会责任蓝皮书（2018）》调查显示，央企在“一带一路”沿线国家共雇用当地员工 36 万余人。《中央企业海外社会责任蓝皮书（2021）》调查显示，有 97% 的央企认为其为当地创造的最大价值是促进经济发展，88% 的央企为当地创造的最大价值是带动税收与就业，认为以促进文化融合、增进民生福祉、带动当地企业发展为创造最大价值的央企占比均为 69%。

2. 良好的生态环境是最基本的公共产品和最普惠的民生福祉，央企“走出去”过程中坚持低碳发展。将降碳工作贯穿于生产经营活动全过程，积极应对气候变化、提高能源效率、保护生态环境，大力推进清洁生产，保护环境，构建资源节约型、环境友好型绿色企业。面对紧迫而严峻的气候变化问题，央企在共建“一带一路”进程中加速向规划、设计、施工、验收等进行全生命周期的绿色管理演进，打通了一条条绿色发展大动脉。积极开展绿色基建、绿色能源、绿色金融等领域合作，采用环境更友好的标准，提高绿色精准力，让绿色成为共建“一带一路”的底色。《中央企业海外社会责任蓝皮书（2020）》调查显示，央企在海外运营中以多种措施参与东道国生态保护，80% 的央企参与当地保护生态系统；49% 的央企积极减少海洋污染，特别是陆上活动的污染；46%

---

① 2021 年我国对“一带一路”沿线国家投资合作［EB/OL］. http://hzs.mofcom.gov.cn/article/date/202201/20220103239000.shtml.

② 国资报告：央企“一带一路”履责情况分析［EB/OL］. http://www.sasac.gov.cn/n2588025/n4423279/n4517386/n10745109/c10803539/content.html.

的央企保护森林和植物种群；38% 的央企保护野生动物栖息地和繁衍地；还有 34%、22% 和 11% 的央企分别支持生态保护研究、支持物种迁地保护、开展鱼苗投放活动。96% 的央企在海外运营中未曾因环境问题而影响项目进度或导致项目终止，体现了央企积极建设清洁美丽世界，响应世界绿色发展潮流。

3. 央企在海外履责中高度重视员工安全风险管理，保障海外员工权益。在生产上，定期评估安全风险，并开展安全教育培训，重视员工职业健康管理；在确保员工工作安全的同时，注重员工身心健康，不断改善员工的工作生活条件，为员工搭建施展才华、成长发展的广阔平台，最大限度地将项目发展成果惠及全体员工，促进企业与员工的共同发展。《中央企业海外社会责任蓝皮书（2018）》调查显示，99% 的央企在“一带一路”沿线运营过程中未发生员工重大健康或安全生产事故，央企海外运营员工健康及安全生产建设成绩优异。96% 的央企海外机构已建立平等的中外雇员雇用制度，76% 的央企建立了培养与晋升的平等雇用制度，75% 的央企还建立了薪酬与福利设置中的平等雇用制度，可见，央企对中外员工一视同仁，不搞封闭排他“小圈子”。

4. 央企“走出去”过程中积极加强与其他国家文化交流合作，做好海外志愿帮扶。在项目所在地，央企尊重当地历史，积极开展文化遗迹保护工作。同时鼓励发展对外文化贸易，并通过设立公益基金、捐资当地基金会等方式，积极参与海外公益事业，支持社区建设，改善当地社区服务，讲述好中国故事、传播好中国声音、阐释好中国特色、展示好中国形象。《中央企业海外社会责任蓝皮书（2020）》调查显示，72% 的央企以促进文化融合作为创造的最大价值。《中央企业海外社会责任蓝皮书（2018）》调查显示，85% 的央企已建立或正在计划建立海外捐赠管理制度，这表明央企海外捐赠越来越趋向制度化、常态化。

5. 央企通过多种方式进行海外信息披露和责任沟通。《中央企业海外社会责任蓝皮书（2020）》调查显示，78% 的央企定期与所在国媒体、投资者等利益相关方联系沟通，51% 的央企在所在国建立海外社交账号和海外交流互动体系，43%的央企以发布海外社会责任报告推动责任沟通，42%的央企在东道国举办企业“开放日”活动。《中央企业海外社会责任蓝皮书（2021）》调查显示，55%的央企已经在所在国建立海外社交账号，不断拓宽信息披露渠道，加强责任沟通效果；46%的央企组建了海外信息披露和责任沟通机构和队伍，扎实责任沟通内部组织建设；制订海外舆论引导预案、发布海外社会责任报告或可持续发展报告；此外，还有26%的央企通过联系海外智库开展了相关研究，向当地专家取经，推动央企与利益相关方责任沟通专业化发展。

6. 在“一带一路”海外履责方面，央企开展了多方面的实践和创新。根据《中央企业海外社会责任蓝皮书（2021）》，央企在不断拓展国际业务、提升国际化水平的同时，持续加强海外履责，在积极助力全球抗疫、大力支持全球减贫事业等方面成效显著。截至2021年6月，99%的央企积极统筹境内外疫情联防联控；82%的央企向境外员工和所在社区开展自我防护、疫苗接种宣讲；76%的央企向东道国提供新冠疫苗、口罩、防护服等防疫物资以及协助合作伙伴，产业链、项目所在地社区开展防疫管理。85%的央企通过向海外经营相关方提供技术咨询服务及人员交流对东道国进行技术帮扶，对海外经营方进行技术援助，如无偿培训、传授技术等的央企占比为66%。央企均已对当地员工进行培训，65%的央企将中国国内培训师送到海外项目部对当地员工进行培训，60%的央企通过聘请当地专业机构或培训师对员工进行培训。

（二）央企海外投资履责挑战

不断提高履行社会责任的能力和水平，是当前社会各界对央企的期望。但受各种内外部环境影响，央企在履行社会责任方面仍存在亟待加强和改进之处。央企海外分支机构的社会责任管理体系有待进一步规范，与当地社区、NGO、媒体的沟通合作也有待进一步加强。习近平总书记强调，要讲好中国故事，传播好中国声音，向世界展示真实、立体、全面的中国，这需要相关政府部门、新闻媒体、社会团体等与企业一道，凝心聚力，推动央企“一带一路”社会责任再进一步，推动中国国际传播能力提升，树立优秀国家形象和企业形象。

《中央企业海外社会责任蓝皮书（2018）》调查显示，在社会责任管理方面，42%的央企海外分支机构建立了社会责任管理体系且运行良好，但22%的央企运行一般，还未指定或设立负责部门及人员，36%的央企尚未建立社会责任管理体系。在制约央企海外履责的因素中，有75%的央企认为是缺乏专业组织与人才服务，有70%的央企认为是缺少海外履责理论指导和实践支持，50%的央企认为是针对海外业务负责人在环境和社会问题上的考核机制不健全。《中央企业海外社会责任蓝皮书（2020）》调查显示，70%的央企明确了海外社会责任的主管部门，29%的央企设立了海外社会责任的领导机构，21%的央企制定了海外社会责任的管理制度。此外，还有33%的央企暂未建立海外社会责任组织体系，社会责任治理力度亟待加强。仅有17%的央企认为东道国的外部利益相关方给企业的社会压力较小。可见，央企海外履责不仅要面对东道国的外部利益相关方给予企业的较大社会压力，还要承担缺乏理论指导和实践支持带来的工作压力，加强海外履责理论指导和实践支持以及专业组织和人才服务成为亟待解决的问题。

除了责任管理，央企在“一带一路”履责的沟通和宣传方面也有待进一步加强。一些央企的社会责任工作还是存在只说不做、多做少说的情况，缺乏主动沟通、主动宣传的意识。《中央企业海外社会责任蓝皮书（2018）》的调查显示，不定期发布海外社会责任报告和国别报告的央企占比仅为22%，央企在“一带一路”沿线国家和地区的信息披露有待加强。央企在海外形象建设中不仅要夯实自身硬实力，积极拓展海外市场，还要注重软实力的传播，多维度构建企业海外品牌形象。央企要构建立体、多样的传播体系，努力提高海外传播的覆盖率，包括加强对海外履责宣传研究，匠心讲述海外履责故事，适应和用好移动互联网和新媒体。同时，还应加强与所在国政府、媒体、智库等机构的沟通交流，引导好海外舆情。

二、央企海外投资履责典型案例研究

自提出共建“一带一路”倡议以来，央企坚定不移“走出去”，以中国技术、中国装备、中国标准、中国管理助力所在国经济转型升级，打造了匈塞铁路、蒙内铁路等一大批标志性设施；通信企业海外服务网络已经遍布40多个国家；建设运营的中白工业园等20个产业园区有力深化沿线国家和地区产业合作。“走出去”的央企积极履行海外社会责任，在高水平对外开放新格局中全面展现了同各国不断深化在基础设施建设、产业经贸、生态环保、文化融合和公共卫生等领域的责任实践和责任担当。截至2021年底，央企共有97家，本书选择中国交通建设集团有限公司（以下称简称中交集团）为海外投资履责的典型案例进行研究，对中交集团2013年以来所发布的年度社会责任报告①、可持续发展报告、“一带一路”社会责任报告进行梳理，并以部分其他央企或智库发布的社会责任报告为辅助，将央企在海外投资中的主要社会责任分类研究。

中交集团是全球领先的特大型基础设施综合服务商，主要从事交通基础设施的投资建设运营、装备制造、房地产及城市综合开发等，为客户提供投资融资、咨询规划、设计建造、管理运营“一揽子”解决方案和一体化服务，是世界最大的港口设计建设公司、世界最大的公路与桥梁设计建设公司。中交集团拥有60余家全资、控股子公司，拥有CCCC（中国交建）、CHEC（中国港湾）、CRBC（中国路桥）、ZPMC（振华重工）、F&G、John Holland 6个国际知名品牌；在109个国家和地区设立了210个驻外机构，在全球140余个国家和地区开展实质业务，海外经营网络不断完善；在国际工程承包商中排名世界第3位，在海外市场份额稳居中资建筑企业第1位。

---

① 报告重点参考以下标准进行编制：国务院国资委《关于中央企业履行社会责任的指导意见》、全球报告倡议组织《可持续发展报告标准》（GRI Standards）、国际标准化组织《ISO 26000：社会责任指南（2010）》、中国社会科学院《中国企业社会责任报告指南（CASS－CSR4.0）》。

中交集团不断完善社会责任管理顶层设计，加强社会责任管理沟通。制定《中国交通建设集团有限公司社会责任管理办法》，成立社会责任管理工作委员会，主要领导任主任，分管领导任副主任，总部各部门负责人任委员，按照战略导向原则、深度融合原则、广泛参与原则推进社会责任融入日常经营；健全社会责任组织机构，优化社会责任管理制度，开展多层级社会责任培训，参与国资委“中韩国有企业社会价值”课题研究，全面提升责任管理和实践水平；坚持做政府与经济社会发展的责任分担者、区域经济发展的深度参与者、政府购买公共服务的优质提供者。既修路架桥、筑港通航，实现海陆空基础设施的“硬联通”，也通过系统性、长期性的社会责任实现中外民心的“软联通”，与所在国政府、人民、企业共同发展、共享价值，以负责任、受尊敬的企业品牌助力国家形象塑造。

（一）属地化运营以促进当地经济发展

中交集团在贯彻“走出去”战略的同时，积极发挥企业优势，融入当地、扎根当地，与当地人民结成紧密的命运共同体和利益共同体。

1. 深耕人才属地化经营，为所在国培养了一批优秀技能人才队伍。积极拓展当地员工招聘渠道，优先录用当地人才，有效缓解所在国就业压力，近5年实现创造就业14万人次，截至2020年底，中交集团常驻境外员工中，外籍员工占比约为70%。此外，中交集团关注员工个人成长，广泛开展当地雇员的培训及技术转移，把普通劳工培养成产业工人。中交集团海外人才培养有三种方式：在项目实施过程中对当地雇员进行技术培训；帮助所在国高校专业建设，为当地培养高水平工业专业人才；全额资助近270名当地学生到中国高校留学，为所在国培养紧缺的高层次人才。

例如，中交二航局制定《外劳管理制度》，实施“以师带徒”制度，选用技术好、能力强的中国工人带领一至两名外籍工人，与外籍人员零距离分享中国技术。在蒙内铁路运营过程中，中国路桥对铁路系统123个技术工种实施全方位技术转移工作，完成了98个主要技术工种的英文版作业指导书和作业标准。采取 RTI 岗前培训、在岗培训、在职培训、赴华培训四种培训形式；在 13 所中国专业铁路院校开设专业基础培训班 62 期，脱产培训肯方员工 2415 名；先后选送 5 批、70 余名优秀肯方员工代表到中国高等学府进行培训。蒙内铁路通车后，蒙巴萨到内罗毕的时间从 10 余个小时缩短为 4 个小时，蒙内铁路带动肯尼亚国家 GDP 增长 1%，物流成本降低 40% 左右，为肯尼亚提供更快捷、更安全、更可靠的现代化客货运输服务。

2. 坚持优先采购项目所在地的产品和服务，帮助项目所在地的供应商和分包商不断提升技术和管理水平。中交集团在打造优质工程的基础上，借助“联合出海”，发挥产业链优势，构建“中国企业 + 地方政府 + 境外园区 + 境外企业”的模式，与上下游企业打造战略联盟，构建价值网络。中交集团提出“海港—产业园—城市”和“旱港—物流园—城市”的两种产业和交通基础设施互动的模式，为区域经济和当地社会产业发展带来新的动力和机遇。此外，另一家央企国药集团在越南、马来西亚等地设立制药企业，两家公司利用马来西亚、东南亚乃至非洲药材资源，产品供应东南亚市场，促进了当地中药产业发展，带动了就业，提升了当地人民的健康水平。

（二）保障海外员工权益助力民心相通

中交集团始终将安全生产摆在首要位置，不断完善安全管理制度体系，建立安全管理网络，将安全生产责任制落到实处。通过广泛开展多层次的安全教育培训，组织安全生产应急演练，提高当地员工安全风险意识。遵照海外当地职业健康安全法律法规要求，不断加强施工现场职业健康管理，提供安全健康的工作环境。2017 年，中交集团海外安全生产总体形势稳定，未发生重大安全生产事故。此外，为保障海外经营活动依法依规开展，中交集团制定《海外业务员工合规行为准则》，以“崇德崇学、向上向善”为价值准则，从“坚持诚实守规、维护公平竞争、防止贿赂腐败、回避利益冲突、保守商业秘密”五个方面，进一步规范各级海外业务员工行为。加强医疗保障，强化人文关怀，参与成立

“中央企业海外员工医疗健康保障平台”，保障海外员工的健康管理、医疗需求和心理疏导。

“国之交在于民相亲，民相亲在于心相通。”中交集团积极推进海外跨文化融合，制定《境外企业文化建设实施意见》等推进跨文化管理、促进多元文化融合的规章制度。学习和尊重各个国家的历史和文化差异，强化海外员工文化的认同感和归属感，消除海外经营中的文化风险，实现民心相通文化“软着陆”。进入海外市场前，对当地法律法规、宗教信仰、文化习俗、政治环境进行细致深入的调研和分析，以此作为基础对“走出去”的员工进行培训。

例如，在塞内加尔捷斯图巴项目上，中交集团充分尊重塞方的政治立场和道路选择，不干涉、不议论，营造和谐安定的合作环境；中交集团分公司着重认识分析了中塞文化差异，分析文化冲突原因，据此颁布了内部条文规定，约束规范员工行为，要求员工尊重塞方文化，保护当地动植物，严禁冒犯民族禁忌，如发生误会，一定及时改正、公开道歉；中交集团分公司所属项目部充分尊重当地员工宗教习俗，全体员工每周五中午改为13点吃饭，并延长1小时休息时间。此外，中国路桥赤几办事处联合中国援赤几医疗队，开展“送医下基层”义诊活动，为项目当地员工进行身体检查、治疗及健康咨询，切实解决员工健康问题。

（三）海外生态环保

“一带一路”沿线大多是新兴经济体和发展中国家，普遍面临工业化和全球产业转移带来的环境污染、生态退化等多重挑战。在“一带一路”项目建设中，央企加紧绿色转型升级步伐，积极拓展绿色能源、绿色基建、绿色金融业务布局，主动承担应对气候变化的国际责任。中交集团建立HSE（Health、Safety、Environment）管理体系，全面推行绿色施工标准化管理，研发绿色技术和工艺，最大限度地节约资源和减少对环境的负面影响。公司承建的所有国际工程项目全部通过环保验收，迄今从未发生重大环境影响事故。

蒙内铁路项目注重与环境相融合，主动将环保要求融入项目设计、建设、运营等各环节，项目环保投入 2.2 亿肯尼亚先令，环保全线环评次数达 236 次。在采石场、取弃土场的使用过程中，严格按照环评报告中的环保措施做好环境保护，采石场、取弃土场使用完成后，做好回填和植被恢复，最大限度地降低对环境的破坏。蒙内铁路的修建将通过肯尼亚最大的野生动物保护区——察沃国家公园。为确保蒙内铁路沿线生态得到有效保护，中交集团与肯尼亚专业动物组织 KWS 合作，研究察沃动物园动物迁徙的路径以及生活习惯，在动物经常迁徙的地方设置动物通道。根据肯尼亚野生动物保护局提供的动物行走路线，蒙内铁路专门设置了 14 处动物通道、600 处涵洞和 61 处桥梁供动物穿行。

中交集团肯尼亚蒙巴萨港新建 KOT 油码头项目的海底管道加工厂选址地点附近有一片红树林规划用地。为了避免破坏红树林，项目部与当地港务局、环保局商讨后，在加工厂选址地点和红树林规划用地中间划出一片种植区，成功种植 4.5 万棵红树，把项目施工对环境的影响降到最低，维护当地生态平衡。中国港湾加纳特码新集装箱码头工程项目所在的几内亚湾北岸，是海龟在西非重要的繁殖基地。为了保护在项目施工海域产卵的海龟免受偷猎者和野狗的侵扰，项目部专门建立“海龟孕育中心”，聘请养龟专家负责海龟孵化工作，成立“海龟护卫队”，24 小时轮流在海滩进行巡查。截至 2020 年底，“海龟孕育中心”已孵化放生 17000 多只小海龟，获得当地社会和国内主流媒体的广泛关注和高度赞誉。

此外，其他央企如三峡集团巴西公司与巴西生物局技术中心合作，“基因驱动”创新技术破解环境难题，助力当地生物多样性保护。华电科工巴厘岛电厂联合印度尼西亚当地环保机构及国内科研机构开展珊瑚研究、培育、移植等环保措施。电厂不仅为巴厘岛带来稳定、可靠、集约的电力能源，也注重附近海域珊瑚多样性恢复。在“一带一路”项目建设中，央企凭借一个个绿色能源项目，一项项清洁能源科技创新，与沿线国家一道实现绿色共享、互利共赢。

（四）海外志愿帮扶

中交集团积极履行海外社会责任，大力弘扬志愿服务精神，加强志愿服务阵地建设，实现了企业与社会共同发展。在不同的国家和地区，中交集团因地制宜提供力所能及的社会服务，广泛开展扶贫济困、抢险救灾、捐资助学、医疗救助、文化交流等公益活动，受到了所在国政府、业主、驻外使领馆的普遍好评，树立了"蓝马甲"品牌形象。

因气候、地质等自然原因，"一带一路"许多共建国家自然灾害和突发事件频发。中交集团积极履行国际社会责任，积极参与所在国自然灾害等抢险救灾活动。以所在国家或地区的需求为出发点，在抢修道路、桥梁、港口、运输和供应战略物资，倡导企业志愿服务和捐款捐物等方面调动有力。灾害救援结束后，投入大量人力、物力和财力用于灾后重建，助力当地人民重建家园。充分发挥企业的技术、人才、资源优势，成为所在国政府和人民在"急难险重"事件中可以信赖的伙伴。例如，中交集团第一时间驰援巴布亚新几内亚地震灾区，捐款捐物、抢险救灾；在建设巴基斯坦喀喇昆仑公路过程中，中交集团发挥基础设施建设的专业优势，解决清理因自然灾害引起的交通不畅问题。

中交集团积极投入慈善公益，通过社区帮扶、基础设施修建、文化教育提升等多项举措做所在国的优秀社会志愿者。积极服务当地社区建设，开展慰问与医疗救助、全面参与社区建设、为所在国援建学校、向当地民族民俗活动提供财物，受到当地政府和居民的高度赞扬，树立了负责任的中国企业形象。例如，中国港湾在安哥拉捐建当地第一所以企业命名的中学——卡通贝拉中国港湾中学。中东区域中心卡塔尔代表处志愿者到多哈 Al Saad 附近的特殊儿童学校开展爱心志愿活动，为孩子们送去生活必需品。马来西亚 MMHE 船坞项目部志愿者慰问位于新山市区的孤儿院并捐赠款物。黑山分公司组织中外员工去探访空巢老人并送去慰问金。中国港湾在斯里兰卡科伦坡港口城项目公司投入 300 多万美元开展"渔民救助计划"，帮助当地渔民改善教育、医疗、卫生等方面的生活条件，一系列服务社区发展、促进社区和谐的举措，为中国港湾树立了良好的社会形象，为中国港湾属地化发展营造了和谐的环境，也为中资企业树立了良好形象，产生了良好的社会效益，获得了当地政府认可。

（五）做好疫情防控“加试题”

作为我国“走出去”的重要企业，海外疫情暴发后，中交集团在服从国家防疫外交大局前提下抓好自身工作，积极做好境外疫情防控。完善防控体系建设，第一时间成立境外疫情防控领导小组，在 113 个国家（地区）成立联络组，形成集团总部、下属单位、基层项目层层联动，建立横向到边、纵向到底的网格化防控体系；统筹防疫物资供给，组织为境外采购各类防疫物资，及时协调全球的 121 个国家和地区的 253 个境外机构，通过建立境外疫情防护物资的资源需求、供应、接收工作群，满足使用和储备需求，并做好持续有效供应；强化督导检查，落实国资委“四查两清”“两稳”“两不”要求，对遍布全球的 139 个国家和地区的 969 个海外项目和 10 万名海外员工逐一开展疫情防控排查，对重点国别和项目实现巡检全覆盖；承担多个国家方舱医院紧急建设任务，为驻在国提供道义支持与援助。截至 2020 年底，中交集团累计为德国、韩国、意大利、肯尼亚、马来西亚、法国、阿尔及利亚、荷兰、瑞典、俄罗斯、保加利亚等 35 个国家和地区捐赠各类防疫物资 83 批次，合计约 170. 22 万件，总价值约 807 万元人民币。

新冠肺炎疫情已经成为全世界共同面临的重大公共危机。医疗健康领域的央企积极投身这场公共卫生保卫战中，围绕疫苗研制、生产供应，医疗卫生基础设施建设和药品生产等展开深入合作，为完善全球公共卫生治理提供新路径，也为高质量共建“一带一路”增添新动能。疫情暴发以来，作为全球首家投入新冠疫苗研发的企业，国药集团向国内外供应新冠灭活疫苗已达 25 亿剂次。为确保疫苗在发展中国家的可及性和可负担性，截至 2021 年底，国药集团向全球供应超过 10 亿剂次，其中向疫情严重的不发达国家提供无偿援助占据一半以上。担当大国使命，助力全球抗疫，央企在进行疫苗合作和诊断试剂、医疗设备合作的同时与沿线国家加深了情谊，也看到了“一带一路”沿线发展中国家提升健康基础设施的强劲需求。从产品输出到服务输出、资本合作、标准对接，健康丝绸之路的发展活力不断释放。

三、央企海外投资履责总结

通过以上对案例企业海外履责的现状分析并结合第一节中有关“一带一路”央企社会责任的理论研究可以发现，央企履责符合企业社会责任“金字塔”模型，在履责中促进了当地经济发展，保证合法合规经营，在此基础上进行海外志愿帮扶，努力使当地社会更全面的发展。在这个过程中，央企履责兼顾了各方的利益，包括落实监管机构（国务院国资委）各类文件和会议精神；与所在地各级政府进行战略合作和商务洽谈；本地化采购保持与当地供应商、分包商稳定的产业链关系，坚持共商、共建、共享原则；注重员工生产安全和文化融合，保障员工权益，通过系列培训促进当地员工个人成长；确保履约率和交工合格率达100%，为业主和客户提供满意服务；在投资项目之外，与当地社区和公众进行各种形式的交流、慰问，参与社会公益活动；保持与NGO等第三方机构的密切联系，信息共享，共同助力所在地社会和谐发展。

在所有的海外投资和履责中，央企自始至终贯彻“可持续发展”的理念，遵循人类信奉的普遍价值取向和道德公理。作为“跨国企业公民”，每一个海外项目都是负责任的投资，将ESG因素纳入投资分析和决策流程，注重生态环保，坚持绿色投资原则，强调综合效益。央企在“一带一路”倡议下的海外投资与经营的社会责任实践表明，合理的社会责任有助于企业和社会共同发展。央企通过履行社会责任一方面形成了独特的竞争优势，为企业创造了经济价值；另一方面带动沿线国家人民就业和当地企业发展，创造了显著的社会效益。同时，央企履责可以起到表率作用，在海外投资履责的良好表现成为其他民营企业的榜样。

下一步，中国企业特别是央企将以创新发展为引领，在加快建设世界一流企业进程中，更好地服务世界，以责任担当诠释开放、合作、共赢的中国价值。引领推动“中国标准”“中国技术”“中国管理”走出去，和中国企业、所在国企业一起，打造复合型基础设施网络，建设

"全联通"世界。继续积极推动"一带一路"国际合作，撬动相关产业的新发展，缩小地区发展差距，使投资建设的每一个项目都能给区域经济带来巨大的推动作用，与所在国人民共享发展成果。继续担当文化交流的使者，进一步创新跨文化管理政策，推动各国文化差异互学互鉴，积极融入当地文化，传递中国传统文化精神，在文明互鉴中推进提升区域经济一体化发展。继续为所在国培养优秀人才，提高当地就业率和人民幸福感，全面参与社区建设，参与和支持所在国抢险救灾和助学济困等公益活动，打造和谐家园，共享美好生活，打造甘苦与共、命运相连的发展共同体。

第三节　"一带一路"央企海外投资履责议题识别与建议

一、央企海外社会责任议题识别

根据部分央企的年度社会责任报告，针对央企海外投资所涉及的利益相关方，结合以上案例分析，将央企在海外需要履行的社会责任进行梳理，把每一个利益相关者的期望和诉求、沟通机制与企业履责回应进行归纳，如表4-3所示。

表4-3　央企海外履责利益相关方

利益相关方	期望与诉求	沟通机制	回应与责任实践
国务院国资委	收益回报、国家战略推进	工作汇报、报送报表、对口部门业务沟通、接受派驻监督	完成业绩考核、深化企业改革、落实相关文件和会议精神、配合国资委调研
东道国政府	依法纳税、遵纪守法、响应政策、带动就业	专题会议汇报和信息报送、战略合作、高端商务洽谈	依法合规经营、促进当地经济发展
股东与投资者	收益回报	股东大会、信息披露、投资者见面会	提升海外经营业绩、保护股东权益

续表

利益相关方	期望与诉求	沟通机制	回应与责任实践
业主与客户	严格履约、质量优良、响应投诉	拜访、会议沟通、文件函电来往	确保履约率和交工合格率100%、持续的技术工艺与产品创新、正面解决投诉
供应商与分包商	严格履约、公开采购	招投标、商业谈判	本地化采购、严控分包商工程质量、遵守互利共赢原则
员工	薪酬与福利、健康与安全、职业发展、人文关怀	职工代表、工会、日常工作沟通、征求合理化建议	稳定薪酬激励、开展各类培训、帮扶困难职工、关注员工发展
社区与公众	公益慈善、环境友好、社区发展	社区交流慰问	参与社区公益活动、投身抢险救灾、本地化采购与雇用、注重生态环保、促进文化交流
NGO 与第三方机构	公平竞争、推动行业进步	参加行业协会、战略合作、技术交流	编制标准和规范、带动当地产业发展、配合协会推进良性发展

为了进一步识别在各利益相关方中对央企海外社会责任中比较重要的议题，可以根据社会责任议题实质性分析模型，分析比较不同社会责任议题对相关方的影响和对央企自身发展的重要性。基于国内外社会责任标准、政府政策要求、标杆企业对标、利益相关方调研，并结合企业自身发展规划，中交集团建立了社会责任议题池，并将议题分为责任管理、公司治理、优质工程、供应链管理、员工责任、社区责任、环境保护、海外履责八大类，共计38项，如图4－4所示。

针对38项社会责任议题，集团开展了利益相关方专项调查，邀请不同类别相关方反馈不同议题对它们的重要程度。通过建立“利益相关方关注度”和“对中交集团可持续发展的重要性”二维矩阵，识别出中交集团的实质性社会责任议题。① 从图4－5中我们也可以看出海外履责部分中的带动当地就业、本地化采购和当地志愿帮扶均位于左下角，当地环境保护议题位于左上方。整体来说，海外履责相关议题在中交集团整

① 议题池源于《中国交通建设集团有限公司社会责任报告（2020）》。

责任管理	公司治理	优质工程	供应链管理
1.责任战略 2.责任治理 3.社会责任培训 4.利益相关方沟通	5.完善的治理结构 6.风险管理与内部控制 7.禁止商业贿赂及腐败 8.定期信息披露 9.投资者关系管理	10.工程质量 11.客户权益保障 12.提升客户满意度 13.科技创新 14.知识产权保护	15.承包商/分包商筛选机制 16.规范招投标 17.推动承包商/分包商履行社会责任 18.进城务工人员权益保障

员工责任	社区责任	环境保护	海外履责
19.合规雇用 20.员工薪酬与福利 21.员工健康与安全 22.员工培训与职业发展 23.民主管理	24.公益慈善 25.员工志愿者活动 26.精准扶贫 27.抗击疫情	28.建立环境管理体系 29.节约资源 30.发展循环经济 31.绿色施工及生态保护 32.排放物管理 33.应对气候变化 34.环保宣传	35.带动当地就业 36.本地化采购 37.当地环境保护 38.当地志愿帮扶

图 4－4　中交集团社会责任议题池

个议题池中的重要性还有待提升。考虑到在利益相关方专项调查中可能更多地偏向国内履责的分析，而在海外投资中东道国政府、业主与客户、供应商与分包商、海外员工以及当地社区与公众的社会责任议题与海外履责相关。因此，随着中交集团业务国际化规模的扩大，预计海外履责中的相关议题的重要程度将会越来越高。

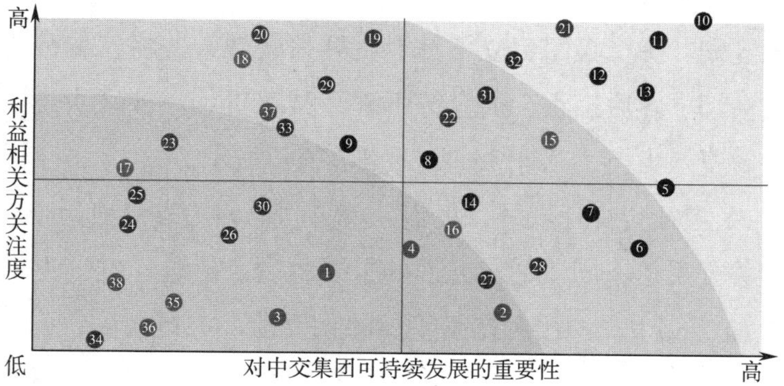

图 4－5　中交集团实质性议题分析二维矩阵

《中央企业海外社会责任蓝皮书（2021）》调查显示，央企在海外经营过程中关注较多的议题前五名是“良好的健康与福祉”“工业、创新和基础设施”“体面工作和经济增长”“促进目标实现的伙伴关系”“负责任的消费和生产”，占比分别达到75%、71%、65%、60%、54%。

二、央企海外投资履责建议

通过对央企海外履责利益相关方的梳理和社会责任实质性议题的分析，并结合之前企业社会责任的经典理论启示、央企在海外履责的驱动因素以及在“一带一路”高质量发展背景下央企海外履责所面临的挑战，提出以下建议。

1. 建立中央企业海外社会责任监控体系，将社会责任绩效与海外投资政策挂钩。对“走出去”企业的社会责任行为进行监控和评价，督促中央企业在海外经营过程中履行相应的社会责任。同时，建立科学合理的社会责任评价体系，量化履行社会责任指标，将中央企业社会责任绩效纳入对外投资管理体制，提高中央企业对外投资的“基准”和“门槛”。如把节能减排、技术创新、安全生产等作为履行社会责任的指标，纳入企业经营业绩考核体系，将中央企业社会责任绩效与享受在国家资金、外汇、税收、海关、出入境等方面的优惠政策相挂钩，建立和完善社会责任激励约束机制。在海外企业社会责任履行的规范和监督上，除了政府发挥作用外，各行业协会也要充分发挥自己的作用，加大对海外企业社会责任问题上的监督力度。此外，要借助适当的外部激励措施，不断增强中央企业履行社会责任的责任感、使命感。政府应完善社会福利机制和营造公平竞争的市场环境，出台相关政策、法规，为企业社会责任的履行提供制度保障。

2. 加强舆论宣传，在海外发布国别社会责任报告，披露企业在当地的履责情况，树立正面形象。中国企业海外拓展中，在应对和利用媒体方面缺乏经验，不善于舆论宣传和引导，即使履行了相应的社会责任却不被知悉，以致很多情形下陷入被动。因此，对于履行社会责任的成绩，企业应该改变传统观念，增加信息披露和透明度，将承担社会责任的情况以具体数字和案例体现，适当加大宣传力度，构建立体、多样的海外传播体系，建设符合自身发展定位的“多语种官网+新媒体平台”的传播矩阵，提高海外传播覆盖度，融入人文精神，使相关成果在更大范围内为人知晓。目前央企社会责任报告一般都是集团的年度报告，在海外还缺乏针对某个国家的国别社会责任报告。未来，实施“一国一策”差异化传播，提高海外传播精准度。央企可以集团名义发布国别报告，也可以联合所在国其他央企一起统筹信息，向当地政府重点汇报和强调社会责任方面的成果，让当地部落、居民及非政府组织等知悉，从而树立企业正面形象，改善与当地利益相关方的关系。此外，政府应要求在海外影响力大的央企发布海外整体社会责任报告，加强央企海外社会责任管理和实践状况披露的主动性与时效性，帮助央企实现向全球企业公民的转型。

3. 了解当地重点需求，因地制宜实施社会责任，提升履责意义和效率。央企既要制定自身整体社会责任战略，又要基于不同的经济基础条件、宗教文化背景、自然环境条件、政治社会制度等，加强与东道国政府、部落、非政府组织、所在地社区和居民的沟通，了解当地实际需求和最强烈的关注点，分清主次、有的放矢，这样才能够提升社会责任履行的意义和效率。对于发展中国家重视本地采购、本地雇用、扶贫救济和环境保护等方面的社会责任，企业应当结合自身能力，采取尽量具体的行动和措施，如保护特定河流、帮助特定人员或群体，从而使承担社会责任的效果更加形象且可以量化。在政治局势不稳定的国家和地区，应当充分调研，竭力避免个体事件引发群体性纠纷，尊重当地文化、关注社区建设，降低因此遭到攻击或损失的可能性。

4. 完善组织架构与专业队伍，提高海外社会责任管理的专业性和竞争力。中国企业应当具有长远和战略目光，在关注经济效益的同时，以积极的态度承担社会责任，将社会责任的理念与企业文化相融合，使社会责任战略服务于企业发展战略。在组织架构方面，应当设置专门的管理部门和人员，组织成立社会责任工作机构，落实社会责任职责分工，由总部统一制定战略并监督执行，各下属单位专人负责具体实施并提出所在地区的特殊需求，建立健全完善的社会责任管理体系，以提升社会责任管理的专业性。在专业队伍培训上，一方面政府可以牵头组建由政治、经济、法律、文化等领域专家学者组成的央企海外社会责任研究智囊团，为央企履行海外社会责任提供专业咨询；另一方面，可以开展海外社会责任专项培训和调研活动，诊断海外履责问题，提供履责管理与实践建议，强化履责能力和水平。在规章制度上，应当制定企业社会责任的整体规划和管理、执行及考核评价制度，参考并主动适应 ISO 26000 等国际标准，最终参与到国际标准的制定中，成为规则的制定者，以提高中国企业在社会责任方面的竞争力和领导力。

5. 倡导“负责任的投资”，完善“负责任的投资”制度体系建设。完整的责任体系包含责任意识、责任能力、责任行为、责任制度和责任结果等基本内涵。“负责任的投资”要求有关各方必须树立推动实施高质量投资的责任意识，具备完成项目实施相关任务的专业能力，按照专业行为规范要求开展相关投资活动，完善相关责任制度和以结果为导向的追责机制。如果投资项目可行性研究的质量不高，前期工作不扎实，必然导致各项后续工作缺乏专业依据，必将出现不负责任的项目投资，并对项目全生命周期各环节的运作活动产生持续性的负面影响。“负责任的投资”还应考虑履行债务偿还责任、股东投资回报责任、科技创新责任等更广泛的责任。央企“一带一路”海外投资履责中应提前进行调研，专门建立海外履责议题池，定期反馈投资履责中的负面信息，不断积累经验与教训，确保每一个海外项目都是负责任的投资。

今后，央企应更加注重海外社会责任的履行，以“全球企业公民”的国际视野造福当地人民。同时，面对气候变化等世界性议题，应积极调整产业结构和能源结构，拓展企业海外低碳环保项目的覆盖范围，推动高质量共建“一带一路”走深走实，通过优质的产品和服务让世界看到中国企业的责任和担当，为推进全球可持续发展，共建美好世界和构建人类命运共同体作出央企贡献。

附录

中交集团部分海外履责绩效指标

海外属地化运营绩效			
年份	海外员工培训投入（万元）	海外员工培训人数（人）	海外员工培训覆盖率（%）
2015	1189.75	63751	100
2015	1173.81	93360	100
2017	1544.16	82515	100
年份	海外员工数量（人）	海外员工本地化率（%）	本地采购率（%）
2018	38705	—	34.32
2019	38020	—	40.56
2020	39634	70.5	39.35
海外工程安全生产绩效			
年份	安全生产培训时长（小时）	安全生产培训人次（人次）	安全生产事故数（次）
2015	211418	45629	3
2016	220866	84399	2
2017	228161	83440	2
海外环境保护绩效			
年份	海外环保投入（万元）	环保培训次数（次）	
2015	63331	13713	
2016	122524	15212	
2017	88778	22494	
海外应急救援绩效			
年份	海外应急救援次数（次）	海外应急救援人次（人次）	海外应急救援投入（万元）
2015	3	68	7941.04
2016	5	68	10476.72
2017	4	47	11139.14

注：本地采购率取水泥及其制品，地材运输距离较近的物资作为本地采购的范围，计算其占采购总金额的比例。

第五章　央企海外投资的风险评估与管控

如第三章和第四章所述，近年来央企海外投资取得了积极进展，资源的全球配置能力显著提升，海外资产存量和分支机构数量不断增加，如何有效地防范海外投资风险成为当前的重要研究课题。与国际一流跨国公司相比，央企国际化经营起步较晚，经验相对不足，对国际规则的熟悉和运用不够，对风险的识别和管控能力有待提高，再加上境外投资市场竞争激烈，国别差异较大，投资监管环境不同，有效控制央企“走出去”所面临的内外部风险是一个复杂的系统工程。从内部来看，央企海外资产投资运营过程中仍然存在风险意识不足、重投资轻管理等问题，还涉及企业管理制度等诸多方面；从外部来看，海外投资既要受东道国对华关系、政治、经济、金融、社会等宏观环境的冲击，还需要充分评估财务、技术、环保、劳工等众多微观风险的影响。

第一节　央企海外投资的宏观安全环境分析

国资委部署央企2022年八项工作，其中专门强调“平稳有序开展境外投资和生产经营，积极推进共建‘一带一路’高质量发展”“切实规范境外投资经营秩序，严控高债务风险国家和政局不稳定、高安全风险国家投资”。根据商务部、国家统计局和国家外汇管理局发布的《2020年度中国对外直接投资统计公报》，到2020年末，“一带一路”共建国家当中新加坡、印度尼西亚、俄罗斯联邦、马来西亚、老挝、阿拉伯联合酋长国、泰国、越南八个国家进入中国对外直接投资存量前20名。

因此，本节选取“一带一路”共建国家作为研究样本，考察央企海外投资经营过程中可能面临的宏观安全影响因素，基于相关理论基础和实践经验，从对华关系、政治、经济、金融、社会五个方面全方位地分析央企海外投资所面临的东道国宏观安全环境。这里所称的“一带一路”共建国家既包括“一带一路”沿线国家，也包括与中国签署共建“一带一路”合作文件的国家。[①] 具体指标数据既有作者根据官方公布信息整理所得，也有国际权威分析机构的打分/评级结果，保障了数据来源的权威性和准确性。

海外投资宏观安全分析模型的构建，是将已有对外投资安全理论和实践的经验进行量化，将其核心内容进行综合集聚，具有重要的承“数据”、启“分析”的作用。对投资安全理论模型的构建，核心思想是指标加权的方式，对指标的赋权是难点。目前各评价体系的赋权方法和数值不统一，难以融合，而国际主流的国家风险测度机构，如标准普尔、穆迪等多采用加权平均的方法确定指标的权重，这固然简单方便，可操作性强，但是难以科学合理地反映不同指标的重要程度。本书拟采用主成分分析方法来计算各指标的赋权，从而得到各样本国家对华关系、政治、经济、金融、社会五个宏观安全环境评分分值，并以对华关系安全为例详细说明模型构建和数据处理过程，在其余部分则不再赘述。

一、东道国对华关系安全环境

央企的海外投资在一定程度上体现的是国家意志，特别是在战略性产业和重点地区承担着重要责任，并非以经济收益作为唯一目标。央企海外项目投资决策需要关注项目的必要性和正确性，全面审核其是否与国家外交战略存在冲突或潜在冲突。因此，投资目标国家的对华关系安全环境是风险评估的重中之重，某些情况下甚至可以对投资决策“一票否决”。具体而言，对华关系是指东道国政府、企业和民众在特定时期

---

① 截至 2022 年 8 月，中国已经和 149 个国家、32 个国际组织签署 200 多份共建“一带一路”合作文件。

内对中国政治和经济活动所持的态度和立场。对华关系安全是指在东道国投资经营时对华关系的相关因素所带来的安全风险，主要侧重从经济学的角度定量分析两国关系对投资安全的影响。

（一）评价指标选取

影响对华关系安全环境的因素可以分为双边政治关系、双边经贸关系和双边人文交流三个部分。双边政治关系是出于维护国家安全、加强经济交往、扩大国际影响等战略考虑，一国与其他国家结成一定的政治上的亲疏关系，本节主要从双边外交活动方面来分析双边政治关系的影响因素。双边经贸关系是一国出于国家利益需求，与其他国家在贸易、投资、金融和技术合作等领域形成的一种经济上的依存关系，是双边关系的重要组成部分，在双边政治和安全关系不确定下可以发挥“压舱石”的作用，本节分别从双边协定、贸易依存度和投资依存度三个方面来分析两国的经贸关系。双边人文交流是一国与其他国家通过在教育、文化、科技、卫生、环保、体育、媒体等领域的互学与交融，旨在促进民心相通和文明互鉴，发挥着双边关系的黏合剂作用，国家间的人文关系是日常生活中衡量一个国家对华关系亲疏的最直接因素。两国双边政治关系持续提升、经贸合作质量不断扩大、人文交流在各个层次上展开表明两国关系友好，将为央企在该国投资创造良好的宏观环境（见表5-1）。

表5-1　评价指标和数据来源

影响因素	指标名称	数据来源
双边政治关系	建交历史时长	外交部网站
	伙伴关系等级	外交部网站
	领事馆数	中国领事服务网
双边经贸关系	双边投资协定时长	商务部网站
	避免双重征税协定时长	国家税务总局
	贸易依存度	国家统计局中国统计年鉴 UNCTAD 数据库
	投资依存度	国家统计局中国统计年鉴 商务部中国对外直接投资公报 UNCTAD 数据库

续表

影响因素	指标名称	数据来源
双边人文交流	互免签证	中国领事服务网
	缔结友好城市数	各省政府官网
	孔子学院数	孔子学院研究历年年度报告

在双边政治关系部分，选取了建交历史时长、伙伴关系等级和领事馆数三个指标来衡量对华关系的影响。建交时间越长，说明两国之间的友好关系存续时间越长，双边关系更为深厚。伙伴关系制是指中国在建交基础上再划分的、代表两国关系亲疏的一种制度，目前有友好合作伙伴关系、全面合作伙伴关系、战略伙伴关系、战略合作伙伴关系、全面战略伙伴关系、全面战略合作伙伴关系、全天候战略合作伙伴关系等各种双边关系。伙伴关系等级越高，表明两国在各个方面一致性越强，即双边政治关系越稳定。领事馆数能够反映出两国侨民和领事业务的体量以及所在地区的重要性，一定程度上也反映了双边的政治关系。

在双边经贸关系部分，分别选取了双边投资协定时长、避免双重征税协定时长、双边贸易依存度和双边投资依存度。两国签订双边投资协定可以平衡两国制度的不均衡性，增强双方信任度。双边投资协定时间越长，越有利于促进两国之间的投资。同样，签订双边税收协定有利于稳定双边税收待遇，进而稳定双边经贸关系。贸易依存度和投资依存度可以综合反映受两国间的贸易政策、各种协定影响后的双边贸易和投资情况。贸易依存度和投资依存度越大，代表两国经济互补性越强、合作空间越大。且较高的贸易依存度和投资依存度会产生正向循环作用，减少信息不对称，降低投资企业的不确定性。

在双边人文交流部分，选取了互免签证、缔结友好城市数以及孔子学院数来定量分析两国人文交流的程度。两国互免签证不仅打造亲商、利商环境，也可以促进双边旅游及文化交流的互动，利于民心相通。例如孔子学院的建设可以降低中国与东道国文化距离的负面影响，对中国企业到“一带一路”沿线国家的直接投资具有促进作用。友好城市的缔结也会深化双边人文关系，拉近两国人民的心理距离，最终对中国对外直接投资产生正向的调节作用。

（二）数据处理和模型构建

任一指标完全缺失所有年份的数据，将不作为分析样本；对于指标中缺少部分年份数据的，采用均值替换法将中间年份缺少的数据补齐；对于末尾年份缺少的，采用回归替换法通过散点图建立简单回归方程计算数值，最终数据样本包含 135 个国家。

1. 数据的标准化处理。从不同来源获得的数据具有不同类型，主要包括以下三类：第一类是统计数据，即指准确的统计数字，如 GDP、通货膨胀指数、外债外汇指数等，不同统计数据单位不一样，数量级和范围也有差异。第二类是评分数字，即基于专家评分法的得分，如外部风险指数、伙伴关系指数、全球人力发展指数等，不同数据来源打分标准不一样，分数区间有差异。第三类是排名数字，如建交指数是排名数字，只有先后次序，无具体差异标准。因此需要对数据进行标准化处理。

基于 min - max 标准化的方法，进行“修正的 min - max 标准化”，标准化函数如下：

$$x_i = 1 - \left| \frac{x_i - x_{指向值}}{x_{max} - x_{min}} \right| \qquad (5-1)$$

对于打分数据，x_{max} 指区间上限，x_{min} 指区间下限，$x_{指向值}$ 指向安全度高的区间上限或下限。例如，伙伴关系这一指标下，得分越高代表安全度越高，因此 $x_{指向值} = x_{max} = 10$。对于样本数据，x_{max} 指该指标所有国家数据的最大值，x_{min} 指该指标所有国家数据的最小值，$x_{指向值}$ 指向安全度高的最大值或最小值。例如，孔子学院数量多代表安全度高，因此 $x_{指向值} = x_{max}$。

2. 主成分分析。各个指标之间的相互依赖会给统计处理和统计解释带来困难，对这些指标做一定的变换或分解，使之相互独立，能够让统计解释更清晰，突出主要矛盾，在实践中具有重要意义。主成分分析就是为了解决上述问题而引进的统计方法，该方法的具体步骤及其数学原理如下：

①将标准化以后的 n 条 m 维数据组成 n 行 m 列矩阵 $X = (X_1, \cdots, X_n)^T$，在本书中 $n=10$，$m=135$。通过对 X 作正交变换，得到

$$Y = UX \tag{5-2}$$

U 是正交矩阵，Y 具有对角阵形式的协方差矩阵，则 Y 的各个分量之间是不相关的[①]，可以从 Y 的分量当中选择主要成分，剔除影响微弱的部分，即可以通过 Y 的主成分构造去分析原矩阵 X 的各个分量的作用。

②将矩阵 X 的每一行（代表一个属性字段）进行零均值化，即减去这一行的均值。

③设 X 的协方差矩阵为 C，即 $C = CovX = \frac{1}{m}X X^T$。从数学角度看，欲求正交矩阵 U 使得 $Y=UX$ 的协方差矩阵为对角矩阵且主对角元素按由大到小的次序排列，实际就是矩阵代数中将 C 对角化，即

$$CovY = U^T CovXU = U^T CU = \Lambda \tag{5-3}$$

其中，Λ 是对角矩阵 diag（$\lambda_1, \cdots, \lambda_n$），$\lambda_1$ 是 C 的特征值，记 $U = (u_1, \cdots u_n)$，u_i 就是 C 对应于 λ_i 的 特征向量。

④将③中得到的 U 代入 $Y=UX$，得到主成分矩阵 $Y = (y_1, \cdots, y_k)$。用这 k 个主成分做指标，其反映实际问题的能力与原来用 n 个指标相差无几。在实际应用中，当前 k 个主成分的累计贡献率超过某个阈值[②]，就认为这 k 个主成分能够反映原始向量的差异，在 SPSS 中默认是选择特征值大于 1 的主成分。

⑤在实际应用中，通常将主成分标准化，即将 y_i 除以它的标准差 $\sqrt{\lambda_i}$。

主成分分析的方法可以视作是高维数据的降维，降维意味着信息的损失，上述步骤的主要目的就是尽可能减少这种信息的损失。两个矩阵相乘的意义是可以理解为将右边矩阵中的每一列列向量变换到左边矩阵

① 协方差矩阵为对角矩阵意味着除对角元素外均为 0，即协方差为 0。

② 一般可设为 85%。

中每一行行向量为基所表示的空间中去，式（5－1）的目的是将 X 向方差尽可能大的方向投影，因为在主成分分析方法中，把方差作为衡量信息量的标准。[①] 另外，从直观上说，要让两个字段尽可能表示更多的原始信息，则需要它们之间不存在线性相关性。

（三）结果分析

135 个样本国家 2010—2020 年对华关系安全评分结果如表 5－2 所示。

表 5－2　　2010—2020 年对华关系安全评分

区域	国家	2010 年	2011 年	2012 年	2013 年	2014 年	2015 年	2016 年	2017 年	2018 年	2019 年	2020 年
东北亚	俄罗斯联邦	100.0	100.00	99.69	100.00	100.00	100.00	96.02	94.69	93.35	88.18	98.03
	韩国	93.18	72.88	100.00	91.25	94.22	86.51	100.00	87.02	91.94	89.44	92.67
	蒙古国	63.72	50.92	62.25	64.82	87.47	77.40	66.66	84.93	84.26	95.16	85.95
中亚	哈萨克斯坦	51.00	47.44	59.64	57.21	69.84	60.01	61.05	70.94	70.04	78.58	69.57
	吉尔吉斯斯坦	49.98	37.72	47.41	54.12	60.85	46.17	49.72	57.71	58.10	92.91	52.85
	塔吉克斯坦	38.89	31.85	49.15	42.87	64.66	43.94	51.49	58.17	58.91	71.14	56.26
	土库曼斯坦	22.07	16.22	25.78	38.48	38.01	31.73	28.04	39.46	39.57	62.46	38.68
	乌兹别克斯坦	30.19	22.28	40.99	43.43	53.74	47.06	44.66	56.58	57.16	62.02	57.93
东南亚	东帝汶	2.88	3.74	2.45	2.95	4.16	4.12	1.83	3.49	3.11	27.30	4.06
	菲律宾	57.19	47.94	50.13	49.75	62.82	57.22	52.17	63.06	62.78	61.95	62.34
	柬埔寨	57.55	49.93	51.89	54.89	72.54	62.99	52.45	71.28	67.73	72.82	72.75
	老挝	77.95	63.20	73.57	70.78	97.64	76.15	76.89	89.98	88.80	91.55	89.80
	马来西亚	48.77	46.63	55.82	77.26	70.22	65.21	62.39	70.55	72.04	83.09	72.63
	缅甸	39.40	51.15	68.77	64.27	93.51	73.35	67.78	84.62	80.64	75.68	83.18
	泰国	69.80	62.07	87.93	87.96	97.47	90.74	91.38	100.00	100.00	96.23	100.00
	文莱	27.78	22.52	22.54	20.28	32.89	24.41	19.80	31.07	30.89	44.47	30.75
	新加坡	11.99	13.30	19.68	21.95	32.68	26.97	26.70	33.56	35.53	54.12	37.07
	印度尼西亚	65.60	63.40	68.71	75.04	85.23	79.24	69.19	83.43	81.89	81.64	86.14
	越南	86.00	59.04	65.02	76.50	87.69	81.09	68.30	87.66	85.39	83.52	90.45

① 但是严格来讲，方差与信息量并不是等价的概念，方差描述的是变量的离散程度，而信息熵描述变量的不确定程度，方差越大不一定就信息量越多。但是在主成分中，降维的目的是"降噪"，由于离散程度低的方向更有可能是因为噪声的干扰从而表现出的同一性，或者反过来讲由于同一性过强而缺乏分析价值，因此将关注的重点放在离散程度高的成分上，其多样性能更好地分析数据间潜在的相互关系。

续表

区域	国家	2010年	2011年	2012年	2013年	2014年	2015年	2016年	2017年	2018年	2019年	2020年
南亚	阿富汗	22.01	29.44	29.43	32.88	45.14	39.15	29.62	39.48	36.25	42.66	42.91
	巴基斯坦	64.66	54.30	60.63	66.36	84.06	76.85	66.35	84.08	83.37	100.00	87.44
	马尔代夫	15.94	14.30	14.97	17.05	28.56	24.00	11.72	27.04	25.69	39.91	29.03
	孟加拉国	36.74	30.34	35.49	36.57	49.85	43.38	33.34	49.30	48.08	56.15	49.80
	尼泊尔	34.93	34.62	36.58	46.34	56.68	50.26	34.22	54.76	51.95	64.62	55.57
	斯里兰卡	18.39	18.64	14.57	47.86	33.11	33.63	25.01	32.84	34.14	64.22	40.48
	印度	43.16	38.75	39.81	55.12	55.58	56.54	43.08	54.27	52.02	53.37	58.67
西亚	阿联酋	22.30	18.01	39.75	44.27	50.63	47.57	45.70	52.06	52.71	63.74	54.96
	阿曼	25.84	20.78	25.14	27.30	41.39	35.40	28.28	41.88	42.54	59.63	43.65
	阿塞拜疆	21.30	15.69	21.65	21.23	33.10	26.97	24.54	34.21	35.77	38.55	36.59
	巴勒斯坦	1.48	2.78	1.20	5.40	6.48	7.35	1.22	5.29	4.73	5.03	7.99
	巴林	8.36	6.81	7.48	13.09	15.94	15.78	13.18	16.05	17.59	23.57	20.20
	格鲁吉亚	22.35	16.73	23.25	22.80	35.15	28.14	26.44	35.90	37.49	39.93	37.95
	卡塔尔	8.68	7.28	8.62	14.15	17.71	16.81	14.53	17.38	19.01	38.27	21.47
	科威特	20.43	15.34	15.90	26.46	33.19	32.52	28.63	33.84	37.25	60.96	41.28
	黎巴嫩	10.00	9.53	8.39	16.79	20.27	21.37	13.79	19.83	19.83	19.65	25.04
	塞浦路斯	27.40	21.35	24.60	28.98	43.13	36.93	28.22	42.72	44.52	45.29	46.46
	沙特阿拉伯	16.93	14.22	16.71	20.85	23.82	23.83	21.74	24.29	24.64	43.19	26.66
	土耳其	47.39	38.59	44.22	49.61	59.98	53.46	48.74	59.10	61.22	56.94	63.71
	叙利亚	15.89	10.85	7.65	19.42	24.41	25.95	14.09	23.27	23.06	26.65	30.22
	亚美尼亚	25.46	18.24	24.55	25.13	37.49	30.73	29.49	38.81	41.55	47.34	41.83
	也门	20.25	17.31	15.08	19.22	30.14	32.52	19.37	29.09	27.37	29.31	32.92
	伊拉克	11.79	13.84	9.42	18.63	21.80	23.55	9.60	18.86	16.74	34.83	22.56
	伊朗	25.80	24.42	29.11	28.77	46.63	38.35	30.68	44.02	45.05	62.99	47.11
	以色列	13.75	17.47	20.35	17.75	28.41	25.65	27.31	26.46	30.61	43.24	32.85
	约旦	19.36	17.24	19.47	21.06	30.54	25.78	15.42	29.32	27.91	28.56	29.84
中东欧	阿尔巴尼亚	26.20	22.21	23.47	31.96	47.41	42.70	28.26	46.64	46.83	49.80	52.63
	爱沙尼亚	12.75	9.58	11.61	17.02	20.41	19.83	19.59	21.21	23.74	28.77	25.81
	保加利亚	21.63	20.91	22.88	36.40	46.05	43.43	33.57	44.50	47.48	65.82	53.88
	北马其顿	21.78	15.82	21.48	21.54	33.82	27.18	24.81	34.72	36.95	38.62	37.19
	波黑	20.94	15.66	19.93	19.41	30.40	23.55	19.74	30.05	32.23	33.05	31.38
	波兰	72.19	51.86	56.26	61.23	79.11	72.80	62.72	79.16	80.10	80.06	85.53
	黑山	9.59	6.12	9.89	15.51	15.25	13.61	17.10	16.31	19.21	36.81	19.28
	捷克	18.69	13.42	12.47	23.82	31.28	32.37	20.60	29.57	30.16	53.52	38.45
	克罗地亚	37.70	28.34	37.39	38.38	50.27	43.01	41.30	52.37	53.61	52.84	54.36

续表

区域	国家	2010 年	2011 年	2012 年	2013 年	2014 年	2015 年	2016 年	2017 年	2018 年	2019 年	2020 年
中东欧	拉脱维亚	8.67	7.96	7.75	12.13	13.68	13.48	9.82	12.77	13.99	18.49	15.42
	立陶宛	25.02	18.10	24.38	24.89	37.42	30.72	29.02	38.60	41.23	41.71	41.60
	罗马尼亚	52.77	39.24	44.42	58.19	67.90	61.95	49.52	67.99	68.22	66.33	73.89
	塞尔维亚	38.37	28.99	40.82	37.36	52.13	44.37	43.36	53.73	54.77	63.16	55.76
	斯洛伐克	33.63	27.17	29.12	38.53	54.90	49.11	37.13	54.34	56.83	56.46	61.78
	斯洛文尼亚	25.50	18.32	25.05	25.03	38.10	30.81	29.85	39.05	41.86	42.62	41.94
	希腊	44.77	30.97	35.23	40.75	48.54	47.65	41.93	49.39	48.76	52.04	54.86
	匈牙利	38.50	30.78	29.83	43.42	54.83	48.87	36.86	53.59	55.88	74.58	61.30
其他欧洲国家	奥地利	20.90	16.15	19.39	27.36	35.03	33.88	31.41	34.86	38.73	54.46	43.19
	白俄罗斯	47.64	36.34	53.98	51.19	65.86	56.49	56.64	66.41	67.84	65.06	69.63
	卢森堡	19.25	15.31	16.00	25.61	32.09	31.04	28.22	32.44	35.63	37.13	39.94
	马耳他	29.20	25.23	27.61	30.37	43.75	37.80	27.32	42.81	42.93	42.49	43.18
	摩尔多瓦	23.56	16.95	25.31	24.99	37.59	30.58	29.47	38.23	40.92	40.29	41.69
	葡萄牙	36.24	29.53	35.26	41.52	46.64	46.00	42.33	48.62	48.33	52.72	53.10
	乌克兰	38.28	39.13	56.24	48.01	65.78	57.42	58.50	66.14	67.94	65.68	68.59
	意大利	64.53	60.29	64.88	72.32	74.06	72.51	73.49	74.98	76.40	70.43	79.96
北非	阿尔及利亚	29.98	26.12	29.46	38.66	46.92	44.89	35.45	45.70	44.01	46.85	51.22
	埃及	38.63	37.49	36.32	42.10	56.77	51.41	40.43	56.21	56.66	72.34	60.50
	吉布提	24.15	19.72	20.71	9.89	29.62	29.10	18.50	28.10	24.04	23.30	21.95
	利比亚	4.31	9.57	3.28	8.45	11.29	12.55	3.36	9.75	8.56	5.35	12.46
	摩洛哥	14.80	16.11	11.69	26.50	28.49	29.43	19.40	27.57	28.41	53.59	34.65
	突尼斯	21.25	18.31	19.80	26.65	38.12	33.07	20.97	37.02	37.21	41.35	41.10
南非	埃塞俄比亚	31.07	23.76	27.38	30.55	41.57	35.61	32.25	38.08	37.15	45.57	41.46
	安哥拉	24.00	20.35	16.28	25.96	20.10	30.55	13.48	25.91	21.08	36.99	25.04
	贝宁	33.93	33.72	30.67	29.28	46.50	41.57	25.53	45.02	41.00	32.45	40.49
	布隆迪	8.52	10.61	16.37	14.29	32.26	19.22	18.17	21.42	21.31	11.24	24.65
	赤道几内亚	17.80	16.08	19.34	21.30	35.29	28.53	18.48	33.18	32.33	46.20	35.39
	多哥	18.05	17.17	22.15	20.29	32.14	32.43	19.90	30.60	26.31	30.25	25.04
	佛得角	6.83	6.68	5.81	13.19	16.62	17.62	10.64	16.23	16.25	26.32	21.04
	冈比亚	13.63	19.54	16.08	20.61	25.97	26.25	14.62	24.31	20.86	24.62	20.99
	刚果（布）	13.43	14.46	7.63	23.17	20.88	27.31	11.03	22.72	20.63	60.02	26.14
	几内亚	9.59	10.54	6.77	19.74	20.43	20.73	7.39	17.14	15.24	36.79	20.71
	加纳	12.93	14.13	11.47	21.17	28.46	28.72	19.55	27.65	27.60	34.17	33.70
	加蓬	14.05	7.54	4.83	14.79	15.71	18.89	9.81	16.58	16.34	28.48	21.64
	津巴布韦	21.08	18.33	17.81	20.26	30.05	20.78	23.55	23.89	25.36	55.33	27.92

续表

区域	国家	2010年	2011年	2012年	2013年	2014年	2015年	2016年	2017年	2018年	2019年	2020年
南非	喀麦隆	6.53	12.85	11.15	17.28	19.40	20.86	10.57	17.21	15.36	19.71	19.20
	科摩罗	4.16	5.22	3.26	10.27	12.26	12.92	3.60	10.14	9.05	19.68	13.44
	科特迪瓦	2.48	4.07	2.20	7.16	8.88	9.81	2.28	7.44	6.60	17.22	10.20
	肯尼亚	10.08	11.56	8.12	28.28	19.14	20.25	8.25	16.51	14.90	48.73	20.08
	莱索托	3.05	3.81	1.84	6.96	8.48	9.52	1.95	7.08	6.28	13.15	10.00
	利比里亚	25.27	23.73	21.57	22.98	30.08	30.67	19.13	29.06	24.87	31.99	23.07
	卢旺达	6.52	8.55	4.69	11.67	14.00	15.27	4.90	11.95	10.72	13.91	15.54
	马达加斯加	14.04	14.05	12.43	19.01	21.49	22.97	14.11	20.12	18.85	20.80	22.84
	马里	6.08	9.52	6.02	15.98	19.84	20.05	7.79	16.80	15.44	25.87	21.34
	毛里塔尼亚	11.05	12.98	8.34	16.42	20.15	21.37	8.26	17.96	15.63	23.16	19.61
	莫桑比克	6.69	7.91	5.67	13.06	14.06	14.83	5.66	12.04	10.81	39.99	14.77
	纳米比亚	3.39	5.69	2.43	5.96	7.31	7.78	2.25	6.09	5.42	28.91	8.01
	南非	67.91	52.87	70.15	59.29	74.57	68.33	67.80	75.94	74.68	69.10	73.46
	南苏丹	10.31	8.82	10.16	6.91	10.21	9.24	8.21	10.01	8.50	10.26	5.75
	尼日尔	7.30	8.33	0.00	13.35	8.00	12.88	0.00	8.23	6.73	16.25	11.97
	尼日利亚	38.80	29.22	33.04	39.77	44.38	44.01	37.97	44.41	43.43	62.32	48.27
	塞拉利昂	11.56	8.42	7.96	18.13	17.41	18.68	7.69	15.55	13.70	37.63	17.38
	塞内加尔	5.93	6.97	3.82	11.16	13.78	15.07	4.13	11.79	10.39	43.55	15.08
	苏丹	35.68	39.27	29.49	37.25	50.55	45.04	32.97	50.08	50.37	62.91	52.91
	索马里	5.59	7.87	3.23	13.04	16.03	17.96	3.99	13.61	12.01	18.12	18.39
	坦桑尼亚	23.52	21.63	24.57	37.40	39.35	33.95	20.64	36.20	34.40	50.09	37.73
	乌干达	5.60	7.67	3.41	13.20	15.73	17.41	4.11	13.31	11.77	16.01	17.83
	赞比亚	10.71	14.43	12.99	16.49	25.64	22.44	13.58	20.38	19.48	20.28	23.72
	乍得	6.05	5.47	4.38	11.23	14.60	14.01	4.95	11.55	10.50	12.77	15.06
北美洲	安提瓜和巴布达	23.61	21.67	20.30	12.76	28.03	27.70	17.93	26.90	22.92	7.99	20.39
	巴巴多斯	15.65	12.81	12.15	22.64	25.52	21.45	19.23	22.76	24.60	35.37	27.83
	巴拿马	7.27	5.34	6.42	3.07	5.61	5.24	4.82	5.70	4.78	8.02	2.98
	多米尼加	0.00	0.00	1.12	0.00	0.00	0.00	0.23	0.00	0.00	0.00	0.00
	多米尼克	4.29	2.76	2.83	3.17	3.99	3.98	2.05	3.51	3.07	13.62	3.61
	哥斯达黎加	16.92	13.27	21.26	12.61	24.90	18.49	15.90	24.56	23.93	33.09	21.59
	格林纳达	19.01	11.77	14.75	13.56	24.86	19.85	11.03	23.99	22.98	23.44	24.61
	特立尼达和多巴哥	23.15	19.03	22.34	34.20	38.15	32.64	23.54	37.90	38.13	51.01	41.21
	牙买加	39.73	28.59	35.11	37.21	53.48	45.98	39.42	53.59	54.47	58.86	56.87

续表

区域	国家	2010 年	2011 年	2012 年	2013 年	2014 年	2015 年	2016 年	2017 年	2018 年	2019 年	2020 年
南美洲	玻利维亚	25.41	19.89	25.58	24.97	37.33	31.60	27.77	37.78	38.23	46.60	39.97
	厄瓜多尔	32.41	22.39	35.80	31.26	50.60	36.54	37.72	44.99	46.46	60.20	47.64
	圭亚那	19.50	17.63	21.40	20.89	38.00	28.22	21.48	34.46	34.21	34.22	36.80
	秘鲁	43.58	35.80	43.11	49.60	57.42	52.07	43.60	58.77	56.71	62.12	60.26
	苏里南	3.14	4.80	0.12	9.57	7.75	11.96	0.14	7.72	6.39	46.20	11.37
	委内瑞拉	23.50	21.75	24.61	29.63	35.79	33.66	25.59	33.92	32.05	45.77	35.90
	乌拉圭	24.44	18.63	24.55	23.94	37.11	31.22	26.43	38.36	38.19	51.43	39.32
	智利	43.31	35.71	52.78	49.09	67.22	60.99	52.47	67.25	64.99	69.84	68.73
太平洋岛国	巴布亚新几内亚	18.79	12.48	16.08	28.00	31.46	27.67	26.15	29.85	32.58	54.59	35.43
	斐济	10.78	7.81	7.32	12.11	16.59	14.36	7.69	12.80	11.98	37.83	15.67
	汤加	1.86	2.61	7.00	9.36	11.18	9.06	5.29	10.32	9.77	37.29	10.60
	瓦努阿图	9.26	12.47	10.64	20.21	18.37	17.67	9.84	16.35	14.28	29.19	15.28
	新西兰	27.45	18.62	18.24	27.05	30.26	30.03	25.55	30.28	30.56	49.52	35.26

从区域视角来看，东南亚样本国家对华关系投资安全指数仍保持在较高水平，而且整体安全水平也是呈现上升趋势；南亚国家中，巴基斯坦对华关系处于较高水平且不断改善，而印度虽然在区域内与中国经贸往来最多，但边境冲突不断，国内政治和社会反华声音不断，需要重点关注。中东欧地区、西亚地区国家对华关系安全指标呈现改善趋势，但内部出现较大差异。

二、东道国政治安全环境

（一）评价指标选取

东道国政治风险是目前中国企业在对外直接投资中面临的重要风险，由于央企海外项目的投资规模往往较大，其受东道国政治环境影响相对更大，随着央企海外投资规模的不断增长，政治安全环境的重要性愈加凸显。所谓“东道国政治风险”，是指东道国的政治环境或东道国与其他国家之间政治关系发生改变而给外国投资企业的经济利益造成损失的概率。

为了保证指标选取的全面性和权威性，对中外高水平学术期刊中涉及对外直接投资政治安全研究的文献进行了广泛的阅读和整理，记录和统计其中定量研究所选择的指标和数据来源。中文文献方面，因为政治风险评估指标的选取带有一定的主观性，为保证权威性，选取近10年来所有CSSCI来源期刊中涉及对外投资政治安全的文献，共有约100篇，包括的指标数据来源如图5－1所示，主要包括世界银行全球治理（WGI）、PRS国别风险指南（ICRG）、社科院（CROIC）、BVD公司（EIU）等。外文文献方面，参考了丁锋（2019）在博士学位论文中所做的统计结果，他统计了151篇社会科学英文索引（SSCI）期刊中探讨主题为对外直接投资与政治风险相关性的论文，数据来源一共有13个，前10名如图5－2所示。通过对比可以看出，ICRG和WGI被引用频次最高。

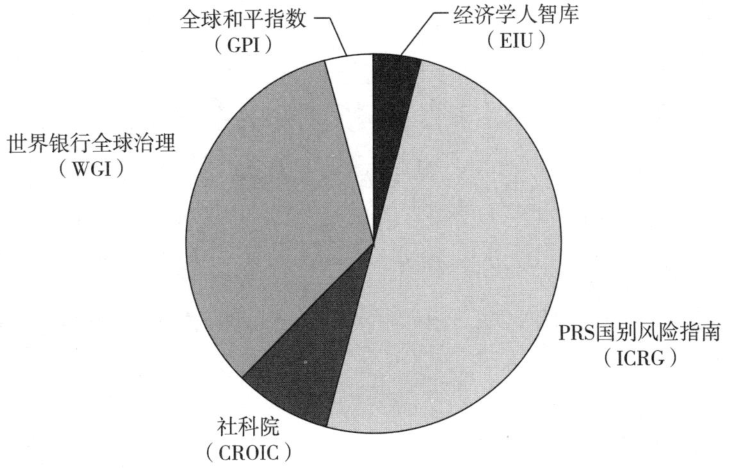

图5－1　中文文献政治安全评估指标统计

在前述基础之上结合前期工作中关于影响因素的分析，进一步地去查找、核对数据来源，逐步选取最优。最终选取的指标数据来源包括世界银行世界治理指数（WGI）、美国PRS集团编制的国家风险国际指南（ICRG）、瑞士苏黎世联邦理工学院构建的政治全球化指数（KOF）、EIU Country Risk Model以及Caldara构建的地缘政治风险指数（GPR）。世界治理指数（WGI）包含1996—2019年214个国家和地区的6个治理维度的治理指标：话语权与问责、制度质量、政府稳定和免于暴力、政

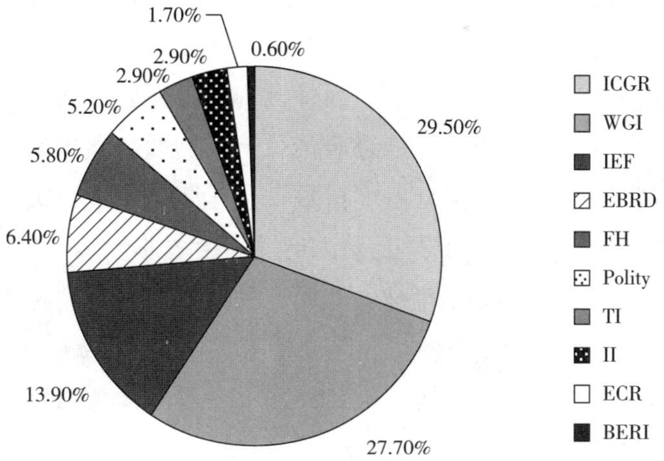

图 5-2　英文文献政治安全评估指标统计

府有效性、法治程度、腐败控制，覆盖的样本国家数量多范围广。从长远来看，军政府制度几乎肯定会削弱有效的政府职能，并为外国企业创造一个不安全的环境①②③，因此选取 ICRG 的军事干预政治指标，对应的影响因素是政府治理能力。一国的政治全球化程度高，该国政府随意更改政策以转移风险的可能性相对较小，因此选取 KOF 构建的政治全球化指数，作为政策连续性的衡量指标。EIU Country Risk Model 中的主权风险指数和外部冲突指数能够很好地表征一个国家的内外部政治环境。

地缘政治是“一带一路”投资的政治安全评估中非常重要的影响因素，IMF 副总裁 David Lipton 与欧洲中央银行行长 Mario Draghi 相继强调，地缘政治危机已成为当前跨国直接投资的最大挑战。但是，用什么指标去评估地缘政治风险是一个难题。有学者采用 iJET④“区域内国家游客

① 陈菁泉，王永玲．“丝绸之路经济带”沿线国国家风险评级与对策研究［J］．经济理论与经济管理，2020（7）：73-87.

② 方慧，宋玉洁．东道国风险与中国对外直接投资——基于“一带一路”沿线 43 国的考察［J］．上海财经大学学报，2019，21（5）：33-52.

③ 刘莉君，张景琦，刘友金．中国民营企业参与“一带一路”建设的风险评价［J］．统计与决策，2020，36（24）：166-169.

④ iJET 是一家为旅游机构和航空公司提供咨询服务的安全情报机构。

遭受人身攻击的程度”来衡量地缘政治风险，但是这一代理变量选取的合理性有待商榷，因为这一指标主要对应的是恐怖主义袭击，属于社会安全的研究范畴。还有的学者借助国外机构或智库公布的相关表征国家政治和经济质量的指标来测算地缘政治风险，例如高学平借助世界治理指数、世界发展指数、经济自由度指数、全球廉洁指数、民主指数和世界和平指数，再加入大国干预因素，定量刻画了非洲 36 个国家 2006—2010 年的地缘政治风险指数变化，然而这种方法用多种指标来衡量地缘政治风险，存在明显的重复，可能带来严重的共线性问题。Caldara 等构建的地缘政治风险指数，包括了从 1985 年以来全球地缘政治风险指数以及 19 个新兴国家的地缘政治风险指数，通过对 11 家主要国际报刊进行自动文本搜索，统计与地缘政治紧张相关词汇的出现频率，基本涵盖了地缘政治风险各个方面，是目前公开可获得的最为全面的地缘政治风险指标，并且适用于实证分析。这一指数只包含 19 个国家，笔者参考刘文革等（2020）① 的方法，将样本国家按所处地缘板块进行划分取值。

综上所述，东道国政治安全环境评估指标体系如表 5 - 3 所示，剔除掉部分指标数据缺失的国家，最终得到 80 个样本国家数据。

表 5 - 3　　　　东道国政治安全环境评估指标体系

指标名称	具体指标内容	数据来源
腐败控制	政府官员向民间索贿的严重程度	WGI
话语权与问责	政府对民众诉求的回应	WGI
政府有效性	政府提供公共服务的质量，政府的行政机构和人员的办事效率	WGI
政府稳定和免于暴力	执政党对于政权保持的能力	WGI
军事干预政治	军方参与政治的一种衡量标准。范围是 0 ~ 6 分，分值越高，军事干预政治越严重，风险越大	ICRG
政治全球化	东道国签署国际公约、邦交国与参与国际组织的数量	KOF
主权风险指数	国家主权的风险，如领土完整、分裂活动、联邦—地方政府关系等。0 ~ 4 分，分数越高主权风险越大	EIU Country Risk Model

① 刘文革，黄玉．地缘政治风险与贸易流动：理论机理与实证研究［J］．国际经贸探索，2020，36（3）：46 - 59.

续表

指标名称	具体指标内容	数据来源
外部冲突指数	来自国外的行为给在位政府带来的风险，如外交压力、领土纠纷、制裁等。0~4分，分数越高风险越大	ICRG
地缘政治指数	通过对11家主要国际报刊进行自动文本搜索，统计与地缘政治紧张相关词汇的出现频率，基本涵盖了地缘政治风险各个方面，是目前公开可获得的最为全面的地缘政治风险指标，并且适用于实证分析	GPR

（二）结果分析

80个样本国家政治安全环境评估结果如表5－4和表5－5所示。虽然从分值的角度来看，各个样本国家在不同年份的政治安全得分均有不同程度的波动，但是从评级①的角度来看，等级的变动较小，大部分样本国家的评级结果较为稳定，具体的分析结果如下：

（1）全部80个样本国家中，有39个在2010—2020年政治安全评级保持稳定，没有发生变化。其中奥地利、爱沙尼亚、卢森堡、马耳他、新加坡、斯洛伐克、斯洛文尼亚7个国家在这11年间评级全部为A级，政治安全状况良好；苏丹、伊拉克在这11年间评级全部为E级，政治安全状况较差。

（2）在评级发生变化的41个样本国家当中，只有一个国家（利比亚）出现超过1个等级的波动，其余40个国家的评级都是在相邻等级间变化。②

（3）从空间分布来看，评级全为A级的7个国家中，除新加坡外，均是欧洲国家。评级以E级为主③的有利比亚、缅甸、尼日利亚、叙利亚、也门5个国家，其中4个分布在西亚和非洲。

① 按照以下标准分为A、B、C、D、E五个等级：0~19.9，E级；20~39.9，D级；40~59.9，C级；60~79.9，B级；80~100，A级。

② 相邻等级是指B和A、D和C，例如意大利在2020—2020年间有2年评级为B，9年评级为A，视为在相邻等级波动。

③ 这里所说“以E级为主”是指2010—2020年间评级为E的年份占多数。

表 5－4　　2010—2020 年政治安全环境评估得分　　单位：分

国家	2010 年	2011 年	2012 年	2013 年	2014 年	2015 年	2016 年	2017 年	2018 年	2019 年	2020 年
阿尔巴尼亚	58	59	55	56	66	66	68	67	66	64	65
阿尔及利亚	44	35	40	38	42	43	45	41	41	38	37
安哥拉	37	36	36	33	32	32	33	31	32	33	33
奥地利	98	100	98	99	100	100	100	100	100	100	100
阿塞拜疆	40	27	31	33	37	36	38	33	34	34	32
巴林	55	42	48	45	50	49	50	44	43	45	43
孟加拉国	36	35	34	33	33	32	33	29	29	34	33
白俄罗斯	43	43	42	42	53	52	56	54	55	56	52
玻利维亚	46	40	41	46	44	43	47	45	44	44	43
喀麦隆	37	35	35	33	28	29	26	21	19	17	20
克罗地亚	74	77	74	75	79	79	79	79	78	78	78
古巴	50	44	45	46	47	49	52	49	48	52	47
塞浦路斯	82	73	82	80	78	79	80	77	75	76	74
多米尼加	53	49	51	50	51	50	54	51	50	54	50
厄瓜多尔	41	40	43	45	44	44	48	45	46	50	46
埃及	43	24	31	23	26	27	30	27	26	30	28
萨尔瓦多	50	46	47	46	47	45	48	43	40	47	42
爱沙尼亚	82	84	82	84	89	89	88	89	90	91	90
埃塞俄比亚	18	22	26	26	26	24	25	20	25	29	29
加蓬	43	42	42	42	40	39	39	35	34	34	35
加纳	61	63	61	59	55	56	58	57	55	56	56
希腊	72	73	68	70	74	74	75	74	76	78	76
匈牙利	82	84	79	80	81	81	81	81	80	80	80
印度	51	53	50	51	48	50	52	50	50	53	52
印度尼西亚	49	49	50	51	52	50	54	50	50	48	48
伊朗	41	28	35	33	42	45	49	43	37	32	31
伊拉克	4	0	7	5	9	9	11	6	7	10	12
以色列	52	45	56	55	57	60	64	59	57	58	56
意大利	81	83	79	79	82	83	85	84	83	85	84
牙买加	72	69	68	68	66	67	73	71	68	73	68

续表

国家	2010年	2011年	2012年	2013年	2014年	2015年	2016年	2017年	2018年	2019年	2020年
约旦	59	47	55	50	53	54	57	53	51	52	49
哈萨克斯坦	58	55	49	49	60	60	61	59	61	61	60
肯尼亚	42	41	40	41	40	41	42	39	37	38	39
科威特	69	67	60	59	65	64	65	63	63	65	65
拉脱维亚	76	66	73	72	74	76	78	76	74	76	74
黎巴嫩	24	15	23	20	24	25	28	22	20	19	20
利比亚	42	23	22	19	23	22	22	18	17	16	17
立陶宛	78	80	79	81	85	87	88	86	85	87	86
卢森堡	100	98	100	100	95	96	97	94	95	94	93
马来西亚	70	70	68	70	77	75	74	72	76	74	73
马耳他	91	92	90	90	93	92	93	94	92	90	91
摩尔多瓦	48	45	45	41	42	39	43	45	46	49	46
蒙古国	66	57	60	59	65	66	70	66	66	66	65
摩洛哥	45	43	45	44	42	43	45	41	40	40	41
莫桑比克	59	56	54	51	48	44	39	31	31	31	31
缅甸	8	10	18	19	18	17	28	23	20	20	21
纳米比亚	77	78	78	77	71	73	74	72	72	72	72
尼日利亚	20	13	20	15	19	25	25	19	18	18	17
阿曼	67	66	63	64	61	60	63	60	58	65	62
巴基斯坦	25	18	21	20	23	23	26	23	21	24	20
巴拿马	67	65	63	64	65	65	66	61	59	59	58
巴布亚新几内亚	51	46	48	48	48	47	50	46	46	48	44
秘鲁	59	58	56	57	56	57	61	56	54	56	54
菲律宾	38	42	41	43	53	53	52	47	46	48	49
波兰	82	74	81	78	79	80	80	77	77	75	74
卡塔尔	75	66	70	67	66	66	67	62	58	63	59
韩国	36	25	30	25	30	30	34	30	30	31	28
俄罗斯联邦	46	46	41	42	48	46	48	46	48	49	48
沙特阿拉伯	55	40	50	48	52	51	55	52	51	51	50
塞内加尔	39	43	49	52	52	52	52	51	51	54	53

续表

国家	2010年	2011年	2012年	2013年	2014年	2015年	2016年	2017年	2018年	2019年	2020年
塞尔维亚	47	50	46	50	60	60	60	57	56	56	57
塞拉利昂	39	40	38	37	36	37	39	38	38	39	39
新加坡	90	88	91	91	86	86	89	87	86	85	84
斯洛伐克	85	87	83	83	87	86	87	87	86	86	86
斯洛文尼亚	85	89	85	85	89	89	91	90	89	89	88
南非	69	70	69	68	64	65	66	64	64	65	65
斯里兰卡	47	50	47	49	46	52	54	50	50	55	53
苏丹	0	0	0	0	0	0	0	0	2	6	7
叙利亚	34	13	7	0	6	4	6	2	1	0	1
坦桑尼亚	54	54	52	46	43	44	46	43	41	40	41
泰国	41	38	38	38	38	36	39	35	34	35	38
突尼斯	58	48	56	51	52	53	54	52	52	51	50
土耳其	46	36	44	41	44	42	41	37	36	37	35
乌干达	37	36	37	37	35	35	36	34	32	33	35
乌克兰	54	57	55	50	43	41	44	42	41	44	43
委内瑞拉	30	25	26	25	27	25	28	20	18	21	20
越南	52	49	49	50	49	49	51	44	43	42	43
也门	22	9	14	14	16	11	10	3	0	0	0
赞比亚	58	60	62	60	56	56	55	53	51	51	51
津巴布韦	23	24	25	25	26	27	28	24	25	24	25

表 5 - 5　　2010—2020 年样本国家政治安全评级　　单位：级

国家	2010年	2011年	2012年	2013年	2014年	2015年	2016年	2017年	2018年	2019年	2020年
阿尔巴尼亚	C	C	C	C	B	B	B	B	B	B	B
阿尔及利亚	C	D	C	D	C	C	C	C	C	D	D
安哥拉	D	D	D	D	D	D	D	D	D	D	D
奥地利	A	A	A	A	A	A	A	A	A	A	A
阿塞拜疆	D	D	D	D	D	D	D	D	D	D	D
巴林	C	C	C	C	C	C	C	C	C	C	C

续表

国家	2010年	2011年	2012年	2013年	2014年	2015年	2016年	2017年	2018年	2019年	2020年
孟加拉国	D	D	D	D	D	D	D	D	D	D	D
白俄罗斯	C	C	C	C	C	C	C	C	C	C	C
玻利维亚	C	D	C	C	C	C	C	C	C	C	C
喀麦隆	D	D	D	D	D	D	D	D	E	E	E
克罗地亚	B	B	B	B	B	B	B	B	B	B	B
古巴	C	C	C	C	C	C	C	C	C	C	C
塞浦路斯	A	B	A	B	B	B	B	B	B	B	B
多米尼加	C	C	C	C	C	C	C	C	C	C	C
厄瓜多尔	C	D	C	C	C	C	C	C	C	C	C
埃及	C	D	D	D	D	D	D	D	D	D	D
萨尔瓦多	C	C	C	C	C	C	C	C	C	C	C
爱沙尼亚	A	A	A	A	A	A	A	A	A	A	A
埃塞俄比亚	E	D	D	D	D	D	D	E	D	D	D
加蓬	C	C	C	C	C	D	D	D	D	D	D
加纳	B	B	B	C	C	C	C	C	C	C	C
希腊	B	B	B	B	B	B	B	B	B	B	B
匈牙利	A	A	B	B	A	A	A	A	A	B	A
印度	C	C	C	C	C	C	C	C	C	C	C
印度尼西亚	C	C	C	C	C	C	C	C	C	C	C
伊朗	C	D	D	D	C	C	C	C	D	D	D
伊拉克	E	E	E	E	E	E	E	E	E	E	E
以色列	C	C	C	C	C	C	B	C	C	C	C
意大利	A	A	B	B	A	A	A	A	A	A	A
牙买加	B	B	B	B	B	B	B	B	B	B	B
约旦	C	C	C	C	C	C	C	C	C	C	C
哈萨克斯坦	C	C	C	C	B	C	B	C	B	B	C
肯尼亚	C	C	C	C	C	C	C	D	D	D	D
科威特	B	B	C	C	B	B	B	B	B	B	B
拉脱维亚	B	B	B	B	B	B	B	B	B	B	B
黎巴嫩	D	E	D	D	D	D	D	D	D	E	E

续表

国家	2010年	2011年	2012年	2013年	2014年	2015年	2016年	2017年	2018年	2019年	2020年
利比亚	C	D	D	E	D	D	D	E	E	E	E
立陶宛	B	A	B	A	A	A	A	A	A	A	A
卢森堡	A	A	A	A	A	A	A	A	A	A	A
马来西亚	B	B	B	B	B	B	B	B	B	B	B
马耳他	A	A	A	A	A	A	A	A	A	A	A
摩尔多瓦	C	C	C	C	C	D	C	C	C	C	C
蒙古国	B	C	B	C	B	B	B	B	B	B	B
摩洛哥	C	C	C	C	C	C	C	C	C	C	C
莫桑比克	C	C	C	C	C	C	D	D	D	D	D
缅甸	E	E	E	E	E	E	D	D	D	D	D
纳米比亚	B	B	B	B	B	B	B	B	B	B	B
尼日利亚	E	E	E	E	E	D	D	E	E	E	E
阿曼	B	B	B	B	B	C	B	C	C	B	B
巴基斯坦	D	E	D	D	D	D	D	D	D	D	D
巴拿马	B	B	B	B	B	B	B	B	C	C	C
巴布亚新几内亚	C	C	C	C	C	C	C	C	C	C	C
秘鲁	C	C	C	C	C	C	B	C	C	C	C
菲律宾	D	C	C	C	C	C	C	C	C	C	C
波兰	A	B	A	B	B	A	A	B	B	B	B
卡塔尔	B	B	B	B	B	B	B	B	C	B	C
韩国	D	D	D	D	D	D	D	D	D	D	D
俄罗斯联邦	C	C	C	C	C	C	C	C	C	C	C
沙特阿拉伯	C	D	C	C	C	C	C	C	C	C	C
塞内加尔	D	C	C	C	C	C	C	C	C	C	C
塞尔维亚	C	C	C	C	B	C	B	C	C	C	C
塞拉利昂	D	D	D	D	D	D	D	D	D	D	D
新加坡	A	A	A	A	A	A	A	A	A	A	A
斯洛伐克	A	A	A	A	A	A	A	A	A	A	A
斯洛文尼亚	A	A	A	A	A	A	A	A	A	A	A
南非	B	B	B	B	B	B	B	B	B	B	B

续表

国家	2010年	2011年	2012年	2013年	2014年	2015年	2016年	2017年	2018年	2019年	2020年
斯里兰卡	C	C	C	C	C	C	C	C	C	C	C
苏丹	E	E	E	E	E	E	E	E	E	E	E
叙利亚	D	E	E	E	E	E	E	E	E	E	E
坦桑尼亚	C	C	C	C	C	C	C	C	C	C	C
泰国	C	D	D	D	D	D	D	D	D	D	D
突尼斯	C	C	C	C	C	C	C	C	C	C	C
土耳其	C	D	C	C	C	C	C	D	D	D	D
乌干达	D	D	D	D	D	D	D	D	D	D	D
乌克兰	C	C	C	C	C	C	C	C	C	C	C
委内瑞拉	D	D	D	D	D	D	D	D	E	D	D
越南	C	C	C	C	C	C	C	C	C	C	C
也门	D	E	E	E	E	E	E	E	E	E	E
赞比亚	C	B	B	B	C	C	C	C	C	C	C
津巴布韦	D	D	D	D	D	D	D	D	D	D	D

三、东道国经济安全环境

（一）评价指标选取

经济因素是影响投资安全的主要因素，为了提高投资安全和投资效率，需要全面分析影响投资安全的经济因素。影响一国经济安全主要的因素包括经济发展现状、经济活力、经济稳定性、经济开放度以及经济结构等方面。经济发展水平和发展基础是经济发展现状的主要方面；经济活力体现在生产能力、经济发展速度和市场规模上；经济稳定性方面重点考虑货币稳定和经济增长率的变动；经济开放度包括投资开放度和贸易开放度两个方面；产业结构的合理决定经济结构的良好发展，促进一国的投资安全。

东道国经济安全环境评估指标如表 5 -6 所示，数据来源为世界银行（WDI）、国际货币基金组织（IMF）、EPS 数据库和 EIU Countrydata 数据库，剔除部分数据缺失的国家，最终得到120个样本国家数据。

表5－6　　东道国经济安全环境评估指标

指数	指标	数据来源
经济发展指数	GDP	国际货币基金组织
生产能力指数	就业人口平均GDP	世界银行
经济增长速度指数	GDP增长率	国际货币基金组织
市场规模指数	人均GDP	国际货币基金组织
货币稳定指数	通货膨胀率	国际货币基金组织
经济增长率变动指数	5年GDP增长率标准差	世界银行
贸易开放度	（进口＋出口）/GDP	世界银行
投资开放度	（FDI＋OFDI）/GDP	EPS
经济结构指数	泰尔指数①	EIU、世界银行

（二）结果分析

2010—2020年样本国家经济安全环境评估结果如表5－7所示，其中2020年分区域得分均值如图5－3所示。“其他欧洲国家”区域内的均值最高，而南非区域国家的区域得分均值最低。原因在于南亚国家普遍存在经济发展水平较低、基础设施建设较差、市场开放程度不高的现象，此外它们的产业结构比较单一，抵御外来不利经济冲击能力较弱。欧洲国家经济大多发达，经济发展水平高，具有高度开放的市场经济体制，并且经过多年的发展各国都有各自相对完善的产业体系，产业结构比较均衡。北美洲、东南亚、西亚、中东欧和东北亚区域国家得分均值高于总体均值，而太平洋岛国、中亚、南美洲、南亚和北非区域国家得分均值低于总体均值。

① 经济结构主要体现在产业结构差异对经济安全的影响，通过计算泰尔指数来衡量产业结构差异，计算公式如下：

$$TL = \sum_{i=1}^{n}\left(\frac{Y_i}{Y}\right)\ln\left(\frac{Y_i}{L_i}/\frac{Y}{L}\right)$$

如果经济处于均衡状态下，$TL=0$，而且该指数考虑了产业的相对重要性并避免了绝对值的计算，同时它还保留了结构偏离度的理论基础和经济含义，因此是一个产业结构合理化的更好度量。

表 5－7　　2010—2020 年样本国家经济安全环境评估结果　　单位：分

区域	国家	2010年	2011年	2012年	2013年	2014年	2015年	2016年	2017年	2018年	2019年	2020年
北非	阿尔及利亚	26.2	31.1	29.7	20.5	36.2	49.4	46.8	34.7	38.9	39.8	44.1
	吉布提	5.9	8.2	10.4	44.8	39.9	49.9	49.2	24.0	24.4	30.9	44.9
	埃及	22.7	19.9	15.6	7.4	39.5	51.4	60.8	14.5	24.7	34.8	44.8
	利比亚	26.6	0.0	10.4	6.0	0.0	0.0	0.0	44.8	45.3	20.3	0.0
	摩洛哥	19.2	25.4	23.3	15.3	32.7	47.0	47.1	22.0	28.8	31.6	40.6
	突尼斯	23.5	24.1	22.5	15.2	37.9	45.9	55.1	16.8	25.6	30.2	43.4
北美洲	巴巴多斯	25.0	24.1	16.0	14.6	40.7	50.5	59.3	18.1	21.7	31.9	43.2
	哥斯达黎加	23.8	24.0	18.8	13.3	40.3	51.5	60.0	20.3	25.8	33.5	45.5
	多米尼加	22.1	22.7	18.6	11.8	37.6	51.3	57.5	18.9	29.8	33.9	42.4
	萨尔瓦多	18.6	18.8	14.4	8.9	36.6	46.5	55.9	11.9	21.2	29.7	43.0
	牙买加	18.8	20.9	14.2	10.8	34.6	44.2	52.9	15.5	22.8	30.6	42.3
	巴拿马	28.7	39.7	33.7	31.1	39.9	54.4	54.6	38.2	43.0	44.9	45.9
东北亚	韩国	54.8	54.0	45.1	34.2	63.7	80.1	80.9	54.6	63.1	72.4	63.3
	蒙古国	18.7	38.1	35.4	23.1	33.3	42.9	47.2	22.9	35.5	31.6	38.9
	俄罗斯联邦	52.7	49.9	35.2	23.0	64.4	64.5	71.9	38.3	48.5	61.8	54.4
东南亚	文莱达鲁萨兰国	39.9	41.7	65.3	47.5	47.5	56.3	49.1	44.4	45.1	45.9	47.1
	柬埔寨	17.3	19.0	16.9	12.4	36.7	48.8	57.1	15.9	27.4	32.0	44.7
	印度尼西亚	27.7	30.4	26.4	14.6	40.4	57.6	60.6	29.1	38.9	47.7	47.5
	马来西亚	34.2	36.2	34.4	25.4	46.8	57.7	62.2	30.9	38.5	43.9	51.3
	缅甸	14.1	13.6	10.4	7.8	29.1	45.0	46.5	17.9	24.7	24.6	37.6
	菲律宾	18.9	18.4	15.3	8.4	36.2	51.3	57.4	19.2	29.5	35.2	41.4
	新加坡	71.5	78.9	85.1	75.3	74.4	80.9	81.9	74.6	79.7	79.7	76.7
	泰国	25.3	28.1	30.5	19.6	39.1	52.5	57.9	23.9	33.0	38.1	46.3
	东帝汶	17.6	39.9	30.2	13.2	26.9	41.4	42.4	15.5	19.4	14.1	15.7
	越南	24.5	31.4	24.9	19.1	39.2	52.8	58.7	25.1	36.8	40.4	49.7
南非	安哥拉	22.5	25.8	22.6	13.7	37.1	43.6	46.2	15.9	18.3	27.5	39.6
	贝宁	14.3	12.9	7.4	5.9	33.8	42.3	52.1	13.0	23.9	26.4	39.9
	布隆迪	0.6	2.2	10.4	1.6	16.2	26.8	29.0	0.0	0.0	1.0	25.3
	佛得角	21.5	30.9	20.7	14.3	32.3	43.3	53.1	26.2	32.1	35.4	39.6
	喀麦隆	9.7	13.9	15.9	8.0	28.1	43.4	46.1	12.5	19.7	24.2	37.0

续表

区域	国家	2010年	2011年	2012年	2013年	2014年	2015年	2016年	2017年	2018年	2019年	2020年
南非	乍得	15.0	16.0	19.1	8.2	27.0	38.4	39.3	8.5	12.2	13.5	29.1
	科摩罗	14.9	13.2	6.2	3.9	33.5	42.5	54.7	6.9	15.6	23.4	40.0
	刚果共和国	22.2	26.4	29.8	17.6	27.4	34.4	19.8	21.3	14.8	21.0	34.2
	科特迪瓦	13.6	8.1	11.7	30.5	31.2	46.1	52.6	11.2	20.7	25.5	39.1
	赤道几内亚	25.4	30.3	56.0	28.3	33.8	36.0	37.3	15.3	8.9	16.2	39.4
	埃塞俄比亚	11.8	19.5	13.6	8.2	26.5	45.2	44.0	17.7	24.3	25.5	35.7
	加蓬	10.4	12.4	10.4	21.3	25.5	43.9	37.8	22.3	20.7	22.6	37.5
	冈比亚	14.3	9.0	7.8	1.3	31.8	42.0	52.9	10.4	19.8	24.4	36.3
	加纳	19.1	20.5	22.0	8.4	29.9	39.1	48.7	14.4	24.0	27.2	38.3
	几内亚	0.0	2.6	14.3	2.7	25.2	38.1	40.6	5.0	15.2	13.1	32.9
	肯尼亚	11.2	13.9	12.5	5.2	30.7	44.5	53.0	8.1	16.1	23.2	39.6
	莱索托	10.1	16.8	27.1	14.7	21.2	38.2	38.2	13.2	16.1	17.9	31.9
	马达加斯加	6.7	9.9	8.9	2.2	26.4	39.0	45.7	4.6	11.5	17.1	34.7
	马里	11.6	11.9	11.0	5.2	31.4	44.2	48.9	10.3	16.8	22.2	38.4
	毛里塔尼亚	16.6	24.5	32.1	20.1	31.8	47.9	50.1	18.4	24.1	34.3	41.6
	莫桑比克	5.4	13.3	27.2	19.1	19.3	40.3	30.8	14.9	28.6	22.4	35.2
	纳米比亚	20.6	21.3	22.5	16.1	33.7	47.3	51.0	14.5	18.3	23.2	39.7
	尼日尔	9.7	12.5	17.2	5.7	22.9	38.7	42.2	9.4	19.3	21.5	36.9
	尼日利亚	20.6	18.5	12.0	5.0	40.8	50.2	54.1	11.3	20.7	31.0	38.7
	卢旺达	1.1	5.1	12.5	4.3	24.9	43.0	43.9	9.3	17.1	19.0	31.4
	塞内加尔	14.4	13.9	14.2	7.6	31.4	45.3	51.2	16.6	25.8	28.6	40.9
	塞拉利昂	15.6	26.3	18.5	6.9	33.6	18.4	50.4	12.6	16.5	8.6	33.2
	南非	29.7	27.8	20.2	14.5	42.8	51.7	58.8	19.8	25.7	35.9	45.7
	苏丹	14.7	13.5	0.0	1.9	30.4	39.9	51.3	7.2	9.9	17.3	29.8
	坦桑尼亚	8.3	16.2	17.2	9.2	21.6	40.3	40.0	13.1	21.6	21.2	33.0
	多哥	19.8	24.1	15.4	14.3	39.1	48.7	59.6	17.1	27.5	35.9	48.5
	乌干达	9.2	11.9	12.5	5.6	21.8	40.1	35.8	8.2	12.5	14.6	30.5
	赞比亚	3.8	13.3	21.0	11.2	19.2	35.0	31.5	18.4	21.0	19.3	29.9
	津巴布韦	9.3	9.6	15.2	0.0	23.2	36.2	38.7	2.4	3.8	0.0	11.7
南美洲	玻利维亚	15.2	17.9	15.9	9.4	33.2	45.5	50.3	12.7	18.1	23.2	38.3
	智利	30.0	30.9	28.4	19.7	43.4	53.5	59.8	24.6	32.7	39.0	46.7

续表

区域	国家	2010年	2011年	2012年	2013年	2014年	2015年	2016年	2017年	2018年	2019年	2020年
南美洲	厄瓜多尔	18.2	21.8	20.7	12.7	33.3	42.8	46.6	16.9	21.2	25.6	38.7
	秘鲁	17.7	18.9	19.4	10.7	33.4	46.8	52.9	14.6	21.8	28.0	39.3
	苏里南	27.6	41.4	40.9	31.7	31.1	41.3	32.5	35.2	40.0	37.5	39.6
	乌拉圭	25.1	25.6	19.5	15.9	41.2	48.4	58.3	18.8	24.0	33.9	45.6
南亚	孟加拉国	13.8	17.7	14.1	7.7	30.3	46.6	50.6	16.8	26.8	31.2	40.0
	不丹	8.9	31.1	42.0	21.7	17.5	39.0	29.6	29.1	29.2	24.6	35.1
	印度	45.5	45.2	29.3	16.7	54.8	79.3	83.8	43.5	58.3	70.8	51.4
	马尔代夫	26.2	30.0	20.9	21.2	42.5	49.6	60.0	23.9	34.4	35.5	42.6
	尼泊尔	12.2	18.7	14.6	9.0	24.4	40.0	39.2	22.5	34.3	29.6	31.9
	巴基斯坦	15.6	14.3	7.6	3.0	35.2	47.9	56.7	10.0	20.1	24.6	37.0
	斯里兰卡	17.8	23.6	23.2	12.1	32.4	46.8	50.9	20.5	26.5	30.2	40.4
其他欧洲国家	奥地利	55.3	53.5	49.6	41.5	62.7	69.8	73.9	50.8	56.2	63.5	63.2
	白俄罗斯	27.2	38.8	10.4	22.2	36.6	40.8	49.8	24.8	32.3	33.3	44.2
	意大利	79.9	66.6	45.5	35.7	78.9	88.6	92.6	55.0	63.5	78.1	65.0
	卢森堡	100.0	100.0	100.0	100.0	100.0	100.0	100.0	100.0	100.0	100.0	100.0
	马耳他	45.9	49.7	45.7	45.5	56.9	65.8	65.6	46.4	51.6	51.1	61.1
	摩尔多瓦	20.1	23.4	18.6	14.4	34.4	40.5	52.6	18.3	27.9	32.3	42.2
	葡萄牙	33.5	32.1	25.5	21.2	49.0	57.0	64.7	29.1	35.8	44.9	51.6
	乌克兰	21.5	24.6	22.1	11.4	37.1	28.1	53.0	18.2	24.9	23.6	37.3
太平洋岛国	斐济	21.4	24.1	17.6	18.6	38.8	48.6	55.4	18.0	26.2	29.4	38.5
	新西兰	40.1	37.5	33.9	29.4	54.2	63.8	68.9	38.8	44.0	51.9	57.3
	所罗门群岛	17.9	18.6	13.0	7.8	34.0	42.7	55.7	12.5	16.8	22.1	39.3
	汤加	18.8	25.4	18.6	14.1	31.9	43.4	50.8	21.3	25.5	29.9	40.8
	瓦努阿图	12.5	16.5	13.4	10.9	28.5	39.0	46.3	15.6	19.6	23.4	37.6
西亚	亚美尼亚	15.1	19.2	20.8	9.6	34.8	45.5	51.1	16.5	26.7	28.3	35.0
	阿塞拜疆	4.9	7.5	27.1	13.0	27.0	39.8	34.7	14.2	12.6	16.0	32.4
	巴林	37.7	41.0	46.6	38.9	51.5	58.3	62.1	41.3	45.6	49.3	55.4
	塞浦路斯	37.2	34.8	25.8	19.5	47.4	55.8	64.8	32.9	39.4	42.4	51.2
	格鲁吉亚	13.8	18.0	21.3	12.2	30.8	43.0	44.2	18.6	26.6	28.6	38.6
	伊朗	31.5	34.8	26.9	17.1	38.0	46.6	61.3	31.4	32.8	33.2	32.5

续表

区域	国家	2010年	2011年	2012年	2013年	2014年	2015年	2016年	2017年	2018年	2019年	2020年
西亚	以色列	41.3	39.6	36.2	29.5	54.9	64.6	71.1	40.2	45.5	55.3	59.9
	约旦	27.2	29.9	24.7	17.9	40.7	50.0	57.3	19.0	23.8	32.9	47.4
	科威特	39.3	39.0	50.6	34.1	49.3	54.4	53.8	35.5	37.0	37.1	45.7
	黎巴嫩	27.1	28.8	21.8	17.9	38.9	48.5	54.7	20.0	22.5	26.9	31.2
	阿曼	32.3	31.6	39.7	28.1	43.2	53.4	56.5	28.1	29.7	34.5	45.2
	卡塔尔	62.6	67.6	76.9	59.9	68.3	73.9	65.0	63.7	65.1	59.8	61.4
	沙特阿拉伯	45.1	45.9	52.7	35.7	58.2	69.2	68.2	45.2	48.7	56.8	56.0
	土耳其	39.7	40.3	32.1	23.6	51.7	66.3	67.5	39.2	43.2	47.1	48.0
	阿拉伯联合酋长国	46.2	47.3	52.4	40.5	63.2	71.1	75.2	50.2	53.5	55.8	59.2
中东欧	阿尔巴尼亚	20.7	24.5	21.9	13.6	34.7	45.7	52.5	18.3	25.3	30.1	43.1
	保加利亚	25.7	28.2	25.3	19.8	42.2	52.2	59.9	23.2	31.0	37.7	49.9
	克罗地亚	28.6	27.7	24.8	7.4	44.0	53.1	60.6	27.6	34.6	42.0	49.0
	捷克共和国	39.7	41.7	39.2	22.9	50.0	60.6	63.1	38.7	45.6	49.9	55.6
	爱沙尼亚	32.2	38.0	39.1	29.8	46.7	54.0	61.2	34.9	42.0	46.1	53.6
	希腊	39.0	30.8	24.9	21.1	50.6	55.7	63.9	25.9	31.4	41.0	49.9
	匈牙利	35.2	36.9	32.5	27.5	47.8	56.4	61.6	31.9	43.2	46.9	53.2
	拉脱维亚	27.1	32.0	31.0	23.0	43.2	53.9	59.9	27.9	36.1	40.9	51.5
	立陶宛	29.8	33.9	34.0	26.3	47.1	54.3	61.9	29.7	37.6	43.0	53.3
	黑山共和国	26.8	27.2	27.0	17.8	41.1	50.2	55.8	27.8	36.9	40.1	45.0
	波兰	35.8	35.3	28.6	21.1	49.3	60.9	66.0	31.0	41.2	48.6	52.3
	罗马尼亚	23.0	27.1	28.2	18.3	39.6	52.3	58.5	27.0	33.3	38.7	45.7
	塞尔维亚	21.0	22.3	22.9	14.2	37.7	47.4	55.4	19.0	28.9	33.7	43.2
	斯洛伐克共和国	37.9	40.9	36.7	30.0	48.7	58.1	61.8	33.7	41.6	45.2	55.0
	斯洛文尼亚	36.2	37.4	35.4	28.9	49.8	56.9	64.6	34.7	42.4	47.2	55.1
	波斯尼亚和黑塞哥维那	21.2	21.7	18.9	13.5	38.8	49.1	56.4	19.1	26.8	32.8	45.6
中亚	哈萨克斯坦	21.4	25.4	27.2	17.8	40.7	48.9	51.7	24.4	30.7	36.8	44.0
	吉尔吉斯斯坦	18.0	23.8	24.5	17.7	30.1	42.1	47.6	19.1	24.1	30.1	41.8
	塔吉克斯坦	12.4	17.2	13.5	22.9	32.2	44.4	51.2	12.6	20.0	24.1	39.8
	乌兹别克斯坦	16.6	19.6	14.3	7.4	33.4	47.6	54.7	16.3	31.3	33.4	40.6

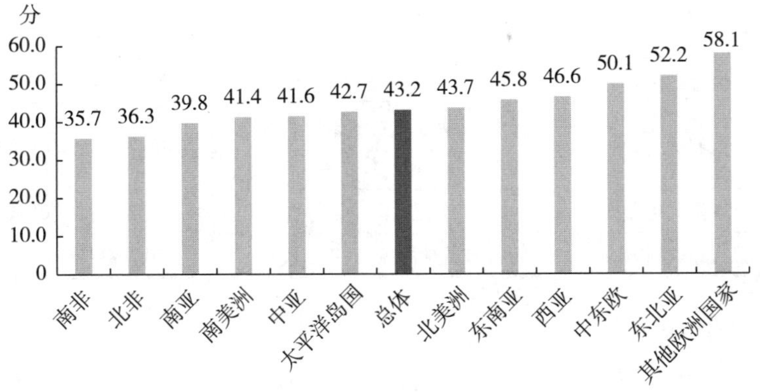

图 5－3　2020 年东道国经济安全指数分区域得分均值

四、东道国金融安全环境

（一）评价指标选取

金融安全是指货币资金融通的安全和整个金融体系的稳定，东道国金融安全环境是影响央企海外进行投资经营的重要因素之一。金融安全环境评估指标选取财政平衡指数、公共债务指数、外债偿还指数、外债外汇指数、外汇波动指数、金融便利指数、银行稳健指数 7 个指标，对 91 个样本国家的投资金融安全环境进行测算，如表 5－8 所示。通常，同一指标会具备不同的测算方法，例如公共债务指数作为衡量政府公共债务规模的指数，既可以选取公共债务总量作为指标内容，也可以选取公共债务占 GDP 的比重作为指标内容，在本书中，选取公共债务占 GDP 的比重作为测算方法，原因在于比例值与总量值相比，能够更好地显示一个国家公共债务的总量规模。

表 5－8　　　　　　东道国金融安全环境评估指标

指标名称	具体指标内容	数据来源
财政平衡指数	（财政收入－财政支出）/GDP	EIU Countrydata 数据库
公共债务指数	公共债务/GDP	EIU Countrydata 数据库
外债偿还指数	净外债/出口	EIU Countrydata 数据库

续表

指标名称	具体指标内容	数据来源
外债外汇指数	国际储备/总外债	EIU Countrydata 数据库
外汇波动指数	过去5年对美元年平均汇率标准差	世界银行 WDI 数据库
金融便利指数	每十万人商业银行数量	世界银行 WDI 数据库
银行稳健指数	流动性准备金/银行资本	世界银行 WDI 数据库

（二）结果分析

91 个样本国家金融安全环境评估结果如表 5－9 所示。以各个年度所有样本国家金融安全环境评估指数均值代表该年的整体水平，2010—2020 年整体金融安全环境评估指数呈现波动式上升变化趋势，如图 5－4 所示。其中 2013 年、2017 年、2020 年的总体投资金融安全指数大幅度下降，下降幅度分别为 32.5%、21.8%、15.1%。2013 年，随着世界经济的增速回落，国际金融市场持续波动，美国退出 QE 的举措导致众多新兴市场出现汇率大幅下挫，加剧了全球投资金融风险；2017 年，全球债务总规模达到创纪录的 182 万亿美元，比 10 年前国际金融危机爆发时高 50%，全球主要经济体面临债务总量持续攀升，成为影响对此类国家投资的金融环境的重要因素；2020 年，受新冠肺炎疫情影响，全球债务激增，大部分国家汇率走势不容乐观，金融环境整体承压较大。不过，金融安全水平在每次大幅下降后，会呈现不同程度的回升。相比于 2010 年，2020 年的整体金融安全指数提升了 91.8%，投资金融安全状况有较为明显的改善。

表 5－9　2010—2020 年东道国金融安全环境评估结果　单位：分

地区	国家	2010年	2011年	2012年	2013年	2014年	2015年	2016年	2017年	2018年	2019年	2020年
北非	阿尔及利亚	100	100	100	100	100	86	76	93	78	56	100
	摩洛哥	24	32	38	22	20	91	88	56	45	76	61
	突尼斯	27	34	44	25	30	83	80	44	40	75	58
	埃及	29	23	32	12	18	41	33	75	26	58	57

续表

地区	国家	2010年	2011年	2012年	2013年	2014年	2015年	2016年	2017年	2018年	2019年	2020年
北美洲	特里尼达和多巴哥	43	48	52	38	44	62	64	50	45	73	63
	哥斯达黎加	30	40	44	30	29	68	68	54	40	68	59
	多米尼加共和国	36	43	44	33	36	48	51	57	43	73	60
	巴拿马	15	31	43	26	28	78	80	32	45	74	59
	萨尔瓦多	21	29	38	23	24	59	64	59	39	72	58
	牙买加	0	7	20	8	0	46	53	68	33	70	60
东北亚	俄罗斯联邦	37	56	60	47	49	90	86	45	65	92	73
	蒙古国	34	60	43	51	13	78	66	100	51	95	33
	韩国	36	37	45	30	42	81	86	45	56	81	71
东南亚	泰国	39	43	47	32	41	69	68	50	51	77	71
	柬埔寨	43	38	42	28	47	53	59	53	52	82	74
	菲律宾	36	41	48	39	44	51	58	53	49	74	70
	马来西亚	30	37	44	26	34	72	73	41	46	74	68
	缅甸	39	37	23	8	50	41	52	36	49	70	70
	印度尼西亚	45	19	9	1	55	5	21	9	61	79	61
南非	塞舌尔	10	40	46	38	17	100	100	77	54	96	43
	赤道几内亚	59	53	63	50	54	39	53	33	48	81	69
	刚果	42	49	54	37	55	44	64	33	52	77	73
	加蓬	50	51	58	32	47	47	60	49	44	81	59
	尼日利亚	41	45	53	41	57	43	54	49	48	72	67
	利比里亚	44	49	54	39	49	48	54	45	46	72	68
	安哥拉	44	51	54	37	40	46	60	64	35	69	54
	贝宁	37	34	45	25	48	68	69	27	47	76	73
	喀麦隆	49	43	50	31	49	50	53	31	45	70	68
	纳米比亚	32	34	47	26	39	76	71	32	44	68	64
	马里	36	35	46	26	44	64	66	27	47	74	70
	尼日尔	39	34	48	26	46	61	58	26	45	70	70
	乍得	35	41	48	28	39	42	66	32	45	73	71
	卢旺达	41	38	46	23	43	61	61	32	41	65	64
	多哥	31	32	38	18	30	72	65	44	42	71	70

续表

地区	国家	2010年	2011年	2012年	2013年	2014年	2015年	2016年	2017年	2018年	2019年	2020年
南非	南非	27	31	40	20	33	77	76	33	43	67	63
	塞内加尔	34	33	41	23	39	60	66	32	43	69	66
	科特迪瓦	25	28	41	24	39	62	67	30	46	72	70
	佛得角	16	32	33	25	4	70	67	96	32	73	44
	加纳	32	37	39	25	32	53	45	57	39	68	59
	马达加斯加	38	33	35	21	43	43	44	33	50	74	69
	冈比亚	26	31	40	22	25	52	51	71	31	68	62
	肯尼亚	26	29	40	17	35	66	64	25	38	62	66
	坦桑尼亚	34	28	34	19	42	43	48	30	48	72	70
	赞比亚	42	39	48	29	40	46	40	40	31	53	58
	布隆迪	24	22	32	15	37	54	49	40	38	65	62
	乌干达	40	22	25	15	44	44	40	31	47	66	64
	莫桑比克	24	29	42	18	17	52	47	63	25	61	53
	塞拉利昂	29	0	0	7	43	45	26	0	56	73	57
	苏丹	17	20	25	13	15	0	10	29	0	39	33
南美洲	玻利维亚	41	55	59	49	43	74	81	65	51	81	52
	秘鲁	47	50	57	43	52	39	50	51	51	76	70
	智利	35	45	50	33	45	66	68	29	50	76	66
	厄瓜多尔	31	40	49	28	39	72	62	31	44	72	65
	圭亚那	32	33	43	26	37	61	60	43	45	74	68
	乌拉圭	29	39	43	31	28	47	51	62	38	69	60
	委内瑞拉	27	34	38	29	16	24	0	38	0	0	0
南亚	孟加拉国	31	35	46	28	46	66	67	34	50	73	72
	不丹	46	39	41	23	23	61	61	72	34	69	58
	马尔代夫	25	36	42	32	38	37	42	70	38	69	55
	斯里兰卡	16	25	34	18	19	79	76	47	38	67	57
	巴基斯坦	19	26	37	16	28	68	67	40	38	62	63
其他欧洲国家	摩尔多瓦	29	59	58	53	33	76	70	75	52	85	60
	白俄罗斯	33	38	48	27	44	55	63	43	48	80	70
	乌克兰	22	28	39	16	22	61	64	39	40	70	68

续表

地区	国家	2010年	2011年	2012年	2013年	2014年	2015年	2016年	2017年	2018年	2019年	2020年
太平洋岛国	新西兰	20	36	45	33	35	89	93	43	56	86	63
	斐济	33	41	49	35	42	68	76	55	50	74	67
	巴布亚新几内亚	48	51	49	22	35	30	31	48	39	64	64
西亚	科威特	52	67	72	62	60	71	62	32	54	61	67
	阿塞拜疆	40	47	54	36	54	69	53	59	46	78	65
	格鲁吉亚	22	41	49	41	35	75	75	55	51	83	56
	卡塔尔	33	39	54	40	52	75	67	30	44	76	67
	阿曼	44	52	59	43	54	64	51	27	43	66	58
	阿联酋	24	33	44	27	39	67	74	52	50	84	64
	以色列	23	37	43	32	30	70	69	68	48	74	65
	土耳其	22	37	47	34	40	67	71	40	49	77	66
	亚美尼亚	28	39	45	35	35	64	64	53	47	81	59
	约旦	31	35	38	26	23	54	61	62	36	66	59
	叙利亚	49	34	30	0	18	56	43	29	34	58	65
中东欧	保加利亚	19	59	61	55	34	89	91	77	64	100	62
	波黑	22	43	47	39	31	71	75	68	54	89	60
	捷克	28	41	46	37	37	64	62	89	49	82	59
	罗马尼亚	24	46	50	40	36	71	75	56	52	79	63
	波兰	17	38	45	33	28	83	86	56	52	85	62
	塞尔维亚	23	48	44	37	22	71	78	66	50	84	61
	克罗地亚	12	33	40	27	12	81	82	80	45	82	55
	阿尔巴尼亚	24	35	41	24	21	71	75	59	44	76	60
	匈牙利	14	26	36	27	23	56	74	49	43	79	62
中亚	乌兹别克斯坦	50	51	41	43	60	68	73	27	100	100	47
	塔吉克斯坦	38	45	53	39	43	67	59	72	44	84	56
	吉尔吉斯斯坦	25	30	40	28	33	64	55	46	43	74	66
	哈萨克斯坦	31	35	45	24	46	45	45	34	44	73	66

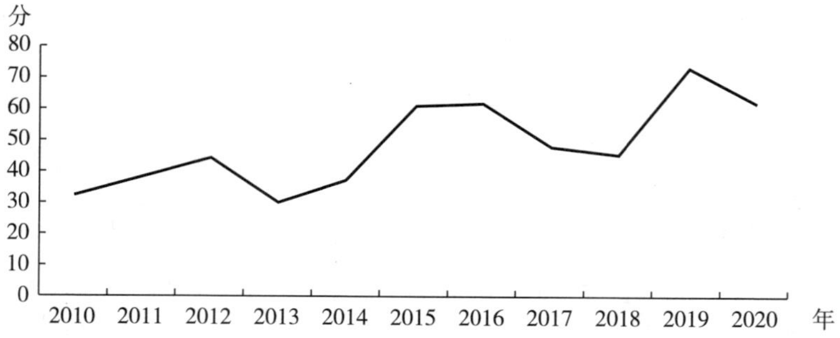

图5-4　2010—2020年金融安全环境评分均值

五、东道国社会安全环境

（一）评价指标选取

央企海外投资经营过程中，必然会遭遇东道国历史背景、文化语言、宗教信仰、法律体系等与中国存在较大的差异以及由这些社会因素引发的安全问题。研究发现，影响央企海外投资所面临的东道国社会安全环境的因素主要包括五个方面，即文化差异、劳动力素质、社会治安、营商便利和法律风险，并以此为基础构建东道国社会安全环境评价指标体系，如表5-10所示。

表5-10　　东道国社会安全环境评估指标

社会安全影响因素	指标	数据来源
文化差异	霍夫斯泰德文化距离	荷兰国际文化合作研究所
	语言距离	世界语言结构地图集
	宗教距离	皮尤研究中心
劳动力素质	人力发展指数	联合国开发计划署
社会治安	全球和平指数	澳大利亚经济与和平研究所
营商便利	营商环境—开办企业	世界银行
	营商环境—办理施工许可证	
	营商环境—获得电力	
	营商环境—登记财产	
	营商环境—获得信贷	

续表

社会安全影响因素	指标	数据来源
营商便利	营商环境—保护投资者	世界银行
	营商环境—纳税便利	
	营商环境—跨国贸易	
	营商环境—办理破产	
法律风险	世界法治指数—政府公开	世界正义工程
	世界法治指数—基本权利	
	世界法治指数—法规执行	
	世界治理指数—监管质量	世界银行
	世界治理指数—法制健全	

在这个评估体系中，语言距离被用来衡量中国与东道国在语言文字方面的差异。世界语言结构地图集（The World Atlas of Language Structures，WALS）收录了全世界上百种语言在语音、语法、词汇等方面的研究成果。高祥银[①]利用该数据库对语言的不同特征进行赋值，然后进行适当加总计算测度不同语言之间的差异程度，也就得到所谓的语言距离。我们采用高祥银计算的中文与东道国官方语言的语言距离来衡量语言文字因素（如果一个国家有多种官方语言，那么采用汉语与这些语言的语言距离的平均值）。使用美国皮尤研究中心（Pew Research Center）发布的世界宗教多样性指数（Religious Diversity Index，RDI）衡量宗教信仰因素，该指数包含各国信仰佛教、基督教、印度教、犹太教、伊斯兰教、民间信仰、其他宗教与独立宗教这 8 种宗教的人口比例，然后计算出中国与样本国家在这 8 个比例数值上的差额，然后求差额的绝对值之和，作为中国与其他国家宗教信仰差异的测算值。用荷兰国际文化合作研究所发布的文化维度（Hofstede Culture Dimension）数据来计算中国与其他国家在风俗习惯、意识形态、思维方式等方面的文化差异。

（二）结果分析

将样本国家按照地理位置划分为 9 个不同区域，并以各个区域内样

① 高祥银．语言距离对中国对外传播效果影响实证研究［D］．长沙：湖南大学，2017.

本国家的社会安全环境评估指数均值代表该区域整体社会安全水平，得到2010—2020年分区域社会安全环境评估指数变化趋势，如图5-5所示。总体来看，绝大多数区域的社会安全水平都经历了“上升—下降—波动上升”的变化态势。这些区域的社会安全水平在2012年开始上升，并在2018年达到峰值后开始下降，2019年再度恢复上升态势。个别地区呈现出不同的波动走势。例如北非地区的社会安全指数2011年后一直处于平稳下滑状态，2016年开始缓慢上升。其中中亚地区的上升幅度最大（33%），主要因为乌兹别克斯坦和哈萨克斯坦在10年间经济逐渐复苏，营商环境改善，社会安全水平不断上升。北非地区的上升幅度最小，仅为2.6%，该地区恐怖袭击数量呈下降趋势，但仍存在较严重的恐怖主义威胁，成为制约外资进入的关键因素。

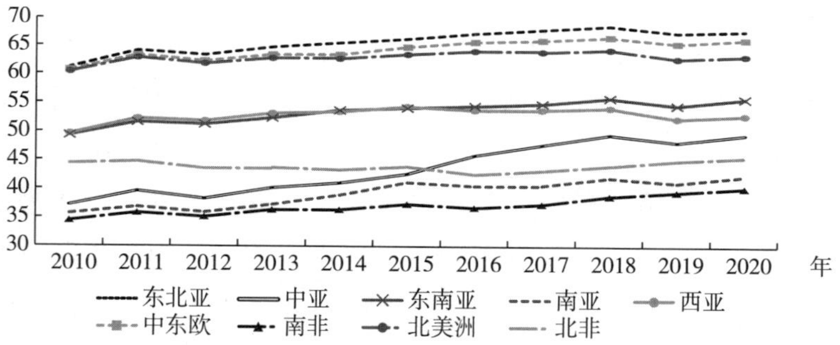

图5-5　社会安全环境评估指数各区域均值

第二节　央企海外投资的微观风险分析

央企海外投资的风险评估与管控，不仅包括宏观层面的风险，也包括微观层面的风险。央企作为坚持对外开放基本国策、实施“走出去”战略的主力军和“排头兵”，不仅要全面评估宏观层面的“系统性风险”，还需要充分重视企业投资经营过程中遇到的微观层面风险，并且针对可能出现的风险因素作出有效的应对措施，切实做好境外风险防控工作，把海外投资风险防控工作落到实处，推动央企国际化经营迈上新台阶，在开放合作中努力培育具有全球竞争力的世界一流企业。

本节在央企投资经营微观风险的分析中，充分利用中央巡视组和国资委巡视组对央企的巡视反馈结果。2015 年，中共中央政治局在听取关于巡视国有重要骨干企业有关情况专题报告的会议上指出，要用好巡视成果，坚持效果导向和问题导向相结合，敢于破除体制机制弊端，发挥改革的突破性和先导性作用，为国有企业发展提供持续动力。在新发展阶段与新发展格局下，企业只有不断地自我审视和自我完善，“走出去”的道路才能走得深、走得稳，而巡视成果就是最好的“诊断书”“指南针”。党的十九大以来，中央高度重视央企巡视工作，在前三轮就实现了对中央管理的 50 家国有重要骨干企业的巡视全覆盖，成为十九届中央巡视全覆盖的首个板块。

一、央企海外投资项目的管理风险分析

管理风险是指在海外投资经营过程中由于信息不对称、机制不健全等因素导致项目正常运行受到影响。央企的海外投资行为既需要面对其他性质企业存在的一般性管理风险，同时又兼具一些特有的问题，这里主要分析后者，包括廉洁风险、合规风险，以及商业秘密保护与信息安全问题、海外投资项目偏离企业战略问题。

（一）廉洁风险

有专家撰文指出，目前腐败风险是“一带一路”建设过程中诸多风险和挑战中的次要矛盾和矛盾的次要方面，但将来在局部或个别重大项目上有成为主要矛盾和矛盾主要方面的可能。[①]“走出去”的企业要把有效预防腐败作为海外项目风险控制的重要因素，切实发挥党的政治领导和思想引领作用，使党内监督与其他形式的监督贯通起来。“一带一路”建设背景下，腐败风险成为中国企业海外投资运营风险防控的重点，跨国企业大规模海外投资时间尚短，投资风险防控体系还不够完善，腐败

① 邵明朝．“一带一路”重大项目的腐败预防及治理对策［J］．宏观经济管理，2017，408（12）：37－40.

风险近年来更是成为集中爆发点，腐败已成为中国企业海外扩张的最大干扰。投资运营腐败导致国有资产流失，制约着企业的健康发展与持续盈利能力，不利于传播良好国家形象。①

2017 年，中央纪委驻国资委纪检组印发《关于加强中央企业境外廉洁风险防控的指导意见》，要求深刻认识抓好境外廉洁风险防控的重要性和紧迫性，加强企业集团层面对境外廉洁风险的统一管控，明确境外廉洁风险的管控体制，完善境外廉洁风险防控制度，加强境外投资决策中的廉洁风险研判，以科技化、信息化手段为支撑，增强境外廉洁风险防控的实时性与有效性。同时，还要加强对境外人员的日常监督管理，严把境外人员特别是主要负责人的政治关、廉洁关，加强思想政治教育和廉洁教育，建立健全境外人员管理监督制度。

央企防范廉洁风险，需要切实履行管党治党政治责任，把廉洁风险防控贯穿于境外党建工作、投资经营全过程，真正实现国有资产在哪里，党的阵地、党的影响就覆盖到哪里。此外，央企还应当根据海外政治环境和意识形态情况，结合自身特点创新开展党风廉政建设，积极发挥海外支部党小组战斗堡垒作用和党员先锋模范作用。

（二）合规风险

国资委印发的《中央企业合规管理指引（试行）》将合规风险定义为“中央企业及其员工因不合规行为，引发法律责任、受到相关处罚、造成经济或声誉损失以及其他负面影响的可能性”。海外投资过程中的合规风险具体表现为企业存在违背东道国环境、反腐败、反垄断、贸易与出口管制等诸多领域在内法规、规制或规范的可能性。遵守法规，即严格按照中国和东道国法律法规以及监管规定办事；遵守规制，即遵守企业的规章制度，包括企业价值观、商业行为准则；遵守规范，即坚持职业操守、道德规范等。由于合规风险意识淡薄，中国企业在海外市场开展业务时因违规操作而屡次被罚，不少企业在合规问题上得到过惨痛

① 卢文超．“一带一路”企业海外投资腐败风险防控研究［J］．人民论坛·学术前沿，2017（20）：66－69.

的教训，从2009年开始，世界银行黑名单上就开始出现中国企业。例如2018年某通信企业违反贸易出口管制就是忽视合规风险导致的典型案例，该事件不仅对该公司自身造成严重损失，更对中国企业的整体国际形象带来了较大的负面影响。“一带一路”建设的不断推进对中国企业在海外的合规管理提出了迫切要求，央企作为“国家队”，更应当从东道国“要我合规”走向“我要合规”。

为适应全球持续强化企业合规的大趋势，国资委在中国移动等5家企业开展合规管理体系建设试点的基础上，于2018年印发《中央企业合规管理指引（试行）》，之后陆续编发反垄断、出口管制、反商业贿赂等一系列重点领域合规指南，全面推进合规管理工作，推动合规要求覆盖各业务领域、各职能部门、各级子企业和全体员工，贯穿业务开展全过程。

《中央企业合规管理指引（试行）》（以下简称《指引》）要求中央企业根据外部环境变化，结合自身实际，在全面推进合规管理的基础上，突出重点领域、重点环节和重点人员，切实防范合规风险。“重点领域”包括市场交易、安全环保、劳动用工、财务税收、知识产权等；“重点环节”强调了经营决策环节，这也是央企海外投资需要重点关注之处；“重点人员”则特别指出加强对海外人员的合规管理，将合规培训作为海外人员任职、上岗的必备条件，确保遵守中国和东道国法律法规等相关规定。《指引》还专门强调要强化海外投资经营行为的合规管理，包括深入研究投资所在国法律法规及相关国际规则、重视开展项目的合规论证和尽职调查、定期排查梳理海外投资经营业务的风险状况等内容，并且要求海外经营重要地区、重点项目应当明确合规管理机构或配备专职人员，切实防范合规风险。

（三）商业秘密保护与信息安全问题

为进一步加强中央企业商业秘密保护管理，国资委保密委在2010年就起草了《中央企业商业秘密保护暂行规定》，为央企商业秘密保护提供重要法律依据，极大地推动中央企业加强商业秘密保护工作，确保企业核心经营信息和技术信息安全，为国有资产保值增值发挥重要保障作用。这也是我国第一部关于商业秘密保护的部门规章，将为我国商业秘密立法工作提供参考。保护央企信息系统的安全稳定运行对于促进企业健康发展，维护国家经济安全和社会稳定具有重要意义。同样是在2010年，公安部和国资委联合印发《关于进一步推进中央企业信息安全等级保护工作的通知》，加强央企信息安全工作，保障和促进央企的信息化发展，规定信息系统安全保护能力达到等级保护要求。

目前，央企境外资产运营监测中心、境外资产运营管理平台以及境外投资项目管理系统等信息化平台陆续应用到海外投资经营管理过程当中，作为海外资产核心运营数据的载体，需兼顾境内外信息通信安全，避免数据被窃取、篡改或丢失，确保系统安全运行。随着中国企业核心技术国际竞争力的不断提升，以及“一带一路”建设不断走深走实，央企作为科技创新的主力军，其海外投资将越来越多地涉及保密科研任务、咨询服务等，核心技术机密和商业秘密保护应当引起充分重视。

央企海外投资经营过程中不可避免地需要雇用东道国各类人才，海外人才特别是具有外籍身份海外人才，工作中遇到涉密问题也日益突出，成为制约他们全力推动工作的一个瓶颈问题。涉密工作如果处理不当，把海外专家完全“隔绝在外”，没有信任感、归属感，将严重伤害他们的工作热情，对中国企业的国际形象也会造成不利影响，同时也不利于工作的高效推动；但是如果无原则地放开，将存在失泄密的风险。近几年，在国内企事业单位中失泄密事件时有发生，大量涉密资料外流，大量核心信息泄露，被国外不法分子收买的技术人员发生的间谍案件已严重地危害了国家利益。企业“走出去”实践中遇到的这一类具有特殊性的问题，需要国家层面给予更多的帮助，从顶层设计和规划给予方向性的指导。

（四）海外投资项目偏离企业战略问题

明确企业的经营战略是有效预见、规避风险和采取措施积极应对风险的前提，根据企业战略管理的相关理论，企业经营战略目标的明确是保证企业落实组织目标的一种有效机制。牢牢把握境外投资的动机，对开展跨国经营工作具有最重要作用，而且动机越具体详尽对企业开展业务越有利。[①] 所谓“主业”，是指由央企发展战略和规划确定并经国资委确认公布的企业主要经营业务。《中央企业境外投资监督管理办法》（以下简称《办法》）规定，央企应当遵守国资委建立发布的境外投资项目负面清单，凡是列入负面清单禁止类的境外投资项目，一律不得投资；列入特别监管类的境外投资项目，应当报送国资委履行出资人审核把关程序，并且要求央企结合企业实际制定更为严格、具体的境外投资项目负面清单。《办法》还要求央企明确中长期国际化经营的重点区域、重点领域和重点项目，原则上不得在境外从事非主业投资。

二、央企海外投资项目的财务风险分析

为加强国有企业境外投资财务管理，防范境外投资财务风险，提高投资效益，提升国有资本服务于“走出去”等国家战略的能力，财政部于2017年制定了《国有企业境外投资财务管理办法》（以下简称《办法》）。《办法》要求国有企业重点关注境外投资计划的财务可行性、境外投资企业（项目）税务合规及税收风险管理等财务问题。广义的财务风险是指贯穿于海外投资生产经营整个生命周期且与财务密切相关的风险，央企面临的财务风险与其他性质企业既有共同之处，又存在不同之处。例如，融资风险是中国民营企业特别是中小企业“走出去”面临的重要风险，境外金融机构覆盖范围难以满足民营企业融资需求、我国政策性保险业务对民营企业的保险额较少是融资风险发生的主要原因[②]，而央企受这一问题影响相对较小一些。本节将从税务风险、债务风险、国有资产流失风险三个方面分析央企海外投资项目的

---

① 汤媛媛，杨春．中央企业境外资产监管与风险防范［J］．当代经济研究，2017（3）：84－89.

② 张晖．中国民营企业“走出去”面临的融资风险及其控制［J］．对外经贸实务，2017，342（7）：81－84.

财务风险。

（一）税务风险

“一带一路”倡议提出以后，中国企业呈现出大规模的“出海”浪潮，然而其中不少企业由于对东道国税制缺乏了解，导致对外投资项目面临的问题中有60%来自税收方面。北京市国税局曾对各行业“走出去”企业开展问卷调查，结果显示99%的企业因为对税收问题重视不够，无法做到全面了解海外税收风险，近80%的企业遇到税务难题，主要是由于对投资国家的税收制度不了解，导致不必要的税收负担。究其原因，一方面是税法比较复杂、变化较快，而且不同国家税收环境差异较大；另一方面是企业内部缺乏较为完整的海外项目税务管理制度及专业化的人才。①

学术界对企业遇到的税收风险也做了大量研究。易祥大等（2016）提出，税收筹划模式和方案的制订和实施，对企业的利润和风险控制影响越来越大，甚至已成为影响海外业务市场发展、项目收益和风险评估的重要因素之一。② 徐鸿等（2020）将“走出去”企业PPP模式下的涉税风险分为东道国税收政策变化引发的风险、税收规划不当引发的风险、双重征税风险、资金问题引发的风险、涉税争议引发的风险五类。③ 陈延明等（2018）指出，应当重点关注以下四个方面的税务风险：境外机构设立税务调研不充分；境外机构运行边界模糊；对当地税收贡献不足，引起当地税务机关的放大关注和稽查风险；境外机构注销不及时。④ 吴强等（2018）认为，境外EPC项目在不同的阶段涉及不同的税收实务，面临不同的税务风险。在项目投标阶段，存在境外税务环境差异，涉及

① 经济日报．让“走出去”企业告别税收烦恼［N/OL］．http：//paper.ce.cn/jjrb/page/1/2016-10/13/10/2016101310_pdf.

② 易祥大，李燕峰．海外投资项目税收筹划与税收风险防范对策——以在尼泊尔投资项目为例［J］．国际经济合作，2016，367（7）：67-70.

③ 徐鸿，史永健，曹煜等．“走出去”企业PPP模式下的涉税风险分析及建议［J］．税务研究，2020（8）：102-105.

④ 陈延明，宋颖霞，卢飞．总包企业ZCGJ公司境外机构税务风险管控分析［J］．财务与会计，2018，564（12）：20-22.

合同内税务条款不准确及合同拆分不合理的税务风险；在项目执行阶段，面临境外申报纳税不合规、项目利润核算方法使用不恰当、境外所得境内抵免困难等税务风险；在项目关闭阶段，主要存在预缴税款返还和注销税务登记方面的税务风险。[①]

综合来看，央企最常见的税务风险点有三个[②]：第一，重大并购重组税务处理不合规，部分央企未能有效防范并购重组中的税务风险，未来央企无论是在国内继续推进改革还是积极参与跨国并购，相关的税务风险防控都应该引起充分的重视。第二，关联交易不符合独立交易原则，央企规模巨大，集团内部的关联交易十分常见，因不符合独立交易原则而产生税务风险的例子也屡见不鲜。第三，日常业务税务内控制度不完备，部分央企虽然建立了比较规范的内部税务管理制度，但由于缺乏有力的监督机制，或监督机制并没有发挥应有的作用，内部控制制度常被人为逾越；此外，部分央企的税务部门在集团内部地位较低，难以充分发挥应有作用；还有一些央企虽然总部管理规范，但集团下属成员企业的管理相对缺失。

税务风险的有效管控既是税务合规管理的需要，也是价值创造的需要，通过最大限度减小税务风险，企业既可以规避损失，又能够充分利用税收政策，开展税务筹划。作为管控海外并购税务风险的主要手段之一，税务尽职调查是关键一步，需要充分了解东道国税收环境和税负水平，发现并购企业存在的既往税务风险，评估对既往事项追溯的税务影响。目前，海外并购融资的模式有向利用境外资金方向发展的趋势，但央企由于集团规模大，海外投资仍应保证关联交易遵循独立交易原则，避免触犯当地税收条款而遭受不必要的损失。

央企海外投资项目的规模往往较大，一旦因为税务风险而遭受处罚，损失可能是十分巨大的。这里简要介绍两个实际案例，以期引起对税务

---

① 吴强，索文婷．承包工程境外 EPC 项目税务风险及防范［J］．税务研究，2018，402（7）：93 -98.

② 中国税务报．划重点！央企常见税务风险点［N/OL］．http：//www. ctaxnews. com. cn/2018 -11/30/content _ 946867. html.

风险的重视。2006 年，中国企业 A 海外并购某企业 B，但在尽职调查中未能及时发现 B 企业的税收问题，一直到 2009 年，东道国税务部门调查发现 B 企业遗留有税收问题，需补缴 20 多亿元税收，当时 B 企业已经不存在，但其税收问题需中国企业 A 来承担。中国税务部门与东道国税务部门经过长达 2 年的艰难谈判，最终对方同意企业象征性地补缴 1 亿元。另外一个案例是中企某油田 C 在 2008 年收购北欧某企业 D，到了 2010 年企业 D 原来的子公司收到“转让定价调查”，对 D 企业子公司之前在 2006 年的钻井平台转让进行额外应税评估，最终中企无奈补税 1.8 亿元。

（二）债务风险

国资委不断强调全面清查央企境外子企业债权债务，深入分析境外业务发展态势、经营绩效、债务风险和资产质量，认真做好债权债务等财产清查工作，加大境外资产管理力度。《中央企业境外投资监督管理办法》在境外投资风险管理中，明确规定“纳入国资委债务风险管控的中央企业不得因境外投资推高企业的负债率水平”。

曾经有一段时间，个别央企投资活动超过承受能力，项目投资来源大多依靠贷款，甚至是一些短期债券，资产负债率持续上升，债务风险不断加大，但仍盲目投资、重复建设，导致产能过剩现象严重，国家相关部门在 2010 年进行了整顿。国资委于 2017 年全面打响央企“降杠杆”“减负债”攻坚战，次年制订了《中央企业资产负债率分类管控方案》，按负债率水平高低和带息负债规模大小不同，结合企业改革发展的特殊情况，对中央企业分类提出管控要求，要求负债率逐步回归管控线和警戒线以下。2021 年，中央企业资产负债率为 64.9%，圆满完成预期目标。

（三）国有资产流失风险

加强境外国有资产监管，有效防范国有资产流失风险，是央企海外投资过程中亟须解决的难题。伴随央企国际化步伐的加快，央企境外资产规模越来越大，境外利润占比却在大幅下滑。《中国经济周刊》认为，失败的教训各有各的不同，造成的事实却很相似——央企境外资产流失。[①] 随着“走出去”战略和“一带一路”倡议的成功推进，央企作为先行者，不断加大海外投资力度，境外资产规模日益扩大，但央企的境外资产管理水平和监管力度仍然有待提升。2020 年 11 月，国资委发布《关于进一步加强中央企业境外国有产权管理有关事项的通知》，要求进一步加强中央企业境外国有产权管理，提高中央企业境外管理水平，优化境外国有产权配置，防止境外国有资产流失。

国有企业境外资产流失的问题也引起了学术界的广泛关注。由于距离遥远、信息不对称，境外国有资产的监管难度远远超过境内国有资产的监管难度，加之中央企业境外资产的管理和监督权力被分割在国资委、商务部、外汇局、海关等不同部门，这种分割导致政府部门间、政府和企业间的信息不对称，降低了监管的效率，形成一些监管盲区。缺乏必要的审计监督是央企境外资产流失风险研究中被频繁提到的问题[②③]，周煊等（2015）则认为，央企在境外的投资决策失误是导致国有资产流失的首要原因。[④] 赵莉梅（2018）研究发现我国境外国有资产流失风险逐渐增大，交通基础设施和电力是境外国有资产流失频发领域，原因在于海外投资管控体系不完善，境外国有资产监管难度大；海外央企存在恶性竞争，境外国有资产经营效率低。[⑤] 从博弈论和信息经济学的视角分析境外国有资产流失的原因，我国境外国有企业由国资委、集团公司、子公司三层委托—代理关系组成的多层次的委托—代理关系造成监管与被监管者信息不对称，不仅增加监管成本，还降低委托人与代理人沟通

---

① http：//finance. people. com. cn/n/2015/0414/c1004 - 26839913. html.

② 徐舒韵．央企境外资产流失的原因及对策［J］．财务与会计，2015（10）：56.

③ 张惠琴，杨瑚．境外资产风险导向内部审计战略体系构建研究——基于防范国有资产流失视角［J］．北京工业大学学报（社会科学版），2017，17（3）：23 - 29.

④ 周煊，张瀚文．中央企业境外资产流失风险防范［J］．人民论坛，2015（23）：83 - 85.

⑤ 赵莉梅．我国境外国有资产流失风险形成的原因及防范［J］．对外经贸实务，2018，356（9）：77 - 80.

效率。[①]

三、央企海外投资面临的其他微观风险分析

除了上述风险以外，央企海外投资还面临一些其他类型的微观风险。

（一）技术风险

海外工程项目的合同效力、技术标准以及计价规则与国内不同，存在技术风险，例如设计风险、设备转运风险、设备运行风险等。此外，海外投资项目代理甚至东道国政府提供给企业的技术资料可能与真实情况存在偏差，某些时候技术资料的不真实性会给企业的投资带来巨大损失。

东道国提供给企业的项目资料信息可能有误，特别是在一些曾经的殖民地及欠发达国家和地区，其矿藏资源资料往往还是原来的宗主国基于当时的技术条件汇集整理的，其可靠性、可信度较差。[②] 由于境外投资的特殊性，需要尤其关注项目机会的真实性，曾经有企业在组织团队出国考察时，才发现这是个假代理、假项目。以 A 集团 B 国煤矿项目为例，2010 年起 A 集团开始投资 B 国煤矿项目，前期投资累计已达 2 亿美元，大多花费在对 B 国政府提供的区块进行踏勘、勘探上。然而勘探表明，B 国矿业部资料室出售的地质资料与实际情况出入较大，对矿权价值评估过高，很多矿床、矿点、化探异常并不存在，或者夸大其词。最终获取的结果与 B 国初期提供的资料差距极大，实际储量与公司最初的生产规划有巨大的差距。B 国政府先后给 A 公司提供了 29 个区块，但经资料分析和现场踏勘，仅 8 个区块有勘探价值。

（二）劳务风险

为了保护本国劳动者就业及经济发展需要，东道国逐渐收紧劳工签

① 张虎，余稳策．内部治理因素与委托代理因素对境外国有资产流失的影响［J］．经济体制改革，2017（6）：161－165.

② 张方方．民营企业海外资源性投资风险与应对——以中国庆华能源集团有限公司莫桑比克煤矿投资为例［J］．国际经济合作，2019，401（5）：112－118.

证的办理，对于在本国施工项目的劳务比例及范围都作出明确限定，中国企业境外荐从国内派遣项目所需的全部岗位人员的做法受到很大的制约，能否顺利办理签证直接影响着项目的施工进度。越来越多的央企海外投资项目开展了人力资源属地化工作，大量使用项目所在国的员工。在这个过程中，部分项目公司或不具备当地招聘用工主体资格，或不熟悉当地劳工法律法规，可能会面临违法用工而遭受处罚。一些发展中国家存在工人受教育程度低、技能水平不高等问题，部分人员纪律观念、组织性差，不能严格遵守中方制定的管理制度。①

（三）自然环境风险

自然环境风险是指因自然现象、物理现象和其他物质现象所形成的风险。例如，地震、风暴、特殊的未预测到的地质条件、反常的恶劣气候条件、恶劣的现场条件、项目建设可能造成自然环境的破坏、不良的运输条件所引起的风险。

（四）忽视相关方利益引致的风险

国内部分企业在对外投资时，将国内的投资经验照搬到国外，对东道国利益相关者的利益却有所忽视，从而引致了一些利益相关者的反对和阻碍，给投资项目带来了大量不确定性风险。《中央企业境外投资监督管理办法》明确要求“中央企业应当树立正确的义利观，坚持互利共赢原则……及履行社会责任”，央企肩负着维护国家形象的责任，要避免由于企业追求自身利益而违背公众利益导致项目无法按计划进行的风险。

（五）恶性竞争风险

央企间境外投资的恶性竞争曾经屡屡发生，这既有损中国国家形象和企业形象，又给参与恶性竞争的企业均带来损失。②

随着央企加快“走出去”步伐，央企海外恶性竞争引起了主管部门

① 苏伟洪．海外项目属地化用工风险的规避［J］．施工企业管理，2019（7）：95－97.

② 中央政府门户网站．南北车合并预计6月完成［EB/OL］．http：//www.gov.cn/zhengce/2015－03/26/content_2838551.htm.

的重视。《中央企业违规经营投资责任追究实施办法（试行）》将“违反规定采取不当经营行为，以及不顾成本和代价进行恶性竞争”列入境外经营投资方面的责任追究情形。《中央企业负责人经营业绩考核办法》规定企业法定代表人及相关负责人如果违反国家法律法规和规定，引发境外恶性竞争造成重大不良影响或者国有资产损失的，将进行责任追究处理。

第三节　建立健全海外项目风险防控机制

一、海外投资项目综合风险评估体系

关于投资项目风险的综合评估，学术界广泛认可的是 Hastak 等（2000）和 Li 等（2005）提出的三层级分类评估法，将项目投资风险分为国家风险（Country Risk）、市场风险（Market Risk）以及工程项目风险（Project Risk），从宏观、中观、微观三个不同视角进行评估。Kim Min－Sung（2018）提出了层次分析法（AHP）—模糊推理系统（FIS）模型，首先通过文献梳理法得到 164 种风险，然后在行业专家的帮助下筛选出 57 项重要风险，最后识别出国际钢铁项目中五种权重最大的风险：原材料采购渠道和品质；设计错误和遗漏；技术泄露预防计划；投资成本；设备可用性和性能不佳。Li ZX（2020）通过识别技术、资源、经济、内部（如人力资源）4 大类共 14 项海外油气项目投资风险，阐述风险因素向投资收益的传导路径，并结合苏丹的两个具体项目描述了该评价模型的使用方法和适用范围。

随着中国企业“走出去”的步伐不断向深向实发展，国内学者也开始研究海外投资项目风险评估问题。于丰等（2016）以我国建筑企业为研究主体，采用专家访谈法构建国际工程承包风险初始清单，将项目微观层面的风险分为自然环境风险、承包方风险、业主方风险、分包商风险、供应商风险和代理人风险。孙文建等（2017）对传统的 BP 神经网

络模型进行改进，提出 LMBP 神经网络模型，建立国际工程项目风险评价指标体系。郭莉等（2018）采用案例分析和文献研究结合的方式识别电网项目海外投资风险因素，建立电网项目海外投资风险指标体系，包含 11 个一级风险指标、43 个二级风险指标，其中包括保障风险、技术风险、管理风险、财务风险、环保风险等微观层面风险。通过网络的方式向相关专家、研究人员、政府官员及其他人员发放调查问卷，分析各个风险的重要程度，识别电网项目海外投资的关键风险因素。金晶等（2019）综合使用专家打分法、层次分析法和灰色模糊评估法，建立铁路“走出去”项目建设风险评估模型，并且结合海外工程项目案例进行风险评估验证。他们建立的指标体系包括经济、法律、社会、政治、资金、项目管理、技术、环保、业主、自然 10 项一级指标，共 27 个二级指标。

随着计算机技术的发展及其在管理科学中的应用推广，大数据和人工智能的算法开始被应用到投资项目风险评估当中。王璟璇等（2021）利用大数据的方法，对历史停工项目的案例研究，构建了包含 5 个一级指标、17 个二级指标、34 个三级指标的“一带一路”海外项目风险动态监测指标体系，并选取 12 个项目、23 个监测期进行样本测试和频繁项集分析。张晓朋（2018）将建立对外直接投资的风险评估体系作为博士学位论文的研究对象，对外直接投资项目风险评估体系指标众多，他运用多种模型计算方法筛选风险影响因素，尝试采用统计模型和人工智能的综合分析方法（聚类分析、随机森林和贝叶斯回归）确定指标权重，所确定指标权重的方法有一定创新性，但是在中观和微观层面的分析由于实际数据难以获取，研究仅能进行模型的探索构建，无法进行实证分析。

（一）海外投资项目风险综合评估模型

综合国内外学者的相关研究以及笔者在海外投资风险研究领域的已有研究成果，提出如图 5 - 6 所示的海外投资项目风险综合评估模型。

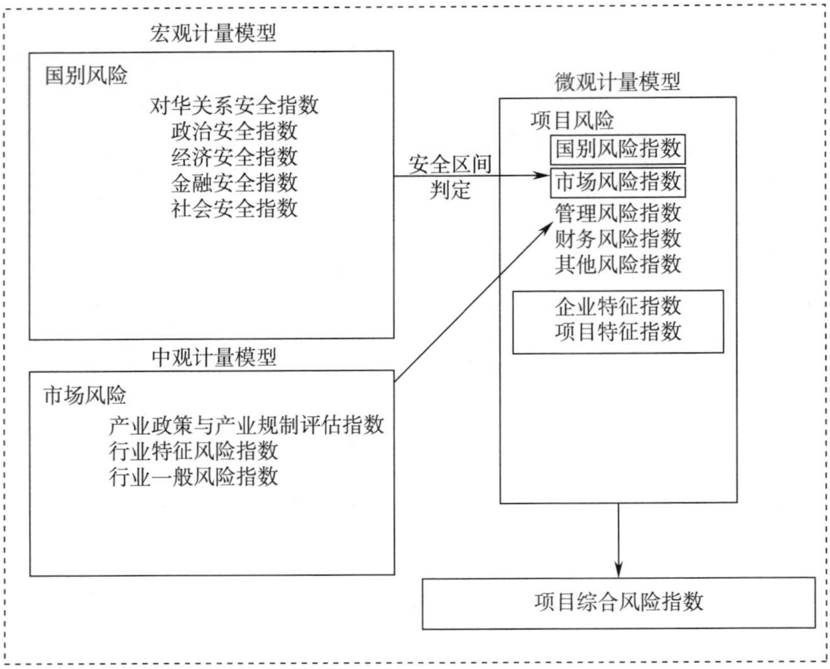

图5-6　海外投资项目风险综合评估模型

宏观计量模型是微观项目可行性模型分析的前提，当项目所在国家或地区的宏观投资安全指数出现极值时（低于一定安全区间，例如可以设置为30），即从宏观层面否决项目在此国家或地区实施的可行性。由于央企的企业性质特殊性，对华关系安全指数在特定情况下也可以作为“一票否决”的指标。当投资安全指数位于安全区间内时，投资安全指数作为宏观安全指标，纳入项目微观风险模型进行综合评估。

中观计量模型评估投资项目所处行业的市场风险。产业政策与产业规制将严重影响项目投资与运营的可持续性，行业特征风险是指项目所处行业特征所引致的不同于其他行业的特有风险，行业一般风险指数是指项目所处行业经常出现的一般性风险。项目所处领域不同，面对的风险等级也会有所不同，如基础设施、经贸合作、产业投资、能源资源、金融合作、人文交流、生态环境保护、海上合作等不同领域可以通过专家打分等方法进行等级评分。

微观计量模型将通过筛查的宏观风险指数与市场风险指数代入企业与项目层面的评估，并最终得出项目综合风险指数。其中，管理风险指数、财务风险指数、其他风险指数如上文所述。企业特征指数与项目特征指数反映具体项目及其主体抵御风险的能力，作为企业与项目异质性的调节指标。企业特征指数衡量项目经营主体的业务能力，包括但不限于：企业资质（评估企业主体的相关资质，是否具备行业相关业务的能力，资质等级越高，可持续性越强）；企业经验（企业主体的类似项目经验，是否为东道国/地区的核心客户或重点客户，一般认为相关经验越丰富，抗风险能力越强）。项目特征指数衡量的是项目自身的投融资、合作、运营、进展能力等，包括类别①、规模、资金结构、合作方式等指标。

在项目风险综合评估模型构建过程中，还需要考虑风险是如何传递和作用的。风险的传递过程是一个复杂的系统问题，特别是海外重大投资项目风险传递模型的建立具有重要现实价值。何寿奎（2020）以水电项目为研究对象，构造了风险传递的反馈回路图，基于系统动力学的理论和 Vensim PLE 软件建立“一带一路”项目风险传递模型的系统动力学模型，并结合专家打分得到的 SD 模型有助于应对项目风险的不确定性和动态性。

宏观风险的分析在本章第一节已经进行了翔实的研究，中观风险的评估应当关注母国和东道国产业政策与产业规制。中观行业风险的评估，首先是涉及敏感类行业的项目，必须得到国家发展改革委和国资委的核准。所谓敏感行业主要包括四大类：武器装备的研制生产维修；跨境水资源开发利用；新闻传媒；根据我国法律法规和有关调控政策需要限制企业境外投资的行业，包括房地产、酒店、影城、娱乐业、体育俱乐部、无具体实业项目的股权投资基金或投资平台。② 中国作为积极应对气候

---

① 如绿地投资、跨国并购、BOT、PPP 特许经营，以及其他类别。

② 《国务院办公厅转发国家发改委、商务部、人民银行、外交部关于进一步引导和规范境外投资方向指导意见的通知》（国办发〔2017〕74 号）。

变化的负责任大国，将构建人与自然生命共同体放在极其重要的位置，央企在对外投资的行业风险评估中还应当充分考虑加快绿色低碳转型、实现绿色复苏发展的需要。例如习近平主席在第七十六届联合国大会一般性辩论上的讲话，宣布中国将大力支持发展中国家能源绿色低碳发展，不再新建境外煤电项目。央企在海外投资项目的决策过程中，不应违反相关规定。下文将对微观风险的定量分析方法单独进行梳理，为央企的海外投资项目风险评估提供参考。

（二）关于微观风险的定量分析方法

海外投资项目微观风险分析使用的传统分析工具有层次分析法和模糊综合评价法等，随着计算机科学中的各类研究方法应用到管理科学当中，故障树法、VAR 法、决策树法、贝叶斯方法、随机网络图法、影响图法等算法也被学者广泛用于微观风险的计量分析，有研究表明人工智能算法与 Logit 模型、Probit 模型等经济学计量分析方法的组合应用，往往效果更好。此外，在具体的风险梳理识别中，还会用到专家访谈、风险分解结构等工具手段。例如，Duan 等（2021）应用云参数贝叶斯网络算法，从六个维度选取 25 个指标对 10 个国家的油气海外投资风险进行动态评估。Utama WP（2019）提出使用自适应神经模糊推理系统（ANFIS）作为海外建设项目决策辅助工具。

对于央企海外投资项目微观风险的定量分析，几位国内学者所作的研究非常值得参考借鉴。刘浩等（2018）使用“一带一路”沿线 45 个国家 1996—2015 年 3466 个私营部门参与 PPP 项目的数据，实证分析影响项目成败的影响因素及决定私营资本参与 PPP 项目风险承担的主要因素。模型 1 以项目成败为因变量，采用二元 Probit 模型进行回归；模型 2 以私营资本风险承担程度为因变量，采用多元 Logit 模型进行估计。但他的回归模型变量选取有较大改进空间。胡忆楠（2019）选择 11 个案例，采用核对表法将项目的风险一一检查，对风险进行归类总结并对各个类别分析。王树文（2016）采用从众多“问题项目”中归纳项目风险的方法，通过对国内外 20 个 PPP 模式投资项目的分析，从中识别出政治风险、低效率风险、公益性风险和收益风险四大风险。这也为我们的研究提供了一种思路，即从大量的实际项目出发，采用归纳法识别重要的微观风险来源。

二、防范化解海外项目重大风险能力建设

央企在海外投资项目决策运营过程中，要始终坚持强化底线思维，坚决守住不发生重大风险的底线。着力推进依法合规，增强合规经营意识，提高合规风险防范能力，完善风险防范机制，筑牢境外法律风险防范底线；避免无序竞争，加强企业之间沟通合作，做好业务统筹、资源整合，规范国际化经营秩序；加强队伍建设，建立更加积极的国际化人才引进培养机制，深化选人用人制度改革，打造一支高素质国际化经营人才队伍。具体而言，可以从以下六个方面建设和强化防范化解海外项目重大风险能力。

（一）对已发现的问题认真整改，落到实处

防范化解海外项目重大风险能力建设，首先需要央企自身有正视问题的自觉和刀刃向内的勇气，坚持问题导向，真刀真枪解决问题。中央巡视组对中管企业的巡视反馈意见，是企业整改的权威诊断书（十九届中央巡视组对中管企业巡视情况统计如表5-11所示）。然而，对上一轮巡视、审计指出的问题整改不深入、不彻底的现象仍较为普遍。具体表现为以下不同形式：整改进展缓慢，态度不够积极；长效机制建设有差距；主体责任不够到位；“后半篇文章”做得不实；个别企业存在挂空挡、走过场、消极应付现象和“过关”思想；有的搞选择性整改，有的边改边犯。

表5-11　50家中管企业巡视反馈情况统计

中央巡视发现的问题	存在问题的企业数量	中央巡视发现的问题	存在问题的企业数量
思想学习不够深入	50	企业治理问题	24
贯彻落实党中央重大决策部署不力	35	决策机制问题	3

续表

中央巡视发现的问题	存在问题的企业数量	中央巡视发现的问题	存在问题的企业数量
党建问题	50	把方向、管大局、保落实作用发挥不够	6
落实全面从严治党“两个责任”不够到位	50	高质量发展问题	14
“四风问题”、违反中央“八项规定”	48	创新发展问题	13
腐败问题	41	贯彻新发展理念有偏差	4
组织建设问题	50	国企改革相关问题	38
整改不到位	50	主责主业问题	18
理想信念问题	14	防范化解重大风险措施不够有力	18

（二）加强企业内部制度建设，积极借鉴成功经验

首先，应加大投资风险审查力度，完善企业风险管理和投资决策制度建设。条件允许的企业可以设立专门的投资前评估的机构，如果并不具备相关条件，那么也应该在投资前进行相应的实地考察，包括可能对其投资造成危害或者潜在的宏微观风险信息进行整合分析评估，这部分内容在本章第一节、第二节已经进行了详细的分析，此处不再赘述。

其次，央企在实践探索过程中，也逐渐建立起加强境外机构监督、防范海外项目廉洁风险的机制和方法，部分央企探索出来的成功经验值得其他企业参考借鉴。中铝集团、中石油、三峡集团等先后制定出台了《关于进一步加强境外企业党建工作的实施办法》《海外党建工作条例》等制度。中国移动集团公司开展了包含境外机构在内的党建工作考评，建立健全境外机构信访举报机制，并通过加强制度建设提升海外分公司在物资采购、网络建设等高风险领域的廉洁风险防控水平。中国一汽纪委早在2017年就指导所属进出口公司党委成立了境外单位派驻纪检组，组织制订了3年内运用“2+2”形式（集团公司纪委派驻纪检组和进出口公司纪委驻东欧公司纪检组各2人）对18家境外单位派驻监督检查全覆盖计划。中铝集团也在2017年首次派出海外巡视组对境外企业进行机动式巡视，发现了在基层党组织生活、法人治理结构、投资及经营风险

管控等六大方面存在的26个具体问题，逐一督促落实整改。中石化制定了“合规官”系列制度，明确了各海外机构“纪检监察小组”的机构及人员设置、职责分工、考核奖惩、具体要求等内容，切实将监督工作融入日常管理。

（三）坚守底线，强化风险意识

加强国内国际法律法规的教育与监督，守住法律、纪律和道德底线。违反中央“八项规定”精神的问题普遍存在且屡禁不止，重点领域的廉洁风险也未能得到有效根除。企业“走出去”参与国际竞争，投标和履约中的越线行为并不罕见。从企业内部流程看，腐败风险存在若干“高发节点”，包括投资决策、产权交易、招标投标和项目运营，要加强对这些节点上关键岗位的教育与监督，使其不能腐、不敢腐、不想腐，自觉摒弃贪心私心，筑牢道德底线。

勇于担当，聚焦主责主业，守住政策底线。《中央企业境外投资监督管理办法》《中央企业投资监督管理办法》均明确要求聚焦主业，严格控制非主业投资，中央企业原则上不得在境外从事非主业投资。但是，违规投资非主业项目的行为仍时有发生。做强、做优、做大主业，不仅是政策的要求，也是全球趋势，凡是成功的企业，要攀登到事业顶峰，都要靠心无旁骛攻主业。从实践看，多数具有全球竞争力的跨国企业所具有的共同特征是专注主业、突出主业，从主业中获取利润是企业最持久的成长模式。而且，履行主责主业，服务国家重大战略，展现的是央企的使命担当。

强化风险意识，把防范化解重大风险摆在更加突出的位置。我国企业“走出去”已经由过去以工程承包为主的阶段，发展到投资经营、工程承包并重的阶段，央企海外投资面临的风险也越来越复杂，税务风险、劳务风险、融资风险、跨国并购整合风险等层出不穷。企业应当提升各级管理人员风险防范意识和水平，层层落实防范化解风险责任，梳理潜在风险和关联风险增大的主要环节，不断筑牢风险管理防线。

（四）完善“全链条”管理，积极应对东道国政治风险

学术界众多研究表明，东道国政治风险已经成为中国企业海外投资

面临的最主要风险之一，而且同样的政治环境对不同的跨国公司有着不同的影响，因此需要从企业本身的基本特征出发，对政治风险进行微观评估和防范化解，健全重大风险防控体系，加强源头治理，力求做到精准识别、及时预警、有效处置。完善纵横贯通的全面预算管理体系和全面有效的合规风控体系，加强对重要子企业和重点业务管控，对政治风险较高的区域，努力推动负债与资产相匹配，降低风险净敞口。对政治风险的防范和管理可分为 3 个阶段：投资决策时的统筹规划、项目营运时的风险管理和资产被征收后的应对措施。

（1）在投资决策时，项目处于投资前的评估阶段，此时拥有防范风险的绝对主动权，可供选择的方法有：回避，即放弃在该地区的投资计划；保险，即对海外投资的资产进行保险；协商，与东道国就投资事宜的责任和权利达成必要的协议；构造，在投资方案中加入一些特别的防范措施，如在营运策略上，可使当地子公司更多依赖公司集团的内部市场与供应，财务政策上资金来源多元化。

（2）在项目营运过程中对风险管理的手段有：有计划地放弃权益、短期利润极大化、改变收益与成本比率、寻求当地合伙人等。

（3）资产被征收后的对策有：进行理性谈判、发挥企业和政府力量、采取法律补偿措施、管理妥协。例如，在资产被征收后，可以采取受托代理出口、提供技术与方法、出售关键零部件等补救性措施，力争多挽回一些损失。

由于投资贸易保护协定和投资合同无法覆盖全部政治风险，一旦发生战争内乱或政府违约等状况，母国政府除了外交调解、经济报复、诉诸国际法庭之外，也很难有更为有效的补救措施。为了更有效地维护本国企业海外投资利益，世界上的主要资本输出国尤其是发达国家多数建立了海外投资保险制度。对于建立海外投资保险制度，我国所面临的主要问题是缺少专门的企业海外投资保险法，在没有立法作为基础和保障的前提下，海外投资保险机构的设立运营将于法无据，规范经营、股权划分、资金来源等问题无法得到有效解决，在其发展过程中必然会遭遇各种制度障碍，如承保机构无法取得代位求偿权并依法向东道国政府进行追偿，投资企业的损害求偿权也因而难以实现。

另外，海外投资保险制度一般采取市场运营机制，参与主体并非政治性组织，而是专门从事投资保险业务的公司，市场化的运营模式不仅有利于企业投保时的成本和收益核算，更有利于减少东道国对我国企业海外投资的政治性怀疑，降低我国企业海外投资所面临的政治风险。所以，我国应尽快制定《企业海外投资保险法》，健全海外投资保险制度，设立海外投资国家保险机构，明确投资保险种类和补偿标准，由特定的保险公司为我国企业的海外投资项目提供相应的政治风险保险服务。

（五）建设世界一流财务管理体系，支撑服务国家战略

财务管理既是企业管理的中心环节，也是企业实现基业长青的重要基础和保障。随着经济全球化的推进，跨国公司无论在数量上还是在规模上都有了很大的发展，公司之间的对外贸易、资本的输入和输出、国际资金融通等日趋频繁，不可避免地遇到各种问题。经营活动的复杂性，加之企业组织结构不合理或内部控制的欠缺，投资决策缺乏科学性，或不合理的资产债务结构，或财务管理人员对风险认识不足等，均给跨国公司带来不同种类和程度的财务管理风险。央企在海外投资经营过程中，应根据自身的风险情况，立足实际、坚守底线，借鉴先进但不照搬照抄，建立与企业行业特点、愿景文化、战略规划、发展阶段、组织架构相适应，与中国特色现代企业制度相匹配的财务管理体系，制订严格的控制计划，建立财务危机预警指标体系，加强融资、投资、资金回收及收益分配的风险管理，实现企业效益最大化。

加强关键指标和风控规则“硬约束”，构建财务分析指标体系。坚持质量第一、效益优先，建立以资产负债率、净资产收益率、自由现金流、经济增加值等关键指标为核心的财务边界，科学测算投资、负债、利润、现金流等指标的平衡点，建立长期财务预警系统，保持企业整体资本结构稳健、风险可控在控。健全与公司治理架构及管控要求相适应的财务内控体系，扎紧扎牢“制度的笼子”，健全完善风险管理机制，

以规则的确定性应对风险的不确定性，对每一个经济活动环节和会计记录环节进行控制，积极应对财务风险（见表5－12）。

表5－12　　　　　　　　　财务管理部分评估指标

考察维度	指标	备注
运营能力	应收账款周转率	评价企业资产经营效果
	存货周转率	
	固定资产周转率	
	总资产周转率	
	总资产报酬率	
偿债能力	流动比率	该比率越高，短期偿债能力就越强
	速动比率	
	资产负债率	衡量企业利用债权人资金进行经营活动的能力
盈利能力	净资产收益率	该指标越高，反映盈利能力越强
	总资产报酬率	
	收入利润率	反映收入、成本、利润三者关系
	成本利润率	

企业针对不同情况，可采取风险降低、风险规避、风险共担、风险承受等策略，同时，合理利用防范风险的技术方法：分散法，即通过企业之间联营、多种经营及对外投资多元化等方式分散财务风险；回避法，即企业在选择理财方式时，应综合评价各种方案可能产生的财务风险，在保证财务管理目标的前提下，选择风险较小的方案，以达到回避财务风险的目的；转移法，包括保险转移和非保险转移；降低法，即企业面对客观存在的财务风险，努力采取措施降低财务风险的方法。

（六）建立与东道国的长效沟通机制

对华关系风险和东道国政治风险具有其特殊性，仅靠企业自身力量无法完全防范化解，所以政府间的有效沟通至关重要。应加强政府间对话合作，致力于构建制度化、多元化、多层次的政府间沟通交流机制，基于共同利益提升双边政治互信，减少政治分歧。可有针对性地将签署政府间高标准投资贸易协定、构建区域性多边投资担保合作机制、建设风险情报信息系统等具体措施作为主要方向，从宏观到微观、从框架到内容，逐步建立结构合理、制度先进、切实有效的央企海外投资重点领域风险防范机制。

此外，应当认清各国国情和产业结构的差异性，注重发挥政策沟通灵活性的特点，坚持一国一议、一事一议的原则，通过找寻利益共同点尽快达成国际投资贸易协议，借助协议的有效性、权威性和强制性，防范国际经贸合作中可能遭受的各类风险，促进投资贸易便利化、金融国际化以及各类市场要素流动的自由化。

三、境外项目风险全天候预警评估综合服务平台设计

在第三次“一带一路”建设座谈会上，习近平总书记强调，要全面强化风险防控，落实风险防控制度，压紧压实企业主体责任和主管部门管理责任，要探索建立境外项目风险的全天候预警评估综合服务平台，及时预警、定期评估。当前国际安全形势愈加复杂，大国间博弈加剧，部分发展中国家受世界经济衰退、国际金融机构避险等因素影响，债务违约风险加大，央企的国际化进程将面临更加不确定的外部环境。央企境外项目风险的防控应当是全面的、系统的、联动的，不仅要考虑东道国内部营商环境状况，又要关注全球政治经济局势变化，还要提升与世界一流企业相匹配的国际化经营能力。

基于对海外投资项目风险的一系列研究，笔者提出如图 5－7 所示的境外项目风险的全天候预警评估综合服务平台设计框架。平台设计基于“感、传、算、判、用”的总体框架，分为“两翼四层”。“两翼”是指“制度建设”与“统一战线”，四层分别是风险监测感知网络层、信息传输层、应用系统层和前端展示层。

“制度建设”是预警评估服务平台的重要支撑，各企业应制定基础标准、信息安全标准等一系列标准，政府部门与各企业要形成统一的标准规范体系，规范各部门系统数据报送格式、数据交换共享要求、监测预警系统建设和运行管理流程。在企业内部，建立风险监控和预警机制，完善风险应急响应机制与预案措施。央企在海外投资过程中，应当严格

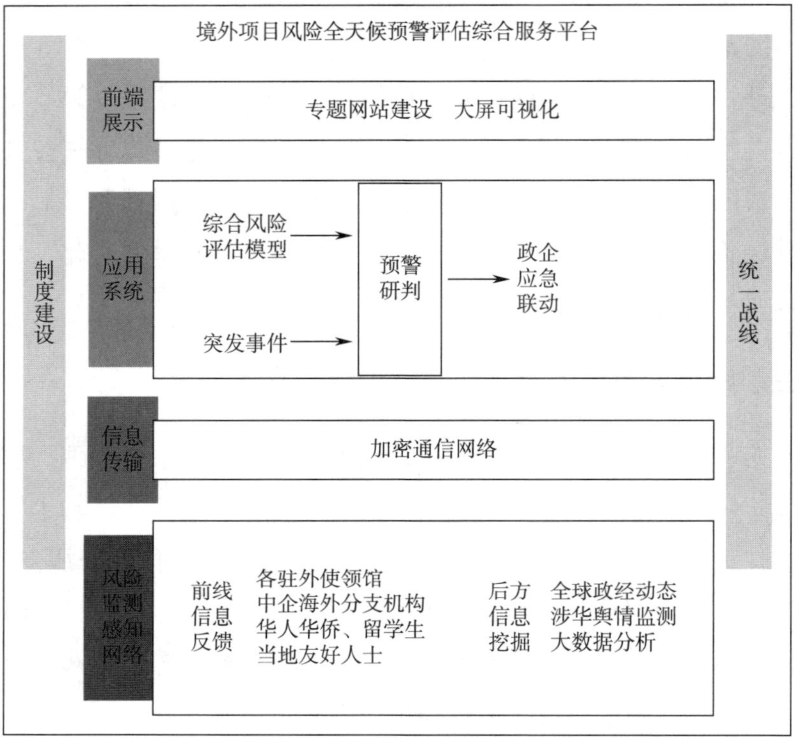

图5－7　境外项目风险的全天候预警评估综合服务平台设计框架

遵守《国有企业境外投资财务管理办法》《关于进一步加强中央企业境外国有产权管理有关事项的通知》《中央企业境外投资监督管理办法》《企业境外经营合规管理指引》等法规制度。

所谓“统一战线”，是指借助最广大的力量以服务于境外项目风险预警平台，有效利用各类企业、行业协会、驻外机构，在“抱团出海”的基础上充分调动海外留学生、当地友好人士等各界信息来源，最大限度地收集监测各类风险源与突发事件。通过对重点国家政治、外交、经济、社会等情报信息的监测、分析和研判，加强对重点国家基本情况的掌握，适时调整企业对外投资的综合发展规划，对可能受到影响的在建、将建的项目及时采取补救措施。预警评估综合服务平台应更加重视前线信息反馈，加大海外项目执行人员在评估中的话语权，让听得见“炮声”的人更多地发表意见。通过前瞻性思考与全局性谋划，将海外安全风险防范的工作重心前移，由被动应对、事后应急处置为主，转变为主动防范、事前综合研判为主。

第六章　中国特色海外投资管理体系建设

在对央企的91份巡视报告中，“世界一流”出现了28次，整改意见多次提出要“对标世界一流”。《中央企业负责人经营业绩考核办法》也要求坚持国际对标、行业对标，加快成为具有全球竞争力的世界一流企业。除了世界领先的科技创新能力和产业规模，世界一流企业的核心竞争力还包括具有较强的风险防控能力与可持续经营能力，以及科学完善的全球投资管理体系。随着“走出去”战略和“一带一路”倡议的开展，央企境外业务与资产强劲增长，对标世界一流，建立完善的中国特色海外投资管理体系成为当务之急。

第一节　央企的对外投资模式选择与国际化战略

随着中国对外开放的深入和中国企业自身实力的不断增强，越来越多的中央企业开始放眼全球、进军海外，开展跨国经营和海外直接投资，寻找新的战略发展空间。由于各个企业自身的条件、所处的行业及实行的战略不同，因此企业“走出去”的动因不尽相同，方式方法也千姿百态，创造出了多种行之有效且独具特色的海外投资模式。

一、央企海外投资的模式

投资模式的选择是企业对外投资的重要决策，是企业对外投资成功与否的关键，当企业决定进行对外投资时，至少要作两个基本的决策：一个是区位选择，即选择投资哪一个外国市场；另一个是模式选择，即选择直接收购东道国现存的当地企业（跨国并购），还是在东道国当地新建一家企业（绿地投资）。这两种不同的模式对跨国公司及其海外子公司，以及东道国经济利益有着不同的重要影响。正因为如此，企业海外投资的模式选择一直都是国内外学者研究的重点和热点之一。本书基于已有研究基础，将央企海外投资分为下述八种不同的模式。

（一）建立海外营销渠道投资模式

建立海外营销渠道投资模式指的是我国一些企业进行海外投资的目的并不是在东道国设立生产基地或研发中心，而是要建立自己的国际营销机构，借此构建自己的海外销售渠道和网络，将产品直接销往海外市场，减少中间环节，提高企业的盈利水平。到目前为止，建立海外营销渠道投资模式是中央企业海外投资最主要的模式之一。例如，中粮集团、中化集团等企业的海外投资主要是为了建立本企业的海外营销网络，就属于建立海外营销渠道投资模式。

从目前情况看，中国企业建立海外营销渠道有其优点和制约条件，其中优点表现为：一是企业通过构建自己的海外销售渠道，减少中间环节，将产品直接销往海外目标市场，有利于扩大出口规模；二是在此种模式下，企业不仅可以直接扩大产品出口，通过直接掌控海外销售获得流通领域的可观利润，还能直接了解市场信息；三是“国内生产、国外销售”的做法在相当长的时期内对于中国企业具有吸引力，因为劳动力充裕等导致中国生产的产品具有国际竞争力的因素有可能会保持较长时间；四是对于部分大企业而言，设立海外营销渠道，有利于其通盘考虑进出口和国内外市场，通盘考虑国内外可利用资源，实施其全球发展战略，既推动出口也寻找进口盈利的好机会，真正做到国际化经营；五是从宏观经济角度看，还能够为国家出口创汇，并解决大量劳动力的就业问题。

与此同时，中国企业建立海外营销渠道还存在一定的制约条件，即采用这种投资模式主要是销售“走出去”了，企业的生产、采购和研发等并未“走出去”，因而容易遭受国外包括反倾销在内的各种贸易壁垒的限制，所以企业需要适当增强这方面的应对能力。由此可见，丰富的劳动力资源和较为完备的制造业配套能力是当前中国制造业的竞争优势，中国企业应充分重视和利用好这个优势，把国内作为生产基地，向海外销售产品。企业到底是直接在海外市场销售产品，还是通过中介机构间接销售，需要对利弊进行比较分析。如果企业出口规模小，并且是刚刚开始走向国际市场，缺乏经验，则委托中介公司代理出口也是一个选择。对于具有一定出口规模和资金实力的企业而言，应积极考虑建立自己控制的海外营销网络，以增强对产品销售市场的直接了解，与国外消费者直接见面，减少中间环节，扩大盈利空间。

（二）境外加工贸易投资模式

境外加工贸易投资模式是指我国有些企业通过在境外建立生产加工基地，开展加工装配业务，以企业自带设备、技术、原材料、零配件投资为主，经加工组装成制成品后就地销售或再出口到别的国家和地区，借此带动和扩大国内设备、技术、原材料、零配件出口。境外加工贸易投资模式由于适合我国目前经济结构调整的要求，近年来日益成为企业海外投资的一种重要模式。开展境外加工贸易的国内企业主要集中在技术成熟和生产能力过剩的纺织服装、家电、轻工、机械和原料药等行业。

华源集团是以纺织业和医药业为支柱产业的大型企业，属于央企华润集团的控股子公司。20 世纪 90 年代中后期，我国纺织业面临的是国内市场萎缩、生产能力过剩，而在国际市场上又不断受到以出口配额和保障措施等为主要形式的贸易壁垒的限制。在当时内忧外患的情况下，华源集团抛弃单纯依靠出口占领海外市场的传统做法，另辟蹊径开展境外加工贸易，先后在塔吉克斯坦、尼日尔、墨西哥、加拿大和泰国等地投资建立海外生产加工基地，并合理利用原产地规则，有效绕过国外贸易壁垒，规避反倾销，拓展了海外市场，并带动和扩大了国内设备、技术、原材料、零配件出口。

境外加工贸易投资模式的最大特征是两个互动，即投资与贸易的互动和对外经济贸易业务与国内经济的互动。通过对外投资带动和促进外贸出口是第一个互动；通过对外投资与出口加快国内产业结构调整和优化是第二个互动。这些投资的主要目的是开拓国外市场、带动出口、优化国内产业结构。境外加工贸易投资模式的第二个特征是企业开展海外投资的主要方式为在海外建立生产基地，开展加工装配业务，以企业自带设备、技术、原材料、零配件投资为主，经加工组装成制成品后就地销售或再出口到别的国家和地区。

采用这种投资模式的企业一般是我国技术成熟、国内生产能力过剩的纺织服装、家电、轻工、机械、原料药等行业的制造业企业，投资集中在亚、非、拉和苏联东欧国家等发展中国家与地区。企业开展海外投资的条件是企业国内生产能力过剩，但其产品在国外又有市场。企业采取境外加工贸易模式开展海外投资，首先，可以将成熟的技术设备和过剩的生产能力搬迁到市场销路较好的国家和地区，这样就能够使企业过剩的生产能力继续发挥作用，继续获得收益。其次，采用这种投资模式，主要是以国内的技术、设备、原材料、零配件等实物作为出资物，另外再加上小部分外汇资金，可以节约外汇支出，符合一些企业的实际需要。最后，企业采取境外加工贸易模式开展海外投资，还能够合理地利用原产地规则，规避和突破各种贸易壁垒，有效拓展海外市场。

企业采取境外加工贸易投资模式进行海外投资有两个基本条件：一是国外市场前景看好，二是技术设备和生产能力较为成熟。

（三）海外创立自主品牌投资模式

海外创立自主品牌投资模式是指我国某些企业在海外投资过程中，不论是采取绿地投资方式还是采取跨国并购投资方式均坚持在全球各地树立自主品牌，靠长期的投入培育自主的国际知名品牌，靠消费者认同自己的品牌来开拓海外市场。近年来，国家层面越来越重视央企海外自主品牌的建设，国资委先后出台《关于加强中央企业品牌建设的指导意见》等文件，进一步加强品牌建设的顶层设计和战略部署，努力培育“中国品牌”。央企也在积极探索技术研发、文化理念、体制机制的创新，并在一些领域取得了亮眼的成绩，例如，中核集团和中广核集团自主研发设计的“华龙一号”核电技术在巴基斯坦顺利出海。

海外投资自主创立品牌的模式有其优点和制约条件。从优点来说，一方面，这种海外投资模式属于“厚积薄发”型，虽然开始阶段起步艰难，面对的成败风险大，但一旦打造出世界知名品牌，就能在国际投资和生产中处于产业链的高端，获得超额利润，就可以不再为国外跨国公司打工，从而为企业的国际化经营和长远发展打下坚实基础；另一方面，该模式将树立统一自有品牌和本土化战略两者有机结合起来。

从制约条件来看，这种海外投资模式具有相当的挑战性。首先它要求企业拥有雄厚的资金和较强的经营管理能力，拥有具有一定影响和知名度的品牌，其次还需要国内投资企业有熟谙国外当地市场情况的专业人才来成功地打造和管理品牌。因为，到海外去办企业已经有一定的难度，在那里林立的名牌之中创立自己的品牌就更难，而要将一个有待树立和打造的品牌在当地塑造成知名品牌更是难上加难，这要求国内投资企业起点要高；同时，这种海外投资模式成本较高，风险较大。国际知名品牌不是一夜之间形成的，而是经过几十年甚至上百年时间积累起来的，需要进行长期大量的品牌投入，应当说品牌的价值实际上是品牌投入的回报。那么，海外企业既要进行生产投入，又要进行品牌投入，由于进行双重投入，短期效益肯定要受到影响。因此，在国家层面上由实力雄厚的央企来牵头推动是一个可行的路径。

中国企业要更好地参与国际市场竞争，必须重视培育一批国际知名的自主品牌。品牌体现一个企业的素质、信誉和形象，一定程度上讲也是一个国家综合国力的象征。品牌也是竞争力的构成要素，品牌好则意味着竞争力强。创立和发展品牌是企业长久不衰、保持市场生命力的最有效的手段之一。一家企业进入国际市场，不管采取何种方式，都要考虑贯穿一个中心思想，就是要创立企业自己的品牌。有一定实力想发展成为跨国公司的国内企业需要实施国际品牌战略，需要在海外投资中坚持打造自己的牌子，树立自己品牌的国际美誉度，形成国际品牌，以此来获得竞争优势。

（四）海外并购品牌投资模式

海外并购品牌投资模式是一种与海外创立自主品牌投资模式迥然不同的投资模式，它是指通过并购国外知名品牌，借助其品牌影响力开拓当地市场的海外投资模式。这种模式的主要特征一是“买壳上市”，即先收购国外当地知名品牌这个“壳”，然后借助这个“壳”对产品进行包装，获得或恢复当地消费者的认同，快速进入当地市场；二是由于所并购的多是经营不善或破产的海外公司现成的知名品牌，仍具有一定的影响力和销售渠道，所以该模式省去了海外品牌塑造和品牌推广的时间与费用；三是该模式适用于具有一定资金基础、信誉较好、有能力收购和驾驭海外知名品牌的大型企业。

中国企业目前在国际竞争中的最主要优势是成本优势和产品优势，最差的是品牌优势，通过海外投资并购一些国外知名品牌，取他人之长补己之短，实现三个优势的结合，有利于提升中国企业在国际市场上的竞争力。

我国早在“十二五”期间就鼓励央企进行海外品牌并购，支持央企收购兼并拥有核心技术、专利技术和知名品牌的境外公司。在政策的鼓励和引导下，央企海外并购也屡创佳绩，例如，2017 年中国化工集团以 430 亿美元收购瑞士农业化学企业先正达，创下了中资企业在海外的最大一笔收购，从而改变了全球农化行业的竞争格局，形成了美国（陶氏—杜邦）、欧盟（拜耳—孟山都）、中国（中化—先正达）“三足鼎立”的格局，扩大了我国农化行业在全球的市场份额，借外国品牌开拓海外市场。

（五）海外资产并购模式

所谓海外资产并购模式是指中方企业作为收购方购买海外目标企业的全部或主要的运营资产，或收购其一定数量的股份，以实现对其进行控制或参股的投资行为。中方企业并购目标企业后一般不承担目标企业原有的债权债务及可能发生的赔偿，只承接目标企业原有的资产和业务。像中国海洋石油有限公司购并西班牙瑞普索公司在印度尼西亚五大油田的部分权益、中国石油天然气股份有限公司出资两亿多美元收购印度尼西亚油气田资产、中国网通（香港）公司牵头收购亚洲环球电信网络资产等都属于这类投资模式。

采用资产并购方式进行海外投资，可以避免目标公司向我方企业转嫁原有债务及“或有债务”。因此，以并购方式进行海外投资时，若我方企业考虑到海外目标企业可能存在债务不清、可能因对他人提供担保而在交易完成后引起赔偿等问题时，可采取资产收购方式。另外，在资产并购方式下，只要目标公司赞成资产出售的股东达到法定人数即可进行收购，即使目标公司有少数股东想阻挠也不影响我方企业的实际收购。这种方式的制约条件一是由于多以现金方式进行收购，故需我方投入较多运营资本；二是由于中方并购企业在完成并购后要对目标企业进行整合，以实现海外并购的目的，因而应具备较强的管理能力和整合人才；三是对目标企业债务、税收和法律诉讼等情况掌握方面的任何疏漏都可能形成并购陷阱，制约并购目标的实现。

由于目前国际直接投资业务中主要的方式是并购投资，而不是新建投资方式（或称绿地投资方式），所以应当说海外资产并购模式是一种比较流行的海外投资方式。此外，资产并购模式是以大量非上市企业为交易对象，上市公司终归只是海外企业群体中的一小部分，因而这一模式比海外股权并购模式具有更广阔的应用空间，更适合广大中小企业。随着我国海外投资规模的日趋扩大，并购投资将日益成为企业海外投资的重要方式，其中资产并购模式会被更多的企业选用。

（六）海外股权并购模式

海外股权并购模式是指我国公司购买一家海外目标公司（通常都是上市公司）发行在外的具有表决权的股份或认购其新增注册资本，所获得的股份达到一定比例可对该公司行使经营管理控制权的一种海外投资行为。在海外股权并购模式下，其交易的对象是海外目标公司的股权，而最终取得的是对目标公司的控制权，我国企业作为收购方成为海外目标公司的新股东。近年来，国内企业选择股权并购模式进行海外投资的事例逐步增多，如2007年工商银行收购南非标准银行集团20%的股权，以及2014年五矿集团收购秘鲁的拉斯邦巴斯铜矿项目62.5%的股权等都属于此类并购。

在股权并购模式下，作为投资主体的我方并购企业可以是上市公司也可以是非上市公司，但海外目标企业一般为在股票交易所挂牌交易的上市公司。股权并购实施过程复杂，但法律程序简单。在法律程序上，只要并购方取得股权优势后即可进行董事和监事的改选。股权收购完成后，海外目标公司作为我方公司的海外子公司存在，拥有独立的法律地位。由于买卖协议的签订方是我方收购企业和海外目标公司的不同股东，故该投资模式的交易决策具有分散性。采用股权并购方式进行投资，由于不增加海外目标公司及其股东的税收支出，故收购成本较低；同时可以运用股权并购方式取得目标公司的控股权，使目标公司在经营上与我方公司形成一个整体，为我方公司的国际化战略服务。但采用这种模式，在股权收购条件下，我方企业要对海外目标公司的一切债务负责。另外，由于并购交易决策具有分散性，可能会遇到少数股东的阻挠。

随着国际证券市场的发展，股权并购模式日渐通行。采用股权并购模式进行海外投资，我方企业既可以扩大生产规模和市场份额，实现规模经济效益，又可以节约交易成本，获得生产要素内部化收益；运用股权并购方式，我方公司可以在部分出资控股的情况下，以“小资本”控制“大资本”，取得海外目标公司的控制权，实现企业资本滚动式发展，迅速实现企业海外扩张的目标；通过股权并购，还可实现我方企业海外间接上市的目标，即买壳或借壳上市。

（七）国家战略主导投资模式

国家战略主导投资模式是指我国一些大型能源企业开展海外投资主要是政府的推动，注重的是国家的宏观利益，是为国家经济的可持续发展和国家能源安全的需要而向海外资源开发方面进行的投资。海外能源开发投资是落实国家能源安全战略的重要步骤，这类投资需要巨额资金投入，投资回收期限长、投资风险大，需要政府来推动和承担主要风险。

在这种模式中，既包括新建海外企业也包括通过资产或股权并购而设立的海外企业。现阶段，这种投资模式主要体现在能源战略方面，今后将向资源战略扩展。

开展该模式海外投资的代表性企业当属我国三大石油巨头即中石化、中石油和中海油。石油能源是保证中国经济发展最重要的能源，开展国家战略主导模式的海外能源投资是解决能源瓶颈的重要途径。近年来，三大石油巨头积极实施国家提出的“走出去”战略，着眼国家长期能源安全，纷纷进行海外油气田的投资开发。三大石油巨头与国外的很多合作项目采取的是“份额油”的方式，即中国石油企业在当地的石油建设项目中参股或投资，每年从该项目的石油产量中分取一定的份额。这种方式一定程度上保证了石油进口数量以及价格的稳定。

海外投资的主体一般是大型央企或国有控股重点能源企业，有政府政策的大力支持，资金来源有保证，抵御风险能力较强，从而有利于确保国家能源安全战略实施。由于把落实国家能源安全战略的宏观利益放在第一位，该投资模式比把企业利润最大化作为第一位的其他投资模式能更有效地为国家战略服务。我国人均资源占有量较低，有些自然资源如石油的供给形势已越来越严峻，为了维持国内经济的稳定增长，中国必须通过海外投资参与国际能源生产分工，尽可能多地利用海外能源，落实国家的能源安全战略。当前，中国规模最大的海外投资就发生在自然资源行业，而且在今后相当长的时期里，国家战略主导模式的海外投资仍将是央企海外投资的重要模式之一。但这种投资模式在非能源行业一般不采用，目前即使是非国有大型能源企业由于其所需投资数额较大，采用该投资模式也不现实。

（八）海外研发投资模式

海外研发投资模式是指我国一些高科技企业而非传统的制造企业或资源开发企业通过建立海外研发中心，利用海外研发资源，使研发国际化，取得居国际先进水平的自主知识产权，并将对外直接投资与提供服务结合起来。

在我国首创这一海外投资模式的是华为技术有限公司（以下简称“华为”）。华为在全球多个国家建立了分支机构，并在美国硅谷和达拉斯、印度班加罗尔、瑞典斯德哥尔摩、俄罗斯莫斯科等地建立了多家海外研发中心，并通过各种激励政策吸引国内外优秀科技人才进行研发，从而能够及时掌握业界最新动态。华为依托全球化技术开发网络，利用遍布世界各地的研发机构，以提供优质的产品和服务、更快的响应速度和更好的性能价格，帮助全球运营商确立可持续盈利的运营模式。现在，华为的设备已经在非洲、南美、东南亚、东欧等地区，多个国家昼夜运转，靠着掌握越来越多的核心技术，华为在世界电信市场上已经能与跨国公司比肩较量。

央企参与国际竞争，开展海外投资，必须拥有强大的技术开发实力和技术创新能力，拥有自主知识产权。而央企的弱势和薄弱环节正在于自主知识产权缺乏、技术创新能力不足。要解决这个问题，央企完全可以学习华为的做法，进行海外研发投资，建立研发中心，利用海外的研发资源，推动研发国际化，取得居于国际先进水平的自主知识产权，提升科技国际竞争力。

二、央企的国际化战略与价值链、供应链、产业链协同

央企是我国国民经济的骨干和中坚力量，是加快实施“走出去”战略、参与经济全球化的主力军，在国际化经营中发挥着不可替代的作用。央企既具有社会属性和公共属性，又具有经济属性和企业属性。央企的跨国经营从对外经济技术援助开始，逐步发展形成了国际化战略。央企国际化经营的战略定位主要有四个方面的核心内容：主体选择、产业选择、区位选择、价值链依托，本书将基于央企的部分案例和数据进行定性分析。

（一）央企国际化经营的主体选择

央企国际化经营的主体是指从事对外投资业务的企业法人，包括央企及其所属的海外经济实体。国际化经营程度较高的央企主体以远洋运

输、能源、化工、矿产、水电、建筑等类企业为主。国际化经营水平较高的16家中央企业是中国远洋、中国五矿、中国石化、中国石油、中国有色、中化集团、中钢集团、宝钢集团、华润集团、中国海油、中航集团、中交集团、招商局、中国化工、中国航空工业、中农发集团。

上述央企国际化经营水平较高的原因主要有三个方面：一是企业背景与国家各部委联系较为紧密，得到了政策上的许多扶持，从而使其海外市场准入的成本较低，因此由央企来承担跨国经营任务是顺理成章的事情。尤其是在境外能源、矿业、农业等资源的开发方面，中央企业要为中国经济的持续稳定健康发展提供有效的资源，在这些领域中央企业有着天然的地位优势和先发优势。二是这类中央企业的垄断优势比较突出，容易聚合国内外资源，形成完整的产业链，与跨国公司进行竞争。三是中国对外投资体制向国有企业尤其是央企倾斜，给予其资金、信贷、税收、外汇、保险等方面的支持，促使其加快了跨国经营的步伐。鉴于中国特殊国情，以及央企在国民经济发展中的独特作用，能源、化工、矿产、建筑类央企作为国际化经营的主体地位还将在未来相当长的时间内持续存在，并对中国经济的健康稳定发展产生深远影响。

（二）央企国际化经营的产业选择

当前，央企国际化经营的产业选择主要在远洋运输、能源、化工、矿产、水电、建筑等领域。事实上，央企国际化经营的产业选择是一个动态发展的过程。如前所述，央企的跨国经营源自中国的对外援助，对外援助带动了央企的对外投资业务。1978年实行改革开放后，中国与一些受援国由过去单纯提供援助发展为多种形式的互利合作，开展了代管经营、租赁经营、合资经营等技术和管理合作。1995年，中国开始通过中国进出口银行向发展中国家提供优惠贷款。截至2009年底，中国共向76个国家提供优惠贷款累计735.5亿元，支持项目325个，其中建成142个。中国提供的优惠贷款61%用于帮助发展中国家建设交通、通信、电力等基础设施，8.9%用于支持石油、矿产等能源和资源开发。因此，基础设施建设、能源和资源开发是央企国际化经营的两个重要投资领域。

央企在海外的基础设施建设有效推动了境外工程承包业务的快速发展，同时也促进了境外工程技术水平的提升。现在，央企的铁路和公路建设能力、发电设备制造和安装能力都位居世界首位。在基础设施产业领域，央企具有一定的比较优势。利用这种比较优势进行对外直接投资，央企不仅可以赚取外汇、拓展海外市场，还能为我国国内的产业结构调整提供资金和空间。

能源和矿产资源开发同样是央企国际化经营的重要产业选择，因为央企肩负着增强国家能源安全保障能力的重任。目前，我国国内资源约束问题凸显，单纯依赖传统的贸易渠道难以保证重要资源的长期稳定供应，且容易受别国的制约，这就要求我们应在境外投资建立一批战略性资源开发生产供应基地，央企的责任正体现于此。2009 年，央企对外直接投资总额为 2582 亿元，其中用于能源和矿产资源的交易金额有 1927 亿元，占总金额的 75%。获取能源等战略资产的对外投资有以下五个特点：一是容易受到东道国政治歧视、意识形态或舆论压力的影响；二是投资和决策过程复杂；三是资金需求量巨大；四是环保责任突出；五是各种风险因素较高。因此，央企进入能源和资源类产业需要有各方面充足的准备。

以中国五矿集团公司（以下简称“中国五矿”）为例，该公司在海外投资产业选择方面做得比较成功。2005 年，中国五矿提出打造“国际领先的金属矿产企业集团”，明确了以“获取资源、市场开拓、资本运营和信息收集”为核心的国际化战略定位。到 2010 年底，中国五矿成功实施境外投资项目 21 项，总投资 159 亿元；获取海外铬矿资源量 1500 万吨，铜矿金属量 1134 万吨，铅矿金属量 259 万吨，锌矿金融量 1212 万吨。中国五矿每次对外投资，都认真分析过矿业市场格局与企业自身的资源和实力。

在产业选择标准上，央企对外直接投资除了按照产业比较优势导向和能源资源保障导向开展外，还应更多地寻求研发型和技术导向，例如在美国、日本、欧洲等设立研发中心，这样做的好处是可利用发达国家的人才和技术来开发具有我们自主产权的新技术、新产品，打破它们在技术上的垄断和封锁，更好地发展我国的高新技术产业和高附加值产业。

（三）央企国际化经营的区位选择

区位选择理论是用区位特征来探寻国际直接投资在不同地区的分布规律，其中比较有代表性的是英国经济学家邓宁的国际生产折中理论。邓宁认为，跨国投资在选择区位时要综合考虑各种因素，不同区位的选择与东道国的区位优势如投资软硬环境、资源禀赋、经济发展水平等有关，也与产业的竞争格局有关，还与企业自身的战略定位和核心能力有关。

通过前面对于央企的属性分析可以看出，央企的特征决定了央企对外投资的动机具有多样性，既不单是为了寻求自然资源、市场开拓、生产效率、战略资产中的一项内容，而更可能是为了获取其中的几项或全部。因此，在跨国经营的区位选择上，央企比其他企业有着更为广阔的空间。

央企在海外投资区位选择上主要考虑两方面的因素。一是企业外部因素，包括中国方面的因素，中国与东道国的关系因素，如政治关系、文化距离、经济距离等，还有东道国方面的因素；二是企业内部因素，如战略目标、行业特点、企业规模和人文因素等。

在寻求战略资产和开拓市场方面，以中国石油天然气集团公司（以下简称“中国石油”）为例，中国石油 1993 年开始走出国门，实施跨国经营。到 2011 年，中国石油基本完成了全球油气在资源获取、供应通道和国际市场的战略布局，在 29 个国家运作 81 个油气业务项目：一是哈萨克斯坦、土库曼斯坦为主的中亚—俄罗斯合作区；二是伊拉克、伊朗为主的中东合作区；三是苏丹、乍得、尼日尔为主的非洲合作区；四是委内瑞拉、加拿大为主的美洲合作区；五是印度尼西亚、澳大利亚为主的亚太合作区。2010 年，中国石油纯境外单位资产和营业收入均超过 5000 亿元，分别占集团资产和总收入的 19.3% 和 41.9%。从外部因素来看，这些国家的资源禀赋具有一定的区位优势，投资政策大都比较稳定。

中国与这些国家基本上一直保持着友好关系，因此具有政治和外交优势。从内部因素来看，中国石油积极实施“资源、市场、国际化”三大战略，资金、技术和人才实力都很雄厚，国际化经营水平和全面风险管理能力都比较高。内外部因素的综合作用，促进了中国石油海外业务的规模发展。

在寻求生产效率和自然资源方面，中粮集团有限公司（以下简称中粮集团）在国际化经营的区位选择上有效实现了战略目标。2011 年，中粮集团有海外企业 48 家，分布在美国、德国、英国、日本、加拿大、澳大利亚、荷兰、巴西等国家。以番茄加工业务为例，中粮集团通过与亨氏集团合作，在原料种子、种植技术、加工工艺、农业机械等方面全面提升了上游种植环节的关键能力，有效提高了生产效率。2005 年，中粮集团驻加蓬当地的企业——加蓬三利取得了林区开采证。2011 年，加蓬三利已经拥有林地资源 93 万公顷，每年可开采量为 30 万立方米，中粮集团已成为我国最大的热带木材经营商。

总体来说，央企国际化经营的区位选择有以下四个特征：一是由于我国长期以来和非洲大多数国家保持了良好的关系，并且非洲地域广阔、资源丰富，其自然和市场环境与我国当前的经济发展阶段存在着有机联系，所以非洲是矿产、石油、工程类央企的投资首选区位；二是周边国家（地区）、东南亚及中亚等国在地理距离上与我国接近，也是央企的跨国经营主要选择区位；三是澳洲、南美洲因其资源丰富，虽距中国遥远，且政治、经济、文化等因素差别很大，但依然是央企海外投资的重点区域；四是央企对于欧洲、北美洲等发达国家的合作目前以贸易、航运为主。

（四）以价值链为依托构建央企国际化战略

企业价值链是美国战略管理学家波特在《竞争优势》一书中提出的。波特认为，企业每项生产经营活动都是其创造价值的经济活动，那么，企业所有的互不相同但又相互关联的生产经营活动，便构成了创造价值的一个动态过程，即价值链。图 6 - 1 是价值链的图解。

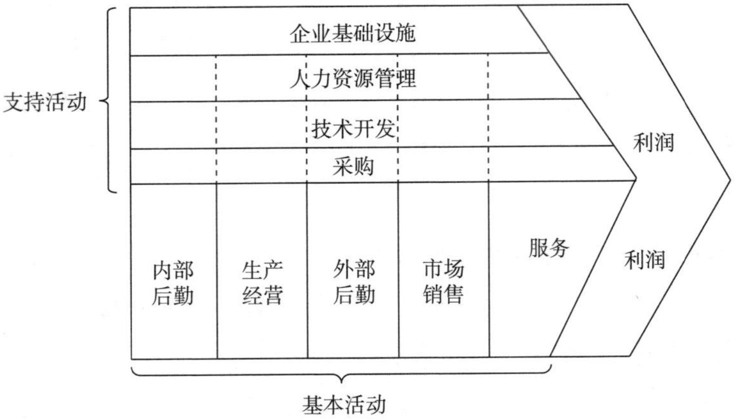

图6－1　价值链

价值链将企业的生产经营活动分为基本活动和支持活动两大类。基本活动是指生产经营的实质性活动，一般可以分为内部后勤、生产经营、外部后勤、市场销售和服务这五种活动，这些活动与商品实体的加工流转直接相关，是企业的基本增值活动。支持活动是指用于支持基本活动而且内部之间又相互支持的活动，包括采购、技术开发、人力资源管理和企业基础设施。

与价值链有关的概念还有供应链和产业链，这三个概念十分接近，但强调的层面并不完全一样。为了更好地说明价值链与供应链的关系，美国学者乔普瑞（Chopra）和梅因德尔（Meind）将企业价值链表述为如图6－2所示的形式。

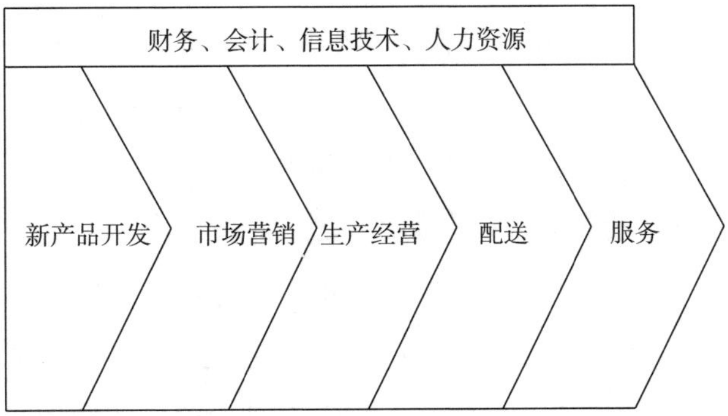

图6－2　企业价值链

如图 6－2 所示，价值链始于新产品开发，它创造了各种规格的产品。市场营销通过公布产品和服务以满足顾客的偏好来启动需求，还将顾客的要求投入新产品开发。生产部门利用各种新产品，将投入转变为产出，来制造产品。配送职能将产品送达顾客，或者把顾客带来选购产品。服务是对顾客在购物期间或购物之后各种要求的反馈。这些都是成功销售所必须具备的核心职能。财务、会计、信息技术和人力资源为价值链的职能运作提供支持和便利。

为了执行企业的竞争战略，所有上述职能都要发挥作用，每一种职能都必须制定自身的战略。从价值链角度看，研究开发、生产经营、市场营销 3 个部分的职能以及它们相互之间的协调是企业资源寻求战略的核心问题；而供应链是价值链中的一个重要组成部分，它是以生产经营为中心，确定原材料的获取和运输、产品的制造或服务的提供以及产品配送和售后服务的方式与特点，因此，从供应链角度研究企业资源寻求战略主要着重于生产经营、配送和服务职能之间的协调。

事实上，大多数产业很少由一个企业完全单独承担从产品设计到销售给客户的全部价值活动，通常都要进行专业分工。因此，任何一个企业都是创造产品或服务的价值系统的一部分。要了解价值是怎样产生的，只观察一个企业的价值链活动是不够的。许多价值是在供给链和销售链上产生的，例如，到达最终购买者手中的汽车的质量和价格已不仅仅受制造这辆汽车的制造企业的活动的影响，它还与零部件的质量和分销商的经营活动有密切的联系。因此，在进行企业价值链分析时，要把它放到产业价值系统中一起考虑，如图 6－3 所示。

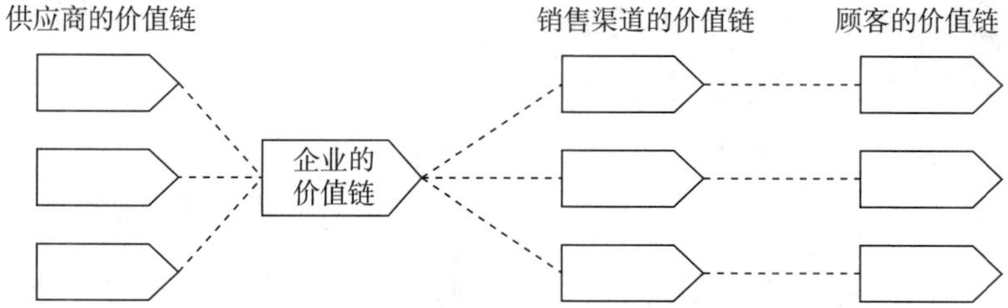

图 6－3　价值系统

产业价值系统一般被简称为“产业链”。价值活动的联系不仅存在于企业价值链内部，而且存在于企业与企业的价值链之间。如图 6 – 3 所示的价值系统内包括供应商、分销商和客户在内的各项价值活动之间的许多联系。例如，一个企业的采购和内部后勤活动与供应商的订单处理系统相互作用；同时，供应商的应用工程人员与企业的技术开发和生产人员之间也是可以协同工作的；供应商的产品特点及其与企业价值链的其他接触点能够十分显著地影响企业的成本和产品差异（例如，供应商频繁的运输能降低企业库存的要求，供应商产品适当的包装能减少企业搬运费用，供应商对发货的检查能减少企业对产品进行检查的需要）。战略联盟的发展正是基于这一思路。例如，美国一些铝罐生产商把它们的生产工厂建在啤酒厂的附近，用顶端传输器直接将铝罐传送到啤酒厂的装瓶线上，这样可为容器生产商和啤酒生产商节约生产安排、装运以及存货等费用。

但是，注意到以上所述的各种联系都会涉及交易成本，因此，选择企业价值链与供应商、分销商和客户价值链之间不同的联系方式，例如，是纵向一体化还是向市场购买，还是介于二者之间的其他方式，对企业竞争优势的影响是不言而喻的。

鉴于上述分析，跨国企业全球资源寻求战略将沿着三个链条展开：价值链中研究开发、生产制造与市场营销三者之间的相互协调；供应链中国际生产的资源寻求决策；价值系统（产业链）的整合与竞争优势的构建等。事实上，三个链条之间的界限很难截然分开，只是强调的层面各有侧重而已。

因此，央企以价值链为基础建立全球资源和效率寻求战略应该包括 5 个连续的、相互关联的步骤：

（1）确定企业价值链中可相互分离的环节（研究开发、生产制造和市场营销）；

（2）同时考虑规模经济和经营范围，就价值链各环节为企业竞争优势定位；

（3）大致确定价值链各环节的内部及外部交易成本（如谈判成本、监控成本及因契约引起的不确定性），选择成本最低的模式；

（4）相对于价值链中的各环节，确定各国（包括企业所在国）在相关交易成本方面的比较优势；

（5）保证决策与组织形式充分的灵活性，使该企业足以应付企业的竞争优势与所在国的比较优势的变化。

第二节　央企海外项目的融资与并购管理

大多数企业海外投资的最主要目的是开拓市场，扩大企业规模和增加企业利润和收益，因此在海外投资管理的过程中，投融资与财务是企业最关心的问题。

一、央企海外项目资金融通与管理

海外投融资管理包括短期国际融资管理和中长期国际融资管理，央企在进行国际投融资时，应该重点关注和谋划以下几个方面。

（一）央企短期国际融资战略设计

央企海外项目短期融资渠道众多，既可以从外部融资，也可以从母公司或其他姐妹公司处得到资金融通。在进行短期国际融资决策时，一般要考虑以下几个问题：（1）分析影响短期融资决策的关键因素；（2）确定短期融资的目标；（3）选择可行的短期融资渠道；（4）评估各融资来源的实际税后融资成本；（5）将融资决策与公司的外汇风险管理结合起来。

短期国际融资考虑的主要因素有融资成本高低、风险大小、速度快慢、弹性强弱以及汇率风险、税制差异、政治风险等因素。例如，若存在严格外汇管制，即使当地融资不是最低成本，许多公司仍愿意从当地借贷，以保证资金安全。

海外项目短期融资的方式主要有商业信用、银行信用、商业本票等。

跨国公司的海外子公司短期融资的主要方式有公司内部融资、当地货币融资、国际贸易短期融资及欧洲票据融资。欧洲票据又称欧洲商业本票，是以一国货币计价，在另一国发行的商业本票。由于可以使用多种欧洲货币发行，所以这种方式已经成为最流行的短期融资方式之一。

国际贸易短期融资包括银行对出口商的短期融资和银行对进口商的融资。前者如打包放款、出口押汇、保理账款等；后者如进口押汇、信托收据借贷、银行担保提货等。

公司选择最佳的融资来源的目标是经外汇风险调整后，使外部资金的成本降到最低限度；在选择公司集团内部资金时，使公司的全球性税负及政治风险降至最低；公司各个经营单位都应以谋求整个公司全球性综合资本成本最优化为其经营的宗旨。

（二）央企中长期国际融资战略设计

央企对中长期国际融资战略进行设计时，必须综合分析以下各方面因素：各种可能的资金来源及相应的融资成本；各种融资方式对公司经营风险的影响程度；公司的资本结构、外汇风险、税收、资金来源的分散化、跨国度转移资金的自由度等，在此基础上做出各种方案的选择，以实现既定的目标。央企海外项目在设计中长期融资战略时，主要考虑降低融资成本、减少经营风险和优化资本结构三方面问题。

由于世界各国资本市场的不完备性，以及税收、政府对信贷及资本的管制，可能造成资本市场的局部扭曲，各种融资来源的实际成本之间肯定存在着各种差别。如果对此差异加以利用，则既可以获得有利的融资机会，也可以降低融资成本。例如，发行零息票债券可以节省所得税支出；发行无记名债券的债券持有人可避税，则利率可适当降低；母公司向子公司融资时采用债务融资，则其利息费用可以抵减所得税，相反，股息支出则要缴纳预提所得税。

为了减少经营风险，必须保存一定数额的流动资金和一定的举债能力，以备急用。同时应积极与各种金融机构打交道，以开拓资金来源，使融资来源分散化，避免对某一金融市场产生过分依赖性，从而保证融资能力。对于外汇管制，可最大限度地使用当地融资，采用背靠背贷款或平行贷款等措施。对于外汇风险，前面已经加以讨论，一般原则是通过融资方式，使受险的净资产或净负债头寸为零。

公司的资本结构就是其负债与权益的比例。资本结构的优化就是选择负债融资和权益融资的最优组合，实现财务风险与融资成本的适宜配合。在征收所得税的情况下，负债比率越高，公司价值越大，但达到一定程度后，破产风险和有关成本也会急剧增加。所以应在综合分析同行业和其他企业情况基础上，根据公司在未来各种环境下的偿付能力和各子公司情况，确定最优负债比率。对于海外子公司的资本结构确定的要求是既要与母公司的资本结构相协调，又要反映东道国的资本化规范，并且要尽可能利用市场的不对称性以减少公司的总成本。

（三）国家战略级的顶层融资设计

在政府层面，为推动“一带一路”倡议的实施，中央政府成立或参与设立了一系列金融机构，包括丝路基金、中非发展基金、金砖国家开发银行以及亚洲基础设施投资银行等，希望借此推动企业围绕“一带一路”倡议加快进行产业布局。在实施过程中顶层设计十分关键，目前，央企海外投资的顶层融资设计还存在以下问题：

1. 融资方案和融资成本。目前，中资金融机构对工程承包企业海外并购和海外投资的支持力度尚不够大。以日本政府主导的印度高铁项目为例，日本的国际协力银行为日本工程承包商和建设财团提供了期限长达30年、年利率为0.1%的长期优惠贷款，如此低的融资成本在中国很难想象。中国工程承包企业在海外投标或竞标项目经常输在融资方案和融资成本上。中国商业银行的资金成本和贷款成本过高已是一个不争的事实。即便是国家开发银行和进出口银行等政策性银行，长期优惠贷款的目标利率也在3.5%～4%，而且要求的条件严格，审批通过难度很高。这种情况导致了中资工程承包企业在提供投资和融资方案时缺乏竞争力。这种现象的产生主要可归结为以下两方面原因：

一是中资金融机构在海外拓展业务的速度较慢，落后于企业在海外投资的速度。由于金融监管等方面的原因，中资金融机构在进入一些目标国家时会受到一定程度的限制，在审批上以及业务规模扩张上会遇到一定的困难，因此在为一些大型并购或投资项目提供融资服务时不能发挥应有的作用。二是中国的利率市场化改革速度较慢，国内的并购贷款条件和利率不够优惠，使得企业在利用杠杆融资进行并购或投资的过程中资金成本过高，在报价上失去竞争力。这在一些大型基础设施建设项目中表现得尤为明显。

股权参与层面，尽管目前国家成立了中非产业发展基金、丝路基金等，中国投资有限公司也积极参与“一带一路”项目，但是这些基金的定位还比较模糊。虽然许多基金成立之初是以某一个专门的投资领域或地域为主，带有国家扶持的色彩，但仔细研究，这些基金都在强调市场化运作。由于市场化运作需要考虑投资回报、风险防控等问题，所以这些基金与市场上的一般基金在投资程序和要求上的差异并不明显。实际上，国家主权基金应该清晰地定位为国家的战略服务，在投资项目的选择和审核以及项目的管理上体现出与完全市场化运作基金的差别，真正以服务工程承包企业“走出去”和服务国家战略为目的。因此，如何能够有效地拓展多种融资渠道，帮助企业在并购和投资过程中降低融资成本，进一步创新投资和融资方式是一个需要重点探讨的课题。政府的主导部门可以考虑通过建立专项扶持基金或银行专项贷款的方式，对一些重点国家或重点地区的重点项目进行支持，这样才能够真正体现政府对“一带一路”倡议的关注和支持。

2. 国有企业的绩效考核体系。工程承包企业的投资逻辑是以投资带动 EPC，目标是取得项目总承包资格。按照市场惯例 EPC 的利润率在 15% ~20%，而投资的回报率一般为 8% ~10%。如果将两部分放在一起来看，许多项目可以操作。但由于国有资产管理体系的限制，EPC 的工程承包利润属于企业的经营利润，而投资的管理和考核则单独计量和核算。在国资委的管理体系中，经营的考核与投资的考核管理也分属于不同的司局，这种条块分割造成了许多项目在审批时既要说清业务的可行性，又要说明项目投资的可行性。这给企业领导和管理层进行项目投资决策造成了较多困扰，在很大程度上影响了项目的最终决策结果。如果可以对这类型的项目制定专门的审核和评估方法，使国有工程承包企业在项目投标和决策时能够有一个更清晰的规范可供遵循。

（四）央企国际融资的关键步骤和环节

在“一带一路”海外项目国际融资中，央企应通过多渠道选择融资机构、确保交易条款满足融资要求、测算融资成本、争取最优融资方案等环节，顺利实现项目融资。

1. 综合评估融资需求和贷款条件，多渠道选择潜在融资机构。多渠道了解并比较各融资机构的贷款条件，可以为制订最优融资方案、降低融资成本打下基础。可考虑的融资渠道包括境内外商业银行、境内政策性银行、主权投资基金、企业发债等。为筛选融资机构，企业需要开展的工作主要包括准备融资文件、与各类金融机构建立初步联系、分析比较融资方案等。

2. 金融机构提前介入商业谈判，确保交易条款满足融资要求。在海外项目融资过程中，不同国家、不同背景的金融机构对于不同类型项目的交易结构与交易条款有不同的要求。金融机构能够介入商业谈判，对交易条件进行全面审查，就可以有效避免项目的商业条款、合作模式、执行方案等存在金融机构无法接受的问题或风险，从而为金融机构按照融资时间表要求完成项目尽职调查、发放项目资金创造条件。

3. 积极配合金融机构完成尽职调查等工作，争取最优融资方案。为实现融资关闭，企业需要配合金融机构开展尽职调查工作，测算融资成本，为融资谈判提供支持。在海外项目中，融资成本包括债权名义利率及股权投资人享有的优先固定收益、贷款管理费率、承诺费率、贷款期限、提款期、宽限期、融资比例、偿债覆盖率、还款准备金账户余额等。在融资协议谈判过程中，企业还需注意“前提条件后置”和适用法律等问题，为己方争取最优融资条件。

二、央企海外并购管理

近年来，央企海外并购交易活跃，但并购对价支付过高、并购债务融资过度、财务业绩下滑等风险日益凸显。企业对海外并购过程中可能遇到的风险认识不足，在应对风险时处理不当，就很有可能导致并购失败。因此，建立一个全面、有效的海外并购风险管理框架，对风险进行预测、评估和有效管理，对我国央企进行海外并购具有重大意义。

央企在开展跨国并购整合项目时，应重点完善以下几个方面的管理。

（一）明晰并购愿景，制定海外并购战略路线图

在开展海外并购项目时，很多中国企业会忽视制定整合战略的重要性，有一些项目甚至在整合工作开始以后也没有形成一个完善的整合方案，企业不清楚应通过何种方式进行整合以实现并购目标。制定清晰的整合战略是并购项目成功实现整合的基础。公司应根据不同的交易动因和公司实际情况，对被并购对象提出明确的发展目标，即未来成为一个什么样的企业。在海外并购方面经验丰富的企业往往在筛选投资目标的阶段就会考虑这些问题，例如，被收购资产在公司整体战略中处于什么地位？应发挥什么作用？在管控模式上是应该保留被收购企业原有的管理体系，还是改造被收购企业，将其纳入自己的管理体系？回答了这些问题也就基本确定了整合工作的大方向，企业可以在此基础上制定整合工作阶段目标并形成清晰的整合战略。

（二）设立专职整合团队参与并购项目全过程

目前，从央企的海外并购实践来看，在很多海外并购项目中，中国企业在交割前和交割后是由完全不同的两个团队负责，在交接工作时经常出现信息缺失的情况；而且，由于两个小组的人员思路不同，处理问题的方式也不同，容易给被并购方留下中方企业交割前后态度和做法不一致的印象；此外，并购交易和整合团队的人员配备要求也不一样，交易团队主要由战略、财务、法务以及外部专家顾问组成，而并购后整合工作需要大量组织变革、运营和生产管理、人力资源管理、技术研发等

方面专家的参与。因此，根据毕马威的观察，无论是由并购团队或是由运营团队开展整合工作，在实际工作中的效果都不尽如人意。

考虑到这样的情况，一些中国企业设置了专职的整合团队，负责开发整合方法、设计整合流程、开展整合工作、积累和传播整合经验。在实际项目中，整合团队的职责主要包括：

①评估整合风险、确定整合目标。整合团队从前期调研阶段就介入项目中，在项目初期评估和判断整合工作难度，与业务部门共同设计整合方案和实施计划。在交易达成时，整合战略目标和详细的整合计划就已经确定了。

②挖掘整合风险点，为交易谈判提供支持。全程参与项目谈判，挖掘整合风险点并把风险防范措施和补偿条件充分反映在交易文件中。

③管理、指导实际整合工作，协调各业务团队的工作，成为交易双方沟通的桥梁。

并购交易与整合环节联系紧密，但工作内容和目标又存在明显差异。拥有丰富并购项目经验的公司通常会分别设立专职的交易和整合团队，二者相互配合，工作平行推进。整合团队会介入项目的全过程中，以保证并购和整合不脱节，这也有利于被并购方建立并加强对于收购方的信任，最大限度地减少整合过程中可能出现的组织结构、业务、人员管理和文化等方面的冲突。

（三）建立合理、高效的管控体系

在选择业务管控模式时，企业需要综合考虑业务战略、股权架构、协同效应和潜在风险等因素。根据集团参与度和业务协作度水平的不同，企业可以选择的四个基本管控模式分别是直接运营、战略运营、战略设计、财务控制。

直接运营是指上级不仅管控战略方向，而且直接执行战略，统一管理并运行核心价值链环节（如生产、研发、物流等），下级单元按照上级的要求开展日常工作；战略运营是指上级主导战略制定，并在运营层面细化战略目标（如制订年度计划、大客户计划、产能规划），下级单元在上级指导和监督下开展日常业务经营；战略设计是指上级把控总体战略方向，业务单元在总体战略指引下，自行制订详细的业务战略规划，上级承担下级单元资源协调职能，但不直接介入运营；财务控制是指上级仅关注下属业务单元的业绩表现和财务回报率，各下级单元独立负责各个环节的运营，上级完全授权。

针对每一种管控模式，企业需要在公司治理构架、纵向职能体系构建、核心人员管理、业绩追踪、服务与运营提升这五个方面明确具体的管理原则。

（四）整合双方优势资源，实现交易协同效应

在进行项目可行性分析、筛选投资目标和开展尽职调查工作时，企业需要明确协同效应来源、制定发挥协同效应的目标。交易后整合阶段是落实协同效应的关键时期，企业需合理设计交易后被并购资产的运营模式、财务管理体系、管控模式和管理原则等，整合双方优势资源，形成并发挥协同效应。

通常来说，并购协同效应包括运营协同和财务协同两方面：

①运营协同：包括收入协同和成本协同。收入协同可通过整合双方市场、客户资源等方式实现，成本协同可以通过采购协同成本节约、销售与管理成本节约等方式实现。

②财务协同可以通过资本市场和上市融资、资金统一管理与分配等方式实现。

协同效应的来源包括规模经济效益（采购及生产成本降低、优化销售与管理成本）、销售渠道和客户资源整合、产业链上下游业务相互支持、新技能或研发团队形成合力等。

（五）应对企业文化融合挑战，顺利实施员工整合

海外并购涉及中、外企业文化的融合。当中国企业并购国外企业时，由于双方文化背景相差较大，在工作方式、价值观念、领导风格和行为规范等方面存在较大差异。如果处理不当，这些差异很容易引起中外双方的冲突和对立，从而影响企业运营的方方面面。

海外并购项目文化融合的一个重点领域是员工整合，而员工整合的关键点在于与对方员工就整合战略、整合目标和整合方案进行深入沟通，在理解并充分考虑员工关注问题的前提下，通过全方位沟通打消对方顾虑、赢得对方支持，使之产生认同感和归属感。

（六）建立高效沟通机制，赢得利益相关方认同

在并购整合工作中，中国企业往往忽视与各利益相关方沟通的重要性，信息披露较少，不善于交流，缺乏公共关系管理经验。在海外并购项目中，企业应认识到各利益相关方的诉求可能存在差异，例如客户希望新公司仍会保持产品和服务的质量，客户体验不会受到影响；合作伙伴希望了解公司未来业务调整方向，如经营战略、商业模式、供应商管理等，以考虑是否需要调整与新公司的合作方式；员工则关心在企业所有权转移过程中，岗位设置、工作职责、薪资福利、业务汇报线等会不会发生变化；其他利益方，如政府机构、分析师和媒体等，则可能更为关注企业社会责任、盈利预期和未来投资计划等问题。

信息不通畅会带来隔阂，隔阂会引发对立情绪，而打破这样的隔阂其实并不难。企业首先需要明确在当地投资所涉及的各利益相关方团体，确定公关策略以及要向这些利益相关方传递的企业品牌形象和信息。有条件的企业还可以设立公关部，配备专业人员或是向公关服务提供商寻求专业指导意见。在与各方进行沟通时，企业应注意强调交易本身的信息，包括企业投资战略、对被并购目标的定位和未来规划、协同效应的来源以及将为东道国带来的就业和经济发展机会等内容。这将有助于社会各方了解企业并购的商业目的，而不是把注意力集中在非商业因素上，例如，在开展农业并购项目时，企业可以强调来自中国的投资将使濒临破产的企业恢复活力，帮助企业开拓新的国际市场、进入一个全新的业务领域或是提供新的粮食保障来源等。

针对建立与完善公司沟通机制，企业可以具体参考以下几方面的建议：

①制订沟通策略和计划。明确项目涉及的各利益相关方及其诉求

（如客户、供应商、员工和工会等），制订针对各利益方的沟通目标和沟通计划，包括在不同阶段（如交易信息披露日、交割日、交割后一个月、交割后 100 天等）向利益相关方传递的主要信息内容和方式。

②建立专职负责沟通的工作小组，确定沟通渠道。明确沟通小组的角色和职责；建立与其他工作小组的协调机制和向整合工作领导小组汇报的机制与流程；建立沟通渠道并指定渠道负责人，如定期召开讨论会、出版员工通讯刊物等。

③就重大里程碑事件制订沟通方案。如交割日沟通方案，包括办公场所标识和宣传海报变更计划、员工沟通大会计划、媒体发布会计划等。

第三节　央企海外项目的组织与运营管理

为了践行国家“走出去”战略和“一带一路”倡议，央企逐渐走向国际市场，为了海外项目的持续运作和长期可持续性发展，这就要求企业必须提高国际市场的组织与运营能力。本节从人力资源管理、产品和营销策略、舆情管理与危机应对、技术转让与知识产权保护等层面，分析央企海外项目的组织运营过程中存在的问题，并提供一些可行的战略建议。

一、央企海外项目的人力资源管理

人力资源管理是企业管理的重要环节之一，起到为企业选拔人才及储备人才的作用。随着全球经济一体化日益增强，依靠国际环境的跨国公司日渐增多，随之而来的海外人力资源管理应运而生。但是海外人力资源管理较普通人力资源管理要复杂很多，需要进一步研究。海外人力资源管理是一种比较前沿的人力资源管理模式，已经成为英美等一些发达国家人力资源领域研究的热点范围。在这一管理过程中，由于跨国公司海外人力资源建设项目的工作环境、工作地点等具有一定的特殊性，所以也决定了其具有一定的难度及复杂性。如果跨国企业不能对其人力资源建设具有清晰、准确且正确的认识，就会严重影响跨国企业在海外的发展。

（一）央企海外人力资源管理的现状和问题

目前，央企海外人力资源管理主要存在以下几个方面的问题：

一是人力资源组成较为复杂。大多数的央企的人力资源组成都比较复杂，企业中既有本地员工还有海外员工，既有实践经验丰富但学历较低的技术人员，也有经验较少，但高学历的年轻高校毕业生；同时还有公司在社会上专门引进的专业管理人员及专业技术人员。这些复杂的具有不同层次的工作人员因其不同的社会地位而具有不同的价值追求，因而由他们组成的央企海外人力资源体系具有很强的复杂性。

二是人力资源布局较为分散。工程项目具有流动性强的特点，与普通的生产性企业相比，它没有固定的生产部门及生产设备。海外建设企业的组织机构多，随着工程项目的变化而变化，一般会根据工程项目规模不同、技术要求不同、地域特点不同而组建不同的适应项目特点的项目管理机构。随后当项目结束时，该项目的项目管理机构将随之解散。而当下一个项目开始时，企业又将根据新项目的特点，组建全新的适合新项目特点的项目管理机构。因此，分线性强、流动性强是海外央企人力资源布局的一大特点。

三是人力资源评估信息的收集具有一定的困难。由于海外企业遍及世界各地，不同国家的信息发展水平不同，网络建设水平参差不齐，因此对于较为分散的人力资源的评估资料通常很难及时传播到人力资源管理部门，使其获得信息具有一定的滞后性。这一特征也给海外企业的人力资源信息收集评估带来了一定的困难。

四是法律和待遇方面的不同。因为海外央企所在地各有不同，每个国家都有其不同的法律，而且每个国家的法律结构不尽相同，因此在现阶段的央企建设中想要更好地发展，就必须遵守当地的法律规定，减少烦琐的法律纠纷。此外关于薪酬待遇方面，因为不同的国家文化背景及收入水平不同，每个国家的薪资待遇都有所不同，这就导致了央企在处理不同的员工薪资待遇方面存在很大的难度，如何合理处理员工薪酬待遇这一问题值得海外人力资源管理人员思考。

（二）央企海外人力资源管理的发展对策

鉴于以上问题，本书为央企海外项目的人力资源管理提出以下几点建议：

一是人才供应要“自给自足”。目前央企在新兴市场对中高级人才需求量大与当地人才储备不足之间的矛盾迫使企业要尽早建立一支全球化管理团队。通过充足的训练和职业生涯指导训练，企业培养出忠诚的经理，尤其是要以国际高水平来衡量和培养。外派员工的选择首先要考虑公司的发展阶段。国际人力资源管理模式大体上分为四种：母国中心策略、多中心策略、地区中心策略、全球中心策略。当公司处于战略扩张时期并采用集中式结构时，往往倾向于采用母国中心策略，即从总公司派遣人员担任重要岗位，其好处是总公司的员工更加熟悉公司的目标、产品、技术、政策以及办事程序。如果海外子公司管理能力不足，需要与总部沟通和协调时，总公司员工行动更为方便。多中心人事策略则是从东道国当地公司选取合适的员工担任重要职位。当地经理熟知当地文化、语言以及商业运作的方式，并且在当地已经拥有广泛的人脉资源，也更容易被子公司内部以及外部的员工认可，而且在费用方面也比直接从总部调派人员成本小。全球中心人事策略，即招聘第三国公民。第三国员工往往在实际工作中表现出更强的灵活性和适应性，以及更多的双语或多语技巧，来自第三国的员工可以作为总部和当地经理人之间一种可接受的妥协渠道，企业可以负责安排他们处理一些东道国国内对公司的抵触情绪。而地区中心人事策略是以区域为单位进行职员招聘。各个阶段的国际人力资源管理应该与公司的既定战略相符。在人事选拔阶段，在正确的时机雇用正确的人担任正确的职位，对于公司国际化运作的成功至关重要。高效率的管理团队将成为公司的直接竞争力。

二是培养员工忠诚度。央企要制定适宜的薪资体系，提出适宜的待遇条件来吸引和保留高级人才。与此同时，企业要有树立公司品牌的意识，公司全球化的“品牌名称”体现了公司的杰出性以及在某一领域与众不同的实力，这能够给新招募的员工以充足的信心，因为求职者往往选择大品牌、大公司来锻炼自己；公司战略目标与发展方向要让员工熟知，一个公司以新的模式以及新的战略进入新的市场能够给新员工提供发展机会；央企在员工入职前要做好培训课程，为员工设计职业生涯规划，帮助员工了解自己的发展方向；公司的企业文化对新员工应具有公开性和透明性，能够支持他们的工作。

三是妥善管理外派员工。外派人员外派任务的结束以最终回到公司为标志，但是当前外派人员的离职问题也是央企需要提前应对的一个方面。外派期间央企要及时给予外派员工咨询和辅助，公司要对员工进行外派前、到达后以及回归期的针对培训。培训师和行政员工双向反馈可以精确适合个体经理人员的具体培训级别并改善培训模式。培训技术可以帮助外派员工度过调整期。主要分为五类：第一，区域研究，即有关该国地理、经济以及社会政治、历史等内容的文献学习项目；第二，文化同化，现场模拟一些对成功交际有重要作用的场景，受训人员在以后的工作中很可能会遇到类似场景；第三，语言培训；第四，文化敏感性培训，了解外派国家的文化禁忌；第五，实地经验，受训人员在自己的国家里与不同文化圈的人进行接触。另外，员工的家庭成员无法适应新环境是导致外派计划失败的主要原因之一。公司可以利用非正式途径，例如：利用公司间的联系网络为员工的随行配偶提供同等职位的工作；公司可以征求员工家属对外派工作的建议，并询问其希望达到的生活水平；提供语言培训，并为员工子女在国外的教育问题提供信息和服务。外派人员的选拔要具体问题具体分析，但是成功的外派人员往往具有三个重要的思维特征：其一，智慧资本，即员工的知识储备、技能掌握情况、理解表达能力等基础能力合格，甚至达到卓越的程度；其二，心理资本，即有求知欲且容易接受不同文化熏陶，能迅速适应新的环境，可以在东道国高效工作；其三，社会资本，即可以与当地各类利益相关者，包括员工、供应合作者以及顾客建立互信关系。

四是制定符合东道国当地的工作制度。央企在东道国投资设厂，要了解东道国当地的劳资关系制度、社会保障体系，并以此为依据建立适当的规章制度，遵守地方规则和国家制度，协调好公司总部派遣人员与当地雇员之间的上下级关系或竞争关系，为当地员工制定合理的绩效管理体系，最大化其工作能力。

五是恰到好处的激励政策。要想激励员工，就要知道员工的哪些需求可以通过工作来得到满足。例如，不喜欢风险的员工追求工作稳定；而不太在意未知因素的员工往往更愿意挑战，他们期待工作的丰富性和实现个人的迅速成长。在实际管理过程中，由于个人需求、价值观体系、环境因素等不同，公司要制定适宜的激励政策。

六是建立一支全球化管理团队。全球化管理团队成员来自多个国家，他们中任何一个人想获得最佳效果或者完成目标，都必须依赖团队合作。以全球管理团队的形式最大化人力资源意义重大，这样他们可以共享多方资源，为跨文化理解和接触不同观念创造更多机会，并完成国家间的知识转移。

二、央企海外项目的产品和营销策略

随着经济全球化和一体化的发展，全球商品经济关系日益紧密，中国产品，如电子、服饰、农产品等，已经销往全球230多个国家和地区，其总出口量均位于世界前列，中国产品逐渐风靡全球，央企的产品也已经在海外市场上占有一席之地。但海外消费者对于不同的中国产品持差异性的正面、中立和负面态度，央企产品整体海外形象的美誉度有待提升。

（一）央企产品海外形象的现状和问题

根据中国商务部网站发布的新闻统计，除了大型基础设施建设之外，央企向海外输出的主要出口产品集中在电子产品及零配件、农产品和机械产品和工艺品等类别，并且得到海外消费者的普遍接受。虽然在海外产品市场上，央企产品呈现出物美价廉、广泛分布和产品类型齐全的特点，但是其存在整体海外形象凸显不够、高端产品缺乏和产品功能结构有待优化的问题。

一是产品局限于“中国制造”的情况仍然明显，还没有形成“中国创造”的市场氛围，致使产品在国际市场上竞争力不强，央企产品没有给海外消费者带来很强的“中国印象”品牌冲击，其形象凸显力度不够。美国产品凸显的高科技形象，日本产品凸显的高品质形象，韩国由“韩流”电视影像向海外消费者展现的韩国饮食、服饰文化等民族形象均对我国消费市场产生强有力的印象冲击。央企产品市场的覆盖率已经为央企产品海外发展奠定一定认知度基础，央企产品的海外市场拓展后继之路应该着重凸显其中国特色形象，打造影响力深远的、展现中国精神和文化的品牌产品。

二是央企产品在海外市场上面临着信任危机，虽然出口的中国优质产品是在经过严格的把关后销往海外市场，但是部分产品也存在质量把控不严、口碑较差的问题，这容易被海外媒体广泛关注并夸大，使得海外消费者不得不重新审视央企产品的质量，这对央企产品的海外形象有着很大的负面影响。

（二）央企产品海外形象提升和营销策略

基于我国产品海外形象的现状，针对存在的形象凸显不够和品质信誉不佳的突出问题，本书提出文化融合驱动、概念创新引领、服务特色彰显、产品结构优化四维提升策略，以全面提升我国产品海外形象。

首先，文化是产品的灵魂，赋予产品文化内涵才能彰显产品的魅力，提升产品形象和吸引消费者。在产品与文化的融合过程中，以下两方面值得注意：一方面，以海外消费者需求为导向，文化融合驱动央企产品海外形象提升，不仅要融入中国博大精深的传统文化和具有时代性的现代文化，更要因地制宜融合海外市场本土文化，以当地消费者最好接受的展现形式融入海外消费市场；另一方面，创新央企产品设计理念和形象设计，如在中国风系列产品中充分地融入中国元素，树立央企产品特色海外品牌形象。

其次，央企产品应从产品设计创新概念入手，引领产品行业主流趋势。掌握海外市场的主动性，打造具有中国特色品牌化的产品海外形象。通过提炼产品核心概念主题，演绎产品品牌理念，凸显央企产品海外形象，同时从海外消费者视角设计“同样经历、不同感受”的中国个性化产品品类，以满足多元化的海外市场需求。中国作为一个包容性很强的国家，不能仅仅停留在产品品牌模仿阶段，要突破性地进行中国特色产品概念创新，打造中国民族特色品牌化产品，提升国家整体吸引力和感召力，实现“中国制造”向“中国创造”的转变。

再次，央企产品在海外市场得以真正深入人心，不仅在于产品质量的保障，更在于与海外消费者良好情感关系的建立。令人满意的优质服务是建立这种关系的最好纽带，只有提供令人满意的优质服务才能实现消费者对于央企产品的真正认可。为消费者提供高品质的售前咨询、售中沟通、售后支持等人性化服务，让海外消费者感受央企产品销售过程中热情、真诚的东方民族形象。央企在产品销售服务过程中，应该及时与有一定文化差异的海外消费者进行有效沟通，为消费者解决在使用产品过程中的问题，同时保障产品的售后服务以提升消费者信任，这对于塑造央企产品良好形象有很好的积极影响。建立专门的售后维修点，保障维修零件的完整性，如此央企产品才能与售后服务完善的他国产品竞争。央企产品要从根本上实现海外形象的提升，必须以优质人性化的服务为基础保障，提供满足不同社会背景下的海外消费者的多元需求。

最后，产品结构优化可以提升央企产品海外形象。央企产品在海外市场上，呈现出以劳动密集型产品居多、高端技术产品缺乏的现状。中国农产品、纺织品、玩具等劳动密集型产品已经形成一定良好口碑，为央企产品向技术密集型产品升级奠定了良好的基础。从当今国际市场形势来看，计算机与通信技术、生命科学技术、光电技术、电子技术和计算机集成制造技术等技术密集度高和附加值大的高端产品才是顺应时代潮流和引领市场的弄潮儿。因此，央企应调整中国出口产品结构，平衡劳动密集型产品和技术密集型产品的出口量比例，正确认识中国在世界贸易分工体系中的角色扮演，发展高品质的技术密集型产品出口，逐步优化中国出口产品结构。

三、央企海外项目的舆情管理与危机应对

近年来，随着我国“一带一路”倡议的深度发展，央企面临的国际舆情环境也越来越复杂。很多央企存在舆情应对工作不到位、缺少防控策略等问题，在新兴媒体推波助澜的情况下，央企往往在负面舆情中丧失话语权，从而影响到其乃至整个中国企业在境外的整体形象。负面舆情的不断发酵，很可能导致项目被干扰、中方员工被驱逐出境，甚至项目停工、企业被列入黑名单等后果，损失巨大。

（一）央企海外舆情管理的主要风险和问题

目前，我国央企海外舆情和危机管理主要存在以下几个突出问题：

一是政治环境存在挑战。由于意识形态及国家利益的冲突，某些境外媒体背后有商业主体支持对我国“走出去”企业刻意抹黑的行为，还有境外组织机构和个人对中国企业带有严重偏见和攻击性，对中国企业发动舆论战，从而借助中国企业的负面舆情大做文章，抹黑“一带一路”倡议，进而攻击我国政府的对外经济及外交政策。

二是利益相关方繁多。央企海外承建的项目，尤其是大型项目在东道国影响巨大，关系到的利益相关方纷繁复杂，不仅包括业主方、监理方、联营体成员单位、分包商、供货商、属地员工，还包括政府机构、当地民众、非政府组织，以及同行业的竞争对手等，一旦损及利益、处理不慎都会引发负面舆情。

三是对境外媒体认识不足。“走出去”央企在当地相对封闭，与媒体沟通较为不足。有的项目部在境外采取封闭式管理，这无疑增添了神秘感，引发外界各种猜想。有的项目部容易把在国内对待媒体的方式移植到国外，不能全面认识境外媒体的特点。境外媒体主要以欧美国家媒体为主流，传播的声音也以这些媒体为主流，在话语权上占据优势，即使是亚非拉世界的国家的媒体，由于受殖民地时期的媒体机制影响，大

都倾向于民族性、批判性、公众性，而且有的媒体机构直接受西方国家控制，对中国企业带有偏见。

四是国际化程度不够。国内基建培养了大量的管理人才、技术骨干和劳务工人，加上中国人吃苦耐劳，一些央企在境外引入大量的国内劳务队伍，如此招来“中国人抢了当地人的工作机会”的批评之声，引发负面舆情。而且部分人跨文化管理能力不强，易在与当地人的日常交往中因为语言行为不当引发冲突，也会造成负面舆情。

五是应对措施准备不足。在复杂多变的国际舆论环境中，“走出去”央企对舆情应对重视不够、工作不到位，缺少防控策略。有的对此不够重视，常常忙于“救火”，并要求境外派出机构尽量阻止负面舆情，这种想法是欠妥的。“走出去”央企做大做强境外业务肯定会引起更多人关注，并且企业在当地一般都承建了关系国计民生的大型工程，影响力广泛，难免有出其不意的负面舆情。有的在应对方面相对投入不足，无论从顶层设计、制度完善，还是机构建立、人员配备与培养，未能进行系统部署。境外项目在前期策划时也未能将负面舆情列入整体考虑，例如，对于当地民众的环保诉求没有提前充分考虑，因此项目遭到越来越多民众的反对，迫不得已被长期搁置。

（二）央企海外舆情和危机管理策略

鉴于以上问题，本书为央企海外项目的舆情和危机管理提出以下几点建议：

1. 要加强负面舆情防控顶层设计。加强在舆情防控方面的顶层设计，要做好长期防控负面舆情的准备，建立舆情防控机制，设立专门机构，配备专业人才，加大舆情监测。

要完善机构设置，从国内到境外，自上而下设立舆情防控机构。总部层面设立专业部门，国外跨国企业一般由公共关系部门主要负责，有的央企将舆情应对作为宣传部门的一项职责。境外派出机构也应建立相应机构，自上而下延伸到国外，构成一个完整的体系。机构内部分工职责明确、工作流程清晰流畅，制订宣传方案执行有力，舆情应对向外发布口径准确统一、不自相矛盾。

要广纳专业人才。加大国际传播及舆情应对专业人才的招聘及培育力度，用国际化思维有效应对突发负面舆情，打造企业国际良好品牌形象。针对负面舆情，专业人士必须要有几种意识：一是风险意识，不仅要善于预料存在哪些负面舆情风险点，更要有及时应对负面舆情的判断定力；二是创新意识，就是在处置负面舆情方面要有创新的方式方法，能够妥善处理负面舆情，而不会发酵引起更多麻烦；三是团队意识，就是在整个项目团队中，对外的口径都要保持一致，而不是众说纷纭、各执一词。同时，在当地招聘专业的公关人员，要拥有一定的公关资源，及时与利益相关方进行沟通，积极澄清并争取理解支持。健全新闻发言人机制，境外一线发言人最好聘用属地人才，发言人不仅掌握企业主营业务的专业知识，而且善于使用通俗易懂的语言，能让媒体与公众理解，并且能够冷静智慧地回答敏感问题，更为重要的是不虚构信息，不随意推断和妄下结论。

要加大舆情监测分析。安排专人负责或者与相关监测机构合作，及时了解公众关切的信息，或采购专业舆情软件，进行全天候实时监测，或借助外部机构力量，例如新华社、人民日报或者国际有影响力的专业机构，提供专业服务，运用全球舆情数据对境外舆情进行分析。境外舆情分析可以帮助企业了解其品牌、产品的口碑，对企业境外舆情准确把控，及时发现问题、找出根源，第一时间进行舆情预警和负面舆情的应对。同时，完善境外负面舆情应对预案。一旦遇到境外负面舆情，企业可以按照预设的工作流程启动程序，做好协同作战，统一指挥、统一口径、统一发声。

2. 舆情应对“打铁还需自身硬”。在项目前期介入选择阶段，企业就应充分考虑舆论环境因素，并且提高国际化程度，在项目执行阶段，企业选派高素质人才，其行为不仅要符合法律法规，而且要积极争取民众认同。

首先做好舆情风险评估。因为负面舆情“叮有缝的蛋”，所以企业必须在项目前期就评估可能会有的舆情风险，充分做好宣传沟通，让民众理解项目对于当地经济的发展、民众的就业等利好，减轻民众对项目的种种误解。

其次提高国际化程度。企业应精减外派人员数量，如日本松下对其境外业务属地经营曾提出过6条指引，其中一条是保持低调，尽可能将管理交予当地人。例如，松下在马来西亚的公司日本籍员工比例小于1%。如此，企业可提高民众认可度，使负面舆情的可能性大大降低。

最后要加强外派人员的筛选以及行前培训。在出国人员选派环节，企业一定要注重人才素质，最重要的是把好基本素质关，从学历等多方面进行综合考量。不仅是要过语言关，而且要过文化素养关，加强跨文化管理培训，提升外派人员对于属地文化的熟悉、尊重和融合，尽量消除中方员工的语言行为引起的负面舆论，务必在语言行为方面慎之又慎。

3. 主动融入当地宣传构建共同体。海外负面舆情事件大部分都是由当地媒体披露的，因此，要加大在境外对企业正面信息的传播，多讲故事，主动掌握话语权。

要多讲故事。企业的境外好故事不传播就没有价值，不能发挥树立正面形象的作用。多讲与群众相关的故事，少讲道理，浅白的故事能够比理性分析传播更为快速便捷。最好聚焦到普通人，例如宣传中方人员对当地作了贡献，最好讲具体故事，让一个个具体的形象得到传播，并且鼓励员工携带家属，塑造家庭形象。还有就是讲感情，即讲述带有感情的故事。

要敢于示“弱”。“舆者，众也。”“舆人”就是众人，泛指庶民百姓。相对于企业来说，百姓就处于弱势。舆论是弱势的世界，是弱势群体最好的工具，是依靠弱来争取同情与认同。因此，境外舆论工作是多争取朋友，争取国际社会的认同与理解，而不是树立敌人。如果央企以强者的姿态高高在上表现强势，时不时就拿出资金实力雄厚、与当地政府合作密切、中国在当地的代表性项目等进行生硬、古板地自我标榜，这些“要强”的信息容易让处于弱势的公众产生抵触心理，无疑也会遭遇认同障碍。对外传播主题如果有太多的“我很大”，就容易被人利用，让弱者理解为“你好大，我害怕”。特别是企业处理与民众个体之间诉求的时候，如征地拆迁等事情，特别要注意不能显示太强的一面，这也是舆情原理中讲的弱者与强者对峙，公众会天然同情弱者。

要积极亲“弱”。企业要同情弱者、尊敬弱者、帮助弱者，平时一定要靠近老百姓，走“群众路线”，起到润物细无声的效果，让舆情有利于企业。要通过组织参与社区活动等形式进行，要通过履行企业社会责任表达强者对弱者的关注，建立与弱者的连接。央企在境外实施的项目大多是基础设施，对当地经济发展作用不小，只是与群众的获得感有一定距离。在全球新冠疫情暴发时，央企通过向当地捐赠抗疫物资，履行企业社会责任，体现守望相助情谊。此外，央企应当及时通过与脸书、推特等自媒体互动，当地媒体报道以及邀请意见领袖、公众体验等，展示央企的负责任形象，这样的好事要常常说、善于说，赢得当地人的口碑，以便在负面舆情中能有人替企业说话。

4. 回应负面舆情要讲方式方法。对负面舆情的回应要区别对待。要不要及时回应取决于是否关系到公司的核心利益、员工生命安全、民族歧视等问题，例如工程质量出现问题，就要及时启动新闻发布程序，根据进展情况快速发布。有的情况不着急对外发声，有的需要借助其他人来发声，有的需要及时切割。

要敢于主动发声。不能因为身处异国就怯于发声，对于核心问题的舆情，如果不主动发言，就会被代言。善于借助媒体力量，但不建议单独就某舆情召开发布会，最好能通过长期观察寻求一家影响力较好、评价中肯、分析冷静的媒体，通过独家专访向外界传递细节，真实、正面、客观地做好信息传递，让公众了解真相，让其了解企业是严于律己的。

要不急于发声。对于负面舆情要第一时间反应，但不必第一时间回应。如果无法回应和解决负面舆情，那就用时间熬，挺过去了负面舆情就会降温乃至消失。对于一些负面舆情，若当事人不断解释，反而会陷入舆论的泥潭，而有的负面舆情没有回应就会自然平息。舆论，实质上就是“人的关注”，没人关注也就不会有舆论，而关注有时间性，时间段一过关注就慢慢消失，继而迎接下一个关注。切记不要“横刀立马”阻拦媒体，这样不仅承担高额的费用，而且效果很可能适得其反，企业陷入被讹诈的圈套，反而弄巧成拙，使事态更为扩大。

要善于请其他人发声。央企在经济全球化的趋势下参与竞争，要想获得更多支持就要广交朋友，争取理解与帮助。例如，央企在非洲某国建设铁路，一些西方及当地媒体借此不遗余力地炒作所谓“中国债务陷阱论”。该国总统接受美国有线电视新闻网主持人专访，主持人故意问到债务问题，结果直接被总统进行了有力回应：为何只关心中国给我们的贷款，我们是从中国借了钱，也从美国借了啊，来自中国的债务与其他国家和机构的债务并没有什么区别。此外，在该铁路通车庆祝活动上，该国交通部长在致辞中脱稿驳斥了个别当地媒体的消极报道。

四、央企海外项目的技术转让与知识产权保护

本节分析跨国企业在国际市场上进行技术转让和知识产权保护的策略，进而为央企海外项目的技术转让与知识产权保护提供经验借鉴。

（一）国际市场上技术转让和知识产权保护的策略及经验

在国际市场上，跨国企业除了凭借其技术优势、品牌优势，构筑高技术壁垒，抢先制定行业标准从而控制技术外，它们之间还结成专利联盟，共同维护垄断地位，其行为已成为竞争的巨大障碍。在技术转让过程中，它们同样遵循控制技术、维护垄断地位的战略。

一是知识产权转移内部化。跨国企业向发展中国家（包括中国）出让技术时往往严格控制核心技术转让，表现为向我国国有企业、集体企业等转让的技术数量少、水平低、重复严重、实际效果差，以生产线、技术咨询、技术服务为主，专利技术所占的比重过低；引进硬件比例偏高，工艺技术引进比例偏低，成套设备、生产线引进中技术费所占的比重比较低，对提高自身创新能力作用小。这反映出跨国企业技术转让的内部化趋势进一步加强。

二是伴随垄断联盟的交叉许可逐步兴起。许多技术转让方均不把具有战略意义的专利技术和专有技术列入交叉许可的范围，也不给予单边许可，而是尽可能地结成更高层次的战略联盟和合资关系，或自己进行跨国投资。只有当交易对手也拥有自己所必需的关键技术时，技术转让方才将其列入交叉许可的范围，从而保持技术创新优势。因而就知识产权中的关键技术而言，技术转让方要么是等价交换，要么是开出令受让方望而却步的高价，从而成为实际的不许可。交叉许可协议往往伴有卡特尔协议，许可协议仅作为违反卡特尔协议的掩护，这种转让方式多在技术创新国或世界技术垄断寡头之间进行，实际上阻止了其他市场参与者获取高端技术的可能。

三是技术许可合同条件趋于严格，技术控制加强。跨国企业对华技术转让多限定技术的受让方不享有合同到期后的延续权，使得跨国企业可以更为灵活地进行商业化专利组合，随时调整许可内容以适应创新技术的竞争条件和价值的变化，还可以缩短使用将来专利的时限。在许可范围内，改变以前倾向于在受让双方之间进行所有领域的“一揽子”交易，而采取逐个领域谈判的方式。这种趋严的状况即使是在母子公司之间的技术转移也不例外。

四是采取更为隐蔽的方式滥用限制性商业条款。首先，由于技术上的优势，跨国企业在研发某一产品的过程中就有意识地将其与产业化密切联系在一起。一旦产业化后，核心器件和原材料必须在技术转让方指定的受控子公司或关联公司处购买。如果从国际市场上其他供应商处购买的，企业则会因技术指数等相关因素不协调而使产业化成为不可能。其次，有的跨国企业在转让许可中方使用专利技术时不转让与许可使用相关的其他专利技术，中方仅凭受让技术无法生产，不得已再高价向外方购买其相关专利技术，致使中方陷入被动局面。有的跨国企业存在搭售行为，强迫中方购买具体的设备或配件等。有的跨国企业设立合作合资企业时规定，中方在外方提供的技术基础上开发的新技术，外方可以免费使用，中方却不可以免费使用外方新开发的技术，权利义务明显不对等。

（二）应对技术转让和知识产权保护的策略

第一，政府部门应该制定国家知识产权战略，培育与跨国企业竞争的对手。一方面，通过引进同行业其他的跨国企业投资，使跨国企业之间在中国市场上展开激烈竞争；另一方面，彻底打破内资企业跨所有制、跨地区、跨主管部门兼并重组的体制约束，完善企业创新体制，全面增强内资企业的竞争力，形成有实力的国内竞争群体。一定的竞争压力以及公平、有序的市场环境将对跨国企业技术转移起到持续的刺激作用。

第二，央企要重视对新生知识产权的争取与保护。在国际技术转让活动中，技术的改进、创新肯定是不断发生的。这种发展了的技术必然涉及知识产权的归属问题。对此，外方往往采取一些限制性的商业做法，如单方回授，即要求技术引进方将其对所引进技术做出的改进无偿地提供给许可方使用，但许可方并不承担改进技术的成果无偿转让给接受方的义务，或者限制引进方对改进申请知识产权保护，甚至限制研究发展和改进。这些规定既不符合我国法律的规定，同样也违背了国际间的商业惯例。因此，我国企业必须积极努力地争取将新产生的知识产权的归属确定为己方所有，并采取各种手段加以有效的保护。

第三，应建立大企业主导下的研究与开发体系，尽快形成独立自主的技术创新能力。由于在国际技术转让中，关键性技术已经难以获得，以市场换技术不可能再成为我国发展高新技术的唯一途径，因此我国的企业必须具有独立的研究与开发能力，拥有能够进入技术垄断市场的自主知识产权，通过知识产权转移和参与交叉许可，使我国企业参与国际竞争，在技术转让中获得最大利益。

第四，科学选择技术引进的内容与方式。目前我国大部分产业有比较雄厚的物质技术基础，已没有必要再大量进口大批成套设备，以减少对外国技术的依赖性，增强本国的自主开发能力。凡是国内有一定技术装备基础、购买关键设备或部分关键部件就可以配套生产的，就不进口设备；进口国内急需而又不能制造的硬件设备，必须同时引进其设计制造技术。必须坚持以最小的代价获得最大的效益。

第五，增强技术消化、吸收、创新能力引进技术。进行消化、吸收、创新是技术进步的一个捷径。根据国家统计局的数据，我国用于引进技术的资金和对引进技术、消化、吸收创新的资金投入比例为1∶0.07，结果就是“引进再引进”，无法形成有自主产权的技术和产品以及应有的核心竞争力。这告诉我们，必须注重在消化吸收的基础上提高自身的创新能力。

第六，央企在接受外方技术转让时，要掌握国际技术转让中有关知识产权转移的特点和方式，采取有利于企业的策略。在技术转让中要更好地同外国的技术转让方打交道，并大力发展我国的技术贸易，使我国企业更好地利用知识产权转移的时机，注意引进先进性、实用性和配套性技术。同时，要注重对技术转让中知识产权转移价值的评估，防止技术转让方索取高价。具体来说，技术受让方或被许可方主要注意以下几方面：（1）一定要弄清对方的有关技术是“已申请专利”还是“已获专利”；有关专利是否经过异议程序，并已被宣布不成立，二者的性质不同在评估时其价值也完全不同。（2）在对实用新型和工业品外观设计专利进行评估时，切不可与发明专利同等对待，否则两者会因未经过实质审查，其效力很可能在日后侵权诉讼的“反诉无效”中被无效掉。（3）为避免因漏缴年费导致专利受让方受损的情况，有必要在技术转让合同中严格规定，技术供方必须按期向有关专利机构缴纳年费，以维护专利的有效性，并明确因供方未按期缴纳专利年费致使合同专利失效时供方应负的责任。（4）必须了解专利距离保护期届满长短。如果专利保护期只剩下两年，该专利的价值比较容易评估。由于专利保护期不可续展，这时，无论供方依照怎样权威的“评估公式”来评估其专利，受方绝不能接受高于、等于或接近受方往后两年预计利润的总和。而专利保护期所剩期较长，其价值的评估就较难。（5）了解有关专利是否正被牵扯到侵权诉讼、无效诉讼等专利未决纠纷中。在技术转让合同中应明确专利权人对合同专利享有的合法性，并且应该规定，若受让方在合同有效期内因使用专利技术、制造、销售产品等受到任何第三方关于合同专利侵权的指控时，应由转让方承担全部损失。此外，已经获得批准的专利跟正在申请的专利也有可能因为种种原因被宣告无效或拒绝。因此，合同必须规定在此种情况下应如何处理。

五、央企海外项目的利益冲突与均衡管理

本部分分析央企海外投资面临的利益矛盾与冲突，并提供一些行之有效的冲突争端解决机制，从而提高央企与海外投资东道国的利益相关性。

（一）央企决定其海外利益行为选择的主要因素

基于本书研究的主要标的是央企，以下的讨论主要集中于央企的行为选择。在央企对外直接投资所涉及的多种利益关系中，央企与东道国政府之间的利益关系是最主要的，也是央企考虑其行为选择的主要方面，所以以下的讨论也主要侧重于央企与东道国政府的利益矛盾与冲突。

当发生利益矛盾与冲突时，央企首先要考虑冲突结局对企业的重要性、企业自身实力及其他相关因素，然后选择自己的管理策略和方法。决定央企行为选择的主要因素有以下几种。

1. 利益矛盾与冲突的结局对央企利益的影响程度。当发生矛盾与冲突时，央企首先会想到矛盾与冲突的结局对自身利益的影响程度，也就是说，矛盾与冲突理想解决所带来的利益有多大，不理想的解决又会给自身带来多大的损失。如果央企认为矛盾与冲突的结局会直接影响到其全球战略，影响其对关键资源的控制能力，则央企会尽最大努力避免冲突不理想的结局出现。各个央企及其下属公司的情况并不完全相同，某种矛盾与冲突对某类企业至关重要，而对其他类型的企业则可能并不重要。企业之间关键资源的不同，决定了对不同类型矛盾与冲突看法的差异。此外，企业在评价某一冲突的重要性时，还要考虑下述方面的影响。

一是企业的财务状况。如果企业经营很成功、盈利颇丰，对这类企业来说，同样的矛盾与冲突的代价就显得不那么严重，从而有可能做出

让步；反之，当企业的财务状况不佳，甚至在面临破产的情况下，微小的损失也会看得很重，做出让步的愿望会大大降低。

二是是否有连带的结果。如果这次让步会引起央企其他海外子公司的同样矛盾与冲突或其他相关的对母公司的负面作用时，矛盾与冲突能否理想解决的成本和收益都很大。如已有先例可循，让步所导致的间接成本和间接得利会大为降低。

三是是否经过保险。资产经过保险的企业对某种矛盾与冲突带来的损失的看法显然会改变，如美国海外私人投资公司对美国公司在海外资产的没收、禁止利润汇回等引起的资产损失提供保险。已投保的企业，对东道国在这些方面的要求做出让步的可能性较大。

四是是否存在可替代的机会。矛盾与冲突引起企业在该国经营缩减，可以通过在其他国家同样机会成本前提下经营的扩张来弥补时，则企业对这种冲突所愿投入的“赌注”就会减少；反之，若无替代机会，央企所下的“赌注”就会增加。

五是矛盾与冲突的紧迫性。推迟矛盾与解决冲突的机会成本的大小，也与央企对待冲突的坚定性策略及其政策行为有关。机会成本越大，矛盾与冲突的紧迫性越强，做出让步的可能性就越大。

上述几种因素共同决定央企愿意在矛盾与冲突中投入的“赌注”量。“赌注”越大，说明它对冲突理想解决的结局越坚定；反之，坚定性就越弱。

2. 实力对比。“实力”即议价的能力。央企相对实力的强弱，决定着冲突理想解决结局实现的可能性。影响议价能力的因素很多，包括规模、成员素质、金融地位、潜在资源、领导素质、管理能力、威信、声誉、说服技巧、组织程度、内聚力、知识、专家化、可利用的替代机会等。对央企来说，有效的实力则更多地体现在以下几个方面：

一是对资源的控制能力，它包括：对能产生实力的资源的控制；对自己拥有或控制的资源的了解；利用这些资源影响其他人的能力；把这些资源转化为可利用实力的技巧等。二是本国政府的支持程度，如美国在中东施加影响，使美国的石油公司得以在中东开展业务。三是联盟的存在与否，自身实力虽然不强，但却有两个或两个以上的同盟者，将大大增强自己讨价还价的能力。四是可供选择的机会存在与否，不论对于央企还是对于东道国政府，可选择余地越大，谈判地位就越强。五是对冲突情形的准确判断力，如果能够准确地判断双方冲突的格局、冲突结果对双方的影响程度、冲突双方议价实力大小等，也能增强讨价还价的能力。

因此，央企在作实力判断时，既要考虑对立双方各自控制的影响实力的诸因素的数量，同时还要考虑这些因素的有效性。

3. 目标与手段的相关性。如果说坚定性行为和策略取决于目标实现的重要性和相对实力的强弱，那么合作性行为和策略则取决于矛盾与冲突双方的目标与手段的相关性和以往关系的好坏。矛盾与冲突双方的利益关系有 3 种情况：一致、对立以及既有一致的一面又有对立的一面。当矛盾与冲突双方的目标、手段呈正相关关系时，合作能给双方带来好处，冲突双方都倾向于合作。当矛盾与冲突双方的目标、手段为负相关时，双方都倾向于不合作。只有在双方的目标、手段完全一致的场合，才可能出现完全合作，这一般是很少见的。而如果矛盾与冲突一方目标的实现是在另一方无法实现其目标的前提下，完全不合作行为则会出现。

多数情况下，矛盾与冲突双方在目标或手段上既存在共性，又存在差异。有时，双方在目标上没有差异，但在手段选择上存在分歧，如由于双方的社会制度、经济发展水平及社会文化的不同而导致的管理差异，都可能引起矛盾与冲突。

对于那些与央企在目标、手段上相关度较高的利益集团，央企很可能也有动力去满足对方要求，采取合作行为和策略，通过协作或和解的策略模式使共同的利益得到协调和发展，而对于那些相关度较低的集团，国际企业则可能采取不合作行为。

4. 以往关系的好坏。矛盾与冲突双方以往关系很融洽，有很好的合作经历，有助于推动彼此间的信任，对双方的要求坦诚相见，并做出积极的反应；反之，如果以往关系很糟，彼此互不信任，当分歧出现时，威胁感异常强烈，随时准备对对方的要求作反向的反应。关系是否融洽可以用许多形式表现出来。关系不融洽的认识和感觉来自以往冲突或分歧发生时彼此的对立、相互间的轻视、价值观念的差异和制度障碍等。

综上所述，央企的冲突管理行为和策略实际上都是上述4个变量相互作用的结果。如果结局的重要性和相对实力都很高，矛盾与冲突双方利益负相关，且以往关系不佳，那么央企就会选择对抗模式；反之，就会选择和解模式。当然，4个变量各自的不同等级的组合是相当多的，如果每种变量简化成只有好、坏或强、弱两个等级，4个变量的组合还有16种。在各种情况下，央企的行为和策略往往是混合的、多角度的。

此外，还应看到，矛盾与冲突是一个动态发展过程。矛盾与冲突的发展大体包括5个阶段，即潜在的矛盾与冲突、已出现的矛盾与冲突、明显的矛盾与冲突、矛盾与冲突的解决、矛盾与冲突的影响。当然，并非所有冲突都经过这5个阶段。一个央企在同一时间内可能面临多种矛盾与冲突，但并非都处于同一阶段，有些矛盾与冲突可能还处于潜在阶段，有些却已经发生，而有些可能已经解决。由于决定央企行为的4个因素不是静止的，因而不同阶段上的矛盾与冲突可能会逐步升级，也可能逐步下降，这就为央企如何在冲突管理中争取有利的结果提供了条件。

（二）央企力争利益矛盾与冲突有利结局的途径

如果冲突解决得不好，央企会面临多方面的损失，轻则可能使企业成本增加、收益降低，重则使央企不得不从东道国完全撤出。面对被动卷入的矛盾与冲突，央企并非无能为力，它完全可以以主动的姿态去影响矛盾与冲突的结局。

1. 提高议价的能力。大量调查研究的结果表明，不同的跨国企业在东道国所受到的待遇大不相同，一些跨国企业子公司不情愿地在东道国组成合资企业，被强加各种税收与价格限制；但另一些跨国企业却被允许100%独资经营并获得东道国的财政资助。即便在法律机构要求对所有的外国企业平等对待时，这种歧视性待遇仍是一种普遍的现象。其原因就在于跨国企业议价能力的差异。

东道国对央企议价的能力来自两个方面。一是当央企的管理、技术以及相似的资源储备可以在东道国国内取得或是可以通过咨询、许可协议等方式获得时，东道国的议价能力就提高了。当央企对其子公司资源的支持已经不再是子公司盈利的必要条件时，当地的利益集团就会要求政府代表它们的利益对央企进行干预。二是它对本国区位优势——原材料、劳动力及资本的控制能力。随着这些要素变得越来越重要，会有更多的央企竞争以在这里落户，从而使东道国议价最大化。

央企议价能力则主要体现在成功地运作子公司所需资源的控制力。央企提高议价能力可以考虑以下的途径：一是保持对东道国技术、管理、出口能力以及资源寻求渠道的领先优势。央企常通过该途径提高其议价能力。二是保持产品在国际市场的竞争优势，从而使东道国产品出口离不开央企的支持。三是加强央企子公司纵向一体化程度，强化东道国子公司资源寻求对央企的依赖性。即使在东道国资源寻求本土化的压力下，央企也必须力求使子公司元件或产品的采购渠道多样化，防止东道国政府利用自己作为跨国系统内唯一供货商的有利地位，胁迫央企。

2. 影响东道国政府和公众对央企实力的预期。例如，有些央企故意增加外国工程技术人员的数量，加强安全措施，使公众误认为子公司营运很复杂；通过公关宣传使公众了解国际企业对子公司在技术转让和其他资源方面的贡献；通过公关宣传，将它们的发展计划告诉公众，使社会知道保持子公司产品竞争力的困难和近期公司的技术革新计划等。另外，央企还可通过多种途径收集信息情报，以便适时地安排与政府官员的接触，了解政府的意图。

3. 选择提高其实力的合适时机。议价能力升级的时机选择是一个复杂的问题，无论过早还是过晚都会给国际企业带来损失。升级过早，固然牢靠，但却使技术过早扩散，损害央企总体利益；升级过晚，则起不到作用。以与东道国的冲突为例，由于东道国本身技术管理水平的发展及央企技术的扩散，东道国的实力地位呈递增趋势。所以一般认为，央企提高议价能力水平应选在东道国政府发现子公司的地位较弱的时点上。

图 6－4 从概念上描述了央企提高议价能力的时机选择。通常，央企刚进入东道国时都具有相当高的议价能力（*A* 点）。这时央企海外子公司的技术水平、管理技能都高于东道国。随着时间的推移，东道国可以从子公司或通过其他外资公司、培训、海外教育等途径直接学习相应的知识，逐步缩小二者之间的差距。这种学习效应将降低对作为这些资源供应者的央企的依赖。也就是说，随着这项技能为东道国国民所掌握，央企的议价能力就消失了。

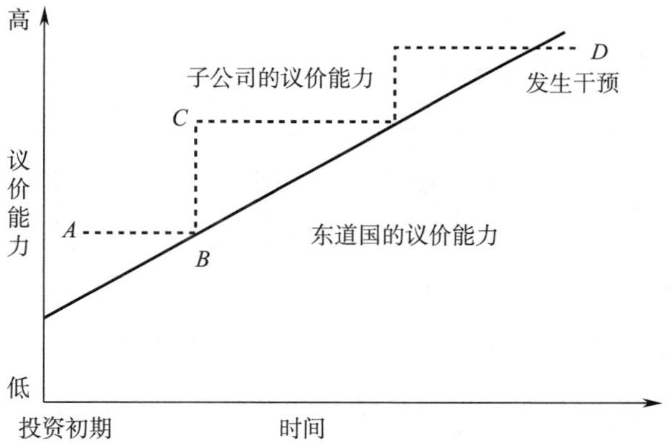

图 6－4　不同时期央企在投资东道国的相对议价能力

从概念上讲，采取提高议价能力的行动的最佳时机是在东道国与子公司的议价能力相等（*B* 点）之前。在 *B* 点，东道国的政府或利益集团开始认为它们可以用国内技术、管理采购等来替代央企的所为，而这种替代不会带来太大损失。这时，即使央企以撤回服务或技术相要挟，也难以制止当地的企业家和其他利益相关者促使政府对央企进行干预。

本书前述的提高议价能力的办法在 *B* 点都可以使用。为了说明这一点，以一个进口零件组装电气设备的子公司为例，提高议价能力可能涉及在东道国制造其难以生产的更复杂的电子器件，这一战略使子公司的位势达到 *C* 点。如果这种提升议价能力的努力失败的话，终将会为某种干预付出高昂的代价（在 *D* 点），如被迫合资或零部件采购本土化。

(三)央企提高与东道国利益的正相关性

央企可以考虑以下措施,提高与投资东道国的利益正相关性:

一是加强与当地企业的合作关系。例如,积极扶植当地企业成为其供应商或经销商,此种关系可对央企在当地的投资形成无形的保护。

二是与当地人士进行联合投资。最普遍的提高利益相关性的办法,莫过于与当地人士进行合资经营。当地股东必然会积极保护其投资的事业不受政府管制的侵害。当地合作者若为政府人士,则这种保护作用的效果更明显。IBM 公司的策略具有一定代表性。IBM 一般在当地设立两家公司:一家独资,一家合资。其中独资公司负责制造,合资公司负责市场销售。这样做有两个好处:(1)独资公司负责生产,可以保证国际企业对关键技术的垄断;(2)虽然合资公司仅负责销售,但其产品由独资企业提供,独资企业遭到政府威胁,不能正常向合资企业提供产品时,势必会影响到合资公司中当地股东的利益,当地股东就会出面对本国政府对供应商的"不友好"态度进行干预。

三是资产分离与业务转移。央企可将有形资产与无形资产相分离,让东道国企业拥有实体资产,则被东道国征收的危险自然会减少。央企还可根据各东道国环境的差异,充分利用其本身多元化经营的优势,极力回避会引起东道国政府和人民反感的领域,向未受东道国限制的产业发展。

四是调整资本输出国国籍。基于政治、法律、税收及管理上的需要,央企常以其第三国子公司的名义到东道国进行投资。经过资本输出国国籍的调整,央企在东道国往往会取得较母国出资更为有利的政治与法律地位。

五是改善相互关系的质量。改善矛盾与冲突各方的相互关系贯穿于央企所有的经营活动过程中,如果抛开利益追求因素,从纯关系角度考虑,央企改善矛盾与冲突各方相互关系的努力至少可以从两个方面入手:(1)充分发挥国际公共关系的职能,利用各种公关手段,通过各种方式加强本公司与各类公众之间的关系,在公众心目中树立起公司的良好形象，求得公众对本公司的支持和合作；（2）努力提高央企对由于异国的制度、技术经济发展水平和社会文化的不同而形成的管理差异的适应性。特别重要的是要注意选择那些对异国差异具有足够的敏感性、语言交往能力和人际交往能力，了解东道国的社会、历史、经济、立法和政治经济体制，并能够进行积极的自我评估和情感上成熟、能够承受差异的冲击，并不失去个性的人员来担任子公司的经理人员。

六是进行跨文化管理。央企运作的每一个国家都有它特定的经济、文化、法律、政治和竞争市场，在这些因素中文化是关键因素之一。不同文化之间，价值观念、思维方式、行为准则、语言、习惯和信仰都存在着明显的差异。文化背景不同的人，其经营理念和管理方式往往大相径庭。这也是产生矛盾甚至冲突的一个重要因素。央企跨文化管理就是在跨国经营中，对不同民族、不同文化类型、不同文化发展阶段的子公司所在国的文化冲突进行协调和融合，找出超越文化冲突的公司目标，创造出公司独特的文化管理过程以维系不同背景的员工共同的行为和观念准则。央企的子公司遍布世界各地，在一个员工众多、民族不同、价值观不同的复杂环境中，央企文化管理的首要任务是明确自身企业文化的核心，只有在有了核心的企业文化作为内在动力后，央企才能在此基础上根据不同的环境调整自己的文化管理战略，对不同的文化环境进行协调、整合和创新。

第七章　央企海外投资的金融体系创新

第一节　央企产融结合的现状与展望

一、“一带一路”金融体系创新

随着“一带一路”倡议的提出，投融资需求不断增多，为我国金融机构的发展提供了更多的机会，促使金融机构的业务类型也越来越多样化，进而有力推动了我国金融的创新发展。在“一带一路”的不断发展过程中，金融业随之进入了沿线国家，有力地推动了我国金融机构与沿线国家进行交流合作、共享资源，跨境分支机构也随之建立。我国金融机构可以通过“一带一路”平台收集更多的外部信息，完善全球业务布局，分散全球不同市场的风险，加快国际化进程。并且可以获得更多的海外客户、市场以及投资资源，使我国金融体系的资源配置更加有效，从而提升我国金融机构的竞争力，使我国跨境金融支持载体更加多元化。

与“一带一路”倡议有关的金融机构可以分为三个类型：一是完全国有化的政策性金融机构，如国家开发银行、中国进出口银行和中国出口信用保险公司等；二是由中国主导的国际性多边金融机构，如亚洲基础设施投资银行、丝路基金和金砖国家开发银行等；三是商业银行，如中国工商银行、中国建设银行等。这些金融机构的产品、服务与主要业务目标有所差异，它们从不同的方面共同支持“一带一路”的发展，要充分发挥各金融机构的专业化作用，不断丰富并创新金融产品与服务，共同推动我国金融市场化与国际化。

金融创新发展有效促进了资金的筹集、融通以及使用，可以有效配置社会资源。由于“一带一路”倡议中的基础设施等项目的资金缺口较大，金融创新发展可以将要素与资源集中于这些领域与项目；互联网与科技的不断发展将有力推动金融创新，并通过“网络互通”推动“一带一路”建设；而金融所具有的中介作用，具有信息优势，可以有效优化产业结构，并且发挥区域资源优势。①

随着产业结构的不断优化与金融创新的不断发展，为提升资本运营效率与档次，提高企业多元化发展与竞争地位，很多企业选择进行产业资本和金融资本之间的相互融合。产融结合可以通过金融机构持有非金融类上市公司股份的方式实现“由融到产”，也可以通过非金融类上市公司参股金融机构的方式实现“由产到融”。企业可以通过参股、控股、持股以及人事参与等方面的合作，实现产业部门和金融部门的相互渗透，产业资本在金融资本的支持下将会大大提升内部循环与增值速度，从而实现产业资本的扩展。②

过去，产业资本与金融资本联系甚少，但随着我国经济不断发展，海外投资逐渐增多，“一带一路”建设的发展也更加深入，金融体系的结构不断优化与发展，产融结合的作用逐渐凸显，越来越多的企业选择产融结合，产业资本与金融资本的联系逐渐加深。中央企业在国民经济中处于重要地位，以中央企业为代表的产业资本在近年来与金融资本不断深入融合，实现了较高水准的产融结合，有效促进了中央企业主业和实体经济的协同发展。

二、央企产融结合的实施动机

2016 年，工信部、中国人民银行和银监会三部门制定并印发了《加

① 李博雅．金融创新对“一带一路”建设的作用探析［J］．经济研究参考，2017（38）：31－39.

② 马红，王元月．金融环境、产融结合与我国企业成长［J］．财经科学，2017（1）：59－71.

强信息共享促进产融合作行动方案》，支持具有一定资金集中管理经验的企业集团成立财务公司，提高企业集团内部资金运作效率，降低企业融资成本。该文件的出台促进了产融结合的发展，使得更多的企业进行产融合作，助力主业发展。央企进行产融结合的动机包括：

第一，产融结合有利于降低交易成本。根据交易成本理论，企业和市场是两种可以互相替代的资源配置机制，央企可以通过经济活动内部化来节约交易费用。央企通过产融结合，可以利用金融资本的信息和激励优势，有效配置内部资源。而且产业资本和金融资本之间除债权债务关系之外的投资合作关系，可以降低双方的交易成本，包括监督成本和借贷成本等。

第二，产融结合有利于实现协同效应。产业资本与金融资本相互依存、共同促进，使得央企可以利用金融资本推进产业资本的发展，进而提高其综合竞争能力；产融结合后，双方的资本、人才、技术等方面可以进行有效融合，有助于基本生产要素的作用提升，从而使企业的整体价值得到提高。央企作为中国国民经济的支柱，更加关注金融资本与产业资本的结合，引导中小实体经济参与者利用金融资本，稳固国民经济发展结构，推进虚拟经济与实体经济的协调发展。①

第三，产融结合可以使企业合理利用金融资源，稳定和提高利润。央企与银行建立股权关系能够拓宽信息获取渠道，降低企业与银行之间的信息不对称程度，有利于缓解逆向选择与道德风险问题，增强金融机构提供长期信贷的意愿，降低贷款成本。由于央企所处行业大多关系国计民生，并且与经济周期紧密相关，央企可能会面临着市场竞争激烈、产能过剩、投资方式单一与收益水平下降等问题。而金融行业的投资方式比较灵活、资产专用性较低，近些年来金融业的平均利润率远超传统行业的平均利润率，同时金融牌照获取困难，具有一定的稀缺性，因此，

① 陈美，夏卓秀．产融结合与企业创新——基于央企控股上市公司的经验证据［J］．金融评论，2019，11（2）：81－94＋125.

一些央企纷纷通过介入金融业务以追求新的利润增长点。[①]

第四，拓展融资渠道，促进国际化战略实施。产融结合便于企业资源外部提取和能力整合，有助于缓解融资约束。产融结合使得央企在得到低成本资金支持的同时，还获得资金提供者——金融机构的专业性支持，包括人才、技术等，这有助于央企扩大产业规模，创新公司业务，提高国际竞争力。产融结合还有助于实体产业突破发展瓶颈，是以央企为代表的大型企业集团走向国际化的必经之路。

三、央企产融结合的发展历程

产融结合在我国的发展是从 1990 年开始的，但是由于处于发展初期，法律体系并不健全，产融结合引发了一定的风险，如 2004 年的“德隆事件”。随着金融业开放程度进一步扩大，我国央企实力逐渐提升，央企已经成为我国企业实施产融结合的主力。2006 年 7 月，国资委公布的《中央企业投资监督管理办法》对央企投资做出了限制，产融结合进入了一个相对沉寂时期。2009 年，国资委释放了支持产融结合的信号，促进了央企的产融结合，例如中石油相继收购克拉玛依银行、宁波金港信托并成立金融租赁公司。2010 年，银监会禁止钢铁、电解铝、煤炭、造船、化工、水泥六大产能过剩行业的央企入股商业银行。2013 年党的十八届三中全会作出了“开放金融业、加快完善金融市场体系以及深化国有企业改革”等重大决策，产融结合成为不少央企改革试点的重要方向。

央企在国民经济中占据着重要地位，所以针对央企产融结合的管理议题受到了政府监管机构的关注和重视，多项政策文件发布，多个相关会议召开。这些政策的发布与实施，旨在加强对央企金融业务的管理，防控金融风险，促进金融更好地服务实体经济。综上所述，我国产融结合发展历程较为谨慎，但由于产融结合对于企业发展具有重要作用，是

① 郭水文．中央企业产融结合研究：一个理论述评［J］．现代管理科学，2018（4）：21 –23.

企业做强做大、提升国际竞争力的必然趋势和必然选择，因此，需要在推进产融结合的同时加强监管。央企产融结合要注重关注主业发展，金融服务主业，限制纯粹的金融投资。

近年来，在政府的政策支持与监督管理下，央企在产融结合、以融促产等方面也做出了积极努力，取得了积极成效，有力地推动了央企主业和实体经济的发展。

在“由产到融”方面，国资委监管的97家央企均是各行业与领域的龙头企业，其主营业务涉及煤炭、军工、电网电力、钢铁、电信、石油石化等行业。这些央企的产业资本雄厚，在进行产融结合时具有极大的优势，投资金融业可以发挥其产业资本和金融资本的协同优势。央企金融牌照涵盖了财务公司、商业银行、证券、信托、保险、期货、基金公司等各种类型。整体而言，进行产融结合的央企数量已达到2/3。部分央企控制多家金融机构，且控制的金融机构覆盖多类型多行业。数据表明，大部分央企选择产融结合，且央企产业资本与金融资本的融合深度和广度不断提升。

在“由融到产”方面，现阶段，我国央企主要是以资产管理公司和产业基金为依托，资金的来源依赖于国家的支持，资金实力雄厚，能够提供覆盖范围广、专业性强的金融服务助力实体经济的发展。中国平安是一家集保险、银行、投资于一体的公司，其核心金融与互联网金融同步发展，以“大金融资产”“大医疗健康”为主业，涉及房地产、医疗健康、汽车服务等实体行业；华融资产管理公司、长城资产管理公司、东方资产管理公司、信达资产管理公司为企业提供全价值链、全生命周期金融服务，助力企业降成本、转型升级，切实发挥金融服务实体经济能力。以投资和资产管理为主的国投，专注于实业领域，包括能源、运输、化肥、高科技等。由国资委发起的国有企业结构调整基金是为满足央企实业发展需要而设立的，主要是针对央企产业结构调整，如提高质量、转型升级、科技创新、国际化经营、不良资产重组等。[①]

央企的“由产到融”与“由融到产”模式存在一定差别。“由产到融”，在产业发展的基础上，从产业到金融，以金融支持主业发展，既可以解决央企的融资难题，还能提高央企闲置资金的利用效率。而涉及经营、财务、信用的风险防控是当前这一模式的最大问题。“由融到产”的优点是能够通过综合的、专业化的金融服务最大化地优化产业资源配置和资金利用效率，从而更好地为实体经济提供金融服务。然而，在这样的模式下，单一的金融机构很难满足实体产业的综合融资需要，需要更多标准的金融服务。中国平安、四大资产管理公司等都具备提供全产业链、全生命周期金融服务的能力，这是实现产融协同发展的重要条件，但由于自身实力的限制，单个金融机构难以突围。

四、金融服务创新模式在央企海外投资中的作用机制

（一）产融结合背景下央企海外投资现状分析

在 2014 年 12 月 24 日的国务院常务会议上，为了加快金融支持企业“走出去”，提出了三条措施，即健全政策体系、拓宽融资渠道、简化审批程序。加大我国海外投资的金融支持力度，是促进我国经济持续稳定发展、优化经济结构的一项重要措施，能够推动我国的优势产业和充裕产能走出国门，实现国际产能合作双赢，提升我国产品的国际竞争能力，从而推动我国金融业、制造业向中高端发展。

2014—2018 年，我国的对外投资政策由“大规模走出去”转向了“鼓励发展 + 负面清单”的积极推动。2015—2016 年，非金融类境外投资快速发展，但部分投资项目与其主营业务无关，可能存在资产转移嫌疑。这一“非理性”的投资行为引起了我国政府的高度关注和对投资风险的担忧，在此基础上政府加强了监管措施。

2018 年 1 月，商务部、人民银行、国资委、银监会、证监会、保监

① 袁雪．中央企业产融结合路径研究［J］．国资报告，2018（2）：44 - 46.

会、外汇局等部门联合发布《对外投资备案（核准）报告暂行办法》。该文件是新时期我国对外投资管理的重要制度之一，实现了对海外投资的全过程创新管理，是推动“一带一路”建设、推动我国海外投资健康、规范、可持续发展的重要举措。

中国自“一带一路”倡议提出以来，已与147个国家、32个国际组织签订了200多份共建“一带一路”的合作文件，建立双边合作机制90多项。沿线大部分国家的工业化程度都很低，其产品和自然资源的匮乏使其发展受到很大的限制。“一带一路”沿线发展中国家数量众多，不仅对商品和医疗有很大的需求量，而且对基础设施的需求量也很大，市场非常广阔。然而，由于国内企业资金短缺、融资成本高，对这些长期资金占用高的项目投资会产生一定的不利影响。因此，央企作为我国海外投资的主力，需要建立“产业＋金融”的结合模式，以降低交易成本、提高投资效率。

（二）产融结合推动海外投资的机制策略

产融结合，既能满足主业金融服务的需求，又能实现战略协同发展，与主业同频共振，让实体企业与金融资本相互促进、共生共长、良性互动，做到了产业为本，金融为用；立足主业，以产带融；服务实体、以融促产，极大地减少了交易费用，使外部财务费用内部效益化，创造新的价值。在促进海外投资的同时，金融服务于实体经济，形成专业程度高、服务质量优、业务覆盖广、发展能力强、深度与广度兼具的产融结合机制，使金融“活水”滋养着企业主业。①

1. 坚持战略引领，强化顶层设计。央企掌握着中国经济的命脉，承担着巨大的社会责任。因此，迫切需要从最高层面设计央企产融结合的政策。而央企的功能及定位，会因所处行业和类型的特征有所差异，所以国资管理部门要根据其特点和实际情况，有针对性地提出政策建议。对于金融类的央企，要进一步发展其金融水平，完善其金融架构；对于

---

① 蔡安辉，葛小雷，于红卫等．基于服务主业的“产融结合”创新实践［C］//中国企业改革发展优秀成果2018（第二届）下卷，2018：70－79.

实业类的央企，要聚焦于主业，不断推动实体经济发展，合理利用并充分发挥金融服务实体的作用。2017 年，国资委颁布了《中央企业投资监督管理办法》，主张“中央企业投资应当服务国家发展战略，体现出资人投资意愿，符合企业发展规划，坚持聚焦主业，大力培育和发展战略性新兴产业”，该办法提出了央企投资方向的指导意见，但是央企还需要更加明确的投资细则进行下一步指导。央企应分析其自身行业特点，在此基础上将实业与金融结合起来，同时，要结合其产业的个性化金融需求，明确自身的发展战略与规划，立足于发展实业，以真实需求为支撑，不盲目涉足金融业，不以获取“金融全牌照”为目的进行产融结合。

2. 坚持创新驱动，实现产融良性互动，提升创效水平。以工匠精神、创新理念为核心，积极发展实体经济，促进产融互动、共谋发展。随着中国经济从高速增长到高质量发展的新时期，央企必须把重点放在突出主业上，通过技术创新重塑产业竞争优势，以提高企业的质量和效益，提高企业的核心竞争力。产业资本的高质量发展可以化解金融资本潜在的风险，促使整个社会的资源得到有效的配置，进而推动经济与金融的协调发展。做精、做深产业链金融，重点提升商业模式和产品服务创新能力，积极融入技术研发、生产经营、管理提升等方面，强化与主业的整合，创新组合运用多种手段工具，全方位地发挥“金融 +”的作用，以最大限度地满足实体经济的融资需要。

3. 深化金融体制改革，推进金融服务市场化。企业集团纷纷进入金融业，甚至“脱实向虚”，其根本原因是我国金融服务市场化水平低，金融业长期存在着超额利润。因为虚拟经济的利润比实体经济要高，所以“截留”了更多的资本，使得实体经济的资本进一步匮乏，导致了经济发展空心化。因此，必须进一步采取改革措施，减少金融部门的“管制红利”，减缓产业资本过分追求金融资本，使其与金融资本有序整合、科学协调，从而促进海外投资的深入发展。

4. 严守风险底线，严控各类风险，避免风险外溢。金融行业所处的市场环境是复杂多变的，这就要求金融机构在风险管理和控制方面具有更强的专业性。在产融结合的过程中，企业内部的关联交易和信贷风险是其特有的风险。产业资本进入金融机构后，虽然客观上可以利用控股金融机构进行融资，但却容易造成内部关联交易，滋生腐败，进而形成信贷风险。风险的交互传递是产融结合的内在特征，央企产融的无序结合风险不仅会在内部传递，还会通过央企本身的规模和影响力向整个社会外溢，故严控风险是央企产融结合的重中之重，需要监管部门和企业共同努力。①

五、产融结合下央企海外投资的机遇与挑战

（一）产融结合下央企海外投资的机遇

1. 互联互通“软联通”成为经济增长重要引擎。在对外开放新形势下，《中共中央　国务院关于新时代加快完善社会主义市场经济体制的意见》提出“加强市场、规则、标准等方面的软联通”，互联互通在经济体制改革与我国经济发展中发挥重要作用。

经济全球化大背景日趋严峻、复杂，国际经济贸易规则也将发生大的调整与重构，中国需要加强规则的“软联通”，打造最优的营商环境。而随着我国经济体量的不断扩大，尤其是进入高质量发展阶段，通过市场的“软联通”，建立国际与国内经济循环的联系，将为扩大开放范围和领域、深化开放层次打下坚实的基础。

开放经济强调国内经济与全球经济的互联互通，因此，必须要有一个标准。标准化是各行业实现互联互通的基础条件，没有标准化，各国之间的合作将面临诸多障碍。例如，在“一带一路”沿线国家的基础设施建设中，由于不同国家的铁路、公路等技术标准、运行规范不同，因而基础设施建设存在着“设施虽联但不通”的问题。强化标准化的“软联通”，可以有效地降低产品和要素在流通过程中的某些障碍，促进各

① 李政丹．新常态下促进中央企业产融有序结合的思考［J］．福建金融，2019（4）：75－78．

生产环节、各阶段的协调与衔接，从而激发各方的积极性，促进建立更为稳固的合作机制。要充分利用各类平台，参与到全球经济治理中来。例如，通过“一带一路”、G20、APEC 等区域性多边合作平台，积极参与到国际市场中，与国际接轨，参与到国际标准的制定之中，传递中国的声音，贡献中国智慧。

“一带一路”倡议是中国对外开放和推动全球共同开放发展的顶层设计。“软联通”需要增强“一带一路”的科技含量。截至 2021 年 4 月，在科研项目合作上，科技部共支持与“一带一路”国家联合研究项目 1118 项，累计投入中央财政经费 29.9 亿元。在创新平台合作方面，已在农业、新能源、卫生健康等领域启动建设了 33 家“一带一路”联合实验室，涉及 30 个共建“一带一路”国家。目前，正在开展第三批“一带一路”联合实验室的认定工作，预计近期可以完成中国在 2017 年提出的今后 5 年建设 50 家“一带一路”联合实验室的工作任务。此外，中国还与共建“一带一路”国家联合建立了 31 个双边或者多边的国际技术转移中心。作为“一带一路”的主体，中国企业也积极整合国际优质资源，提升创新驱动能力。

为推动共建“一带一路”高质量发展，今后需要加快构建关键项目投融资规则、中欧班列指数、丝路智库联盟等“软联通”的四梁八柱。要加强与各国财政部门、多边开发银行和各类金融机构的合作，建立一个高水平、可持续发展的投融资规则。关键项目如果做不到共同筹资，项目的可持续能力就会变差。要推动“一带一路”的学理研究，科学把握经济规律，为这一倡议提供扎实的理论支撑。

2. 政府相关政策支持。1987 年政府颁布的《关于组建和发展企业集团的几点意见》提出，要鼓励和扶持企业建立财务公司，并通过财务公司来从事证券、信托、租赁等金融业务。政府出台了一系列关于深化改革的文件，促进了企业的产融结合。

随着一些企业的迅速发展与壮大，很多企业已经形成了规模化、集团化、多元化的意识。与此同时，随着金融市场的发展，国资委也积极支持央企的产融结合，提出了央企要搭建产融结合的平台，提高国际竞争力和国际化管理水平。基于此，央企在金融领域的渗透是全方位的，包括银行、证券、保险、期货、信托等金融行业。宝钢、中石油、中粮、国家电网等多家大型央企，都是由集团或财务公司控股、参股多家金融机构。

2014 年 12 月，国务院常务会议中提出了若干措施，即健全政策体系，拓宽融资渠道，简化审批程序，加速金融支持企业“走出去”，加大金融对我国企业海外投资的支持力度。2017 年，国家发展改革委发布的《企业境外投资管理办法》、国家外汇管理局发布的《关于进一步推进外汇管理改革完善真实合规性审核的通知》、国资委发布的《中央企业境外投资监督管理办法》等文件，都进一步推动了我国央企海外投资进程。

为了突破我国金融支持“走出去”的体制性和机制性障碍，近几年，党中央、国务院统一部署，对“宽进严出”的外汇管理格局进行了改革，打破了我国企业跨境投融资的政策性障碍，促进企业充分利用“两种资源、两个市场”，满足企业境外投资用汇需求。为了更好地为“走出去”企业提供更多的后续资金支持，党中央、国务院将继续放宽对前期费用、境外贷款、境外并购、跨境担保等资金的汇兑管理。2014 年以来，国家外汇管理局出台了一系列宽松的境外投资汇兑管理措施。在前期费用汇出管理上，将登记、购付汇等手续委托给各银行。境内企业境外放款管理方面，取消境内企业向境外关联企业放款的期限限制，扩大境外放款资金来源范围。在海外并购领域，进行了外汇管理体制的改革，允许企业先行办理境外投资额度登记及境外并购资金汇出，之后向有关部门进行备案和审批，一周即可完成。在跨境担保领域，取消了对跨境担保的一切事前审批，放宽了对业务资质的限制，将担保融资从一周缩短到一天，为企业拓展海外发展融资渠道提供了强有力的政策支持。

3. 产业金融数字化。随着信息科技的快速发展，新一轮科技革命和产业变革蓬勃兴起，产业经济数字化、网络化、智能化发展成为第四次产业革命的核心内容，产业数字化转型速度加快。产业数字化使产业金融数字化经营成为可能，产业金融生态化和融合化发展将是大势所趋，产业金融要积极顺应这一趋势，积极运用信息科技技术，打通产业内数据信息、业务信息，实现产品服务更加智能，服务市场更加细分。[①]

产业金融从传统的银行公司业务发展到以核心企业为中心向上下游企业延伸的供应链金融，再发展到以企业的经营性资产数字化为基础，通过“互联网+”、人工智能、大数据、区块链、云平台等技术，为企业提供全方位的金融服务，形成金融产业数字化。

以移动宽带为代表的网络设施，以及由此发展的电子商务、物联网、虚拟现实、区块链、量子通信、超级计算、基因工程等，都是推动大数据发展的源泉。截至2020年5月，中国电信国际海陆缆就已通达了全球72个国家和地区，建立起了全球5大流量转接中心，并与来自中国国内、韩国、日本和美国6家全球合作伙伴共建了新跨太平洋国际海底光缆（New Cross Pacific，NCP）工程，在国家间、区域内和跨区域三个层面实现了数字基础设施的互联互通。我国还与波兰、土耳其、沙特阿拉伯等国签署了《关于加强“网上丝绸之路”建设合作促进信息互联互通的谅解备忘录》，在互联网和信息技术、信息经济等领域开展合作。“一带一路”国际合作高峰论坛期间，我国还与阿富汗签署了《信息技术合作谅解备忘录》，双方签署了支持中国电信企业参与“数字哈萨克斯坦2020”规划合作框架协议。正如“梅特卡夫定律”所揭示的数字经济奥秘：网络的使用者越多，其利用效益越高。借助大数据，普及沿线国家网络，推进国家间贸易结构优化，促进双向、多向开放与共享，有力地推动沿线国家数字化发展，并深刻地改变各国的经济竞争和合作格局。[②]

随着疫情的暴发和延续，我国生产、生活、商务模式发生适应性调

① 佐卫．产业金融的核心逻辑与发展趋势［J］．中国金融，2020（12）：48－50.

② 张耀军，宋佳芸．数字“一带一路”的挑战与应对［J］．深圳大学学报（人文社会科学版），2017，34（5）：38－43.

整，科技创新、数字基础设施建设、数字产业链重塑、中小企业数字化转型、以数字化手段促绿色化发展等重点发展方面大踏步前进。疫情严重冲击下的2020年，我国数字经济同比增长9.6%，增速位居全球第一。据2021年全球数字经济大会数据，中国的数字经济规模在过去几年里一直保持着世界第二的地位。在数字化转型的探索中，我国开始找到符合自身禀赋和优势的定位与方向。

产业金融数字化使消费互联网向产业网络转变，有着巨大的发展空间。近年来，随着金融科技的迅猛发展，“互联网+”的出现，为我国的金融服务实体经济提供了更多的技术支持，为央企的产融结合提供了新的机遇和新的途径。作为一个产融型的央企，在未来的发展过程中，如何运用金融科技、“互联网+”等手段，促进其产业资本与金融资本的深度融合，也是一个值得深入探讨的问题。长期来看，实体经济特别是实体产业，仍需不断提升自身数字化的发展水平，拥抱数字经济发展的新机遇。相信产业数字金融生态，将帮助实体企业获得更好的金融服务，推动金融机构更好地服务实体经济。①

（二）产融结合下央企海外投资的挑战

1. 政策方面存在监管空白。央企的监管主体是国务院国资委，央企的主业是其重点监管对象。目前，经国资委批准，只有中国五矿、国家开发投资公司、招商局以及宝武四家企业可以将金融业务列入主业。2017年，国资委颁布的《中央企业投资监督管理办法》（以下简称《办法》）对央企的产融结合进行规定管理，将其金融业务视为非主业，进行了投资比例监管、投资预算监管以及合规性监管等。《办法》规定，央企在进行投资时，必须遵循“服务国家发展战略”“符合企业发展规划”“聚焦主业，大力培育和发展战略性新兴产业”“严格控制非主业投资”“严格遵守投资决策程序”等原则。而较为具体的、有针对性的监管政策目前尚未出台。

① 邵平．产业金融数字化的新机遇［J］．中国金融，2020（8）：58－59.

对涉足金融行业的央企而言，其控股的金融机构也要接受相应的金融监管机构的分业监管。银监会、证监会、保监会分别监管不同类型的金融机构。中央银行设立金融控股公司后，其所属的金融控股公司将面临交叉监管，因此，存在着监管套利的风险。为此，国务院金融稳定发展委员会可以牵头，与国资委、“一行两会”共同制定有关中央企业产融结合的专项监管政策。①

2. 产业资本和金融资本缺乏深度融合。产业资本和金融资本作为两种不同形式的资本形态，具有异质性。产业资本的投资周期长、投资回报波动低，在技术研发、市场开拓等领域有着无可取代的优势，但往往存在着较高进入以及退出壁垒，且资产转化的速度相对较慢；金融资本具有较短的价值链条，投资回报波动大，在信息、资本、人才等方面具有更大优势，但往往需要经常进行资产转换才能迅速放大收益，同时还需大量的准备金来达到监管要求。因此，只有将产业资本与金融资本进行有效整合才能实现协同效应。如果产业资本与金融资本各自发展、相对独立，没有形成相互促进的关系，央企的实体业务与金融业务会出现发展不平衡的现象。有些企业的金融业务可能会由于受到企业文化、体制管理等因素的影响而无法充分发挥其应有作用；有些企业为追求高回报而投入大量资金，造成过度金融化或产业空心化。产融结合是为了解决发展其核心业务过程中所遇到的金融服务问题，而不是只为取得金融牌照。

推进产业资本与金融资本深度融合，首先，央企要在内部构建优势资源互补、项目资源对接、客户资源共享、专业技术共享等方面的深入融合合作机制；其次，要使其金融机构具备专业性和行业特色，央企要深度挖掘金融需求；最后，央企要在企业内搭建人力资源共享平台，推动主业与金融业务人才的交流合作，培养兼具产融能力的专业人才。

3. 新冠肺炎疫情对海外投资的冲击。新冠肺炎疫情对全球经济影响

① 郭水文．中央企业产融结合的实践探索、经验总结以及未来展望［J］．西南金融，2018（2）：17－22.

极大，据《世界投资报告2021》数据显示，全球国际直接投资受到很大冲击，2020年全球外国直接投资的下降幅度高达35%。而中国在2020年成为吸引外国资金最多的国家，流入中国的FDI达到1537.1亿美元，这是因为中国成功应对新冠肺炎疫情冲击，以及RCEP和中欧投资协定等利好因素。但很多中国对外直接投资目的国仍受到新冠肺炎疫情的困扰，这些国家的市场动荡将严重影响中国跨国投资，如阻碍工程项目运营、加大运营成本，影响了中国跨国投资企业的全球产业链布局，中国的海外投资面临巨大风险和不确定因素。

新冠肺炎疫情对海外投资的不利影响主要包括以下几个方面：第一，新冠肺炎疫情防控限制国际商务人员出行和流动。据中国贸促网统计，截至2021年5月底，198个国家和地区采取了限制人员流动、停工停产、停学停课、禁航禁运管制等防控措施，虽然减缓了新冠肺炎疫情的蔓延，却也为跨国投资的国际商务出行带来诸多不便，制约或迟滞了相关项目的顺利实施。第二，新冠肺炎疫情给央企跨国投资增加更多不确定性。新冠肺炎疫情严重冲击全球产业链、供应链和价值链，全球经济不确定性不断上升，新冠肺炎疫情还导致世界经济停摆，2020年世界经济出现了严重萧条，全球GDP增长率为-3.27%。第三，欧美国家在病毒溯源问题上对我国不断进行诋毁和污蔑，给我国海外投资带来不利影响。党中央和国务院高度重视疫情防控，全国人民众志成城，取得了疫情阻击战的阶段性胜利，但欧美各国在疫情初期阶段不够重视，疫情蔓延开来之后采取的疫情防控措施没有起到理想的效果，一些欧美政客为了推卸责任，不断“甩锅”给中国，在病毒溯源问题上对我国进行诋毁和污蔑，不断将病毒溯源政治化，给央企的海外投资活动带来了更多麻烦和障碍。①

4.“中国债务陷阱”论的不利影响。2017年，曾有国外地缘政治学者发表了《中国的债务陷阱外交》《中国的债权帝国主义》等文章，印

① 付韶军，张璐超. 后疫情时代北京企业海外投资面临的挑战和对策［J］. 国际商务财会，2022（1）：5-10.

度学者布拉马·切拉尼（Brahma Chellaney）甚至宣称，中国进行的是“债务陷阱外交”，即中国有意借“一带一路”倡议为处于战略要地的国家提供大量的贷款，让它们陷入“债务陷阱”，然后使其被迫依附中国的战略和经济目标。“中国债务陷阱”论被一些国家的政客、媒体和所谓的“研究人员”不断渲染与炒作，在国际上引起了广泛的关注。

在过去10年里，中国各大银行在亚洲基础设施跨国融资中占据重要地位，根据金融市场数据供应商迪罗基公司提供的数据，2016年，亚洲基础设施建设跨国融资数额最大的7家银行中，其中有6家是中国的银行，总计融资金额高达354亿美元。但是，随着“中国债务陷阱”论在国际社会的广泛传播，中国各大银行迅速退出了融资市场，2019年前3个月，亚洲基础设施跨国融资排行榜中，前20名中并没有中国的银行，而国家开发银行、中国工商银行、中国银行、中国建设银行等在此期间没有参加任何项目。

第二节　“一带一路”多边金融助推央企海外投资

一、传统金融机构的助推作用

近几年，我国金融机构大力扶持“走出去”企业，拓展境内外金融服务网络，提供金融产品、资金、信息等支撑，同时注重配合国家战略，满足获取境外资源、拓展业务、实现利润增长的商业利益。现已初步形成“走出去”金融服务支持体系。根据世界资源研究所的一份调查，我国“走出去”企业在海外投资中，80%～90%的资金都来自我国的银行，这说明在“走出去”的初期阶段，国内金融机构起到了很大的支持作用。

（一）国内商业银行

商业性金融是海外投资金融服务体系的核心力量。商业银行体系因其海外布局较早，产品服务体系发展较成熟，已成为商业性金融支持企业“走出去”的主力军。近几年，我国证券业发展迅速，多层次的资本市场得到了深入的发展，企业融资规模不断扩大，但是存量和增量都很有限，在海外投资融资渠道中占比相对较低。但证券公司海外业务发展势头明显，使企业在境外金融市场投融资的能力得到了明显的提高。目前，我国的商业保险市场还没有向海外投资保险开放，亟待解决。在“走出去”的过程中，商业银行要积极引导和示范，构建全方位、多层次的服务体系。

1. 拓展机构覆盖范围，提升海外服务能力。自新中国成立以来，中国银行于1979年设立了首个境外分支机构——卢森堡银行，银行业的国际化运营速度逐步加快。20世纪90年代，工商银行、建设银行、农业银行等银行纷纷加快了海外扩张的步伐，而在2005年股改上市后，市场布局更是从亚洲周边地区、欧美地区扩展到了非洲、大洋洲、拉美地区。根据银保监会的数据，截至2019年底，共有23家中资银行在71个国家和地区设立了276家一级机构；共有12家中资保险公司在10个国家和地区设立了41家营业性机构。截至2020年底，11家中资银行在29个“一带一路”沿线国家设立了80家一级分支机构，3家中资保险公司在新加坡、马来西亚、印度尼西亚设有7家营业性机构。

2. 金融服务产品不断丰富与创新，满足海外金融需求。目前，银行所提供的金融服务已基本涵盖了公司海外前期调查、投资实施和后续运营等各个环节，涵盖了资产业务、负债业务和中间业务范围。融资产品包括全球授信、银团贷款、票据融资、内保外贷、贸易融资、融资担保等。而金融服务涉及现金管理、账户服务、资金清算、国际结算、财务顾问、资信调查等。所涉及的行业除了传统的商业银行业务外，还有保险、投行、证券等。

3. 与境外机构开展合作，整合资源平台，提高服务效率。国内银行通过扩大与境外银行的业务关系和代理联系，实现境内外一体化的发展，推动集约化管理，形成统一的网络体系，为央企提供更为高效、便捷的资金管理服务，更有效地规避风险。例如，中国银行通过推行跨境现金管理整合的方案，在其境外分支机构和各协议银行之间实现资金的集中管理、账户信息的共享等，从而初步具备了全球化、全天候的服务能力。[①]

4. 积极参与政策性融资，支持国家战略实施。在满足商业性融资需要的同时，我国商业银行还为部分具有战略价值的项目提供了资金支持。例如，中铝集团收购力拓，虽然注资失败，但是在国家开发银行牵头，中国银行、中国农业银行、中国进出口银行等银行形成的银团帮助下，中国铝业获得了210亿美元的并购贷款。我国企业目前还处在海外发展初期，对资金的需求比较大，因此国内银行需要加快国际化步伐，为我国企业的海外拓展提供助力。

虽然国内传统金融机构有力地推动了我国海外投资，但是仍存在一些问题与不足。国内传统金融机构在海外的网点覆盖不全面，且我国相关部门的监管日益严格，不能满足企业日益增长的海外金融需求。同时，我国的传统银行在产品创新上仍有很多有待完善的地方，同时“走出去”的公司对金融产品的需求也越来越大，而且从种类上也不再局限于传统的商业信贷，而是对法人债券贷款、全球授信等金融产品的需求不断增长。国内传统银行建立新业务的步伐赶不上中国企业开拓海外市场的速度，因此需要借助政策性银行的支持与补充作用。

（二）国内政策性银行

近年来，中央企业呈现出国际业务范围不断扩展、全球市场份额不断扩大、经济效益不断增加的良好发展态势，但国际重大项目的运作往往面临着投融资规模大、建设周期长、风险高等实际问题，没有金融资源支持将很难推进。而政策性金融机构具有的专业性优势，往往能够贯彻国家意志和提供国家信用，并且具有较强风险承受能力和资金实力，能够对具有战略意义或风险较大境外项目投融资发挥较强牵引与支撑作用，必将成为中央企业国际化业务发展的重要手段，助力国际化经营的良性发展。

---

① 王允贵，林艳红. 中国企业“走出去”金融支持研究［J］. 经济研究参考，2017（39）：63－86.

1. 外交引领和金融支持是中央企业国际市场开发的重要策略。中央企业的国际市场开拓离不开政策上的外交引领，也离不开政策上的金融支持。而政策性金融机构具有的政策性，可以充分体现政府的政策意图和扶持意愿，从而增强其他金融机构的投资信心。从投融资角度来看，政策性金融机构有助于解决项目的资金问题，也有助于国际市场的开拓。可以说中央企业与政策性金融机构的充分合作，不光是企业发展的自我需求，也是运用国家政策的体现，更是履行国家战略的责任和担当。

2. 在海外投资中识别国别与项目风险，有效防控风险。在国际化业务发展过程中，尤其在目标市场进入过程中，往往存在对目标国的不熟悉和风险把控困难等瓶颈。在项目推进过程中，企业也经常受成本、进度、付款方式、执行周期等风险因素影响，且经常由于缺乏境外经验和专业性评估而蒙受损失。于是，中国信用保险公司便成立了专门的国别风险研究中心和资信评估中心，资信数据库覆盖7000万家中国企业数据、超过2亿家境外企业数据、4.5万家银行数据，拥有海内外资信信息渠道超过400家。该资信调查业务覆盖全球所有国别、地区及主要行业，可以为境外业务提供充分的信息参考和风险把控。2020年12月18日，中信保发布大数据平台研发的客户在线服务平台“信步天下”App，可以为中国出口型企业提供全球信用信息、掌握国别风险、规划融资方案等，已成为中国出口企业不可或缺的掌上信用风险管理工具。可以说，政策性金融机构的专业防控风险手段是央企开展境外业务的刚性需求。

3. 获得政策性金融支持有助于海外投资项目的开发。在开发“一带一路”国家市场的过程中，由于大部分目标国经济实力有限，对贷款额度大小、贷款利率高低、还款周期长短等都比较敏感，此外，信用保险机构的承保是项目获得买方信贷融资的决定性因素，所以优惠的政策性金融支持条件往往是境外项目成功与否的关键。央企要获得政策性金融支持，必须充分利用国内外市场不同的资源，综合发挥政策性金融机构国际优惠贷款作用，实现国内外融资方式和金融市场之间的有效连接。

央企在境外业务发展过程中得益于政策性金融支持，获得成功的案例越来越多。例如，中国电科承建斯里兰卡卫生部医疗设施升级项目，该项目正是因为中信保承保中长期买贷险，才获得外资银行融资，从而得以顺利签约和执行。

4. 政策性金融机构和央企的优势互补为海外投资提供平台与机会。政策性金融机构和央企都有高质量境外发展的需求，双方境外渠道的优势互补提供了合作共赢的平台与机会。中国政策性金融机构已普遍在境外建设业务网络和平台，助力中国企业拓展境外市场。例如，中国进出口银行共有东南非、圣彼得堡、西北非和中国香港四个国际化区域代表处和一个巴黎分行。而中国信用出口保险公司除伦敦代表处、迪拜代表处和约翰内斯堡代表处，还在俄罗斯莫斯科、巴西圣保罗、埃及开罗、印度尼西亚雅加达均派驻了境外工作组。国家开发银行目前除了在中国香港设有分行，还在开罗、莫斯科、里约热内卢、加拉加斯、伦敦等地区设有10家代表处，全球共计50多个境外工作组。而大多数“走出去”的央企也拥有自己的境外营销网络和平台，与政策性金融机构的境外分支机构既有重合，又互相补充。央企和政策性金融机构的境外分支机构作为业务触角遍布“一带一路”沿线，不但形成业务全方位覆盖，还形成网络、信息互通和资源共享，为全方位开展境外业务，实现合作共赢打下基础。[①]

政策性金融机构在海外投资尤其是大中型和中长期项目中发挥了“先锋队”作用，在政策性海外业务和商业性海外业务拓展方面均积累了较多经验。其中，国家开发银行和进出口银行在其中起到了重要作用，许多项目都可以看到这两家银行的身影。

国家开发银行是国内最大的投融资合作银行，其主要金融业务包括中长期信贷与投资等，服务于国民经济的重大中长期发展战略。自“一带一路”倡议实施以来，国家开发银行在沿线国家项目中已累计投放超

① 孟庆伟. 中央企业在国际化业务中与政策性金融机构合作的必要性研究［J］. 投资与创业，2021，32（18）：185－187.

过2600亿美元的贷款。国家开发银行发起成立了上海合作组织银行联合体、中国—东盟银联体、中国—中东欧银联体等8个区域金融合作机制，覆盖“一带一路”沿线国家的60余个金融机构，有力地推动了多边及双边金融合作机制的设立与发展，积极参与全球金融治理。各方通过银团贷款、联合融资、金融机构转贷款等形式，为多边合作与各区域内重要工程建设提供多样化的融资和金融服务，以满足各方面的需求；作为一家政策性金融机构，进出口银行是“一带一路”的重要参与者和见证人，推动对外经济贸易投资发展，促进国际经济合作。进出口银行保持信贷政策的连续性和稳定性，继续加强对对外贸易的支持。截至2021年末，外贸产业贷款余额为2.4万亿元，同比增长超17%。全年累计投放外贸产业贷款1.6万亿元，支持海外仓、跨境电商等贸易新业态、新模式发展。同时，截至2021年末，“一带一路”贷款余额为1.95万亿元，同比增长超11%，支持“一带一路”沿线国家绿色低碳转型和可持续发展，推动实施了一大批风电、水电、太阳能等清洁能源和生态保护项目。

国家开发银行和进出口银行经历了2015年改革后，其服务“走出去”的政策性定位更加明确，政策性业务导向更加清晰，在海外投资方面将对商业性金融发挥更多主导性和角色互补作用。但是我国政策性银行在对外投资中仍存在一些问题，我国的政策性银行数量过少或缺乏多元化的资金来源渠道，没有强大的资金实力，无法满足不断增长的融资、投资需求；融资期限较长、风险管理机制薄弱，并且缺乏风险补偿机制，可能会导致风险累积等问题；除此之外，我国政策性银行缺乏健全的资本金补充机制，资本充足率偏低，抵御风险能力还需要提升。因此，政策性金融机构对我国海外投资的推动作用仍然不足，需要多边金融机构的参与。

二、全新多边金融机构的重要作用

（一）传统多边金融机构

当今世界范围内，多边开发金融机构仍以多边开发银行为主，多边开发银行在世界金融体系中具有重要意义，在金融市场中正发挥出日益重要的作用。多边开发银行的宗旨是发展和减贫，致力于促进发展中国家的经济和社会双重发展，并为其提供金融支持和专业咨询。

世界银行、欧洲复兴开发银行、亚洲开发银行、非洲开发银行、美洲开发银行等传统开发银行，都是第二次世界大战后重建国际政治和经济秩序的产物，发达国家与发展中国家都需要一个相对有影响力的开发机构，可以集中各个国家的资金和资源力量来解决全球或区域内的发展问题。从历史上看，基础设施的建设资金也主要由公共部门和多边开发银行提供，这是因为一些基础设施行业的垄断性排除了市场竞争。表7－1展示了主要多边开发银行的宗旨、成立时间、成员国、覆盖范围、初始资本、资金来源以及主要业务。

表7－1　　主要多边开发银行的概要

<table>
<tr><th>名称</th><th>成立时间</th><th>成员国</th><th>覆盖范围</th><th>初始资本</th><th>资金来源</th></tr>
<tr><td rowspan="3">国际复兴开发银行（IBRD）</td><td>1945 年</td><td>189 个</td><td>全球性</td><td>100 亿美元</td><td>各成员国缴纳的股金；向国际金融市场借款；发行债券和收取贷款利息</td></tr>
<tr><td>宗旨</td><td colspan="4">对用于生产目的的投资提供便利，以协助成员国的复兴与开发，鼓励不发达国家的生产及其资源的开发；保证或参与私人贷款和私人投资，促进私人对外投资；鼓励国际投资以开发会员国生产资源，促进国际贸易的长期平衡发展，维持国际收支的平衡；在提供贷款保证时，应同其他方面的国际贷款配合</td></tr>
<tr><td>主要业务</td><td colspan="4">主要是通过提供和组织长期贷款和投资，解决成员国战后恢复和发展经济的资金需要</td></tr>
<tr><td rowspan="3">美洲开发银行（IDB）</td><td>1959 年</td><td>48 个</td><td>区域性</td><td>8.13 亿美元</td><td>成员国分摊；发达国家成员国提供；在世界金融市场和有关国家发行债券</td></tr>
<tr><td>宗旨</td><td colspan="4">“集中各成员国的力量，对拉丁美洲国家的经济、社会发展计划提供资金和技术援助”，并协助“单独地和集体地为加速经济发展和社会进步作出贡献”</td></tr>
<tr><td>主要业务</td><td colspan="4">提供贷款促进拉美地区的经济发展、帮助成员国发展贸易，为各种开发计划和项目的准备、筹备和执行提供技术合作。银行的一般资金主要用于向拉美国家公、私企业提供贷款；特别业务基金主要用于拉美国家的经济发展优惠项目。银行还掌管“拉美开发基金”</td></tr>
</table>

续表

<table>
<tr><th>名称</th><th>成立时间</th><th>成员国</th><th>覆盖范围</th><th>初始资本</th><th>资金来源</th></tr>
<tr><td rowspan="3">非洲开发银行（AfDB）</td><td>1964 年</td><td>81 个</td><td>区域性</td><td>2.5 亿美元</td><td>核定资本认缴额；自行筹措资金；用实收资本或筹措资金发放贷款所获得的还款资金；依据该行待缴资本发放贷款或提供担保所获得的收入；不构成该行特别资金来源的其他资金和收入</td></tr>
<tr><td>宗旨</td><td colspan="4">协助成员国单独地和集体地发展经济和促进社会进步。通过提供投资、贷款和利用非洲大陆的人才和资源，促进成员国经济发展和进步；优先向有利于地区经济合作和扩大成员国间贸易的项目提供资金和技术援助；帮助研究、制订、协调和执行非洲各国的经济发展计划，以便达成非洲经济一体化</td></tr>
<tr><td>主要业务</td><td colspan="4">向成员国提供贷款，以发展公用事业、农业、工业项目以及交通运输项目。特别贷款主要用于大型工程项目建设。银行还为开发规划或项目建设的筹资和实施提供技术援助</td></tr>
<tr><td rowspan="3">亚洲开发银行（ADB）</td><td>1966 年</td><td>68 个</td><td>区域性</td><td>10 亿美元</td><td>普通资金：股本、普通储备金、特别储备金、净收益和从国际资本市场的借款；特别基金：亚洲开发基金、技术援助特别基金和日本特别基金等</td></tr>
<tr><td>宗旨</td><td colspan="4">通过发展援助帮助亚太地区发展中成员消除贫困，促进亚太地区经济和社会发展</td></tr>
<tr><td>主要业务</td><td colspan="4">为亚太地区发展中会员国或地区成员的经济发展筹集与提供资金；促进公、私资本对亚太地区各会员国投资；帮助亚太地区各会员国或地区成员协调经济发展政策，促进其对外贸易的发展；对会员国或地区成员拟定和执行发展项目与规划提供技术援助；以亚洲开发银行认为合适的方式，同联合国及其附属机构，向亚太地区发展基金投资的国际公益组织，以及其他国际机构、各国公营和私营实体进行合作，并向他们展示投资与援助的机会；发展符合亚洲开发银行宗旨的其他活动与服务</td></tr>
<tr><td rowspan="3">欧洲复兴开发银行（EBRD）</td><td>1991 年</td><td>71 个</td><td>区域性</td><td>100 亿欧元</td><td>各成员国缴纳的股金；在全球资本市场募集资金</td></tr>
<tr><td>宗旨</td><td colspan="4">在考虑加强民主、尊重人权、保护环境等因素下，帮助和支持东欧、中欧国家向市场经济转化，以调动上述国家中个人及企业的积极性，促使他们向民主政体和市场经济过渡</td></tr>
<tr><td>主要业务</td><td colspan="4">提供必要的技术援助和人员培训；帮助受援国政府制定政策及措施，推动其经济改革，帮助其实施非垄断化、非中央集权化及非国有化；为基本建设项目筹集资金；参加筹建金融机构及金融体系，包括银行体系及资本市场体系；帮助支持筹建工业体系，尤其扶持中小型企业的发展</td></tr>
</table>

资料来源：根据各多边开发银行的官网整理所得。

从机构属性来看，多边开发银行包含多个国家（3 个或 3 个以上）成员，它们共同参与从事国际金融管理活动，主要依靠经济实力强大的国家为改善某些落后发展中国家的经济状况和社会发展，提供资金援助和专业咨询，并能够在重大的国际经济金融事件中协调各国的行动。[①]

从建立多边发展银行的目的来看，它的目标是帮助发展中国家，而它的资金来源则多是发达国家。因此，多边开发银行的主要资助对象是发展中国家。世界各国参与多边开发银行治理、运营全过程，得到其金融服务，它的主要任务是为大型基础建设和开发的融资提供助力，以促进经济发展。例如，像亚洲发展银行、非洲发展银行这样的多边开发银行，是以地区开发为目的，美国、英国等发达国家提供资金，一些发展中国家接受资金援助。

从多边开发银行的业务来看，其提供的贷款通常为长期低利率，但视具体情况而定，部分款项将免费发放，另一些则按市场利率长期融资。[②] 大多数时候，发展中国家的发展都会遇到资金短缺的问题，而大型基础设施的建立，仅依靠自身国力难以实现。所以，通常都需要像多边开发银行这样的国际金融机构提供支持。

多边开发银行以贷款、拨款、担保和股权的形式向政府或国有企业提供长期融资。一般情况下，这些贷款都会有主权担保。此外，多边开发银行还可享受优先债权人待遇，这意味着如果政府不重新规定债务期限和责任的话，那么它需要首先偿还多边开发银行的贷款。所有这些都为多边开发银行保持了一种独特的融资结构，并能够有效地快速发展。多边开发银行还可以直接进入债券市场，这也为其融资模式的成功奠定了基础。不过要做到这一点，信用评级是这一运作模式的核心。从世界银行成立伊始，得到并持续保持较高的信用评级就一直是多边开发银行运营模式的核心特征。时至今日，这一传统依然保持着，因为进入国际

---

① 陈伟光，王欢，蔡伟宏．多边开发银行体系中的亚投行：一个比较分析框架［J］．当代财经，2017（7）：46－57. DOI：10. 13676/j. cnki. cn36－1030/f. 2017. 07. 005.

② SON WOOSUNG. 韩国企业借助亚投行推进外向型经济社会发展与建议研究［D］．青岛：青岛科技大学，2019.

资本市场对这些银行的经营至关重要。事实上，高信用评级能够使多边开发银行从债券市场以较低的价格融到资金，然后再按一定的利率转贷给其成员国，而且利息部分政府作为股东不得享有。基于这一核心融资设计，多边开发银行在为发展中国家提供优质基础设施方面有着长期和成功的记录。

随着发展中国家城市化步伐的加快，其对基础设施的需求也在迅速增长，这就使得需求和供给之间的差距持续扩大。据估计，现在世界上仍有 10 亿多人生活在没有安全饮用水或适当卫生设施的环境中。面对这样的现状，多边开发银行在基础设施方面提供的资金和投资在其跨境流动资金总额和投资总额中的占比还是很小的。多边开发银行对可持续基础设施的总投资规模完全赶不上大多数发展中国家经济增长的步伐。并且，发展中国家所需的基础设施投资规模也远远超出了政府能为其提供的资金。[①]

现有的世界多边金融机构包括亚洲开发银行、世界银行都无法满足基础设施融资的缺口。同时，私营部门的资金也无法找到合适的渠道来补充亚洲各国基建所需的资金。因此，人们强烈呼吁对多边开发银行的有效性进行全面审查，目的是寻找到新的金融工具和平台，进而实现更大的杠杆效用。而新兴多边金融机构的出现在一定程度上有助于缓解融资缺口。

（二）新兴多边金融机构

2008 年国际金融危机后，全球经济处在低迷期，当时的多边开发金融体系无法提供足够多的资金来恢复经济。此外，由于世界银行与国际货币基金组织的改革陷入停滞，它们的主导地位被西方发达国家所掌控，对亚洲的援助非常有限，因此，这些都促使新兴经济体寻找新的融资方式。此外，正如前面提到的，亚洲的基础设施建设总体水平较低、融资需求较大，融资短缺对该区域的经济发展产生了很大的影响。亚洲的经

① 莱斯利·马斯多普，王晓波．多边开发金融：提升效率并开拓领域［J］．中国投资，2019（1）：24－29.

济规模占全球的1/3，并不缺少资金，亚洲在2014年拥有7.47万亿美元的外汇储备，占据了全球的2/3。但是，亚洲地区缺少多边金融合作机制，无法充分发挥亚洲地区的高资本存量的优势，无法实现资本向投资的转化，因此出现了巨大的资金缺口。鉴于上述原因，亚洲基础设施投资银行（Asian Infrastructure Investment Bank）在中国的提议下，获得了亚洲乃至欧洲一些国家的广泛支持，并建立了诸如“丝路基金”这样的多边金融组织，使世界经济重新焕发生机，同时也为我国的海外投资注入了活力。

1. 亚洲基础设施投资银行。2013年，在“一带一路”倡议提出的同时，筹建亚洲基础设施投资银行（以下简称亚投行）的提议也得到广泛关注。2015年4月，亚投行意向创始成员国确定为57个；2015年12月25日，亚投行正式成立，成为首个由中国倡议设立，政府间性质的亚洲区域多边开发机构。亚投行为中国海外工程承包企业“走出去”提供了创新的融资渠道，为亚洲各国的基建项目提供了很好的融资平台，并引入新的融资机制，共同建设亚洲的基础设施，降低项目风险。

亚投行相比传统多边金融机构所具备的优势如下：

（1）反映亚洲新兴国家的发言权。在以美国和西方发达国家为中心的世界银行中，中国、印度、俄罗斯、韩国等新兴国家经济规模不断扩大的同时，也面临着支配结构及发言权滞留等问题。例如，中国的GDP规模远大于日本，但持股率却小，原因是美国、日本、西欧发达国家等主要成员国忌讳新兴国家迅速增加股份和扩大影响力；而亚投行的前十大股东中，除德国、法国和英国之外的7个国家都是新兴国家。从反映新兴国家地位上升这一世界经济变化的新组织来看，亚投行具有明显的优势。

（2）集中精力改善亚洲的基础设施。世界银行的三个重点领域为加快可持续并具有包容性的经济增长、对人投资以建设人力资本、增强应对全球冲击和威胁的韧性，其支援地区是非洲、亚洲、南美洲等地。此外，援助部分也涉及饮用水供应、卫生及废物管理、交通、社会保护、公共管理、教育等各个领域。特别是，世界银行将减贫和保健领域列为优先事项。因此，世界银行的援助规模之大、援助领域之多样，反过来也表明世界银行是一个无法集中于改善亚洲基础设施问题的组织；亚洲发展中国家众多，基础设施的开发需求也很大。亚洲开发银行此前预计称，2016—2030 年，仅亚洲每年就需要 1.7 万亿美元、共 26 万亿美元的基建投资，以维持该地区发展势头、解决贫困问题、应对气候变化，但目前亚洲地区的基础设施投资仅占需求的一半左右。亚投行是为扩充和改善亚洲基础设施的专业投资银行，成立主导国和主要成员国都是亚洲国家，大部分亚洲国家都参与了亚投行，而且资金的主要用途也是亚洲地区的基础设施开发。亚投行可以发掘出符合亚洲各国当地情况的开发需求，并迅速决定参与该项目。同时，随着时间的推移，项目规模将越来越大，基础设施投资的专业性也将不断提高，这一点与世界银行相比具有优势。

（3）项目进行速度更快。亚洲开发银行（以下简称亚行）在审查贷款时，项目执行速度较慢，主要是因为政府会计透明度、环境保护和劳动力市场灵活性等方面的标准较为严苛。亚行从项目规划到常驻委员会的审批，一般要花费 2 ~ 3 年，所以工程进展被延迟；亚投行的订单程序与亚行相似，亚行的重点是支持教育、金融、医疗等领域，而亚投行则侧重于基础设施投资，基于专业的项目审查，工程进度较快。例如，采用非常设董事会、放宽审查标准、引进快速审查制度、强化实务工作人员的职权等，使程序从计划研究到贷款审查的时间缩短至 6 个月，得到了极大的简化。

2. 丝路基金。2014 年 11 月，丝路基金正式成立。丝路基金是一种以国家政府为基础的多边合作基金，为“一带一路”发展提供了资金支持。丝路基金将重点放在了沿线国家基础设施的建设上，为各领域的互联互通提供了一个更为广泛的融资平台，以促进中国与其他国家的产能合作，增强了中国在亚欧地区的影响力。丝路基金计划最终资本金达到 400 亿美元。特别值得一提的是，丝路基金的主要投资对象是“一带一路”沿线各国，并通过基金的投资，使中国与沿线各国之间的交流更为顺畅，从而为双方的合作搭建了一个更广阔的平台，也为双方的发展创造了广阔的空间。

丝路基金是以股权投资为主，主要经营范围包括股权、债权、基金贷款等，并与国际开发机构、金融机构合作，成立合资基金；进行资产受托管理、对外委托投资等，以及国务院批准的其他业务。丝路基金提供的股权投资期限为中长期，其股权投资方式与传统的对外援助相比具有很大的区别，既能为企业带来效益，又能有效地控制项目的风险，增强项目的透明度。同时，除了债权投资之外，丝路基金还为外汇提供了一种新的投资途径，为实现人民币国际化打下了坚实的基础。丝路基金除了股权投资之外，还通过基金贷款，实现了以股权为基础带动多种方式进行的债权融资。“一带一路”沿线各国为促进经济发展而进行的大规模基础设施建设，为缓解资金紧张，需要延长投资期限，考虑到基建投资的现实需求，丝路基金的投资期限通常为 15 年，同时，它还可以通过股权和债权相结合的投融资模式，使基建项目能够获得长期的合理回报。[①]

丝路基金偏好投向沿线国家的重点行业，如基础设施建设、能源、钢铁、电力、通信等相关行业，在帮助沿线国家解决长期阻碍经济发展的交通问题的同时，旨在帮助中国海外工程企业“走出去”，将中国的先进生产技术和优质产能带到“一带一路”沿线国家的基础设施建设中去，化解水泥、钢铁等优质产能在国内的过剩问题。

三、“一带一路”倡议对央企海外投资的推动作用

2006 年以来，为了保证国家经济的稳定和企业的战略发展，央企在“两种资源、两个市场”的基础上，加快了“走出去”的步伐，在国际上的投资合作取得了长足的进步，在海外经营规模和效益上都有了很大的提高，经济实力也在稳步提升。到 2020 年底，在全球 189 个国家和地

① 徐嘉．中国海外承包工程企业融资方式的分析［D］．北京：对外经济贸易大学，2016.

区，中国2.8万家境内投资者开设了4.5万家对外直接投资公司，中国在全球80%以上的国家和地区都有投资，年末境外企业资产总额达到7.9万亿美元。特别是“一带一路”倡议提出以来，我国对“一带一路”沿线国家的投资规模迅速增加，2013—2020年中国对沿线国家累计直接投资1398.5亿美元，在“一带一路”沿线国家设立境外企业超过1.1万家。

“一带一路”倡议的实施，给中国企业提供了一个更好的海外投资机会和平台。中国投资者在“一带一路”倡议下，要在“走出去”的过程中，建立一个积极的投资环境，合理地规避风险，树立负责任的大国投资者的良好形象。依法经营，主动承担社会责任，把资源与生态保护放在重要地位，构建和谐多元的经营文化，加强海外投资的软实力，以达到共赢，促进“一带一路”各国共同发展。

央企在“一带一路”建设中发挥了重要作用，积极开展国际化经营，在世界180多个国家和地区设立了8000余个机构和项目。在基础设施建设、能源开发、国际产能合作、产业园区建设等方面，央企承担了大量的重要项目和标志性工程，这些项目的落成，成为亮丽的“中国名片”，央企也因此成为推动“一带一路”从理念到行动、从愿景到现实的重要力量。

随着“一带一路”的发展，我国央企的海外投资表现出以下特征：第一，境外经营规模快速扩张，经济效益显著提高，境外业务已经成为央企新的利润增长点；第二，境外单位净利总额快速增加，有1/4的国有企业净境外单位利润占集团总利润的比例很高；第三，海外投资技术水平不断提高，由单一的工程承包向高技术、多维度、多层次、高水准的综合性承包项目转变；第四，对外合作的领域和方式更加多元，绿地投资、海外并购、战略合作等方式共同推进，并且延伸到产业链的各个环节，充分发挥了协同效应。①

① 于佳．“一带一路”战略下关于对外直接投资和央企“走出去”的探析［J］．农村金融研究，2017（3）：25－30.

疫情发生以来，央企积极应对挑战、危中寻机，通过架起新支点、培育新动能、塑造新优势，推动“一带一路”高质量共建持续走深、走实。中欧班列快速发展，中巴经济走廊高质量运行，中老铁路建成通车，雅万高铁、中泰铁路、匈塞铁路如期推进，带动沿线经济生态迸发生机。央企勇当“一带一路”建设“排头兵”“主力军”，已经深度融入开放包容的发展浪潮中，成为“一带一路”逆风前行的推动者、引领者。

虽然“一带一路”倡议推动了央企海外投资，但其存在着与金融支持衔接不够的问题。

1. 金融支持海外投资区域结构需要调整。近年来，来自中国的投资流向全球各个国家（地区），推动实现互利共赢。其中，“一带一路”沿线国家是重要的投资目的地，涵盖中亚、南亚、西亚、东南亚和中东欧等国家和地区，沿线国家大部分是新兴经济体和发展中国家。对于我国“走出去”的区域战略，金融支持力量目前仍偏向于发达国家。由于发达国家具有市场大、法制完善、资源丰富等优势，所以选择投资国的时候往往会偏好发达国家。从机构设置、人员配置、资金配置、资产配置等方面来看，对发展中国家来说，金融支持力度不足，未能充分发挥“一带一路”建设的主导和支撑作用。截至 2020 年末，中国境内投资者在“一带一路”沿线国家直接投资存量达 2007. 9 亿美元，占存量总额的 7. 8%。2020 年中国境内投资者在沿线国家实现直接投资 225. 4 亿美元，占同期流量的 14. 7%。同时，金融支持针对不同区域未能因地制宜。“一带一路”沿线是世界上贸易和跨境投资发展最迅速的地区，但由于区域金融实力较弱，沿线国家经济、金融发展阶段差异较大，各国间缺乏有效的协作机制，金融支持应针对不同国家特点，因地制宜开展业务，采取“规则统一、形式各异”的区别政策。

2. 金融支持海外投资行业结构需要优化。随着“一带一路”倡议的提出，我国海外投资领域日趋广泛，对外投资的行业结构也需要相应变化。2020 年，中国对外直接投资涵盖了国民经济的 18 个行业大类，近 70% 的投资流向租赁和商务服务、制造、批发和零售、金融领域，四大行业投资流量均超过百亿美元。截至2020年底，中国对外直接投资存量的80%都集中在服务业，以租赁和商务服务、批发零售、信息传输/软件和信息技术服务、金融、房地产等行业为主。当前，中国正面临着“中等收入陷阱”，许多低技术、低成本的行业正处于困境之中，中国要想维持经济的中高速发展，必须通过持续的技术革新和产业升级。在选择对外投资行业领域时，应结合当前国际直接投资发展的新特征，参照全球不同产业市场的竞争情况，并利用好中国目前的产业基础比较优势和当前经济技术发展水平，聚焦到高新技术产业、技术成熟的一般制造业及服务类、能源及资源类境外投资等领域。

3. 新成立金融机构战略功能定位存在重合。迄今为止，我国已建立了10只开发性基金，其中有丝路基金、中非发展基金、中拉产能合作基金、中拉合作基金、中国—阿联酋共同投资基金等，牵头设立了亚投行和“金砖国家”开发银行，并积极创新外汇储备使用方式，通过企业委托贷款、银行委托贷款、定向融资、货币互存和汇率锁定期权、国际合作等方式支持对外直接投资。这些机构起步较晚，相关投资经验还需进一步积累。一是开发性基金要明确各自的直接投资领域、有偿无偿比例、投资合作方式等，为符合国家战略的企业海外项目或子公司提供股权或准股权融资。二是在目前的债权融资模式下，重点发展商业性对外股权投资，以我国海外企业注资参股为主，促进我国境外资产的优化重组和并购。三是需要坚持分散投资和均衡配置。必须对特定区域、行业和项目进行限制，否则，市场的波动会导致成片的亏损，影响到整体的盈利和生存。四是“一带一路”的相关项目主要集中于新兴市场，产业主要集中在基础设施、能源矿产等方面，总体上存在一定的风险，需要做好风险控制。

四、规范产融结合坚守主责主业

国内金融机构以及多边金融机构在我国海外投资过程中发挥重要作用，并且随着“一带一路”倡议的提出，中国在亚投行、丝路基金、中国—中欧合作基金等融资平台的建设中发挥了重要作用。这些新型金融机构的建立，对于企业在“一带一路”的布局中的应用效果显著，与传统的金融机构共同构建了产融结合的新格局，推动了海外投资的规范化运作和市场化运作。例如，在合作机制方面，中国交建以市场为导向，与金融机构、兄弟单位、上下游企业建立了战略联盟，构建了“中国公司 + 地方政府 + 境外园区 + 境外企业”的价值网络模式，目前已在境外建立了 23 个建设园区，其中 6 个项目进展比较快。但是央企投融资能力不足问题正持续显现。如何创新和完善投融资服务，成为亟待补齐的一块配套服务短板。事实上，金融资源是一个企业走出国门的必要条件，因此，金融服务和它的杠杆优势是非常重要的。一方面，要因地制宜，在融资工具和运作方式上进行创新，与企业进行有效的对接，形成一个资金闭合回路，实现互利共赢；另一方面，在融资模式上，放宽对有实力企业的一些限制，充分了解企业的信用和行业地位，全面掌握项目的发展前景和战略导向作用，综合其过去表现与未来发展。保利科技 2011 年在赞比亚以卖方信贷模式承揽了赞比亚卢萨卡约 50 千米的城市道路工程，成为企业利用开发性金融——卖方信贷的一次实践。

对于央企来说，产融结合是一把“双刃剑”，实体业务的发展离不开金融的支持，但同时金融业务也可能会放大实体业务的经营风险。产融结合与央企应有主次之分，做强、做优、做大实业的初衷不能改，产业为主、金融服务产业的准则要明确。

第三节　金融创新对央企对外投资影响的实证研究

一、引言

本节为产融结合对企业投资效率影响的实证研究，首先在理论分析的基础上提出有关产融结合与企业投资效率的研究假设；其次在国泰安数据库等选取2012—2021年国务院国资委监管的中央企业旗下上市公司的财务数据，并手工整理央企参股金融机构等数据；最后选取产融结合、企业投资效率等变量的度量指标，构建研究产融结合对企业投资效率影响的多元回归模型。分析其实证结果进行总结，并给出对策建议。

二、理论分析与研究假设

（一）产融结合与非效率投资

首先，产融结合可能在一定程度上缓解融资约束和投资不足问题。我国在经济转型和资本市场的发展过程中，存在着大量的投资机遇和融资约束，融资约束可能会迫使企业放弃一定的投资机遇，从而导致投资短视。产融结合能矫正企业投资不足行为。内部化理论认为，由于外部资本市场的不充分配置所产生的融资约束，将会迫使企业放弃具有良好收益预期的投资机会，从而影响到企业的投资效率。实行产融结合的企业通过持有股权与金融机构建立了联系，从而形成一个内部资本市场，可以有效地解决企业的融资难题，推动企业的资本形成。实行产融结合的企业通常可以从金融机构那里得到较低的利息的资金支持（Hoshi等，1991①；Porta等，2002②）。另外，产融企业之间的股权关系有利于信息的共享，并在某种程度上打破“信息壁垒”，减少了逆向选择的可能性（Okabe，1995③；万良勇等，2015④），有利于促进产融双方信息对称。在信息对称的前提下，金融机构将更好地为其股东企业提供更多的资金支持和更低的融资成本，以使其更好地把握投资机遇，从而使投资的效

① Hoshi, T., A. Kashyap, and D. Scharfstein. Corporate Structure, Liquidity, and Investment: Evidence from Japanese Industrial Groups [J]. The Quarterly Journal of Economics, 1991, 106 (1): 33-60.

② Porta, R. L., F. Lopez-De-Silanes, and A. Shleifer. Government Ownership of Banks [J]. Journal of Finance, 2002, 57 (1): 265-301.

③ Okabe, M. Monetary Policy in Japan: A Perspective on Tools, Transmission Channels and Outcomes [A]. The Structure of the Japanese Economy [M]. London: Palgrave Macmillan, 1995.

④ 万良勇，廖明情，胡璟．产融结合与企业融资约束——基于上市公司参股银行的实证研究[J]．南开管理评论，2015，18（2）：64-72+91.

益得到提升。基于以上分析，本书提出如下假设。

假设1：产融结合能矫正央企及其控股子公司投资不足行为。

其次，产融结合会促使企业过度投资行为。企业实行产融结合，不仅是为了方便企业融资，也是为了纾解资金短缺的困境，可能会导致企业的过度投资行为增多。由于委托—代理问题的存在，上市公司存在着较为普遍的过度投资动机，产融结合的实行则会给企业提供更多的可支配资源，从而更容易导致企业的过度投资。其主要原因是，融资预期大幅改善，企业的投资信心增加会促使其扩大投资。产融结合的顺利实施使得企业对未来资金短缺的担忧不再是重点，投资规模的扩张会惯性地延续，从而导致过度投资的非效率行为。尤其当央企对金融机构的持股比例过大，甚至使该金融机构成为其控股企业，会极大地削弱金融机构决策的权力，削弱对资金使用的监管力度，从而诱发上市公司在市场中的非效率投资行为。虽然大股东对管理者的投资行为具有很好的监控效果（陈艳，2009①），但考虑到当下中国的金融体制和产融关系，大部分企业持股金融机构，并不是为了谋求掌握治理金融机构的话语权，而且持股的比例也通常达不到控股的标准，央企持股金融机构主要是为了获得金融机构的金融支持。而金融机构为其股东提供资金支持后，为了保障资金安全，会为股东企业提供更加有专业性的咨询和监督，以防企业利用其股东地位而引起贷款风险，基于此，金融机构提供的服务与监管可以抑制企业过度投资；同时，企业为了符合金融监管要求，获得继续合作的机会和后续的资金支持，通常也会自觉抑制其过度投资行为，提高投资效率。所以产融结合可能在一定程度上抑制企业过度投资。基于以上分析，本书提出如下假设。

假设2：产融结合会抑制央企其控股子公司过度投资行为。

（二）持股比例与非效率投资

目前，央企的产融结合模式主要为持股金融机构，持股比例高低直

---

① 陈艳．股权结构与国有企业非效率投资行为治理——基于国有企业上市公司数据的实证分析［J］．经济与管理研究，2009（5）：49－54＋62．

接决定了产融结合程度的大小。程度较低的产融结合侧重于获取金融业较高利润的短期逐利行为，集聚金融资源进行资本运作的能力较低，尚不能通过产融结合增强对投资项目的风险防控能力，减弱了产融结合提高企业投资效率的作用。程度较高的产融结合吸纳金融资源的能力较强，企业对金融机构信贷决策的干预能力较强，从而带来投资活动的融资便利。同时，通过人事参与的产融结合方式，企业能够参与到金融机构的经营管理中，将央企与金融的专业知识及管理经营融合，对投资项目进行准确定位与布局，平衡投资项目的风险与收益，进一步提高投资效率。基于此，本书提出如下假设。

（1）假设3a：持股比例越高，产融结合缓解央企及其控股子公司投资不足的作用越强。

（2）假设3b：持股比例越高，产融结合约束央企及其控股子公司投资过度的作用越强。

三、样本选取与研究设计

（一）研究样本与数据来源

本书选取2011—2021年国务院国资委监管的央企旗下的上市公司及其子公司年度数据作为研究样本，并剔除以下样本：（1）总资产、营业收入小于等于0或缺漏的样本；（2）ST或PT的上市公司样本；（3）样本连续时间少于两年的公司；（4）数据缺失的公司。为了减少异常值对回归产生的影响，对所有样本进行了1%和99%水平上的Winsorize处理，最终得到1312个样本观测值。本书手工收集中央企业产融结合数据，其他研究数据主要来自国泰安数据库。

（二）变量设计

1. 被解释变量。被解释变量为投资不足（Under Investment，UI）与投资过度（Over Investment，OI）。使用投资效率模型计算央企的上市公司的正常投资水平，根据计算出的残差反映投资效率。其中，残差小于0的部分取绝对值，用来衡量投资不足，绝对值越大投资效率越低；残差大于 0 的部分用来衡量投资过度。

2. 解释变量。样本中中央企业旗下上市公司共计 153 家。本书选取的解释变量包括，产融结合（Combination between Industry and Finance，CIF），央企当年是否控股金融机构，是则取 1，否则取 0。借鉴王化成等①（2007）、Faccio 等②（2000）的研究，本书将持股金融机构 20% 及以上股份定义为对金融机构的控股。产融结合程度（Degree of the Combination between Industry and Finance，DIF），将期末持股比例作为产融结合程度的替代变量，如若存在持股多家金融机构的情况，则取最大持股比例来衡量产融结合程度。

3. 控制变量。借鉴李万福等③（2011），谭小芳等④（2021）的研究成果，选取影响投资效率的主要因素作为控制变量。其中，当年新增投资（*Invest*）是新增投资支出占期初总资产的比值，新增投资支出为购建固定资产、无形资产和其他长期资产支付的现金 + 取得子公司及其他营业单位支付的现金净额 - 处置固定资产、无形资产和其他长期资产收回的现金净额 - 处置子公司及其他营业单位收到的现金净额 - 固定资产折旧 - 无形资产摊销 - 长期待摊费用摊销；营业收入增长率（*Growth*）是企业本年营业收入增加额对上年营业收入总额的比率；公司规模（*Size*）是公司期末总资产的自然对数；财务杠杆率（*Lev*）是总负债与总资产的比率；货币资金比率（*Cash*）是货币资金与短期投资净额的总额和总资产的比值；公司年龄（*Age*）是公司的上市年限的自然对数；股票收益率（*R*）是考虑现金红利再投资的年个股回报率；资产收益率（*ROA*）是净利润与总资产的比值；净资产收益率（*ROE*）是净利润与股东权益

---

① 王化成，李春玲，卢闯．控股股东对上市公司现金股利政策影响的实证研究［J］．管理世界，2007（1）：122 - 127 + 136 + 172. DOI：10.19744/j.cnki.11 - 1235/f.2007.01.017.

② Faccio，Mara and Larry H. P. Lang. Separation of Ownership from Control：An Analysis of Ultimate Ownership in Western Europe［N］. Working Paper，The Chinese University of Hong Kong，2000.

③ 李万福，林斌，宋璐．内部控制在公司投资中的角色：效率促进还是抑制？［J］．管理世界，2011（2）：81 - 99 + 188. DOI：10.19744/j.cnki.11 - 1235/f.2011.02.009.

④ 谭小芳，张伶俐，宋长儒．产融结合、持股比例与航运企业非效率投资［J］．中国航海，2021，44（3）：71 - 75.

的比值；以及有海外背景的董事数量（OBN）。

（三）模型构建

1. 投资效率的预测模型。本书采用最优预期投资法对投资效率进行测度，参照 Richardson[①]（2006）构建的投资效率模型。最优预期投资法的本质在于，将公司的投资效率模型转化为实际投资和最优预期投资的差异，而公司当期最优投资水平则是根据其滞后一期的经营状况预测得到。公司投资效率测度模型具体设置如下：

$$\begin{aligned} Invest_{it} = {} & \alpha_0 + \alpha_1 Growth_{i,t-1} + \alpha_2 Size_{i,t-1} + \alpha_3 Cash_{i,t-1} \\ & + \alpha_4 Lev_{i,t-1} + \alpha_5 R_{i,t-1} + \alpha_6 Age_{i,t-1} + \alpha_7 Invest_{i,t-1} \\ & + \sum Year + \sum Industry + \varepsilon_{it} \end{aligned} \qquad (7-1)$$

其中，$Invest_{it}$为公司当年新增投资，$Growth_{i,t-1}$为滞后一期的营业收入增长率，$Size_{i,t-1}$为期初公司规模，$Cash_{i,t-1}$为期初货币资金比率，$Lev_{i,t-1}$为期初财务杠杆率，$R_{i,t-1}$为滞后一期的股票收益率，$Age_{i,t-1}$为滞后一期的公司年龄，$Invest_{i,t-1}$为滞后一期的新增投资，以及用来控制时间效应和行业差异的年份虚拟变量（$Year$）和行业虚拟变量（$Industry$）。

本书用实际投资水平与估算的正常投资水平之差（模型残差 ε_{it}）的绝对值作为投资效率的代理变量。模型残差 ε_{it}为投资偏离程度，其绝对值可以直接衡量企业非效率投资程度，进而反映企业的投资效率。残差绝对值越小，说明偏离正常投资程度越小，非效率投资越少，投资效率就越高；反之，投资效率越低。

2. 产融结合对非效率投资行为的影响。模型 2［见式（7-2）］检验央企产融结合行为对其控股上市公司非效率投资行为［投资不足（UI）与投资过度（OI）］的影响。

$$UI_{it}/OI_{it} = \beta_0 + \beta_1 CIF_{it} + \sum Control_{i,t-1} + \sum Year + \sum Industry + \varepsilon_{it} \qquad (7-2)$$

① Richardson, S. Over-investment of Free Cash Flow［J］. Review of Accounting Studies, 2006, 11(2): 159-189.

在此基础上，利用模型3［见式（7－3）］检验央企产融结合程度对其控股上市公司投资不足（UI）、投资过度（OI）的影响。

$$UI_{it}/OI_{it} = \lambda_0 + \lambda_1 DIF_{it} + \sum Control_{it} + \sum Year + \sum Industry + \varepsilon_{it} \quad (7-3)$$

其中，CIF_{it}为产融结合虚拟变量，DIF_{it}为产融结合程度，$Control_{i,t-1}$包括有海外背景的董事数量 *OBN*、资产收益率 *ROA*、净资产收益率 *ROE*、财务杠杆率 *Lev*、货币资金比率 *Cash*、公司规模 *Size* 等变量，以及用来控制时间效应和行业差异的年份虚拟变量（*Year*）和行业虚拟变量（*Industry*）。

四、实证结果分析

本章根据实证结果对产融结合与企业投资效率的关系进行分析。首先，进行描述性统计；其次，对前文提出假设的多元回归结果进行分析，并对产融结合对企业投资效率的影响路径进行实证分析；最后，重新选取产融结合、企业投资水平的度量方法以及选取样本区间进行重新检验，以保证结果的稳健性。

（一）描述性统计

变量描述性统计如表7－2所示。在1373个有效数据中，央企持股或参股金融机构的均值为0.550，标准差为0.498，虽然央企的产融结合较为普遍，但是实施产融结合状况相差较大，说明央企的上市公司的产融结合行为对于金融资源的配置能力和效率有较大差异。其中实施产融结合的数据中，持股比例均值为0.398，标准差为0.376，可见部分企业产融结合程度较高，运用金融资源的能力较强。

表7－2　　　　变量描述性统计

变量	(1)	(2)	(3)	(4)	(5)
	观测值	均值	标准差	最小值	最大值
CIF	1312	0.550	0.498	0	1
DIF	1312	0.398	0.376	0	1
Invest	1312	1.000	6.602	－53.368	21.289

续表

变量	(1)	(2)	(3)	(4)	(5)
	观测值	均值	标准差	最小值	最大值
Size	1312	23.569	1.771	19.688	28.256
Lev	1312	0.544	0.197	0.093	0.979
Cash	1312	0.162	0.117	0.007	0.607
Age	1312	2.654	0.478	1.099	3.401
R	1312	0.105	0.482	-0.619	2.875
OBN	1312	1.109	1.377	0	7
ROE	1312	0.047	0.247	-4.986	0.620
ROA	1312	0.029	0.053	-0.480	0.204
Growth	1312	0.142	0.559	-0.690	10.054

注：除*Invest*、*CIF*、*DIF*外，其他均为滞后一期的描述性统计。

（二）央企的上市公司的投资效率预测模型

先确定模型1的预测变量。选取新增投资、营业收入增长率（*Growth*）、货币资金比率、财务杠杆率、公司规模、公司年龄以及股票收益率等可获得性指标作为投资效率预测模型的变量。新增投资（*Invest*）与公司规模（*Size*）、货币资金比率（*Cash*）和公司年龄（*Age*）的相关系数分别为0.197、-0.088和-0.129，且通过显著性检验；新增投资（*Invest*）与营业收入增长率（*Growth*）、财务杠杆率（*Lev*）、股票收益率（*R*）呈现同方向变化的关系。相关性系数如表7-3所示。

表7-3　相关性系数

变量	*Invest*	*Growth*	*Size*	*Cash*	*Lev*	*R*	*Age*
Invest	1.000						
Growth	0.020	1.000					
Size	0.197*	-0.050	1.000				
Cash	-0.088*	0.013	-0.274*	1.000			
Lev	0.051	-0.037	0.468*	-0.282*	1.000		
R	0.003	0.069*	-0.038	0.044	-0.018	1.000	
Age	-0.129*	-0.014	-0.128*	-0.103*	0.052	0.011	1.000

注：* $p < 0.1$，** $p < 0.05$，*** $p < 0.01$。

结果显示，新增投资（$Invest_{it}$）与营业收入增长率（$Growth_{i,t-1}$）、公司规模（$Size_{i,t-1}$）、公司年龄（$Age_{i,t-1}$）和滞后一期的新增投资（$Invest_{i,t-1}$）显著正相关，而货币资金比率（$Cash_{i,t-1}$）、财务杠杆率（$Lev_{i,t-1}$）和股票收益率（$R_{i,t-1}$）不显著。由于预测变量（*VIF*）均小于10，不存在共线性问题（见表7－4）。因此，可运用上述指标构建投资效率预测模型。

表7－4　　投资预测模型的回归结果

变量	Beta	t	VIF
Growth _ l	0.544 *	1.817	1.13
Size _ l	0.740 ***	5.857	2.02
Cash _ l	1.955	1.226	1.42
Lev _ l	0.428	0.392	1.87
R _ l	0.166	0.389	1.72
Age _ l	－0.725 *	－1.841	1.44
Invest _ l	0.646 ***	13.983	1.32
cons	13.859 ***	－4.224	

注：* $p < 0.1$，** $p < 0.05$，*** $p < 0.01$。

模型残差为投资偏离程度，最小值和最大值差距较大，标准差较大，表明央企的上市公司投资效率相差较为悬殊。残差的绝对值可以直接衡量企业非效率投资程度，进而反映企业的投资效率。央企的上市公司的投资不足、投资过度的非效率投资现象普遍存在，但是存在一定差异。投资效率以及过度投资和投资不足的描述性统计如表7－5所示。

表7－5　　投资效率、过度投资与投资不足的描述性统计

变量	观测值	均值	标准差	最小值	中位数	最大值
残差	1312	－0.000	5.620	－49.989	0.444	25.446
投资效率	1312	3.397	4.477	0.000	2.127	49.989
OI	747	2.983	3.010	0.000	2.194	25.2446
UI	565	3.944	5.837	0.004	1.973	49.989

（三）产融结合对企业非效率投资的影响

分别对模型2和模型3进行回归，分析产融结合行为与产融结合程度对上述非效率投资行为的影响。回归结果如表7-6所示。

表7-6　非效率投资与产融结合的回归结果

变量	(1) *UI*	(2) *OI*	(3) *UI*	(4) *OI*
CIF	-1.353** (-2.526)	0.393 (1.643)		
DIF			-1.845** (-2.466)	0.875*** (2.659)
OBN_l	0.235 (1.088)	0.220** (2.486)	0.282 (1.288)	0.206** (2.335)
ROA_l	10.508* (1.712)	1.691 (0.614)	10.300* (1.679)	1.230 (0.447)
ROE_l	-2.277** (-2.012)	0.015 (0.027)	-2.362** (-2.087)	0.082 (0.145)
Lev_l	-1.688 (-0.937)	0.004 (0.005)	-1.722 (-0.956)	-0.016 (-0.022)
Cash_l	-3.867 (-1.627)	-1.974* (-1.892)	-4.237* (-1.767)	-1.697 (-1.623)
Size_l	-1.061*** (-5.271)	-0.444*** (-4.748)	-1.112*** (-5.388)	-0.424*** (-4.532)
_cons	27.195*** (6.224)	16.560*** (7.295)	28.328*** (6.342)	16.206*** (7.149)
Industry	Yes	Yes	Yes	Yes
Year	Yes	Yes	Yes	Yes
N	565	747	565	747
adj. R^2	0.149	0.116	0.149	0.121
F	3.997	3.870	3.986	4.021
p	0.000	0.000	0.000	0.000

注：* $p < 0.1$，** $p < 0.05$，*** $p < 0.01$。

模型2的回归结果说明，实施产融结合与投资不足在5%的水平下显著负相关，与投资过度不具有显著性，说明央企产融结合有助于缓解其上市公司的投资不足，但对投资过度没有显著约束作用。实证结果支持假说1，拒绝假说2。模型3的回归结果说明，产融结合程度与投资不足在5%的水平下显著负相关，与投资过度在1%的水平下显著正相关。假说3a成立，假说3b未成立，央企产融结合程度越高，促使其上市公司的过度投资行为的程度越深。

可能是由于现阶段央企产融结合程度较低，仅停留在持股金融机构获取金融资源或投资收益的初级阶段，并未将金融领域的专业能力融合到其上市公司的投资决策中，产融结合并不能调节央企上市公司的过度投资的现象。

（四）稳健性检验

1. 持股金融机构的稳健性检验。将企业持有金融机构股权比例大于等于5%、10%作为界定控股金融机构的标准，重新定义了产融结合变量，检验上述模型。10%标准的检验与之前结论一致；而5%标准的检验与上述结论有所差异，央企产融结合同样有助于缓解其上市公司的投资不足，但显著促使上市公司的投资过度。

2. 投资效率的稳健性检验。借鉴Biddle等[①]的研究成果，以销售收入增长率替代营业收入增长率（*Growth*）指标，重新估算投资效率后再进行回归检验，除了新增投资（*Invest*）与产融结合（*CIF*）显著正相关外，其他结论基本一致。

3. 样本时间区间的稳健性检验。2013年“一带一路”倡议的提出，为中国企业对外投资提供了更好的机遇与平台，对央企产融结合和其上市公司的投资效率有一定的推动作用。基于此，选择2014—2021年的样本数据进行回归检验，结论未发生实质性变化。

---

① Biddle, G., G. Hilary and R. S. Verdi. How does Financial Reporting Quality Relate to Investment Efficiency? [J]. Journal of Accounting and Economics, 2009, 81: 112 - 131.

稳健性检验得到的结果与前文所述基本一致，假说 1 和假说 3a 成立，而假说 2 和假说 3b 未成立。表明本书实证结果是较为可信和稳健的。限于文章篇幅，上述回归结果未在文中列出。

五、结论与建议

（一）结论

本书以 2012—2021 年国务院国资委监管的央企旗下的上市公司年度数据作为研究样本，实证分析了央企产融结合行为如何影响其上市公司的投资效率，并从产融结合程度出发，考察了对于同样实施产融结合的央企，不同的持股比例对其上市公司投资效率将产生哪些影响。最终得出以下结论：

1. 央企产融结合能够显著地减少其上市公司的投资不足行为，尽管理论上产融结合也可能抑制公司过度投资，但实证分析结果没有予以支持，央企产融结合的发展还有待优化与深入。

2. 央企参股金融机构比例越大，对其上市公司投资不足的影响越大，而且在一定程度上显著诱发公司过度投资。

央企实施产融结合可有效缓解其上市公司投资不足的非效率投资行为，随着控股金融机构比例的提高，其投资效率也呈现不断提高的趋势，投资不足进一步显著缓解。尽管存在投资过度加剧的问题，但是投资缓解效应居主导地位。

（二）政策建议

中国金融体制的失衡和低效已是不争的事实，社会融资过度依赖银行信贷的状况，导致储蓄转化为投资的动力不足，资本无法得到高效配置，不仅加剧了严峻的投资不足问题，还势必影响到经济结构优化和产业转型升级。故而，优化现有金融体制、创新金融服务模式是亟待解决的课题。本书研究有以下启示：

1. 政府应加强央企对外投资的宏观指导。

（1）积极制定贸易便利化政策。由政府出面通过双边协定构建相应的通关便利政策，深化利益融合与政治互信，进一步提升双方贸易投资自由化、便利化水平，削减投资与贸易壁垒，为央企营造良好的投资环境。

（2）发起设立“一带一路”沿线投资研究基金，对沿线相关投资项目进行系统的研究评定，建立投资风险目录，据此约束企业投资行为，当企业出现大规模亏损时给予一定程度的扶持。

（3）建立完善的金融支持机制。政府更应注重引导央企丰富产融结合平台，进一步拓宽企业“走出去”的融资渠道，缓解投资不足。但要平衡好产融各方权益，防止央企过度控制金融组织。具体实施中，设定持有金融机构股权上限，对可能存在的违法行为进行积极预防和及时干预，保障金融机构信贷决策的独立性，让金融机构支持真正有前景的企业，既助力实体经济，又促进自身增值。同时，产融结合平台对沿线投资风险大的项目进行科学严谨的评估与防范，约束过度投资。

2. 央企应主动发挥产融结合改善非效率投资的调节机制，规避相关风险。

（1）应有序推进央企产融结合模式，激发经济活力，带动投资增长。央企应进一步推动多元化产融结合，在持股金融机构的基础上，拓展更有效的产融结合模式，按照产业发展的需要进行金融布局，利用金融平台为有价值的投资项目提供支持，缓解由融资约束、资金匮乏等因素引起的投资不足的非效率投资状况。

（2）深化产融结合的深度，设立服务于央企发展规划的金融子公司。有效的产融结合并不是获取金融业利润的财务性投资，而是通过将外部融资渠道内部化，利用金融资本实现企业长远发展的战略性投资。央企金融子公司在具备金融资源与风险防范等优势的同时，更了解企业自身发展需要，更有效地识别投资项目的价值并对其进行管理运作，避免央企及其上市公司盲目扩张投资过度。

第四节　央企与金融机构的合作共赢

一、国内金融机构对央企海外投资的支撑

近年来，我国金融业加大了促进海外投资的力度，为扩大海外投资提供金融产品、服务、资金和信息支持，扩大国内外金融服务网络，既注重配合国家战略，又注重通过扩大自身业务范围、获取海外资源等来追求自身的商业利益。商业性金融“跟随”与“引领”战略并行，而政策性金融则发挥主导作用，促进产业资本的有序输出，国内金融机构积极推动中央企业的海外投资。

1. 商业银行。近年来，随着“一带一路”倡议的实施，商业银行在中国的对外投资规模和数量急剧增加。商业银行有充分的机会优化其资产配置结构，推出创新的金融产品，使其金融服务多样化，并使其金融战略国际化。同时，中国商业银行“走出去”时间较短，缺乏国际影响力和国际化经验，在对外投资时，内部风险防控机制的作用并不能有效且完全地发挥出来，可能会导致风险管理体系崩溃、资金链断裂，以致投资失败，在严重的情况下，这甚至会影响内部业务运作，给商业银行带来不可逆转的损失。特别是在当前，受到新冠肺炎疫情的冲击，全球经济复苏乏力，资本市场发生动荡，在对外投资过程中，商业银行应更加注重风险的防控和预判，扭转以往盲目扩张的策略，从高速扩张发展向高质量发展转变。

从国家层面来看，应当完善银行业的政策指引，激发商业银行国际化发展活力，协调商业银行国际区位布局，继续深化金融体制改革，加强对商业银行境外机构的金融监管，发挥金融支持实体经济的作用，支持企业对外直接投资。一是通过与中国银行业协会、商业银行等加强沟通，协调制定银行业国际化发展规划，指引商业银行国际区位布局，商业银行国际区位布局应当与企业海外投资的金融需求相协调，引导商业

银行构建全方位的全球金融服务网络，推动企业对外直接投资；二是继续深化金融体制改革，推进金融市场化改革，推动商业银行不断创新金融服务产品，提高金融服务水平，加强金融基础设施建设，增强金融服务实体经济能力；三是加强对商业银行境外机构的金融监管，加强与东道国金融监管部门的沟通与合作，为商业银行的国际化经营创造良好的外部环境，确保商业银行国际化的稳健发展。

从银行层面来看，我国商业银行应当针对境外投资企业设计和提供相适应的金融产品和金融服务，不断创新金融产品，提高金融服务效率，加强境外风险管理，为企业对外直接投资提供全方位的金融支持。一是以金融服务实体经济为导向，不断创新金融产品，开拓服务渠道，加强风险防控，满足企业对外投资所需的融资需求和金融服务；二是转变境外机构管理模式，提高金融服务效率和服务水平，加强境外分支机构的风险管理，分支机构境外布点上要紧随企业海外投资的布局；三是学习国外银行的先进管理模式和经验，培养国际化金融人才，加强境外分支机构的金融管理。商业银行国际化经营的不断完善和发展，能够进一步推动企业的国际化发展。①

2. 政策性银行。自成立以来，我国的政策性银行经历了 20 多年的发展，中国的经济实力由弱变强，在全球经济一体化的大潮中接受洗礼。在这个过程中，政策性银行作为中国经济体系的重要组成部分，发挥了不可低估的作用，但从我国政策性银行的市场定位、机构运作以及体制职能等方面来看，政策性银行还有许多需要完善的地方。

从国家层面来看，应当规范政策指引，推进我国政策性银行的离岸金融业务发展，加强对国际投资市场的研究，考量对外投资区位选择，推动企业对外投资。一是有序扩张海外分支机构，政策性银行国际化发展以离岸金融业务作为重要的方向，在我国企业“走出去”过程中，充分利用政策性离岸金融业务的推动作用，使境内外资金融通联动，在降

① 谭洪益．中国商业银行国际化和企业对外直接投资：理论分析与实证检验［J］．金融理论与实践，2020（6）：64－72.

低企业融资成本的同时提高其经济效率；二是我国政策性金融机构对外直接投资的区位选择，稳定对发达国家和地区的投资，巩固及扩大对发展中国家和地区的投资，积极慎重发展对中东、南美和非洲国家、地区的直接投资，充分运用区位优势理论进行地域性的扩展，实施渐进式、多元化、多层次、全方位的投资地区战略。

从银行层面来看，我国政策性银行应提升高层次金融解决方案的服务能力，增强风险管控能力，保障并不断推动企业对外投资。一是我国的政策性银行应利用自身的国家背景，加强营销网络建设，利用自身资产和海外分支机构的规模优势，提高金融服务能力。从我国银行业对未来战略规划的高度，政策性银行应着眼于参与高层次金融业务，加强与国内外业务伙伴的业务联系，在互利共赢的基础上努力提升自身实力。①二是我国政策性银行需要不断加强外资业务的风险管理，提高风险管理能力。要加强全面风险管理，严格控制项目信贷风险，特别是在信贷阶段，在条件允许的情况下，适当控制政策性银行授信业务的行业、地区和国家集中度。同时，政策性银行应努力开发相关金融工具，使在我国的对外投资企业能够合理规避外汇风险。

二、央企助力国内金融机构国际竞争力提升

央企实行产融结合可以为金融机构提供较高的信用保障，也会明显提高金融行业的收益水平。而在央企海外投资过程中，国内金融机构在提供金融支持的同时可以提升其国际竞争力。

央企参与“一带一路”建设的过程中，离不开金融机构的大力支持，尤其是国内金融机构所提供的国际支持，二者的业务发展是紧密相连、互相促进的。在此过程中积累的宝贵经验，对于国内金融机构的金融服务能力和水平有极大的推动作用，能促使国内金融机构为“一带一路”沿线国家和地区提供更专业、更高水平的金融服务，并借助央企的

---

① 吴磊．我国政策性银行对外投资策略研究［D］．长春：吉林大学，2013.

业务合作与支持，不断扩张业务范围与区域，从而实现国内金融机构的国际化覆盖。

首先，推动金融产品或服务国际合作。国内金融机构可以与海外投资东道国的金融机构进行互动和合作，为“一带一路”中的项目提供必要的资金支持。其次，加快金融机构国际化布局。通过分析“一带一路”沿线国家的经济发展情况，并结合我国跨国公司的经营状况，国内金融机构进一步完善海外机构的布局，有助于熟悉海外投资东道国的法律规范、营商环境以及金融体制，在提高自身国际化金融服务水平的同时，为央企及其他出境企业和项目提供更加便捷和专业化的金融服务。最后，提升金融服务竞争国际化。在“一带一路”沿线国家和地区开展合作项目时，相关央企的合作对象除了国内金融机构外，还包括沿线国家的本土金融机构和投资所在地区的跨国金融机构，因此，国内金融机构及其海外分支机构会面临着较为激烈的同业竞争，需要提升金融服务水平和能力，完善业务模式，提供有竞争力的解决方案以击败竞争对手，在此过程中可以进一步加强国内金融机构的国际化服务能力。

央企需要进一步加强与国内金融机构合作，积极推动人民币海外直接投资，或者人民币跨境结算等，并有效利用丝路基金、亚投行、国家开发银行等多边金融机构的金融支持。同时，央企可以积极利用内部金融资源为“一带一路”项目提供金融服务，帮助合作伙伴积极提供贷款、货币兑换、跨境支付等金融解决方案。

三、人民币国际化的实践路径

（一）人民币国际化的发展现状

国内金融机构与央企在投资过程中相互支持、合作共赢，中国金融机构海外竞争力不断提高，可以促进大型金融集团的建立、人民币海外业务的发展、海外商业金融人民币业务网络的构建，进而推动人民币国际化。

2011 年，中国人民银行发布了《境外直接投资人民币结算试点管理办法》，进一步规范了人民币对外直接投资结算业务，提升国内企业海外投资的便利性水平，增强人民币在国际经贸行为中的使用意愿，使中国对外直接投资的发展与人民币国际化的联系更加紧密。目前，人民币的国际化程度正在不断提升，为以人民币为币种的对外直接投资提供了更为广阔的空间。

随着“一带一路”倡议的提出，国内企业加快海外布局，我国对外直接投资持续增长，人民币对外直接投资也逐年增长。例如，增加“一带一路”沿线的基础设施、产业园区建设、大宗商品交易、电子商务领域的直接投资可成为提升人民币国际化水平的重要路径。大多数“一带一路”沿线国家基础设施水平较低、资金需求大，我国可以发挥自身在资源、技术和资金上的优势，针对一些沿线国家的基础设施项目，合理地尽可能多使用人民币投资，有利于我国企业锁定投入成本、降低投资风险，既提高了项目的经济效益，也推动了人民币对外直接投资的发展。受益于“一带一路”倡议的落实，我国在“一带一路”沿线国家的直接投资快速增长。2010—2016 年的对外直接投资人民币结算量持续增长，年平均增长率达 238.9%，2017 年由于中国政府加强对企业对外投资的真实性、合规性审查，对外投资增速放缓，2018 年后大幅回升，对外直接投资在资本项下为人民币输出开辟了新的通道。对外直接投资可以直接提升人民币的投资使用比例，同时，对外直接投资有利于扩大对外贸易规模，提升本国货币在经济活动中的计价结算份额，从而间接地推动人民币国际化的进程。

截至 2020 年底，人民币国际化指数（RII）达到 5.02，同比大幅增长 54.20%，创下历史新高。据环球银行金融电信协会（SWIFT）发布的数据显示，2021 年 6 月，在主要国际支付货币中，人民币排在第五位，人民币支付金额占所有货币支付金额的 2.5%，较上年同期上升 0.7 个百分点。这意味着人民币国际化已经取得积极进展并且逐渐得到国际社会的关注与认可。人民币的支付货币功能随着“一带一路”的发展而不断增强，其投融资货币职能也在推进中不断深化与发展，其储备货币功能也在“一带一路”建设实践中得到了提升，双边货币合作将持续不断地推进与发展。[①] 截至2021年初，与中国签署货币互换协议的国家已经达40多个，而涉及的总金额约为3.6万亿元人民币。

“一带一路”倡议和人民币国际化都是中国面向全世界并为贡献世界而提供的重要公共产品，也都属于重大国家发展战略，二者之间生逢其时，存在内在一致性，必然会相互影响、共同发展。“一带一路”倡议的贸易畅通和资金融通可以在一定意义上使得人民币国际化不断向前推进，而人民币国际化也会反过来通过其自身作用进一步推动“一带一路”建设向着更好的方向发展。同时，“一带一路”沿线的贸易合作、投融资拓展、基础设施建设、自贸区建设将会加速人民币国际化进程。[②]

（二）人民币国际化面临的挑战

2014年以来，人民币国际使用较快发展，对外投资过程中，人民币计价结算帮助企业节约了汇兑成本、降低了汇率风险，得到了实实在在的好处，但从整体上看，人民币国际化尚未与“走出去”步伐完全匹配。人民币国际化程度有待进一步提高。

1. 货币惯性的阻挠作用显著。国际结算和计价货币选择具有惯性。虽然过去几年间，人民币的国际影响力逐年提高，但是目前资本市场仍然以美元、欧元作为主要货币，美元、欧元在国际货币体系中的强势地位也在一定程度上限制了其他货币的国际化进程。目前，“一带一路”沿线国家的跨境贸易仍然表现出对美元的较强依赖度，这种对其他货币的排他性将在未来极大地限制人民币的接纳度，成为人民币国际化进程中的阻碍因素。

2. 沿线国家的固有风险较高。首先，“一带一路”沿线的新兴经济体和发展中国家由于宗教信仰差异问题，国内政治格局不稳定、社会动荡、恐怖主义盛行，很难营造较为稳定的投融资交易环境。而“一带一

① 叶前林，刘海玉．“一带一路”倡议下人民币国际化的新进展、新挑战与新举措［J］．对外经贸实务，2019（2）：56－59.

② 王文，刘英．“一带一路”完善国际治理体系［J］．东北亚论坛，2015，24（6）：57－66＋125－126.

路”倡议中涉及的项目往往都是中长期的，且资金量巨大，动荡的政治格局使得当地货币币值不稳定，抵御金融风险能力降低，增加了违约行为发生的可能性，给我国企业造成潜在冲击。其次，这些沿线国家本身经济发展水平较为落后，缺乏完善的金融基础设施。在市场的开放程度方面，一些国家仍设有严格的市场准入门槛和外汇管制等监管措施，使得人民币进入这些国家参与流通变得更加困难。最后，人民币清算银行和金融机构在沿线国家的分支机构数量仍然很少。金融基础设施建设的不足，使得沿线国家的人民币使用意愿较低，投融资参与度减少，不利于满足人民币国际化需求。

3. 在岸市场开放程度低且金融监管体系滞后。首先，人民币结算程序的复杂性和国内金融市场的开放程度较低，是国外企业不接受人民币作为结算手段的主要原因。尽管中国证监会进一步降低了合格境外机构投资者（QFII）的资格要求，放宽了境外资本的准入条件，但境外选择使用人民币作为结算手段的企业并不多。其次，人民币国际化的重点是发展离岸市场，在岸金融市场开放程度仍然有待提高。最后，我国有效的金融监管体系还没有建立起来，缺乏科学有效的激励和约束机制，监管机构的效能也没得到充分发挥，无法有效抵御内外金融风险。

（三）推进人民币国际化的具体路径

从“一带一路”倡议背景下中国对外直接投资的发展可见，“一带一路”建设从发展规模、投资方式和金融支持等方面极大地提升了中国对外直接投资的规模和质量，为促进人民币国际化提供了更多的机遇。在“一带一路”倡议背景下以对外投资为抓手，提出推动人民币国际化的对策建议。

1. 培育货币惯性，利用多边金融机构促进人民币对外投资。在“一带一路”沿线国家中，人民币的计价、储备功能发展相对于结算功能的发展是滞后的。除此之外，由于货币惯性的存在，人民币的结算计价功能可能会受其影响。人民币的流通情况和接受度存在地区差异，基于此，要不断提高与增强沿线国家对人民币的认同感与接受度，培育沿线国家使用人民币的习惯。亚投行作为“一带一路”建设中提供融资服务的核心金融机构，中国作为亚投行的第一大股东，具备一定的话语权和影响力，可以利用这一点主张积极扩大投融资规模，提倡在亚投行的运作过程中使用人民币，增加以人民币为计价货币的对外直接投资，更多地使用人民币为基础设施项目提供融资支持，持续提高服务广大发展中国家基础设施建设与发展的能力，发挥自身优势带动大规模人民币对外投资，使国际市场对人民币的需求持续增大，进一步推动人民币国际化进程。

2. 加快体制机制变革和法律体系完善，保障人民币对外投资。在“一带一路”倡议的推动下，我国企业加快“走出去”的步伐，对外直接投资规模增长迅速，但与此同时，由于部分沿线国家的法律环境各有不同，企业在准入、投资、经营等方面都有不小的风险，如管辖权风险、知识产权风险等，这对我国对外投资法律体系的完善性、科学性、实用性提出了更高的要求。目前，虽然我国已经推出了《境外投资人民币结算试点管理办法》，也放松了有关对外直接投资的汇兑限制，但针对人民币对外投资的相关法律法规仍需要进一步探讨完善。完善的制度和法律建设是为人民币对外直接投资保驾护航的必要措施。中国应进一步完善与对外直接投资相关的法律法规体系，发挥好政府的引导作用，坚持市场化、法治化原则，把长期制度建设和短期相机调控结合起来，促进对外投资健康可持续发展。

3. 重视央企海外投资的风险管控，完善强化风险防范机制。“一带一路”沿线的大多数国家基础设施建设水平低、产业配套水平较差，地缘政治不确定性和法律风险较高。要做到“一带一路”倡议的进一步落实，需要进行风险管控。例如，根据项目性质及经营状况对海外投资企业的风险进行分级评定；尽可能降低政治和法律环境的不确定性，与沿线国家签订投资协议；建立健全对外投资保险制度，解决企业对外投资的担忧等。[①] 同时，落实企业主体责任，规范境外经营行为，增强企业

① 周琳．“一带一路”背景下对外直接投资对人民币国际化的影响研究［D］．杭州：浙江大学，2020. DOI：10. 27461/d. cnki. gzjdx. 2020. 001923.

境外经营的合法合规性，从而促进企业的海外投资。

4. 促进人民币离岸和在岸市场的协同发展。深化人民币外汇交易市场，丰富人民币衍生品交易品种和规模，在完善掉期、远期等产品的基础上，开发更多人民币及外汇理财产品和风险管理产品，更好地满足企业财务运作和避险需求。深化人民币离岸业务，丰富投资渠道和投资产品并提升流动性，加深人民币在境外市场的循环规模。同时，协调人民币在岸和离岸价格，引导人民币跨境流动回归对实体经济的服务。

第八章　国际投资争端解决机制研究

第一节　主要国际投资争端解决机构规则解析

一、国际投资争端解决中心（ICSID）

（一）ICSID 的基本规则

国际投资争端解决中心（International Centre for Settlement of Investment Disputes，ICSID）是根据 1966 年 10 月正式生效的《关于解决国家和其他国家国民投资争端公约》（1965 年华盛顿公约）成立的国际组织，其办公地点设在美国首都华盛顿 D. C. 的世界银行内。为了解决第二次世界大战后产生的国际投资矛盾纠纷，从 1962 年，在世界银行主持下，专家们开始起草《华盛顿公约》草案，终于在 1965 年正式通过，并于当年 3 月 18 日在华盛顿开放签署。中国于 1990 年 2 月 9 日签署了《华盛顿公约》，并于 1993 年 1 月 7 日正式核准。在批准文件中，中国指出“中国仅考虑把由征收和国有化产生的有关补偿的争议提交‘中心’管辖”。[①]

ICSID 是世界上第一个专门解决国际投资争议的仲裁机构，是一个专为解决政府与外国私人投资者之间争议提供便利而设立的机构，通过调解和仲裁的方式，培养东道国与投资者之间相互信任的氛围，提交该

① 李强 . ICSID 仲裁中国有企业作为适格投资者的认定规则［D］. 西安：西北大学，2019.

中心的调解和仲裁完全是出于自愿。ICSID 有其自己的仲裁规则，并且仲裁时必须使用其规则。审理案件的仲裁员、调解时的调解员须从其仲裁员名册和调解员名册中选定。其裁决为终局的，争议方必须接受。但是，并非所有的投资争议都可提交 ICSID 仲裁。

（二）ICSID 仲裁的主要特征

根据《华盛顿公约》的规定，ICSID 仲裁主要有以下三个特征[①]：

1. ICSID 仲裁主要解决直接因投资而产生的法律争议。ICSID 仲裁解决的是因“投资”而产生的争议，因此投资者须证明其在东道国领土内存在投资。然而，对于何为“投资”，公约并没有下定义，而是留待缔约国之间通过双边投资协定（BIT）或者多边协定（MAI）解决。就目前的实际情况来看，绝大多数 BIT 都给“投资”一词下了定义，往往还对投资的表现形式进行列举。

2. 争议当事人分别是公约缔约国和另一缔约国国民。这是对争议主体资格的要求，即争议当事人一方为母国投资者，另一方为东道国，且投资者母国和东道国都是公约缔约国。至于投资者，既可以是自然人投资者也可以是非自然人投资者。自然人投资者的认定标准较为简单，只要具有中国国籍即构成中国投资者。而对于非自然人投资者，不同的 BIT 往往采取不同的认定标准。有的采用单一标准，例如中韩 BIT（2007）只规定了成立地一个标准；有的采用复合标准，例如中芬 BIT（2005）采用的就是成立地和住所地双重标准；而中国—乌兹别克斯坦 BIT（2011）在成立地和住所地之外，还规定了“实际经营”标准，即只有在缔约一方领土内有实际经营活动的任何实体才构成投资者。

3. 经过争议当事人同意后才将争议提交 ICSID 管辖。ICSID 的突出优势在于其高度自治性，这既是仲裁区别于诉讼的一个特征，也是 ICSID 较之一般国际商事仲裁（一定的自治性）的优势所在。ICSID 仲裁强调在实体法上适用东道国的国内法，在裁判规则上则完全独立于各国

① 张卓．我国国有企业在 ICSID 仲裁中的若干法律问题研究［D］．广州：广东财经大学，2019.

法律制度之外，不受任何国家司法制度的干预和监督。

在一定程度上，ICSID 为投资者与资本接受国的纠纷提供了独立公正的平台，有利于增强投资者的信心，同时也有利于资本接受国更好地吸引外资，促进国际间的资本流动。然而《华盛顿公约》实际上是为了保障资本输出国（多为发达国家）海外投资者的利益，它尽可能把本来属于东道国的管辖权，转移给 ICSID 这一国际组织。由于这一原因及其他种种原因，自 ICSID 成立以来，受理的业务很少。

二、新加坡国际仲裁中心（SIAC）

（一）SIAC 的基本规则

新加坡国际仲裁中心（Singapore International Arbitration Centre，SIAC）于 1990 年成立，是依据新加坡共和国成立的担保有限公司，其宗旨是为国际和国内的商事法律争议进行仲裁和调解提供服务；促进仲裁和调解在解决法律争议中的广泛应用；培养一批熟知国际商事仲裁法律和实务的仲裁员和专家。SIAC 可以受理国际和国内商事法律争议案件，但主要解决建筑工程、航运、银行和保险方面的争议。SIAC 备有仲裁员名册，仲裁员来自世界各地。SIAC 可以应当事人或仲裁庭的要求，为当事人提供一系列的服务，如适当安排进行仲裁程序所需要的设施以及协助，包括仲裁庭在审理案件期间的膳宿、文秘及翻译。现行有效的仲裁规则为自 1997 年 10 月 22 日起生效的《新加坡国际仲裁中心仲裁规则》。该仲裁规则是以联合国国际贸易法委员会的仲裁规则为基础制定的。

依据该 1997 年规则，双方当事人可以约定仲裁程序，如果没有约定，或该规则也无规定，则仲裁庭应在适用的法律所允许的范围内决定仲裁程序的进行。当事人可以约定仲裁员人数，如果双方当事人没有约定，则应委任一名独任仲裁员。如仲裁中有三方或多方当事人，各方应努力就委任仲裁员的程序达成一致。未在规定的期限内就此达成一致，仲裁员应由主席在收到一方当事人的请求后尽快委任。仲裁员在依本规则进行仲裁时，都应在整个过程均保持独立与公正，不应作为任一方当事人的代表。候选仲裁员应向与可能委任他有关的人士披露可能对其公正性或独立性产生正当怀疑的任何事情。仲裁庭有权决定自己的管辖权，包括对仲裁协议的存在、终止及其效力的任何异议。中心及其职员、雇员或代理人，或者任何仲裁员对有关以仲裁员身份作为或不作为的过失或有关按照本规则进行仲裁的过失，以及在进行仲裁程序过程中或裁决制作过程中的法律、事实或程序性错误，不承担责任。

（二）SIAC 仲裁规则中的特点

2016 年，新加坡国际仲裁中心对仲裁规则进行了修订，新加坡国际仲裁中心第六版仲裁规则从 2016 年 8 月 1 日起施行。第六版仲裁规则包含了具有创造意义的新条款与对现有程序的改进，以确保 SIAC 继续处于国际仲裁实践的前沿，其目的是为使用者提供一套实用、高效且人性化的程序，以切合来自不同法律制度与文化的当事人与用户的需求及期望。第六版仲裁规则中的一些显著特点包括①：

1. 多份合同仲裁及合并仲裁（规则第 6 条、第 8 条）。为了应对当今愈加复杂的商事争端，更为了提供一个有效的、高性价比的架构以解决多份合同争端，第六版仲裁规则设立了专门的制度，将由多份合同/仲裁协议引起的或与多份合同/仲裁协议均有关联的争端并入同一仲裁程序。

根据该新规则，多份合同争端的申请人可以在仲裁程序开始之际选择：（a）提交多份仲裁通知书（每份对应一份合同项下的争议）并附带一份合并审理的申请书；或（b）提交一份对应多份合同项下争议的仲裁通知书。对于后一种情况，申请人被视为提起多个仲裁的申请，每一仲裁对应一份仲裁协议，该单份仲裁通知书被视为对合并审理多个仲裁的申请。

在仲裁程序开始之后，任一方当事人均可提出合并审理多个仲裁的

① 杨安山，余正．简评《2010 年新加坡国际仲裁中心仲裁规则》［G］．中国海商法年刊，2011.

申请。该申请应向仲裁院提出（在仲裁庭组成之前）或直接向仲裁庭提出（在仲裁庭组成之后）。

2. 追加当事人（规则第 7 条）。根据第六版仲裁规则，双方当事人与第三人均可申请追加当事人于适用该规则的未决仲裁中。追加当事人的申请可在仲裁庭组成之前或之后提出。

3. 早期驳回请求和抗辩（规则第 29 条）。第六版仲裁规则是第一个引入早期驳回请求或抗辩程序的主要商事仲裁中心。提前驳回的程序机制旨在提供当事人一个提早的途径以应对那些明显不能成立或明显超出仲裁庭管辖权的请求或抗辩，并且能够极大地降低时间成本、节省仲裁费用。作为排除没有依据的请求的保障，仲裁庭保留决定是否准许早期驳回的申请的自由裁量权。

4. 仲裁地不受限制（规则第 21 条）。鉴于第六版仲裁规则案件愈增的国际性与使用者的文化多样性，在第六版仲裁规则下，新加坡将不再是默认仲裁地。除非当事人另有约定，仲裁地应由仲裁庭确定。除非当事人另有约定，新加坡仍作为紧急仲裁程序的默认仲裁地。

5. 针对不付费当事人的措施（规则第 27 条）。第六版仲裁规则明确规定仲裁庭有权作出要求偿付尚未支付仲裁费用押金的命令或裁决。

6. 对紧急仲裁的改进［规则第 30 条，附则一（紧急仲裁员）与费用表］。为了进一步加快紧急仲裁程序的进程，在第六版仲裁规则项下，指定紧急仲裁员的时间表为在主簿收到当事人申请紧急救济的通知及其缴费之日起 1 日内，而非原先的一个工作日内。第六版仲裁规则还规定，临时救济措施的命令与裁决应在指定紧急仲裁员起至多 14 日内作出。为了保证紧急仲裁程序相比其他任何案件的高性价比，除非另有决定，紧急仲裁员的费用固定为新币 25000 元。

7. 扩展和完善快速程序（规则第 5 条）。快速程序自 2010 年起被引入仲裁规则，由于节省了时间与成本，现已成为新加坡国际仲裁中心最受欢迎的程序之一。为了使更多案件得以适用该机制，在第六版仲裁规则下，适用快速程序的案件的争议金额上限从新币 5000000 元上调至新币 6000000 元。为了符合促进快速程序解决争端的目的，根据第六版仲裁规则，仲裁庭可以在与当事人协商后，决定适用快速程序的案件是否可以书面审理。此外，第六版仲裁规则也明确，当仲裁协议中的条款与快速程序的规定相抵触时，应适用后者。

第六版仲裁规则反映了 SIAC 的实践，即仲裁院将对所有回避申请作出附理由的决定。为了给用户提供确定性及节省时间，申请仲裁员回避的当事人所应缴纳的管理费现定额为新币 8000 元。

三、海牙常设仲裁法院（PCA）

海牙常设仲裁法院（Permanent Court of Arbitration，PCA，也称海牙仲裁法院）于 1900 年在荷兰海牙设立，成为第一个普遍性的国际司法机构，1899 年的海牙公约为法院提供了法律基础。目前该法院有 113 个成员国，中国是最早的成员国之一。海牙常设仲裁法院至今已经历经百余年，完善的组织机构为其走过漫长的历程发挥了重要的作用。海牙常设仲裁法院的组织机构包括国际事务局、常设行政理事会以及仲裁法院。

海牙常设仲裁法院并非真正意义上的常设法院，它只有一份由成员国提出的仲裁员名单。如果成员国将其争端诉诸仲裁，便可在名单中选定仲裁员，再由选定的仲裁员推选首席仲裁员组成仲裁庭。2000 年法院通过了环境争端任择议定书，在国际上首创环境纠纷的专门仲裁规则。2011 年法院又通过了有关外空争端的仲裁规则。2012 年 12 月 17 日，《常设仲裁法院仲裁规则（2012）》生效，作为一项新的任择性仲裁规则，其以《联合国国际贸易法委员会仲裁规则（2010）》为基础，并为反映国际公法因素，指明常设仲裁法院秘书长和国际事务局的作用，以及强调灵活性和当事方的意思自治等目的做了相应修改。

海牙常设仲裁法院共计发布过 10 余项程序性规则，其中包括 6 项仲裁规则、2 项调解规则、1 项实施调查委员会规则以及 1 项将常设仲裁法院仲裁规则适用于因多方协定或合同而起之争议的指南，其中 2012 年规则为最新一例。

第二节 主要区域协定争端解决机制比较分析

国际投资是国际经济合作的重要方式，是经济增长的发动机之一，但有合作也就有争议，国际投资争议历来是发达国家与发展中国家发生法律争执的重要争议之一。欧洲学者皮特斯曼指出：所有文明社会有一个共同特征，都需要有一套解释规则、和平解决争端的规范和程序，这是国际、国内法律制度的共同经验。还有的西方学者认为，与贸易条约相比，有约束力的争端解决程序对投资条约更为重要，因为贸易条约是为了寻求条约各缔约国在关税减让或非关税壁垒减少过程中的国家间的利益平衡；而投资条约主要是为投资者服务，直接涉及“私”方利益，投资条约着眼于规则的遵守而非缔约国之间的利益平衡，因此有必要直接为投资者提供程序法上的安全保障，必须赋予他们直接针对东道国对其利益的损害要求请求国际救济的权利，所以，大多数的国际投资条约都规定了自己的投资争议解决程序。

一、北美自由贸易区协定（NAFTA）

（一）NAFTA 的主要内容

北美自由贸易协议（North American Free Trade Agreement，NAFTA）是美国、加拿大及墨西哥在 1992 年 8 月 12 日签署的关于三国间全面贸易的协议，其目的在于美、加、墨三国将根据自由贸易的基本精神，秉承国民待遇、最惠国待遇和透明度的原则，建立自由贸易区。《北美自由贸易协定》的宗旨：取消贸易壁垒，创造公平竞争的条件，增加投资机会，对知识产权提供适当的保护，建立执行办公室和解决争端的有效程序，以及促进三边的、地区的和多边的合作。其目标是经过 15 年的过渡期，到 2008 年建成一个取消所有商品和贸易障碍的自由贸易区，实现生产要素在区内的完全自由流动。[①] 与欧洲联盟性质不一样，北美自由贸易协议不是凌驾于国家政府和国家法律上的一项协议，而是具有代表性的区域投资协定。北美自由贸易区以《北美自由贸易协定》作为法律基础，对成员国具有较强的法律约束效力。贸易区内拥有 3.6 亿人口，国民生产总值约 6.45 万亿美元，年贸易总额为 1.37 万亿美元，其经济实力和市场规模都超过欧洲联盟，成为当时世界上最大的区域经济一体化组织。

《北美自由贸易协定》中约定的三大目标是消除货物、劳务和资本流动障碍；提供知识产权保护；建立公正、迅捷的争端解决方式。其投资规则主要参考了 FTA 模式，在缔约国之间建立起投资争议解决机制。根据《北美自由贸易协定》的规定，当成员国之间产生投资争端时，解决争端的总原则是 NAFTA、WTO 及随后的协定以及由这些而引起的任何争端，争议方可自由选择一种，即选择 NAFTA 或 WTO 来解决，除非被诉方提出按 NAFTA 的争端解决程序解决争端的要求。这一规定保证了一般争议的圆满解决。

《北美自由贸易协定》的内容主要包括：（1）降低与取消关税；（2）汽车产品；（3）纺织品和服装；（4）原产地规则；（5）能源和基本石化产品；（6）农业；（7）放宽对外资的限制；（8）开放金融保险市场；（9）公平招标；（10）服务贸易；（11）知识产权保护。除上述主要内容外，《北美自由贸易协定》还就三国的海关管理、卫生和植物卫生检疫措施、紧急措施、技术标准、公共部门的采购、竞争垄断和国有企业、商务人员的临时入境、反倾销和补偿配额的争端解决、例外及保留条款等专门做了详细规定。

（二）NAFTA 的投资争端解决机制

在投资争端解决机制上，NAFTA 仲裁规则与其他区域经济组织（如 ASEAN 仲裁规则）相比，有其独特之处[②]：

---

① 周文贵．北美自由贸易区：特点、运行机制、借鉴与启示［J］．国际经贸探索，2004（1）．

② 李歌．北美自由贸易区环境法律制度探析［D］．北京：中国政法大学，2006.

1. NAFTA 仲裁规则实际上规定损害赔偿要求和选择仲裁程序规则的主动权在于投资者而不是国家。根据 NAFTA 第 11 章 A 节，投资者可就违反第 11 章 A 部分条款的行为启动仲裁程序，是在强化国际投资争端解决体系上进行的一项尝试；在 FTA 和 WTO 中的则情形完全不同，在这两种背景下，争端的解决主要是在两个主权国家之间进行，虽然一些争端也可以发生在私人与国家之间，但是无论如何也只能由另一个代表私人的国家提出解决此项争端的要求。

2. 投资者必须在向仲裁庭递交求偿请求之前，将其诉诸仲裁解决的意向以书面形式通知另一方。而双边投资条约通常没有这样的规定，这大概是因为双边投资条约，特别是那些缔结于发达国家与发展中国家之间的双边投资条约比区域投资条约或多边投资条约更着重于对投资者及其投资的保护。

3. 在仲裁庭裁决投资者获得赔偿的情况下，东道国也只是就其违反 NAFTA 义务而作出相应的货币赔偿。NAFTA 仲裁庭并不建议或要求该国修改其法律、法规或政策，仲裁庭的裁决只对特定案件的特定当事方发生效力。而 WTO 的专家组却不一样，他们可以决定有关国家政府是否违背了其根据 WTO 协议所应履行的义务，并从而责成其国内法律、法规或政策与 WTO 的要求一致。

4. 仲裁庭裁决所依据的法律是 NAFTA 本身以及可供适用的国际法规则。NAFTA 自由贸易委员会负责解释缔约国的保留或例外的范围。缔约国在签署 NAFTA 时所做出的保留或明示的例外可以成为排除其相应责任的理由。

可见，NAFTA 仲裁规则较 ICSID 机制而言，具有管辖范围更广泛、管辖依据和判案依据更具体以及规则更细致的特点；但 NAFTA 并没有另行规定一套新的仲裁程序规则，而是将投资争议引导到借助其他仲裁规则的轨道上；NAFTA 仲裁规则相当详细，充分反映了英美法系重程序的特点；当然 NAFTA 第 11 章也因没有规定仲裁的时限问题、仲裁裁决的补救机制遭到了一些批评。

除了投资争端解决机制的不同之外，《北美自由贸易协定》作为自由贸易协定，在谈判过程中受到了三个国家环保团体和其他民间团体的密切关注。在这些环境保护团体施加的压力下，《北美自由贸易协定》考虑了环境保护问题，富有创造性地确立了将环境保护与自由贸易相结合的种种规则，并签订了《北美自由贸易协定》的附属协议《北美环境合作协议》。《北美环境合作协议》作为《北美自由贸易协定》的附属协议，由直接规定环境保护的宗旨、义务、北美环境合作委员会、合作和信息公开、磋商和争端解决五部分组成。为保障区域环境保护目标的实现，《北美环境合作协议》要求建立北美环境合作委员会（Commission on Environmental Cooperation，CEC）促进三国之间的环境合作，这是北美自由贸易区环境法律制度一个独到的创新。依据《北美环境合作协议》的规定，北美环境合作委员会的使命在于通过加强成员间的合作和公众参与，加强北美环境合作、协调国家间的标准、支持地区性环保工程、防止贸易伙伴间发生环境争端、加强环境法规的有效实施以及通过加强政府官员、专家顾问、学术界人士及关心环境的公众的紧密联系来推进地区环境的改善。它还负责监测《北美自由贸易协定》实施的环境效果，在保护、维持和提高北美环境保护水平上不懈努力以提高三国间的经济、贸易联系。

（三）NAFTA 的优越性与局限性

北美自由贸易协议作为多边投资协定的一种补充，与双边投资条约相比更具优越性，更能体现经济一体化的趋势。

首先，北美自由贸易协议涵盖内容范围更广。与双边投资协定相比，北美自由贸易协议不仅涉及的投资自由化和投资保护内容不断增多，而且范围已经扩展到贸易、服务、知识产权、竞争等相关内容。协定涵盖范围在当时是最广泛的，包括所有的商品、服务业、文化产业、投资及暂时性防卫措施等。协定规定的总目标是经过 15 年的努力，到 2008 年在成员国间取消各种关税和非关税的壁垒，实行零关税，实现商品和生产要素的完全自由流动。

其次，北美自由贸易协议区域内各国之间的利益平衡较合理。由于区域投资规制下的各成员国在政治、经济、地缘和文化传统等诸多领域存在相似性，达成统一的投资规则相对容易。

最后，北美自由贸易协议具有法律约束力，更具多边投资协定的雏形。北美自由贸易协议由各成员国共同协定签署，立足于国际法的基本原则，既加强对投资的保护，又要求推进投资自由化，对所有成员国及其国民均具有约束力。

北美自由贸易协议也有其局限性。[①] 一方面，北美自由贸易协议内容上的冲突与排他性加大了国际投资规则管理难度。北美范式的投资协定包含一般准入前的国民待遇，而欧洲范式的投资协定则不包含这一待遇，一国如果与其他国家签订两种范式投资规则，就往往形成了待遇上的差异，造成投资扭曲和法律冲突。在投资自由化方面，以对待外资进入设立企业为例，北美自由贸易区协定采用“自上而下”的规则体系，而欧盟则采用“自下而上”的方式，这种方式上的差异也会造成规则之间的冲突，加大了国际投资规则体系的协调难度。同时区域投资协定还具有对非区域成员的排他性。国际投资规则作为管理世界直接投资活动和协调各国投资政策的一种法律机制，要求具有稳定性和内在的一致性，以减少投资决策过程中的不确定性，当前区域投资协定内容上的冲突与排他性客观上形成了与国际投资规则一致性要求的矛盾。另一方面，北美自由贸易协议有可能导致边缘化问题的加重。区域组织成员国如墨西哥存在经济欠发达、政治体制欠完善以及区域内资源有限的现象，在受保护的区域市场竞争中处于劣势，因此很难获得大规模的投资流入。

二、跨大西洋贸易与投资伙伴协定（TTIP）

（一）TTIP 的主要内容

跨大西洋贸易与投资伙伴协议（TTIP）即美欧双边自由贸易协定，

① 雷俊生．北美自由贸易区的投资规则研究［D］．南宁：广西师范大学，2004.

议题涉及服务贸易、政府采购、原产地规则、技术性贸易壁垒、农业、海关和贸易便利化等。2013 年6 月，美国和欧盟宣布将正式开展 TTIP 谈判。截至 2016 年 5 月，TTIP 已进行了 13 轮谈判，虽然遇到种种困难，但前景不容小视。美国和欧盟约占世界生产总值的一半、世界贸易额的 1 /3，平均每天贸易额达 27 亿美元，相互投资达 3. 7 万亿美元。这一协定如果达成，将成为史上最大的自由贸易协定，很大程度上 TTIP 将改变世界贸易规则和产业标准，对新兴国家尤其是“金砖国家”间的准贸易联盟提出挑战。

TTIP 是美欧转向区域合作的一种创新方式，美欧希望以此来振兴双边经济、创造就业机会、深化双边经济相互依存关系，进而影响全球经济体和贸易体系。该谈判的内容包括市场准入、监管趋同、贸易规则制定及贸易合作，还包含了环境、劳工标准、投资保护、国有企业等一系列传统贸易协定之外的新议题。

（二）TTIP 的主要领域

根据《关于就业和增长高级别工作组最终报告》和 TTIP 谈判的 20 个议题，TTIP 的内容可以分为四个领域[①]：

1. 市场准入。一直以来，欧盟对诸如转基因食物、荷尔蒙牛肉、牛奶生产、鸡肉类产品的抵制困扰着美国农产品企业。市场准入谈制主要是希望通过包括关税、服务贸易、投资保护和政府采购等“一揽子”贸易协定进一步提升双边贸易开放度。

首先是关税问题。美欧之间现在的平均关税为 4%，关税壁垒相对维持在一个较低水平，但美欧分别留有 5600 项和 6100 项的进口关税，同时部分产品的关税高达 300% 和 200%。针对农产品、化工品等税率仍然较高，TTIP 提出“立即取消所有双边贸易的关税，少量敏感商品的关税尽快分阶段取消”。美欧双边贸易量很大，进一步削减关税仍然可以带来可观的收入，将削减关税纳入议题主要是为了打开敏感产品的关税

---

① 张奕辉.《跨大西洋贸易与投资伙伴关系协定》谈判评析［J］. 国际研究参考，2016 (6).

削减。

其次是服务贸易。服务贸易自由化比贸易自由化更为复杂，因为服务贸易领域障碍来自双边法律的不一致，双方要尽可能多地开放服务业领域，与其他双边协议的水平达成一致，同时寻求在新的领域开放服务业市场，通过解决长期存在的市场准入壁垒获得新的市场准入。这方面主要涉及金融服务业、电信服务业、电子商务等领域。TTIP 提出，双方要尽可能多开放服务业领域，并争取最大程度的自由化水平。美欧已将金融市场纳入服务贸易准入问题。

最后是投资保护和政府采购。针对双方在政府采购上对本国货物的保护，TTIP 提出"在国民待遇的基础上改善各级政府采购市场准入，增加新的商业机会"。希望通过谈判使欧盟各级别政府采购能对美国开放，使美国企业进入欧盟国家政府采购市场不受限制，从而进一步带动美国经济发展，创造更多的就业岗位。

2. 监管趋同。监管领域的合作主要针对"边境内贸易壁垒"，致力于减少监管方式的差异造成的行政障碍、贸易障碍。考虑到美欧自贸区的规模和影响力，TTIP 将在多个领域制定相关规则，使其成为 21 世纪全球贸易和投资的新规则。

在协议谈判内容中，监管趋同被认为是可以带来最大也是持久收益的条款，同时也是谈判取得最大潜在利益的领域。主要是谈判双方通过假设性相互认可、自愿单方面承认标准等自愿不对称认可及其他形式的监管合作来促进监管。双方的监管合作主要是以下几方面：卫生和植物检验检疫制度、技术性贸易壁垒消除措施、科技贸易障碍、在化学、自动化、ICT（信息、通信和技术）、制药等方面实现监管兼容；转基因食物、克隆、知识产权、欧洲地理标识方面达成一致意见；协商对服务贸易和货物贸易更有效、兼容性更高的法规；探讨未来法规合作框架。具体领域包括：在 WTO"卫生与检疫协议"基础上制定"卫生与检疫附加条款"；在 WTO 的"技术贸易壁垒协议"基础上制定"技术性贸易壁垒（TBT）附加条款"；在汽车、化工等领域采取更兼容的监管法制，推进监管合作；同时双方将定期审查上述监管措施，有步骤地提高监管一致性。监管条款主要涉及的是美国主张的成本收益分析法和欧盟主张的谨慎性监管原则之间合作与兼容问题，前者主要注重风险评估、成本收益分析、成本效率分析。

欧盟不像美国，没有现成的标准供参考，欧盟的标准主要靠立法解决，监管的变化都会涉及立法变动，欧盟的环保政策在监管程序上都是用预防性原则。在企业里主要表现是要花费大量成本在健康、安全、环境和消费者保护方面，因此他们不仅致力于消除现在的非关税壁垒，更希望可以阻止将来非关税壁垒的产生。

3. 制定全球贸易规则。TTIP 主要致力于双边贸易关系的发展，同时也希望能影响全球的贸易规则，以此来响应跨太平洋伙伴关系协定（TPP）主导的多边贸易规则体系的制定。在知识产权方面，美国希望达成与美国利益相符并反映美欧在知识产权保护和执法上共同的高标准目标，共同应对全球贸易的机遇与挑战。

4. 建立跨大西洋统一农业市场。美国和欧盟致力于通过 TTIP 建立更健康和可持续的农业和食品系统（见表 8－1）。

表 8－1　跨大西洋贸易与投资伙伴关系（TTIP）谈判进程

回合	时间	协议内容
1	2013 年 7 月美国华盛顿	双方初步确定 TTIP 的谈判框架，包括农业和工业产品市场准入、政府采购、投资、服务、能源和原材料、监管议题、知识产权、中小企业、国有企业等 20 项议题
2	2013 年 11 月比利时布鲁塞尔	在投资规则、服务贸易、能源和原材料以及规则一致性、贸易壁垒、行业标准等监管问题上取得显著进展。在投资自由化和保护措施上，取得较多共识，重申为保护公众利益双方可自行立法并享有监管自由
3	2013 年 12 月美国华盛顿	本轮谈判几乎涵盖了 TTIP 涉及的所有领域，包括市场准入、政府采购、投资、服务、监管一致性、知识产权、国有企业等
4	2014 年 3 月比利时布鲁塞尔	在市场准入方面双方主要讨论了关税、贸易服务和政府采购；在监管规则方面探讨了提高监管一致性、技术性壁垒、卫生与植物检疫措施；贸易规则方面则主要在劳工与环境保护、能源与原材料贸易、海关与贸易便利化等方面取得突破

续表

回合	时间	协议内容
5	2014 年 5 月美国阿灵顿	双方同意在关税、投资与服务、政府采购等领域扩大市场准入，同时提升医疗设备、制药、化妆品、汽车、化学品等行业的监管兼容程度。在监管规则方面，双方致力于减少不必要的监管和标准差异造成的贸易壁垒，但不会弱化卫生、安全和环保方面的高标准要求
6	2014 年 7 月比利时布鲁塞尔	在货物领域，双方继续技术讨论但没有新的出价。在服务领域，交换了服务市场准入出价，欧盟要求将金融服务监管议题纳入谈判，美国表示该议题已在其他场合处理。在政府采购领域，还没交换出价，但进行了全方位的讨论
7	2014 年 9 月美国切维斯	卫生与植物检疫措施，以及医药、汽车、化学品和工程等具体行业的监管相容程度。双方还就服务业市场准入、技术法规与标准、减少监管差异等议题的文本草案进行了讨论
8	2015 年 2 月比利时布鲁塞尔	双方首次交换商品进口关税减让方案，欧盟提议立即取消 85% 的美国商品进口关税，但美国仅提议立即取消 69% 的欧盟商品进口关税，远低于欧盟提出的关税削减幅度，引发欧盟强烈不满
9	2015 年 4 月美国纽约	双方在技术性贸易壁垒（TBT）、卫生和植物卫生措施（SPS）及规制方面展开谈判，并取得一致。涉及汽车、药品、医疗器械、化妆品、工程、纺织、化工、农药以及信息技术 9 个具体部门
10	2015 年 7 月比利时布鲁塞尔	谈判的焦点集中在娱乐行业和互联网接入自由权方面，并取得一致。双方还就农业、市场准入、政府采购、海关和贸易便利、制造业、竞争和国有企业等问题进行谈判。另外本轮谈判双方均提交了服务贸易的新要价
11	2015 年 10 月美国迈阿密	在市场准入问题上双方取得了实质性进展。双方交换了免除 97% 的对方商品进口关税，仅保留 3% 的敏感产品征税的方案
12	2016 年 2 月比利时布鲁塞尔	双方在医药章节和车辆安全议题上取得重要进展，在规制合作和投资协定方面进行了意见交换
13	2016 年 4 月美国纽约	双方就 TTIP 涵盖的几乎所有领域进行了磋商，其中在如何更好地促进中小企业跨境发展、贸易便利化等议题上进展明显

（三）TTIP 的现实意义

跨大西洋贸易与投资伙伴关系（TTIP）谈判对世界投资与贸易规则的影响无疑是巨大的。TTIP 将使美欧双方建成一个更大的共同市场，扩大相互贸易与投资，提供更多就业，促进美欧经济复苏。TTIP 的生效将分别给美国和欧盟每年新创造9亿欧元和1190亿欧元的产值，为大西洋两岸创造200万人新增就业。当今各国经济高度依存，TTIP在建立更紧密的美欧统一市场时，将为世界其他国家带来投资和贸易机会，为世界经济新一轮增长创造条件。同时，TTIP谈判将进一步削弱WTO多边贸易体制的影响力。①

目前WTO多边贸易体制正处于困境：在全球价值链时代，各国产业高度依赖，完全由单个国家制造的产品已经极少，减少"边境贸易内壁垒"和非关税壁垒、推动贸易规则的负向一体化转为正向一体化成为新要求。而多哈回合长期陷入"瘫痪"状态，WTO框架已落后于国际贸易发展的要求，亟待调整。TTIP谈判表明美欧带头将谈判的主战场从多边转向双边或者区域，起到示范作用的同时也削弱了WTO的影响力。

三、跨太平洋伙伴关系协定（TPP）

（一）TPP的主要内容

跨太平洋伙伴关系协定（Trans - Pacific Strategic Economic Partnership，TPP）是由新加坡、新西兰、智利和文莱4国缔结的自由贸易协定。2000年10月，在墨西哥洛斯卡沃斯召开第10次APEC峰会期间，新加坡、新西兰、智利三国就缔结FTA达成一致，2003年9月在新加坡开始正式谈判，2005年4月文莱参加了最后一轮谈判，2005年7月8日签署协定，2006年5月正式生效。

TPP是以2001年1月正式生效的ANZSCEP（新西兰—新加坡自由贸易协定）为蓝本而缔结的。ANZSCEP是一个涵盖广泛领域的综合性的自由贸易协定，对货物贸易、服务贸易自由化以及电子商务交易、竞争、关税手续、投资、贸易的技术障碍、卫生植物检疫、政府采购和知识产权保护等，都制定了具体的条款。由于TPP是在ANZSCEP的基础上缔结的，因此，其内容与ANZSCEP大体相同，也是一个涵盖广泛领域的高

① 杨文武，谢向伟．美欧"跨大西洋贸易与投资伙伴协议"对我国的影响及对策［J］．经济纵横，2015（1）．

水平的自由贸易协定。TPP 的条款具体内容如下：

1. 贸易自由化、便利化。根据第 3 条货物贸易的规定，各成员分阶段实现货物贸易自由化，货物没有例外品目，全部实现贸易自由化。其中，第 3 条第 4 款规定，除有其他规定外，在协定生效之际，各成员对其他缔约国的关税全部废除。最终废除关税的期限是新加坡在协定生效的当年即 2006 年，新西兰和文莱在 2015 年，智利在 2017 年。另外，根据 1 年生效的新加坡—新西兰 FTA 和新加坡—文莱 FTA ，新加坡与新西兰、新加坡与文莱都按原协定规定的时间提前实现贸易自由化。

根据第 4 条原产地规则的规定，只有符合原产地规则的产品才是贸易自由化的对象。符合原产地规则的产品，一是完全取得或生产的产品，二是符合关税编号变更标准或累计附加价值超过 45% 的产品，即（总价额 - 非原产材料的价格）/总价额 × 100% ≥45% 。其中，总价额是按 FOB 计算的交易价额，非原产材料的价格是按 CIF 计算的交易价格。原产地证书（英文）采取自我证明方式，由出口业者或制造厂商制作。货物运输按直送原则的规定，经由第三国的货物在第三国滞留的时间不超过 6 个月，在装卸以及不需要进行其他作业来保持货物良好状态的情况下，按关税规定的特惠待遇执行。

第 5 条关税手续就通关手续及其方便化、关税合作、关税评价、促进无纸质文件化贸易、紧急货物通关、风险管理等做了具体规定。其中，物品从海关放行的手续必须在货物到达 48 小时以内完成。

2. 消除非关税壁垒。第 6 条贸易救济措施规定，WTO 规定的某些权利和义务，包括 GATT 第 19 条以及保障协定、GATT 第 6 条和关于第 6 条实施的协定（反倾销协定）、关于补助金和抵消措施的协定所规定的权利和义务，不能够因为 TPP 而受到影响。

第 7 条动植物卫生检疫措施（SPS）就执行 WTO 的 SPS 协定规定的义务和权利、建立 SPS 委员会并制订工作计划、相关规定的制定与实施、主管官厅和问讯处、对等措施、进口检查、信息交换和技术合作做了具体规定。动植物卫生检疫措施是对等的，如果认定是非疾病发生区域，进口国就承认出口国有管理风险的能力。

第 8 条贸易的技术性障碍就执行 WTO 的 SPS 协定规定的义务和权利、国家标准的利用、对等措施、适合性评价手续、TBT 委员会设置、协议等做了具体规定。

第 9 条竞争政策规定，对于包括民间和政府经营活动在内的所有商业活动，不因事业体以及原产地、销售目的地的不同而采取差别待遇的方法，而是采取竞争的方法，以减少或废除贸易与投资方面的壁垒；采取或维持竞争法，禁止反竞争的商业行为；警惕反竞争安排、竞争对手协商一致的习俗和滥用垄断地位；创设和保留竞争政策执法部门，负责采取措施，禁止反竞争的商业活动。

3. 服务贸易自由化。根据第 12 条服务贸易的规定，服务贸易自由化包括服务越境、服务消费者越境、商业网点和服务提供者越境的自由化。TPP 的服务贸易规制以关贸总协定的《服务贸易一般协定》为依据，以国民待遇、最惠国待遇、市场准入和当地据点为主要内容。其中，市场准入方面的具体规定是禁止设定下述 5 个方面的限制：①服务提供者数量的限制；②服务贸易总额或资产的限制；③服务提供者数量或服务总产出的限制；④服务领域雇用或相关自然人总数的限制；⑤提供服务的法人或合资事业形态的限制。服务贸易的有关规定不适用于金融服务、航空运输服务、政府采购和政府提供的服务。

服务贸易自由化约束采取否定名单方式。其中，新加坡、新西兰和智利在 WTO 服务贸易自由化的基础上承诺采取进一步自由化的措施，文莱不适用第 12 条的规定，具体承诺按协定生效 15 年后继续谈判的结果执行。

4. 政府采购。根据第 11 条政府采购的规定，各成员对其他缔约国企业实行国民待遇和无差别待遇。在政府采购方面，各成员对其他缔约国的物品、服务以及其提供者，都不能实行低于本国物品、服务以及其提供者的待遇，对与其他缔约国的自然人保持关系或所有关系的本国提供者，也不能实行低于本国物品、服务以及其提供者的待遇。此外，第

11 条还规定禁止采取与政府采购相关的抵消措施，对招标、投标程序做了具体的规定。

作为政府采购对象的政府机构，包括中央政府机构和地方政府机构，其中，新西兰有 35 个政府机构，新加坡有 3 个政府机构；政府采购的标准金额是物品和服务为 5 万 SDR，建设项目为 500 万 SDR。

5. 知识产权保护。根据第 10 条知识产权的规定，TPP 根据《关于与贸易相关的知识产权协定》（TRIPs 协定）所确定的标准，保护著作权、商标、地理标识、设计、专利、集成电路的电路配置以及各种未公开信息等的知识产权。作为一般原则，TPP 要求各成员承诺 TRIPs 协定和其他关于知识产权的多国协定所规定的权利和义务。

此外还有战略合作、补充协定等规定。

（二）TPP 的投资争端解决机制

“投资者—东道国”争端解决机制（Investor - State Dispute Settlement，ISDS）是 TPP 投资章节中颇具争议性的内容，这种争议性并非由于 TPP 创设了与以往 IIA 中不同的争端解决机制，而是来源于 ISDS 制度设计本身。[①] 当外国投资者与东道国这两个在国际法上地位不平衡的主体在同一仲裁程序中以双方当事人名义主张自身权利时，涉及“促进投资自由化”与“维护国家经济主权”这两大敏感利益的角逐，仲裁庭须谨慎平衡对外资的保护和对东道国主权的维护。因此，以大型跨国公司为主的“利益相关者”和以政府人士为主的“主权维护者”对 ISDS 机制的功能创新和制度改革一直呼声不断，在 ISDS 方面发挥多年作用的“国际投资争端解决中心”（International Centre for settlement of Investment Disputes，ICSID）是否应实施改革举措，近年来也引发诸多关注。TPP 投资规则中的投资保护条款与 ISDS 条款自谈判伊始一直备受争议，如何在追求 TPP 高标准促进投资自由化的同时，谨慎平衡投资者与东道国利益，建立公正透明的 ISDS 机制，始终是 TPP 谈判方的核心分歧之一。从最终

① 张毅．TPP 投资者—东道国争端解决机制的法律问题研究［D］．大连：大连海事大学，2016.

文本看，ISDS 机制规定在 TPP 投资章节 B 节的第 917 条至第 929 条，基本秉承了美式投资协定的内容，但融入了一些新的规则。在“磋商和谈判”方面，TPP 的 ISDS 条款首先要求争议双方尽可能通过磋商寻求友好解决争端。这部分还增加两款内容，规定磋商与谈判包括利用非约束性的第三方程序，并且磋商与谈判要求应以书面形式提出且应说明争端的性质。在仲裁程序方面，TPP 的 ISDS 条款提供了四种仲裁程序供投资者选择：第一，如果争议双方或者起诉方是《华盛顿公约》成员，则可选择适用该程序；第二，如果争议双方或者起诉方是《附加便利程序规则》成员，则可选择适用该程序；第三，双方可选择联合国国际贸易法委员会制定的仲裁程序规则；第四，如果争议双方同意，也可适用其他仲裁规则或者选择其他仲裁机构。

在仲裁的进行方面，允许非争议方成员提交有关协定解释的口头或书面意见。在“提交仲裁请求”上，TPP 允许提交仲裁的事项较为宽泛，包括允许投资者以东道国违反一项投资授权为由提交仲裁。就该点规定需注意两点：第一，TPP 以脚注形式规定，在不损害投资者将本条下其他诉求提交仲裁的前提下，当附录 9 - H 中的缔约国，即澳大利亚、加拿大、墨西哥和新西兰违反一项投资授权时，投资者不能提交仲裁。这表明该四国并不支持将投资授权纳入 ISDS 仲裁范围中。第二，TPP 投资章节第 918 条第 2 款规定，当投资者以东道国违反一项投资授权或投资协定为由提交仲裁时，东道国可就投资者诉求中的事实和法律基础提出反诉。这一反诉规定是典型美式投资协定和目前多数投资协定中所没有的。在“仲裁员的选任”方面，应注意 TPP 投资章节第 921 条最后两款的新规则。第 5 款内容涉及就投资授权和投资协定提交仲裁的情形，争端双方对仲裁员的选任应依据相关准据法，考虑特殊候选人的专门知识或相关经验。第 6 款规定，在 TPP 协定生效前，所有成员方应就 TPP 协定第 28 章“争端解决”项下的《争端解决程序行为守则》如何适用于“投资者—东道国”争端解决程序作出指导，包括任何可能对《争端解决程序行为守则》的修改以使之与 ISDS 机制相符。全体缔约方应对其他相关规则的适用或对国际仲裁中的利益冲突提供指导。仲裁员除遵守有关独立性和公正性的仲裁规则外，还应遵守上述指引。

从历史经验来看，国际规则的构建主要由大国发起，从小范围的核心集团向多边协定扩展。美国主导的 TTP 和 TTIP 协议，分别占世界经济规模的 40% 和 47%，贸易总额的 30% 和 33%。以发达国家为核心力量的区域谈判一旦制定出新规则，就能凭借其强大实力将此类规则多边化，美国则将维持其在全球经济中的主导地位。强化以美国为首的发达国家在当今国际关系中的主导地位，给新兴经济体带来竞争压力。2008 年国际金融危机引发了世界经济格局的调整，以“金砖国家”为代表的新兴经济体崛起，在国际事务和经济治理中的影响力不断增加。但是以美国为首的发达国家在国际经济关系中的主导地位并未改变。TTP 和 TTIP 将制定维护发达国家利益的贸易规则，并推动其成为全球贸易规则，增强美国的经济实力。以强大经济实力为基础，美国在国际上的话语权将进一步增强，主导国际政治和经济走向，改变世界经济格局；与此相反，新兴经济体将被动接受贸易规则，增加经济增长的压力，减少与发达国家进行经济、政治博弈的筹码。

第三节　中国企业国际投资仲裁案例分析

一、北京城建诉也门政府仲裁案（胜）

（一）案例背景

2014 年 12 月 3 日，ICSID 登记了一起新的仲裁案件，案号为 ARB/14/30。申请人是北京城建集团，被申请人是也门共和国，案由是机场航站楼建筑工程争议。该案涉及的是北京城建集团于 2006 年初中标的萨那国际机场新航站楼工程，招标方是也门民航气象局（CAMA）。2006 年，北京城建集团以比当地竞争对手低 1 亿元人民币的价格成功中标也门萨那国际机场新航站楼项目，工程中标价为 1.15 亿美元。工程范围包括土建、装饰、家具、楼内全部机电设备供货、安装、室外管网、道路和绿化。该工程建筑面积58500平方米，平面形状呈“T”字形，为4层钢筋混凝土框架结构，基础为独立柱基，屋面为带天窗的波折型钢筋混凝土屋面；设计年吞吐量250万人次，远期达到400万人次；6座登机桥，可停靠6架宽体客机如A380或12架窄体客机；26个登机手续办理柜台，4条行李提取输送带。北京城建集团为正式签约和工程开工做了充分的准备工作，确保按期开工和严格履约，为集团进一步开拓海外市场积累经验。该项目于2006年4月1日正式开工，原计划到2008年9月30日完工。然而，工程开工后进展却并不顺利。按照合同，施工到不同阶段，业主（也门民航气象局）需分别支付相应工程款，但实际情况是，业主从未按施工进度拨款。北京城建集团由于缺乏国际承包经验，认为业主不会违约，坚持继续施工。以至于后来，当该公司将主体结构基本建造完，装修材料及配套建筑材料大批从国内发货运往也门后，业主仍不按期付款，从工程开工起，总共只拨付了几百万美元的工程款，甚至将中国公司3000万美元的履约保函全部扣除，拿出合同对我方进行索赔。最终中国政府出面交涉也无济于事，北京城建集团于是向ICSID提起仲裁请求，指控被申请人也门共和国违反了中也双边投资协定，强制剥夺即征收了申请人在也门的合同与资产。

（二）凸显的法律问题

1. 国有企业私人投资者的身份认定问题。国有企业的投资者资格认定问题是本案的重要问题之一。[①] 国有企业是否满足ICSID规则中对于“投资者”的认定，对我国国有企业能否以当事人的身份求助于ICSID仲裁具有至关重要的意义。《ICSID公约》将管辖权的认定规定在第25条第1款。包括3个基本条件：首先是当事人在主体上必须为公约缔约国和另一缔约国国民；其次是争端当事人在主观上要同意将争端提交ICSID管辖并且是以书面形式；最后是此次争端在客观方面必须是直接由

① 韩宝庆. ICSID仲裁解决对外承包工程争议的可行性分析——以北京城建集团诉也门共和国案为例［J］. 国际贸易问题，2015（7）.

投资而产生的法律争端。具体而言，该自然人或法人的行为需要是一种“投资”的行为，而现实是在公约中并没有对“投资”进行具体定义，这主要是考虑到国际投资形式纷繁复杂而多变，只能针对具体的案件情况进行灵活解释和个例判断；需要依据双方签署的双边投资协议中对“投资者”的定义来界定 ICSID 仲裁中“投资者”的定义；需要将投资者认定为另一缔约国“国民”。

2. 东道国对国有企业的间接征收问题。随着改革开放的不断深入，我国的国际工程承包业务获得了极大的发展，其业务领域、规模、范围等也在不断地扩大，已经逐步成为我国对外经济贸易的重要组成部分。在这其中承包企业大多是国有企业，它们拥有强大的资金优势，享有政府在经济上给予的巨大支持。然而，国际工程承包具有投资量大、投资方式多样、投资地域广泛等特点，这也使得国有企业面临的如政治风险、法律风险和商业风险等风险必然会不断地加剧。给国有企业承包商带来了巨大的资金安全问题，这些都很有可能导致我国国有资产流失。近十多年来投资者在 NAFTA 和 ICSID 体制内，常对东道国以维护环境、公共健康、经济调整为由而作出的一些措施提出间接征收指控。这个现实促使人们开始正视如何能够平衡投资者的私人权益和东道国的主权权力。对间接征收的关注点也从是否应该为征收支付及时充分以及有效的补偿转变为判定是否发生了征收。国际投资规则中，间接征收取代了直接征收的争论核心地位。

3. 国有企业与东道国的投资争端解决问题。当企业的海外投资出现争议时，有三条解决路径可供选择：第一是利用外交途径依靠母国的力量；第二是通过东道国的国内法院或仲裁机构等这些国家内部的争议解决系统；第三就是选择国际商事仲裁。基于自身的裁量，大部分企业都不会也没有能力选择发动母国的力量来解决海外投资争议。上万家的国有企业当中只有很少一部分有能力影响政府来利用外交途径解决，所以大部分国有企业没有能力启动国家层面的救济，从而需要寻求商事仲裁的保护。但上述三种投资者与东道国间的投资争端解决方式都有不容小觑的弊端。

（三）申请 ICSID 仲裁的理由分析

在本案取得管辖并成功提请仲裁的情况下，能否获得胜诉还要看是否有充分的理由来支持自己的仲裁请求。然而，对于投资争议，公约本身并不涉及实体权利义务内容，而是留待缔约国之间通过 BIT 等加以解决。根据涉案国之间的 BIT，所谓的投资争议是指由于东道国违反 BIT 而给投资造成损失的争议。因此，为了实现胜诉目的，投资者不仅要证明自己的投资遭受了损失，而且还要证明这些损失是东道国违反 BIT 条款的行为造成的。BIT 关于投资保护的实体条款通常包括公平公正待遇、充分安全和保护、最惠国待遇、国民待遇、征收及其补偿、投资及其收益的汇出、战争和动乱以及“保护伞”等条款。就本案而言，根据申请人北京城建集团的申请主张，指控对方违反的是征收条款。征收条款也是投资者援引最多的条款之一。从以往经验来看，仲裁庭对于征收的概念有扩大化解释的倾向。中国—也门 BIT 同其他多数 BIT 一样，对征收也使用了较为模糊的语言表述，如第四条“征收和补偿”中的“其他任何具有同样效果或同样性质的措施”。这样规定的好处是可以涵盖更多的征收行为，但存在的问题是在是否属于征收问题上容易产生争议。

从公开资料可以看出，本案最初源于业主违约①，由于作为业主的也门民航局属于代表国家的机构，所以本案可视为国家与投资者间的争议。按理说可以引用 BIT 中的“保护伞”条款。所谓“保护伞”条款，尽管在不同的 BIT 中措辞略有差异，但其核心都是要求缔约国一方应当遵守其对缔约国另一方投资者所做出的承诺。其实质是将东道国与投资者之间的争议上升到条约争议的高度。然而，在 BIT 中规定有“保护伞”条款的情况下，ICSID 仲裁实践中对能否予以适用尚存在截然相反的结论，更何况中国—也门 BIT 并未纳入“保护伞”条款，另外，中国—也门 BIT 还规定了征收须符合四个条件：（1）为了公共利益；（2）依

① 王建颖．ICSID 仲裁中国有企业投资者资格认定问题研究［D］．西安：西北大学，2021.

照合法程序；（3）不具有歧视性；（4）支付补偿。同时提到，“补偿应等于征收措施或其为公众所知前一刻的该投资的市场价值”。“确定并支付补偿的规定应迅速作出，不无故延迟。补偿应以可兑换的货币支付给投资者，并可自由转移。”可以看出在补偿标准问题上，该 BIT 体现了“充分、及时、有效”的著名的“赫尔原则”。基于此，北京城建集团诉也门共和国案向 ICSID 提起国际投资仲裁，其主张得到支持，成为第一起中国承包商因在海外承包项目向 ICSID 提起的国际投资仲裁，这对于中国企业具有里程碑意义。

二、平安集团诉比利时政府仲裁案（败）

（一）案例背景

2007 年，中国平安保险（集团）股份有限公司（以下简称平安集团或中国平安）旗下子公司平安人寿收购比利时富通集团（Fortis Group）股票，成为富通集团单一最大股东。此次交易是中国保险公司首次投资全球性金融机构。2008 年，富通集团受到国际金融危机波及，其下属银行业务出现流动性风险，比利时、荷兰、卢森堡三国政府借“国家援助”之名，对其进行了一系列救市干预措施，干预措施的结果为变卖富通集团的全部银行业务，使中国平安投资缩水达 90%，但未对此进行补偿。

2012 年 9 月，中国平安多次与比利时政府沟通无果后，面对由比利时政府市场干预政策导致的巨额亏损，选择依据中国和比利时签订的双边投资保护协定，向 ICSID 国际争端解决中心提出申请，要求比利时政府赔偿投资损失。

中国平安认为，比利时政府的救市行为损害了中国平安对比利时政府银行业稳定、透明以及可预测的政策、商业、法律环境的合理期待；比利时政府征收了中国平安的大部分的投资且从中不当获利，并未对中国平安赔偿，此种行为构成对中国平安的歧视，因此申请人平安集团向 ICSID 提出四点诉讼请求：①被申请人比利时政府没有满足投资者的正当期望（Legitimate Expectations），未能提供稳定的、透明的与可预期的（Stability、Transparency and Predictability）商业环境，违反了双边投资条约约定的保护标准（Standard of Protection）；②被申请人比利时政府在两次干预的救市行为中并没有采取更加合理的、有效的（More Reasonable and/or Effective）替代方法去遏制住由于金融危机导致的资金流问题，相反的是让富通集团因为干预行为不得不接受这种对申请人平安集团的投资的征收行为；③申请人平安集团未能在被申请人比利时政府的两次干预性救市行为中获得公平和充分（Fairly and Fully）的补偿；④被申请人比利时政府在两次干预的救市行为中以及之后对于申请人平安集团遭受的损失，未能对申请人平安集团提供正当程序（Due Process）保护且采取了不合理的歧视的（Unreasonably Discriminated）措施来对待申请人平安集团的投资损失。

对于中国平安提出的仲裁请求，比利时当局根据中国比利时两份双边投资协定对于争议类型的约定首先提出了管辖权异议，主张仲裁庭对本案无权管辖，对此被申请人比利时政府提出了 5 项管辖权异议：属时管辖（Ratione Temporis Jurisdiction）、属物管辖权（Ratione Materiae Jurisdiction）、缺乏仲裁合意（Ratione Voluntatis）、不存在表面纠纷（No Prima Facie Case）、司法礼让原则（Monetary Gold Case Principal）。

（二）本案申请 ICSID 仲裁的理由分析

根据“解决投资争端国际中心”（ICSID）官方网站公布的信息，以及相关的国内国际媒体的报道，中国平安保险（集团）股份有限公司、中国平安人寿保险股份有限公司诉比利时王国投资条约仲裁案在 2012 年 9 月向 ICSID 仲裁中心提交仲裁书，认为比利时政府的一系列救市措施违反了其在相关投资条约项下的承诺，并提出四项诉求，仲裁庭在 2015 年 4 月 30 日就“平安诉比利时案”作出最终裁决，以缺乏管辖权为由驳回了中国平安公司的仲裁请求。

通过总结可以发现，在仲裁过程中，中国平安存在两个策略上的失误：一为中国平安主张 2009 年前的函均引用旧约，2012 年 7 月才改成先前所发的函为新约下的通知（Notice）；二为2012年9月提起仲裁。第一个失误，在诉讼过程中，中国平安在2008年10月致函比利时政府投诉其干涉行为，2009年10月中国平安又致函发表声明称2008年10月函为旧约下的“Notice of Dispute”。这一行为导致仲裁过程中，仲裁庭直接认定中国平安在2012年7月第三次发函中称2008年和2009年的函构成新约下的“Notice of Dispute”。中国平安的此行为也成为比利时政府主张管辖权异议之一的理由，即中国平安没有给出符合新约规定的通知（Notice）。在2008年的函中中国平安并没有引用条约，在2009年的函中仅引用了旧约，依据条约这两个函很难成为新约项下的通知。因此，可能构成通知的只有2012年7月的函，因此不足以构成充分的意思表示。

第二个失误之处，中国平安于2012年7月发出函，但同年9月提出仲裁，并不满足新约关于6个月磋商的前置条件。这意味着，即使仲裁庭没有做出无管辖权的裁决，但仍然可能认定仲裁的前置条件没有满足而不予受理。值得注意的是，在本案中中国平安可以引用最惠国待遇条款来规避6个月的磋商时间，但成本较高，且关于最惠国待遇条款，目前适用的范围仍存在较大的争议，同时仲裁庭对此的态度就目前已有的案件来看并不统一，因此中国平安在引用最惠国条款的情况下也会承担很大的风险。

以中国平安投资案为鉴，投资者在对外投资时首先应当做好前期的调查准备，包括东道国的法律环境、政策支持、对外来资本等方面，投资过程中也应当做好风险防范工作，及时参与海外投资保险，在与东道国产生法律纠纷争议后，应当积极寻求解决和维护本身权益的方法，而不是逃避。

三、美洲豹公司诉中机新能源开发有限公司仲裁案（败）

（一）案例背景

2007年10月，中美洲地区最大的火力发电项目危地马拉Jaguar电厂（以下简称Jaguar项目）购电协议（PPA）下的承购方（Offtakers）

发布招标公告。为准备投标，美国 AEI 公司（Ashmore Energy International，艾奕能源）与中机新能源开发有限公司（中机国能新能源开发有限公司，隶属国机集团，性质上属于央企，以下简称中机公司）协商，并就双方签订后续 EPC 合同及成立特殊目的公司（SPV）等问题签订了谅解备忘录（MOU）。2008 年 2 月，特殊目的公司 Jaguar Energy 公司（以下简称捷豹公司）成立。

2008 年 3 月，捷豹公司与中机公司签订了 Jaguar 项目 EPC 总承包合同，由捷豹公司作为项目业主，中机公司作为 EPC 总承包方，合同金额约 4.5 亿美元，付款方式为里程碑节点付款。2009 年 11 月，中机公司、捷豹公司和 AEI 危地马拉公司签订了延期付款抵押担保协议（Deferred Payment Security Agreement，DPSA），其原因是，在签订 EPC 合同时原预计的捷豹公司从银团贷款已无可能，于是业主与承包商商定采取卖方融资（Vendor Financing）的方式，即在 DPSA 下，中机公司垫资施工建设，而捷豹公司则向中机公司签发借款单并以捷豹公司的资产、该项目 EPC 合同下的业主权益作抵押。

2010 年 5 月 29 日，工程正式开工。根据 EPC 合同的规定，Jaguar 项目所对应的两期工程应分别于 2013 年 5 月 21 日（一期）和 2013 年 6 月 19 日（二期）完工移交。2013 年，中机公司与捷豹公司开始出现争议——捷豹公司苛责中机公司的工程进度拖延，中机公司则提出捷豹公司未履行 DPSA 下证明和完善抵押担保的义务。而后，中机公司未能按期移交工程，2013 年 10 月 11 日和 26 日，捷豹公司分别发出通知，要求中机公司在 10 月 29 日和 11 月 1 日前完成修正工作。2013 年 10 月 30 日，捷豹公司发出通知称中机公司未能如期完成修正工作，其将自行进行修正工作，且中机公司应承担相应费用。11 月 4 日和 11 月 9 日，捷豹公司对上述事宜又分别发出了通知，称中机公司违约，其保留 EPC 合同下的权利和救济。2013 年 11 月 28 日，中机公司以自己作为 DPSA 下出借人的名义，向同时作为 EPC 合同下承包人的自己，发出了“接管通知”，称其根据 DPSA 下第 13（b）节行使其“介入权” （Step - in

Rights）接管捷豹公司在 EPC 合同下的权利。捷豹公司声称直至仲裁，也未曾收到过该通知。

2014 年 1 月 28 日，捷豹公司向 ICC 提起了仲裁，向中机公司索赔近 3 亿美元。2014 年 3 月 27 日，仲裁庭的第三位仲裁员被指定。

继新加坡高等法院于 2017 年 12 月 15 日作出判决驳回中机新能源开发有限公司（中机公司）申请撤销国际商会国际仲裁院（ICC）第 20013/CYK 号仲裁裁决后，新加坡上诉法院也已于 2020 年 2 月 28 日作出判决，驳回了中机公司对前述判决的上诉。至此，作为 EPC 总承包商的中机公司，最终却以被业主反索赔 3 亿美元而仲裁庭支持了 1.29 亿美元告终。此案例也成为了中国企业海外投资、承建工程项目失败的典型案例之一。

（二）焦点问题

中机公司向新加坡高等法院申请撤销 ICC 裁决后，新加坡采用了联合国国际贸易法委员会颁布的《国际商事仲裁示范法》（*UNCITRAL Model Law on International Commercial Arbitration*，以下简称《示范法》）对本案进行仲裁。根据新加坡《国际仲裁法》（2002 年修订）第 24 条，除了《示范法》中规定的仲裁理由外，新加坡高等法院还可以基于另外的两个理由撤销国际仲裁裁决：（1）该仲裁裁决是因行贿或腐败或受行贿或腐败的影响而作出；（2）裁决的作出违反自然正义原则（the Rule of Natural Justice）而使任何一方的权利受损。

基于此原则，中机公司向新加坡高等法院申请撤销 ICC 仲裁裁决的理由为：

（1）ICC 裁决违反了自然正义原则，仲裁庭发出的认证经营者（AEO）令剥夺了中机公司陈述案件的合理机会，并且仲裁庭未审理中机公司关于 DPSA 的答辩意见；（2）仲裁程序违反了《示范法》及当事人的约定，仲裁庭未给予中机公司完全陈述案件的机会，且捷豹公司违反了仲裁的诚信义务（Good Faith）而仲裁庭并未限制其行为；（3）捷豹公司的“游击战术”（Guerrilla Tactics）违反了公共政策；（4）仲裁庭未对指控的腐败和行贿进行调查，且本案裁决是因腐败或受腐败影响而作出。

从撤裁案中新加坡高等法院的长达107页的判决书来看，该撤裁案的焦点问题有三个：（1）仲裁庭发出的AEO令以及未审理中机公司提出的DPSA相关主张是否违反自然正义原则；（2）中机公司是否被剥夺了平等对待及给予充分陈述案情的机会；（3）仲裁庭应否对声称的腐败及行贿进行调查。

1. 仲裁庭发出的AEO令以及未审理中机公司提出的DPSA相关主张是否违反自然正义原则。根据中机公司的主张，仲裁庭发出的AEO令违反了法庭和仲裁庭的一般规则，因为仲裁庭并未就适用AEO制度是否有强有力的理由作出决定，且并未发现具有此种理由，而即使有此种理由，EPC合同的第1.11条也对保密义务进行了约定，因而AEO令是不必要的。其次，AEO令剥夺了中机公司陈述案情的合理机会。

但仲裁庭及高等法院均认为，基于当事人双方当时的互相极度不信任及产生尖锐矛盾的实际情况，存在中机公司可能会误用捷豹公司相关敏感文件的风险。并且，尽管仲裁庭反复提醒，中机公司有向仲裁庭申请其员工查阅AEO令下指定的AEO文件的权利，中机公司却从未向仲裁庭申请过。此外，就仲裁庭是否有权发出AEO令，新加坡高等法院认为，尽管AEO制度在国际仲裁中极为少见，但并非闻所未闻，而根据双方在合同中选择适用的ICC规则第20（7）条，仲裁庭可以采取措施以保护商业秘密和保密信息。因此，中机公司的主张未被高等法院支持。

2. 未审理中机公司提出的DPSA相关主张。中机公司认为，根据DPSA第20（a）节，捷豹公司有证明和完善担保权益的义务（the obligation to evidence and perfect the Security Interests）。就该证明义务，捷豹公司有义务提供担保权益信息，以便中机公司确认和评估；就该完善义务，捷豹公司应采取必要措施以保证担保权益的可执行性。中机公司认为捷豹公司违反了其证明义务，而仲裁庭并未审理中机公司提出的此主张，倘若仲裁庭审理了此主张的话，仲裁庭则可得出中机公司有效行使了“介入权”的结论，因而捷豹公司便无权解除 EPC 合同，从而无法获得索赔。

对此，ICC 仲裁庭和高等法院均认为，根据 DPSA 第 20（a）节的表述，证明和完善义务是双方共同的义务（Joint Obligations），而非捷豹公司一方的全部责任。

因此，除非捷豹公司明确拒绝履行以上中的任何一项义务，否则无法认定为其违约。而根据捷豹公司提供的证据，捷豹公司一直愿意履行证明和完善义务。因此，新加坡高等法院认为，并非仲裁庭未对中机公司的主张进行审理，而是仲裁庭经审理后，未采纳中机公司的主张。

3. 中机公司是否被剥夺了平等对待和给予充分陈述案情的机会。关于该项争议，中机公司主要的主张为：由于 AEO 令，中机公司的律师及专家对于捷豹公司索赔的费用之依据无法有效分析。而新加坡高等法院仍然认为，尽管仲裁庭发出了 AEO 令，限制了中机公司员工对文件的查阅，在该令下但同样也赋予了中机公司向仲裁庭申请其员工进行查阅的权利，而中机公司从未向仲裁庭申请过。因此，中机公司的主张未被支持。

4. 仲裁庭应否对声称的腐败及行贿进行调查。中机公司认为，仲裁庭有责任对声称的腐败行为进行调查，而由于仲裁庭违反了其调查腐败行为的义务并随后作出了裁决，因此该裁决违反了公共政策而应当被撤销。但新加坡高等法院与 ICC 仲裁庭均认为，对于与申请仲裁争议项无关的可能的腐败情况，仲裁员没有义务进行查询，仲裁员的任务是解决法律纠纷而不是指控当事人的非法行为。因此，指控的腐败是否影响了仲裁下审理的事项决定了仲裁庭是否应进行调查。而本案中，捷豹公司的索赔中并没有可能受腐败影响的部分（捷豹公司撤回了其索赔中的“公关费”）。因此，中机公司的主张没有得到新加坡高等法院的支持。

（三）失败的关键原因

通过前文对本案案情的梳理，可以看出，本案直接源于中机公司未按期移交工程。然而仅就从上述对该撤裁案的焦点问题分析中，却可以明显看出中机公司在签订合同以及在仲裁过程中，均存在较为致命的疏忽，以至于直接导致了中机公司不仅输掉了ICC仲裁，其后撤销ICC仲裁裁决的申请也均被新加坡高等法院及上诉法院驳回。

1. 错误地选择快速仲裁程序以及在AEO令下未依令向仲裁庭申请员工查阅。ICC审理的中机公司与捷豹公司的争议，是在双方于其EPC合同下明确选择了“快速仲裁程序”的背景下进行的——EPC合同约定仲裁庭必须在第三位仲裁员确定之后90天内作出裁决，且若延长也不得再超过90天，即必须在180天内作出裁决。

根据常理，一个合同金额为4.5亿美元的大型建设项目，如若发生任何争议纠纷，适用“快速仲裁程序”并在90天内作出裁决显然有悖常理，但双方却在合同中对此作了明确约定。因此，仲裁庭也需要严格尊重当事人的意愿，而尽量压缩仲裁时间。由此，该种不合理、可行性差的争议解决条款的约定便从一开始就为中机公司之后输掉仲裁的结果埋下了很大的隐患。

于是，从新加坡高等法院的判决书中可以看出，中机公司反复强调“AEO令剥夺了其陈述案情的合理机会”。因此，虽然仲裁庭给了中机公司向仲裁庭申请让其员工查阅AEO令下指定材料的权利，但中机公司除了主张AEO令不合理外，却从未向仲裁庭提出过让其员工查阅文件的申请，行使自己本有的权利。因此，即便最后中机公司与捷豹公司双方同意将主审时间推迟了近半年（由原定的2015年1月26日至2月6日推迟到了2015年7月6日至21日），整个仲裁过程也仍然是在“快进键”下进行的。金额巨大的大型复杂工程纠纷，巨量的文件材料，却仅被赋予极其有限的审理时间，让仲裁庭从一开始就面临巨大的时间压力，以至于中机公司也不得不受该仲裁巨大的审理时限压力的影响。

另外，在AEO令下，中机公司从未根据该令的规定向仲裁庭申请过让其员工查阅AEO令下指定的文件的这一事实，直接使其反复强调的“AEO令剥夺了其陈述案情的合理机会”的主张站不住脚，因而无法得到法院的支持。因为在该AEO令本就是为平衡双方权益而作出的情况下，AEO 令一方面限制了中机公司员工对 AEO 令下指定文件的查阅，另一方面给了中机公司向仲裁庭进行合理申请的权利。因此，虽然该 AEO 令如中机公司所称的如此大地影响了其员工指导律师和专家的工作，但在有机会进行申请员工查阅时，中机公司却从未申请，这显然使得中机公司的主张看起来严重地前后矛盾。

因此，在本已不利的“快速仲裁程序”下，可以依赖以撤销仲裁裁决的一个相对有利的理由也因中机公司自身的疏漏而无法进行有效的主张了。

2. 未在 DPSA 下对融资方的“介入权”（Step - in Rights）机制进行有效设置。如果说“错误地选择快速仲裁程序以及在 AEO 令下未依令向仲裁庭申请员工查阅”是导致中机公司丧失撤销裁决案有利主张的致命原因，那么中机公司在 DPSA 下疏于对自己作为融资方的“介入权”机制进行有效的设置，则是导致其输掉与捷豹公司的 ICC 仲裁的重大原因。

“介入权”通常是在项目融资中，贷款方（银行）为保证项目顺利完工投产以便其收回贷款本息，而在其与承包商或同时与承包商和业主签订的“直接协议”（Direct Agreement）中设置的当发生业主拖欠承包商工程款等可能导致承包商停工或解除与业主的 EPC 合同的情形时，贷款银行有要求其取代业主以接管项目并承担对承包商的付款责任，以使承包商继续履行 EPC 合同的一种权利。

从新加坡高等法院的判决中可以看出，中机公司在与捷豹公司的 ICC 仲裁中就提出了其已按 DPSA 行使了“Step - in Rights”（介入权）并接管了项目，因此 EPC 合同并未解除，捷豹公司也无权主张索赔。本来，中机公司作为总承包商，同时也作为该项目的“融资方”，主张上述“介入权”本应是中机公司应对捷豹公司的解除 EPC 合同和索赔主张的一个有力回击点。但十分遗憾的是，细看中机公司所主张“介入权”的依据，便会发现，在 DPSA 下作为出借人（融资方）的中机公司，对其介入权机制的设置存在重大疏漏。而正是该重大疏漏，直接导致了中机公司原本有力的回击却并不能以合同为依据进行有效的主张，于是结果便是中机公司的主张完全没有得到ICC仲裁庭的支持。

第四节 “一带一路”投资争端解决机制建设

政治风险与法律风险是我国企业在“一带一路”沿线开展投资贸易的最大担忧，也是我国企业“走出去”开拓海外市场所面临的主要困难，其中法律风险往往是由政治原因引起，而法律手段又是应对政治风险的有效方式，政治与法律两大要素在很大程度上是相互联系、相互作用、互为因果的。法律风险主要集中产生于海外投资过程中的市场准入、资产运营和资产退出三个阶段。[①] 所谓外资准入是指东道国有权规定在满足何种条件下外资企业方可进入本国市场开展投资贸易活动，具体包括准入权和设业权，前者是指外资企业进入东道国市场的权利，后者是指外资企业在东道国设立商业存在的权利。

在“一带一路”投资贸易领域，我国企业面临的政治风险和法律风险增加了投资收益的不确定性。为保障我国企业更好地“走出去”，需要尽快建立和完善海外投资风险防范机制和争端解决机制，保护广大海外投资者的正当权益，推进“一带一路”倡议健康可持续发展。

一、“一带一路”背景下央企海外投资政治与法律风险传导

与市场经济领域风险与收益成正比不同，政治风险对投资活动的影响有明确的特殊性，企业往往无法通过对其自身的风险管理有效规避政治风险损失，多数情况下仅能做出予以投资或不予投资的决策。考虑到政治风险来源的多样性，在评估政治风险时需要全面准确地掌握有关东道国的政治情报信息，情报信息的准确性在一定程度上决定着我国企业在“一带一路”沿线中的投资行为以及项目合作的成败。

作为“一带一路”建设的重要力量，近年来我国越来越多的国有企

① 牛秀娟．中国对外直接投资的风险及防范制度探讨［J］．经贸实践，2018（5）．

业积极参与“一带一路”沿线投资项目，但是，国有企业因其所有权性质在对外投资时更易引发当地政策对抗、群体不满、社会争议以及反补贴和反倾销等重大问题。[①] 尤其是伴随国有企业竞争中立原则议题的兴起，东道国政府更倾向于将国有企业的投资行为视为一种国家行为，这无形中增加了我国国有企业海外投资的政治风险。况且，我国企业在“一带一路”中的投资结构过于单一，主要是以自然资源相关产业为主，围绕矿产、电力、交通等领域集中开发，这些行业关系着东道国的经济命脉和国家利益，具有较高的政治敏感性，极易引发政治风险。

在“一带一路”沿线，我国企业的海外投资主要集中在基础设施建设、资源开采、能源开发等行业，东道国通常会在外资市场准入的权利范围、职责履行等方面进行严格限定。在资产运营阶段东道国往往对外资企业产权有限制性规定，这主要是针对外资企业股权进行一定限制，尤其是对一些工程量大、涉及利益广、运作周期长的合作项目，我国企业常与东道国政府或代表东道国政府的企业签订协定书，出于维护本国利益的目的，东道国政府通常会将我国企业的投资资产限定在一定比例范围以内，以减少我国企业所持有的项目股权，将工程的实际掌控权和决策权交给其国内企业。

对于我国企业投资的基础设施、矿产能源等领域，东道国政府一般会以“肯定清单”或“负面清单”的方式限定外资市场准入范围，例如，缅甸《外国投资法》中“肯定清单”详细列明了外资市场准入领域，而印度、沙特阿拉伯借助“负面清单”规定除特殊领域外，外资企业均可进入。然而，现实中我国部分企业尤其是民营企业常会在未实施法律风险审慎调查和知晓东道国外资准入规则的情况下，盲目竞标，缺乏对竞标项目可行性的客观分析，进而导致投资计划无法顺利进行，并产生不必要的经济损失。此外，在我国企业海外投资履行中，东道国政府通常会对货物当地含量、外汇限制、贸易平衡、进出口用汇、国内销

① 李猛．“一带一路”中我国企业海外投资风险的法律防范及争端解决［J］．中国流通经济，2018（8）．

售数量等方面进行特殊规定，这对我国企业准确掌握关于项目建设的履行规则及行业标准提出了更高要求。

在市场准入阶段，除一般因素外，我国企业也不可忽略个别的特殊因素，其中投资准入范围中的例外规定尤为重要，主要包括国家安全审查与特许审查法律风险、中海油对石油企业尤尼科公司的收购失败案例以及中国铝业与澳大利亚力拓集团项目投资合作失败案例均是源于东道国政府的国家安全审查与特许审查制度。

二、“一带一路”背景下的国际投资争端解决机制建设

随着全球化的发展，国际间的投资也越来越频繁，导致对外投资争端也越来越多，相对于东道国国内救济，投资者更愿意选择国际仲裁作为海外项目争议的解决手段，其中以 ICSID 仲裁中心为主。如前所述，在北京城建诉也门政府一案中，ICSID 认定其具有管辖权从而驳回了也门政府的管辖权异议，认定国有企业是适格的投资者。但仲裁庭需要判断国有企业的行为在外交和政治等方面与政府是否有关联这一复杂的问题，在具体的操作中，这对仲裁庭是有很高的要求的。再加上国有企业在进行海外投资时可能还要承担对外援助等政治任务，这些原因都很有可能导致国有企业无法满足仲裁标准，错过利用 ICSID 需求救济的途径。此外，中心仲裁庭在本案中所呈现的管辖权扩大趋势，使得作为引入外资大国的中国不仅能够进一步通过 ICSID 仲裁保护国有企业的利益，也同样面临着被诉至 ICSID 仲裁的巨大风险，因此，中国应当在鼓励国有企业审慎选择 ICSID 仲裁的同时，推动国有企业多元化投资争端解决机制的建立，以便与 ICSID 仲裁相得益彰。①

（一）构建替代诉讼的新型救济方式，适当采用替代性争议解决方法

在国有企业多元化争端解决机制的建立上，可以采用替代性争议解

① 张丽娜．“一带一路”国际投资争端解决机制完善研究［J］．法学杂志，2018（8）．

决方法（以下简称 ADR 法）。ADR 法并不指某一个固定的解决办法，而是包括协商、调解、调停等方法在内的仲裁和诉讼之外的程序总称。越来越多的国家和地区在积极鼓励 ADR，为推动其发展制定相应的战略、政策和法律，将其加入司法改革的日程中去。例如，以往非常依赖司法诉讼的美国，近年来政府在一些大型的投资争端问题上如墨西哥湾石油污染事件等都尝试了赔偿基金、行政监管、政府和解这些新型替代诉讼的救济方式，这些救济方式不仅在实体上取得了很好的成效，而且在公众和法律界也赢得了高度评价。随着国际贸易中越来越重视调解的作用，调解已经作为必经程序规定在一些投资协定中。ADR 法中要求争端双方同意，双方要参与整个过程中直至最终的执行，且无独立第三方参与其中。越是在纠纷的早期阶段越适应用此方式来解决，可以避免问题升级。因此，东道国应该充分认识到 ADR 方法的重要性和可行性，利用其来解决投资者与国家间的投资争端。政府要给予 ADR 方法更多关注，将其作为国际仲裁的替代性方法，有针对性地建立相应的机构去运用这些技术方法。例如，在国际投资协定中加入相关的有助于促进国家间友好解决争议的用语，或者鼓励使用调解方法的可行性建议。

（二）构建“一带一路”国际投资争端解决机制

现有机制虽然能够为“一带一路”国际投资争端解决提供一定的法律服务，在某种程度和某些方面促进了争端解决，但在实践中，这些争端解决机制仍然存在不少问题，难以满足“一带一路”国际投资争端解决的需求，因此，构建“一带一路”国际投资争端解决机制符合“一带一路”国际投资争端解决的现实需要。

1. “一带一路”国际投资争端解决机制应考量的要素。

（1）契合“一带一路”战略目标。《愿景与行动》明确提出，“一带一路”建设要坚持共商、共建、共享原则，由我国与沿线国家共同打造开放、包容、均衡、普惠的区域经济合作架构。因此，“一带一路”建设目标是谋求建立一种合作框架和治理模式，将“一带一路”多种参与主体聚合起来，为某些共同的利益目标而协调行动。最终目标是建立一个政治互信、经济融合、文化包容的利益共同体、命运共同体和责任共同体。远期目标是共同打造开放、包容、均衡、普惠的区域性国际合作架构和治理模式。近期目标是以经济合作为先导，以政治合作为推手，以文化交流为基础发展不同主体参与的、多层次的、多形式的国际合作。“一带一路”国际投资争端解决机制应以促进上述目标的实现为使命，并以上述目标的实现为基础确定“一带一路”国际投资争端解决机制的基本原则，同时在该原则的指导下制定各项具体制度。

（2）满足“一带一路”国际投资的需求。“一带一路”国际投资争端解决机制是一项为促进沿线国家进行国际投资活动而提供法律服务的保障制度。其具体运作应以服务“一带一路”国际投资为己任。“一带一路”国际投资有其特殊性。首先体现在中国对外投资方面。中国对“一带一路”沿线国家的投资额增幅较大。对外投资的企业主要是国有企业，在东道国投资的项目一般是政府扶持项目，投资的产业主要集中在能源、交通运输以及资源开发等领域。中国对“一带一路”沿线国家的投资主要在东南亚、南亚和西亚地区。其次，在“一带一路”沿线国家中，许多国家的经济发展水平比较低，相应的社会制度不健全，对外国投资者的保护措施不到位，相关的政策和法律制度比较匮乏，因此，在这些国家投资的企业面临许多不确定的因素，投资风险性较高。在投资规则方面，虽然中国与“一带一路”沿线国家之间签订了不少双边投资协定，但这些双边投资协定签订的时间较早，许多协定的内容已经滞后，无法满足当前的投资需求。由于中国在“一带一路”国际投资中角色的转变，双边投资保护协定更应强调对投资者利益的保护，同时对投资促进和自由化承诺，以及市场准入方面需要获得公平待遇。基于此，“一带一路”国际投资争端解决机制应着重考虑这些现实问题和现实需求。

（3）符合国际投资争端解决机制的发展趋势。国际投资争端解决机制建立的目的是解决国际投资过程中产生的各种争议，特别是外国投资者与东道国之间的矛盾和冲突。为此，外国投资者与东道国既可以采取谈判、调解等方式解决彼此之间的争议，也可以采取仲裁、诉讼等方式解决争端。在早期的国际投资争端解决机制中，以合同仲裁、东道国国内救济、外交保护等为主要方式。最初的国际投资合同是投资者与东道国之间签订的特许协议，当时最普遍的争端解决方式是通过东道国政府外的仲裁机构解决它们之间的争端。但在实践中，合同仲裁又存在一定的局限性，特别是当东道国政府干预仲裁的情况下，许多裁决无法得到承认和执行。此外，基于国家主权理论，东道国对外国投资者的活动有管辖权，同时东道国的行政或司法机构可以为投资者提供救济途径。从历史和现实来看，许多国家司法体制不独立、不公正，对投资者利益的保护存在不足，东道国救济难以保护外国投资者的利益。[①]

鉴于上述投资争端解决方式的局限性，现代国际投资仲裁制度应运而生，即投资者可以直接提起国际投资仲裁。基于此，“一带一路”国际投资争端解决机制的建立应符合这一发展趋势。

2. “一带一路”国际投资争端解决机制的主要内容。在明确了“一带一路”国际投资争端解决机制目标的基础上，该机制的建立应围绕以下内容展开：

（1）争端解决机构。随着国际合作的地域化与专业化加强，“国际规范密度、数量和复杂性”的不断增加，相应地需要更加专门的争端解决安排。因此，就“一带一路”国际投资争端解决而言，需要建立专门的争端解决机构，并以此为核心建立“一带一路”国际投资争端解决机制。该机构的名称可以为“一带一路”国际投资争端解决中心（以下简称“争端解决中心”）。该争端解决机构在设置上可以仿照 ICSID 争端解决机构，如前所述 ICSID 争端解决机构的设置是为了弥补世界银行业务不足，同时鼓励向发展中国家投资。但 ICSID 并非世界银行的一部分，其是一个独立的国际组织，具有独立的法律人格。在“一带一路”倡议中，亚投行承担了融资的重要角色。因此，“一带一路”国际投资争端

① 张丽娜．“一带一路”国际投资争端解决机制完善研究［J］．法学杂志，2018（8）．

解决中心应与亚投行建立密切的联系，同时在业务方面建立互补关系。但该争端解决中心不宜作为亚投行的组成部分，因为其解决的争端类型并不应限于亚投行成员国之间基于亚投行协定产生的争端，该争端解决中心也并非仅仅服务于亚投行，其和亚投行的目标应该是一致的，即均为“一带一路”倡议服务。因此，该争端解决中心应具有国际组织的性质和特点，为此应制定《建立“一带一路”国际投资争端解决中心公约》，在公约中规定争端解决中心的宗旨目标、法律地位、组织机构、成员资格、加入和退出机制等内容。

争端解决中心应与亚投行、世界银行等机构建立业务联系，并对某些争端解决事项征求它们的意见和建议。（a）宗旨和目标，争端解决中心的宗旨和目标应契合“一带一路”倡议，促进“一带一路”沿线国家国际投资，促进区域经济发展与合作共赢。（b）法律地位，争端解决中心应具有完全的法律人格。应具有签订合同、拥有和处置动产和不动产、提起诉讼等能力。（c）组织机构，争端解决中心应设有权力机构、执行机构及管理机构。应设董事会，由全体成员组成；设理事会，由董事会选举产生；设立秘书处，秘书长由董事会任命。（d）成员资格，争端解决中心成员资格不仅限于“一带一路”沿线国家，还应包括相关的国际组织及具有完全自主权的某些经济实体。（e）加入与退出，争端解决中心应服务于“一带一路”倡议目标，对成员的加入和退出采取开放的态度，并规定加入和退出的程序。

（2）程序设置。当下国际投资法制的变革正在从实体条款转向争端解决的程序性规则。因此，“一带一路”国际投资争端解决机制应建立一套完整的程序规则。程序规则应紧紧围绕“共商、共建、共享，以及平等互利”的宗旨和目标。确保争端解决的高效公正；平等保护各方的合法权益，注重各方当事人之间的利益平衡；同时该程序规则应秉持争端解决的透明度，增强案件的可预见性原则，为沿线国家之间的投资争端解决提供便利。为此，“一带一路”国际投资争端解决机制应为成员方提供多种争端解决程序，以便成员方选择适用。特别值得注意的是，近年来，调解程序受到了国际组织的广泛关注。2011 年，联合国贸发会发布了《国际投资争端：预防及国际投资仲裁的替代方式》报告，该报告探讨了调解在国际投资争端解决中的适用范围问题。一些国际组织也发布了国际投资调解相关指引和示范规则，许多国家之间的 BIT 中引入了调解机制。因此，在投资争端解决中心的程序设置上，应重视调解制度在解决投资争端方面的发展及运用。投资争端解决中心应为“一带一路”国际投资争端解决提供多种有效的争端解决程序，这些程序包括协商、调解、仲裁等。同时，针对这些程序规定明确的程序规则，以附件的形式并入《建立“一带一路”国际投资争端解决中心公约》中。在设置相关程序规则时，应坚持运用公认的国际争端解决程序规则，可以借鉴 ICSID 的程序规则，也可以参考联合国贸易和发展会议（UNCTAD）的程序规则。

（3）受案范围和管辖权。就受案范围而言，该争端解决机制应能够受理“一带一路”国际投资中产生的各类投资争议；就争议的性质而言，这些争议既可以是公法上的争议，也可以是私法上的争议；就争议的当事方而言，这些争议既可以是发生在投资者与东道国之间的争端，同时也可以是发生在东道国和母国之间的争端，抑或是国际组织之间、企业之间、个人之间的争端，以及国家和国际组织之间的争端。受案范围应该尽量宽泛，以满足各类争端解决的需求；就管辖权而言，该争端解决机制中，“一带一路”投资争端解决中心对案件的管辖权应以争端当事方同意为基础。为此，ICSID 的做法值得借鉴，即一个国家加入《建立“一带一路”国际投资争端解决中心公约》，并不意味着该国的所有投资争端必须在该中心解决，也就是说，该争端解决中心对成员国之间的投资争端并不具有当然的管辖权。投资争端解决中心的管辖权应以具体争端当事方的同意为基础。从目前国际投资争端解决的实践看，各类争端解决机构均奉行管辖权同意原则。这不仅体现了对当事人意愿的尊重，同时也是国家主权原则的重要体现。

参考文献

［1］蔡元元．创新我国企业“一带一路”投融资模式［J］．宏观经济管理，2021（10）：63－68.

［2］从电影大国迈向电影强国　我们的底气来自改革创新［N/OL］．光明日报，http：//www. xinhuanet. com/ent/2019－10/31/c_1125169226. htm，2022－02－24.

［3］丁云宝．“一带一路”视域下的新地缘经济观与上海合作组织功能再造［D］．上海：上海社会科学院，2018.

［4］范璐晶．中国电影产业海外投资的法律风险及争端解决中的文化例外［J］．北京电影学院学报，2020（9）：49－59.

［5］高波．“一带一路”建设中的对外直接投资风险研究［D］．长春：吉林大学，2020.

［6］古广东．对外直接投资与中国国际收支：机理分析与尝试性检验［J］．重庆师范大学学报（哲学社会科学版），2008（2）：96－99.

［7］古广东．中国企业对外直接投资对出口贸易影响分析［J］．亚太经济，2008（1）：55－57＋74.

［8］郭建军．独立以来新加坡外向型经济的发展：全球化与区域化视角［D］．昆明：云南大学，2012.

［9］黄立好．人民币国际化与中国对外投资关系的实证研究［D］．太原：山西财经大学，2013.

［10］季晓伟．日本政府鼓励企业境外投资的调查与启示［J］．政策瞭望，2010（11）：32－35.

［11］李根．美国对外直接投资对美元国际化的影响研究［D］．长沙：湖南大学，2012.

［12］李俊久，丘俭裕，何彬．文化距离、制度距离与对外直接投资——基于中国对“一带一路”沿线国家 OFDI 的实证研究［J］．武汉大学学报（哲学社会科学版），2020（1）.

［13］李敏．美国、法国、日本鼓励对外投资的税收政策比较［J］．涉外税务，2006（5）：42－45. DOI：10.19376/j.cnki.cn10－1142/f.2006.05.010.

［14］刘慧．利用外汇储备优势 加强对外直接投资［J］．当代经济，2009（18）：84－85.

［15］刘卫东，田锦尘，欧晓理等．“一带一路”战略研究［M］．北京：商务印书馆，2017.

［16］刘志伟，高利，陈刚．中国的对外直接投资对其国际收支影响的实证研究［J］．国际贸易问题，2006（12）：83－87.

［17］卢锋等．为什么是中国？——“一带一路”的经济逻辑［J］．国际经济评论，2015（3）：9－34.

［18］卢山冰，刘晓蕾，余淑秀．中国“一带一路”投资战略与“马歇尔计划”的比较研究［J］．人文杂志，2015（10）：36－43.

［19］申益美，国世平．中国海外直接投资与出口贸易关系研究［J］．价格月刊，2011（4）：38－42.

［20］宋维佳．基于 FDI 的我国企业“走出去”战略研究［D］．大连：东北财经大学，2006.

［21］孙晓丹．我国境外投资促进体系研究［D］．济南：山东经济学院，2011.

［22］王宁．日本对外直接投资分析［D］．长春：吉林大学，2011.

［23］王启洋．以对外直接投资促进我国对外贸易平衡发展的机制及政策研究［D］．上海：上海交通大学，2015. DOI：10.27307/d.cnki.gsjtu.2015.000251.

[24] 王书杰. 发展中国家海外直接投资的实践及对中国的启示 [D]. 北京：中共中央党校，2011.

[25] 王晓华. 对外直接投资与投资发展路径的经验研究 [D]. 长沙：湖南大学，2005.

[26] 王义桅. 世界是通的："一带一路"的逻辑 [M]. 北京：商务印书馆，2016.

[27] 王义桅. "一带一路"：机遇与挑战 [M]. 北京：人民出版社，2015.

[28] 邬红华. 中国对外直接投资宏观绩效的实证研究——以外汇储备为例 [J]. 科技进步与对策，2008，25 (12)：161-163.

[29] 吴承忠. 中国广播影视行业对外投资区位选择与影响因素研究 [J]. 南京社会科学，2019 (9)：145-150.

[30] 徐德辰. 跨国经营的国际比较研究 [D]. 长春：吉林大学，2005.

[31] 徐瑞晗. 吉林省工业化进程中的利用直接投资研究 [D]. 南宁：广西大学，2008.

[32] 杨英，刘彩霞. "一带一路"背景下对外直接投资与中国产业升级的关系 [J]. 华南师范大学学报（社会科学版），2015 (5)：94-101.

[33] 余振，李钟慧. 美元国际化的实现路径及其对中国的启示——基于体系积累周期理论的分析 [J]. 世界经济与政治论坛，2019 (5)：24-42.

[34] 张翠霞. 中国对外直接投资宏观经济影响因素实证分析 [J]. 经济研究导刊，2009 (31)：166-167.

[35] 张敬之. 人民币国际化与对外直接投资互动关系视角下的对外直接投资政策研究 [D]. 南昌：江西财经大学，2015.

[36] 张娟. 中国企业对外直接投资的区位选择研究 [D]. 上海：复旦大学，2007.

[37] 张一. 中国到了大规模海外直接投资的阶段吗?——不同时期主要国家和地区海外投资的特点及对我国的启示 [J]. 中国经贸导刊, 2010 (23): 38 -41.

[38] 赵薇. 中国企业跨国并购政策及国际比较研究 [D]. 杭州: 浙江工业大学, 2013.

[39] 赵伟, 江东. ODI 与中国产业升级: 机理分析与尝试性实证 [J]. 浙江大学学报 (人文社会科学版), 2010, 40 (3): 116 -125.

[40] 郑钢. 中国境外投资动因、效应及对策研究 [D]. 兰州: 兰州大学, 2008.

[41] 田刚, 王胜超. 日本对外直接投资对我国的经验借鉴与启示 [J]. 对外经贸, 2018 (4): 52 -55.

[42] 黄锦明. 美国政府在对外直接投资中的作用及启示 [J]. 国际经贸探索, 2003 (5): 50 -52.

[43] 姜波. 汲取美国实践经验, 发展我国海外经营 [J]. 国际经济合作, 2002 (4): 26 -30.

[44] 周宝根, 刘启. 以满足受援国需求为先——马歇尔计划的经验与教训 [J]. 国际经济合作, 2009 (11): 44 -47.

[45] 孟祺. 马歇尔计划与"一带一路"战略的比较与借鉴 [J]. 阅江学刊, 2015, 7 (4): 34 -41.

[46] 白云真. "一带一路"倡议与中国对外援助角色 [J]. 中国社会科学院国际研究学部集刊, 2017 (10): 293 -313.

[47] 白云真. "一带一路"倡议与中国对外援助转型 [J]. 世界经济与政治, 2015 (11): 53 -71 +157 -158.

[48] 赵晴, 袁天荣, 许汝俊. 我国企业海外并购融资方式创新——以艾派克并购利盟国际为例 [J]. 财会月刊, 2018 (19): 92 -98. DOI: 10. 19641/j. cnki. 42 -1290/f. 2018. 19. 015.

[49] 张晶晶, 张大鹏, 于建明. 海外投资项目融资担保风险防范 [J]. 中国国际财经 (中英文), 2018 (1): 8 -9. DOI: 10. 19516/

j. cnki. 10－1438/f. 2018. 01. 004.

［50］蒋根华．企业海外投资风险与应对［J］．中国经贸导刊（中），2021（3）：123－124.

［51］杨海林．如何做好海外项目投资决策［J］．中国投资（中英文），2020（ZA）：72－73.

［52］王静．美国对外直接投资的发展及对我国的启示［J］．科技和产业，2020，20（4）：159－162.

［53］郭周明．美日对外投资分析及其对中国启示——基于“一带一路”视角［J］．国际贸易，2017（6）：42－47. DOI：10. 14114/j. cnki. itrade. 2017. 06. 010.

［54］张平占．央企海外项目管控模式研究［J］．国际石油经济，2016，24（5）：9－16.

［55］宋玉祥，刘越．浅析海外投资特许协议中的东道国法律变动风险及防控［J］．国工论坛，2022（4）.

［56］冯体一．央企对外直接投资的战略选择［J］．华东师范大学学报（哲学社会科学版），2015，47（2）：113－123＋171－172. DOI：10. 16382/j. cnki. 1000－5579. 2015. 02. 014.

［57］高菠阳，刘卫东，宋涛等．社会变革和制度文化制约下的“多尺度嵌入”——以缅甸莱比塘铜矿项目为例［J］．地理研究，2020，39（12）：2718－2730.

［58］胡键．“一带一路”与中国软实力的提升［J］．社会科学，2020（1）：3－18. DOI：10. 13644/j. cnki. cn31－1112. 2020. 01. 002.

［59］阚萌．央企海外投资风险防控研究——以国电投资巴西美丽山水电站送出项目为例［J］．国际商务财会，2018（11）：34－36.

［60］梁双陆，张梅．“基础设施”互联互通对我国与周边国家贸易边界效应的影响［J］．亚太经济，2016（1）.

［61］李锋．“一带一路”背景下中国能矿行业海外投资的机遇、风险与对策［J］．管理现代化，2017，37（5）：98－100.

［62］李婷，汤继强．“一带一路”沿线国家金融风险对中国 OFDI 的影响研究［J］．国际经贸探索，2022，38（3）：36－50. DOI：10. 13687/j. cnki. gjjmts. 20220309. 001.

［63］李正安．产品分成模式下的矿业项目风险管理探讨［J］．财务与会计，2018（13）.

［64］刘卫东等．“一带一路”建设案例研究：包容性全球化的视角［M］．北京：商务印书馆，2021：124.

［65］刘卫东，姚秋蕙．“一带一路”建设模式研究：基于制度与文化视角［J］．地理学报，2020（6）.

［66］刘晓光，杨连星．双边政治关系、东道国制度环境与对外直接投资［J］．金融研究，2016（12）：17－31.

［67］李燕，T. 维尔金斯卡娅，O. 卡列达．“一带一路”中的中白工业园：建设进展与发展战略［J］．西伯利亚研究，2017，44（4）：39－45.

［68］卢进勇，李小永，张航．中国国际投资发展史研究：意义、重点和突破点［J］．国际经济合作，2019（5）：29－35.

［69］马晓夏．中国企业对“一带一路”沿线国家投资的经济效应评估——“发展馅饼”还是“债务陷阱”［J］．金融发展评论，2021（2）：24－38. DOI：10. 19895/j. cnki. fdr. 2021. 02. 001.

［70］门洪华，王骁．中国国际地位动态研究（2008—2018）［J］．太平洋学报，2019，27（7）：76－92. DOI：10. 14015/j. cnki. 1004－8049. 2019. 07. 007.

［71］聂爱云，何小钢．中国“一带一路”投资：进展、挑战与对策［J］．国际贸易，2018（12）：32－37. DOI：10. 14114/j. cnki. itrade. 2018. 12. 007.

［72］彭念．“一带一路”倡议下中国投资海外港口的风险分析及政策建议［J］．南亚研究，2019（3）：106－122＋154－155.

［73］谭畅．“一带一路”战略下中国企业海外投资风险及对策

[J]. 中国流通经济, 2015, 29 (7): 114 - 118. DOI: 10.14089/j.cnki.cn11-3664/f.2015.07.019.

[74] 唐鹏琪. 斯里兰卡科伦坡港口城市项目的现状与前景分析[J]. 南亚研究季刊, 2015 (4): 21-29+4.

[75] 王超, 叶天乐. "一带一路"背景下中白工业园发展研究[J]. 俄罗斯学刊, 2019, 9 (6): 57-69.

[76] 王运达. 浅谈我国对外投资现状[J]. 北方经贸, 2019 (4): 43-44+55.

[77] 吴英艳, 王心语. 人民币汇率波动背景下中国企业对外投资问题研究[J]. 商业经济, 2022 (5): 74 - 75. DOI: 10.19905/j.cnki.syjj1982.2022.05.015.

[78] 徐世腾, 陈有志. 政治风险、自由贸易环境与我国企业 OFDI 地理布局——基于央企与地方企业的比较研究[J]. 华东师范大学学报(哲学社会科学版), 2017, 49 (2): 155 - 162 + 185. DOI: 10.16382/j.cnki.1000-5579.2017.02.016.

[79] 习近平. 顺应时代潮流实现共同发展[N]. 人民日报, 2018-07-26 (2).

[80] 于佳. "一带一路"战略下关于对外直接投资和央企"走出去"的探析[J]. 农村金融研究, 2017 (3): 25-30. DOI: 10.16127/j.cnki.issn1003-1812.2017.03.006.

[81] 赵会荣. "一带一路"高质量发展与境外经贸合作区建设——以中白工业园为例[J]. 欧亚经济, 2019 (6): 46-63+123+125.

[82] 张伟琦. 被投资国社会评价对中企海外投资的影响——以中亚国家为例[J]. 经营管理者, 2020 (11): 102-103.

[83] 2021 年我国对"一带一路"沿线国家投资合作[EB/OL]. http://hzs.mofcom.gov.cn/article/date/202201/20220103239000.shtml.

[84] 共建"一带一路", 习近平提出从"大写意"到"工笔画"[EB/OL]. https://baijiahao.baidu.com/s?id=16101052722262824

62&wfr = spider&for = pc.

［85］国务院国资委出台中央企业履行社会责任指导意见［EB/OL］. http：//www. sasac. gov. cn/n2588035/n2588320/n2588340/c4426934/content. html.

［86］国资报告：央企“一带一路”履责情况分析［EB/OL］. http：//www. sasac. gov. cn/n2588025/n4423279/n4517386/n10745109/c10803539/content. html.

［87］深圳证券交易所上市公司社会责任指引［EB/OL］. http：//www. szse. cn/disclosure/notice/t20060925_499697. html.

［88］毕楠. 企业社会责任价值创造的驱动因素与作用机理研究［J］. 当代经济研究，2012（7）.

［89］黄速建，余菁. 国有企业的性质、目标与社会责任［J］. 中国工业经济，2006（2）.

［90］贾兴平，刘益. 外部环境、内部资源与企业社会责任［J］. 南开管理评论，2014（6）.

［91］李开孟. 新时代要大力倡导“负责任”的投资［EB/OL］. http：//www. ciecc. com. cn/art/2021/12/23/art_5099_74893. html.

［92］李阳. “一带一路”背景下中国海外企业社会责任研究［D］. 武汉：华中科技大学，2016.

［93］李正. 企业社会责任与企业价值的相关性研究——来自沪市上市公司的经验证据［J］. 中国工业经济，2006（2）.

［94］吕儒红，王贺猛. “一带一路”建设背景下中国企业在发展中东道国承担社会责任问题探讨［J］. 对外经贸，2015（12）.

［95］欧阳峣. 跨国企业的社会责任［M］. 北京：中国经济出版社，2006.

［96］温素彬，方苑. 企业社会责任与财务绩效关系的实证研究——利益相关者视角的面板数据分析［J］. 中国工业经济，2008（10）.

［97］辛杰．企业社会责任驱动因素研究——以山东省 2200 家企业调查为例［J］．预测，2008（6）．

［98］徐尚昆，杨汝岱．企业社会责任概念范畴的归纳性分析［J］．中国工业经济，2007（5）．

［99］颜剩勇，王典．“一带一路”企业社会责任、融资约束与投资效率［J］．财经科学，2021（2）．

［100］张卫平．中央企业社会责任问题研究［D］．济南：山东师范大学，2012.

［101］张兆国，靳小翠，李庚秦．企业社会责任与财务绩效之间交互跨期影响实证研究［J］．会计研究，2013（8）．

［102］郑若娟．西方企业社会责任理论研究进展——基于概念演进的视角［J］．国外社会科学，2006（2）．

［103］郑文，胡元林．企业社会责任的内涵及其实现机制研究——基于企业公民视角［J］．经济研究导刊，2018（5）．

［104］祝继高，王谊，汤谷良．“一带一路”倡议下中央企业履行社会责任研究——基于战略性社会责任和反应性社会责任的视角［J］．中国工业经济，2019（9）．

［105］郭莉，王朋，方向等．电网项目海外投资案例研究与风险识别［J］．科技管理研究，2018，38（18）：249－255.

［106］何寿奎，付弘扬．基于系统动力学的“一带一路”项目风险传导与控制［J］．人民长江，2020，51（3）：153－159，217.

［107］胡忆楠，丁一兵，王铁山．“一带一路”沿线国家 PPP 项目风险识别及应对［J］．国际经济合作，2019，399（3）：132－140.

［108］金晶，李宗昊，朱亮等．我国铁路“走出去”项目建设风险评估研究［J］．铁道运输与经济，2019，41（2）：82－87.

［109］刘浩，陈世金，陈超凡．“一带一路”沿线国家基础设施 PPP 项目成效分析［J］．国家行政学院学报，2018，116（5）：57－63，188－189.

［110］卢文超．“一带一路”企业海外投资腐败风险防控研究［J］．人民论坛·学术前沿，2017（20）：66－69.

［111］邵明朝．“一带一路”重大项目的腐败预防及治理对策［J］．宏观经济管理，2017，408（12）：37－40.

［112］孙文建，杨文亚．基于LMBP神经网络的国际工程项目风险评价研究［J］．现代电子技术，2017，40（23）：109－112，118.

［113］汤媛媛，杨春．中央企业境外资产监管与风险防范［J］．当代经济研究，2017（3）：84－89.

［114］王璟璇，张何灿，徐舒扬．基于大数据的“一带一路”海外项目风险动态监测指标体系研究［J］．电子政务，2021，218（2）：64－74.

［115］徐舒韵．央企境外资产流失的原因及对策［J］．财务与会计，2015（10）：56.

［116］于丰，谭丽莎，高春阳等．国际建筑工程承包风险清单构建［J］．财经问题研究，2016，391（S1）：30－32.

［117］张晓朋．中国对外直接投资的风险评估指标体系及模型构建［D］．上海：上海社会科学院，2018.

［118］赵莉梅．我国境外国有资产流失风险形成的原因及防范［J］．对外经贸实务，2018，356（9）：77－80.

［119］周煊，张瀚文．中央企业境外资产流失风险防范［J］．人民论坛，2015（23）：83－85.

［120］CGGT走出去智库．中国走出去观察——“一带一路”跨境投资实务［M］．北京：机械工业出版社，2017.

［121］毕马威咨询公司．“一带一路”投资关键环节——毕马威经典案例解析［M］．北京：中国经济出版社，2018.

［122］查贵勇．跨国公司经营与管理案例集［M］．上海：复旦大学出版社，2021.

［123］陈瀚，范利民，敬志勇．中国央企海外战略收购的定价策略

研究——以中海油收购尼克森为例［J］. 会计之友，2013（35）.

［124］陈丽丽. 中国企业海外投资行为分析［J］. 国际经济合作，2007（12）.

［125］陈智，田园. 央企战略转型背景下并购重组与海外上市的分析——以中国建材为例［J］. 财务与会计，2013（11）.

［126］崔小花. 提升国际传播力唱响中国好声音——央企“走出去”传播要先行［J］. 企业文明，2018（3）.

［127］杜晓莉. 海外工程利益相关者的冲突分析［J］. 价值工程，2018（13）.

［128］龚梓玥，马澈. 央企海外社交媒体传播与承载形象研究——基于央企 Facebook 公共账号的内容分析［J］. 国际品牌观察，2021（31）.

［129］桂瑾. 央企员工的海外融入和坚持［J］. 交通企业管理，2020（3）.

［130］海伦·德雷斯凯. 国际管理（第 8 版）［M］. 周路路，赵曙明译. 北京：中国人民大学出版社，2015.

［131］何志权，程晓旭. 央企海外项目公司如何开展纪检监察工作［J］. 国际工程与劳务，2016（2）.

［132］洪欣. 跨国企业海外人力资源管理体系建设对策［J］. 营销界，2020（43）.

［133］胡鞍钢. “一带一路”战略和央企的海外发展［J］. 军工文化，2015（7）.

［134］胡钰，卢俊. 央企海外形象建设的经验与思考［J］. 对外传播，2016（10）.

［135］黄传斌，张岩. 2015 中国央企海外形象调查［J］. 中国报道，2016（1）.

［136］黄美丽. 中国对外工程承包企业海外人力资源属地化管理思考［J］. 低碳世界，2018（12）.

［137］姬蒙．央企海外合规经营与风险防控研究［J］．企业改革与管理，2019（3）．

［138］江立勤．国家战略级的顶层融资设计［J］．国际工程与劳务，2016（2）．

［139］江乾坤，徐睿．企业海外并购风险管理方法与框架构建［J］．财会月刊，2021（1）．

［140］孔庆江，胡峰．论跨国公司对华技术转让中的知识产权战略及其对策［J］．法学杂志，2007（5）．

［141］李达．中国央企承包商海外市场拓展与战略转型［J］．中国经贸导刊（中），2019（4）．

［142］李相锋．加强央企海外项目宣传文化工作探讨［J］．当代电力文化，2020（9）．

［143］李悦．央企实施海外财务共享服务的相关问题探讨［J］．企业改革与管理，2019（15）．

［144］林康，林在志．跨国公司经营与管理［M］．北京：对外经济贸易大学出版社，2015．

［145］刘东进，李文起，周晓海．建筑央企海外工程项目财务策划实施路径设计［J］．财务与会计，2018（11）．

［146］刘桂清．“走出去”战略下的央企合并竞争审查：挑战与应对［J］．法律科学（西北政法大学学报），2017（2）．

［147］刘英才．让思想政治工作随央企同步“走出去”［J］．思想政治工作研究，2013（2）．

［148］卢进勇，闫实强．中国企业海外投资模式比较分析［J］．国际经济合作，2005（3）．

［149］吕亚鹏．“走出去”建企的海外舆情风险防控［J］．施工企业管理，2020（8）．

［150］马勇，李欢，郭清霞．中国产品海外形象的现状、问题及提升策略研究［J］．现代经济信息，2013（10）．

［151］彭维刚．全球企业战略［M］．孙卫，刘新梅等译．北京：人民邮电出版社，2007.

［152］曲宏．跨越央企走出去的沟通障碍［J］．国际公关，2009（6）.

［153］任艺．跨境人力资源管理与人才激励方案实操——以某央企海外分公司人才激励咨询项目为例［J］．首席人才官商业与管理评论，2020（1）.

［154］史小薇．如何跨越央企“走出去”的沟通障碍［J］．经贸实践，2018（9）.

［155］宋亚非．跨国公司直接投资与中国企业国际化战略［M］．北京：中国财政经济出版社，2010.

［156］汪洋．央企海外投资现状、风险及其防范［J］．国际研究参考，2013（5）.

［157］王碧珺．中国对外直接投资：新环境、新阶段与防风险问题研究［M］．北京：中国社会科学出版社，2020.

［158］王曼．跨国公司海外经营人力资源管理研究［J］．产业与科技论坛，2021（7）.

［159］王庆德，乔夫．央企“走出去”——海外并购公司的管理模式研究［J］．管理评论，2017（10）.

［160］闻璋．“一带一路”：央企“走出去”的重点［J］．中国招标，2017（20）.

［161］邢少文，李威．监管央企海外投资［J］．南风窗，2011（15）.

［162］熊玉伟．央企海外项目部党建工作研究与思考——以中国水电十一局坦桑尼亚朱利叶斯·尼雷尔水电站项目部为例［J］．办公室业务，2020（20）.

［163］徐传谌，孔德海．中央企业国际化经营的战略定位研究［J］．厦门大学学报（哲学社会科学版），2013（1）.

［164］徐可强，徐世帅，官唐勇等．从海外经验看央企的公司治理

[J]. 现代国企研究，2016（Z1）.

[165] 杨文堂，韩文峰．浅谈央企海外项目党组织作用的发挥[J]. 国际公关，2019（3）.

[166] 杨扬，杨慧．从国家电网中标巴西输电项目看央企海外投资[J]. 财务与会计，2014（5）.

[167] 杨永胜．新时代央企“走出去”的路径选择 [J]. 国际工程与劳务，2018（8）.

[168] 袁主月．“走出去”背景下央企国际化人才队伍建设存在的问题及优化对策 [J]. 企业改革与管理，2021（18）.

[169] 原诗萌．海外形象建设的央企经验 [J]. 国资报告，2019（1）.

[170] 张春续，王团辉．触动央企“海外神经”问诊央企海外贪腐新病 [J]. 祖国，2013（17）.

[171] 张迪，李唯嘉．央企公关模式与央企海外传播力关系的实证研究 [J]. 国际新闻界，2017（11）.

[172] 张建军，黄义力．关于央企海外党建工作的思考 [J]. 管理观察，2019（5）.

[173] 张静．全球化背景下跨国公司与利益相关者的沟通研究[J]. 华东师范大学学报（哲学社会科学版），2010（4）.

[174] 张娟，刘钻石．中国对非洲直接投资与资源寻求战略 [J]. 世界经济研究，2012（3）.

[175] 张平占．央企海外项目管控模式研究 [J]. 国际石油经济，2016（5）.

[176] 赵众卜，尹海钊，伍厚锞．新冠疫情对电力央企海外业务的影响及对策 [J]. 国际工程与劳务，2021（1）.

[177] 周俊．海外投资：央企走出国门的“身份之殇” [J]. 对外经贸实务，2011（10）.

[178] 周运兰，杨静静，任冲．央企海外并购财务风险研究——以

中化集团并购巴西 Peregrino 油田为例 [J]. 财会月刊, 2014 (5).

[179] 邹昭晞, 李志新, 邓飞. 跨国公司管理（第2版）[M]. 北京: 清华大学出版社, 2019.

[180] 蔡安辉, 葛小雷, 于红卫等. 基于服务主业的“产融结合”创新实践 [C] //中国企业改革发展优秀成果 2018（第二届）下卷, 2018: 70-79.

[181] 陈美, 夏卓秀. 产融结合与企业创新——基于央企控股上市公司的经验证据 [J]. 金融评论, 2019, 11 (2): 81-94+125.

[182] 陈伟光, 王欢, 蔡伟宏. 多边开发银行体系中的亚投行: 一个比较分析框架 [J]. 当代财经, 2017 (7): 46-57. DOI: 10.13676/j.cnki.cn36-1030/f.2017.07.005.

[183] 陈艳. 股权结构与国有企业非效率投资行为治理——基于国有企业上市公司数据的实证分析 [J]. 经济与管理研究, 2009 (5): 49-54+62.

[184] 付韶军, 张璐超. 后疫情时代北京企业海外投资面临的挑战和对策 [J]. 国际商务财会, 2022 (1): 5-10.

[185] 郭水文. 中央企业产融结合的实践探索、经验总结以及未来展望 [J]. 西南金融, 2018 (2): 17-22.

[186] 郭水文. 中央企业产融结合研究: 一个理论述评 [J]. 现代管理科学, 2018 (4): 21-23.

[187] 莱斯利·马斯多普, 王晓波. 多边开发金融: 提升效率并开拓领域 [J]. 中国投资, 2019 (1): 24-29.

[188] 李博雅. 金融创新对“一带一路”建设的作用探析 [J]. 经济研究参考, 2017 (38): 31-39.

[189] 李万福, 林斌, 宋璐. 内部控制在公司投资中的角色: 效率促进还是抑制? [J]. 管理世界, 2011 (2): 81-99+188. DOI: 10.19744/j.cnki.11-1235/f.2011.02.009.

[190] 李政丹. 新常态下促进中央企业产融有序结合的思考 [J].

福建金融，2019（4）：75－78.

［191］马红，王元月．金融环境、产融结合与我国企业成长［J］．财经科学，2017（1）：59－71.

［192］孟庆伟．中央企业在国际化业务中与政策性金融机构合作的必要性研究［J］．投资与创业，2021，32（18）：185－187.

［193］邵平．产业金融数字化的新机遇［J］．中国金融，2020（8）：58－59.

［194］谭洪益．中国商业银行国际化和企业对外直接投资：理论分析与实证检验［J］．金融理论与实践，2020（6）：64－72.

［195］谭小芳，张伶俐，宋长儒．产融结合、持股比例与航运企业非效率投资［J］．中国航海，2021，44（3）：71－75.

［196］万良勇，廖明情，胡璟．产融结合与企业融资约束——基于上市公司参股银行的实证研究［J］．南开管理评论，2015，18（2）：64－72＋91.

［197］王化成，李春玲，卢闯．控股股东对上市公司现金股利政策影响的实证研究［J］．管理世界，2007（1）：122－127＋136＋172. DOI：10.19744/j.cnki.11－1235/f.2007.01.017.

［198］王文，刘英．"一带一路"完善国际治理体系［J］．东北亚论坛，2015，24（6）：57－66＋125－126.

［199］王允贵，林艳红．中国企业"走出去"金融支持研究［J］．经济研究参考，2017（39）：63－86.

［200］吴磊．我国政策性银行对外投资策略研究［D］．长春：吉林大学，2013.

［201］徐嘉．中国海外承包工程企业融资方式的分析［D］．北京：对外经济贸易大学，2016.

［202］叶前林，刘海玉．"一带一路"倡议下人民币国际化的新进展、新挑战与新举措［J］．对外经贸实务，2019（2）：56－59.

［203］于佳．"一带一路"战略下关于对外直接投资和央企"走出

去”的探析［J］．农村金融研究，2017（3）：25－30.

［204］袁雪．中央企业产融结合路径研究［J］．国资报告，2018（2）：44－46.

［205］张耀军，宋佳芸．数字“一带一路”的挑战与应对［J］．深圳大学学报（人文社会科学版），2017，34（5）：38－43.

［206］周琳．“一带一路”背景下对外直接投资对人民币国际化的影响研究［D］．杭州：浙江大学，2020. DOI：10. 27461/d. cnki. gzjdx. 2020. 001923.

［207］佐卫．产业金融的核心逻辑与发展趋势［J］．中国金融，2020（12）：48－50.

［208］SON WOOSUNG. 韩国企业借助亚投行推进外向型经济社会发展与建议研究［D］．青岛：青岛科技大学，2019.

［209］黄盖．“平安诉比利时”案视角下衔接新旧条约的“过渡条款”的分析［D］．重庆：西南政法大学，2018.

［210］姜新．WTO 争端解决机制与 ICSID 机制的比较分析［D］．杭州：浙江大学，2018.

［211］李歌．北美自由贸易区环境法律制度探析［D］．北京：中国政法大学，2006.

［212］李猛．“一带一路”中我国企业海外投资风险的法律防范及争端解决［J］．中国流通经济，2018，32（8）：109－118. DOI：10. 14089/j. cnki. cn11－3664/f. 2018. 08. 012.

［213］李怡佳．经济情报信息系统的构建与应用研究［D］．昆明：云南大学，2015.

［214］李玉梅，桑百川．国际投资规则比较、趋势与中国对策［J］．经济社会体制比较，2014（1）：176－188.

［215］刘雪红．中国海外投资保护的法律障碍与制度重构——基于北京城建诉也门等五案的分析［J］．华东政法大学学报，2019，22（2）：168－180.

［216］潘洁．“一带一路”框架下国际投资争端解决机制构建的思考［J］．现代商贸工业，2021，42（19）：19－20. DOI：10.19311/j. cnki. 1672－3198. 2021. 19. 009.

［217］王建颖．ICSID 仲裁中国有企业投资者资格认定问题研究［D］．西安：西北大学，2021. DOI：10.27405/d. cnki. gxbdu. 2021. 000209.

［218］杨安山，余正．简评《2010 年新加坡国际仲裁中心仲裁规则》［J］．中国海商法年刊，2011，22（2）：104－107.

［219］张奕辉．《跨大西洋贸易与投资伙伴关系协定》谈判评析［J］．国际研究参考，2016（6）：26－31.

［220］张毅．TPP 投资者—东道国争端解决机制的法律问题研究［D］．大连：大连海事大学，2016.

［221］张卓．我国国有企业在 ICSID 仲裁中的若干法律问题研究［D］．广州：广东财经大学，2019. DOI：10.27734/d. cnki. ggdsx. 2019. 000156.

［222］周文贵．北美自由贸易区：特点、运行机制、借鉴与启示［J］．国际经贸探索，2004（1）：16－21.

［223］Buckley，Peter J.，and Mark Casson. The Future of the Multinational Enterprise［M］. New York：The McMillan Company Buckley，1976.

［224］Cantwell，J. Tolentino，P. E. E. Technological Accumulation and Third World multinationals［Z］. Discussion Paper in International Investment and Business Studies，University of Reading，1990（139）：24.

［225］Dunning，J. H.，C. S. Kim and J. D. Lin. Incorporating Trade into the Industrial Development Path［J］. Oxford Development Studies，2000（29）：145－154.

［226］Dunning，J. H. Intemational Production and the Multinational Enterprises［M］. London：Allen&Unwin Press，1981.

［227］Dunning，John H. Trade，Location of Economic Activity and the Multinational Enterprise：Some Empirical Evidence［M］. University of

Reading, Department of Economics, 1977.

[228] Gassebner Martin , Gaston Noel and Lamla Michael J. Relief For the Environment? The Importance of an Increasingly Unimportant Industrial Sector [J]. Economic Inquiry, 2008, 46 (2): 160 -178.

[229] Hymer S. H. The International Operations of National Firms: A Study of Direct Foreign Investment [M]. The MIT Press, Cambridge, Massachusetts, and London, England, 1960.

[230] J. H. Dunning, and Narula, R. The investment development path revisited: some emerging issues [M] //in J. Duuning and R. Narula (eds). Foreign Direct Investment and Governments: Catalysts for Economic Restructuring, London: Routledge, 2000.

[231] J. H. Dunning, and Narula, R. Transpacific Direct Investment and the Investment Development Path: the Record Assessed [M]. Essays in International Business, March, 1994

[232] Dunning J. H. Explaining the International Direct Investment Position of Countries: Towards a Dynamic or Developmental Approach [J]. Review of World Economics, 1981, 117 (1): 30 -64.

[233] Kiyoshi, Kojima. Direct Foreign Investment: A Japanese Model of Multinational Business Operations [M]. London: Croom Helm, 1978.

[234] Lall, S. , Chen, E. , Katz, J. , Kosacoff, B. , Villela, A. The New Multinationals: The Spread of Third World Enterprises [M]. New York: John Wiley & Sons, 1983.

[235] Rugman, Alan M. The International Operations of National Firms: a Study of Direct Foreign Investment [M]. 1978: 103 -104.

[236] Wells Jr, Louis T. The Internationalization of Firms from Developing Countries [M]. In Multinationals from Small Countries, edited by Tamir Agmon and Charles P. Kindleberger. Cambridge, MA: MIT Press, 1977.

[237] Wells Jr, Louis T. Third World Multinationals: The Rise of For-

eign Investment from Developing Countries [J]. Foreign Affairs, 1983, 61 (5): 1196.

[238] Tang - Lee D. Corporate social responsibility (CSR) and public engagement for a Chinese state - backed mining project in My an mar - challenge sand prospects [J]. Resources Policy, 2016 (47): 28 - 37.

[239] Campbell, D., Moore, G., Metzger, M. Corporate Philanthropy in the U. K. 1985—2000: Some Empirical Findings [J]. Journal of Business Ethics, 2002, 39 (1 - 2): 29 - 41.

[240] Carroll A. B. A Three - dimensional Conceptual Model of Corporate Performance [J]. Academy of Management Review, 1979 (4).

[241] Carroll, A . B. Social issues in management research: experts's views, analysis and commentary [J]. Business and Society , 1994, 33: 5 - 29.

[242] Clarkson M. B. A Stakeholder Framework for Analyzing and Evaluating Corporate Social Performance [J]. Academy of Management Review, 1995.

[243] Griffin, J., Mahon, J. The Corporate Social Performance and Corporate Financial Performance Debate, Twenty Five Years of In - comparable Research [J]. Business and Society. 1997, 36 (1): 5 - 31.

[244] Porter ME. Strategy and society: the link between competitive advantage and corporate social responsibility [J]. Harvard Business Review, 2006, 84.

[245] Scott, W. R. Institutions and Organizations. Thousand Oaks [M]. CA: Sage Publications, 1995.

[246] Sethi, S. P. Dimensions of Corporate Social Responsibility [J]. California Management Review, 1975 (3).

[247] Whincop M. J. Corporate Governance in Government Corporations [M]. Aldershot: Ashgate, 2004.

[248] Duan X, Zhao X, Liu J , et al. Dynamic Risk Assessment of the Overseas Oil and Gas Investment Environment in the Big Data Era [J]. Frontiers in Energy Research, 2021, 9.

[249] Haque H , Dhakal S , Mostafa S . An assessment of opportunities and challenges for cross – border electricity trade for Bangladesh using SWOT – AHP approach [J]. Energy Policy, 2020, 137.

[250] Hastak M. , Shaked A. ICRAM: Model for International Construction Risk Assessment [J]. Journal of Management in Engineering, 2000 (38): 59 –69.

[251] Kim M S , Lee E B , Jung I H , et al. Risk Assessment and Mitigation Model for Overseas Steel – Plant Project Investment with Analytic Hierarchy Process – Fuzzy Inference System [J]. Sustainability, 2018, 10 (12) .

[252] Li B , Akintoye A , Edwards P J , et al. Perceptions of positive and negative factors influencing the attractiveness of PPP/PFI procurement for construction projects in the UK Findings from a questionnaire survey [J]. Engineering Construction & Architectural Management, 2005, 12 (2): 125 – 148.

[253] Li J , Zhang J , Suo W . Risk assessment in cross – border transport infrastructure projects: A fuzzy hybrid method considering dual interdependent effects [J]. Information Sciences, 2019, 488: 140 –157.

[254] Tiganasu R , Jijie T D , K Kourtit. Effectiveness and impact of cross – border cooperation programs in the perception of beneficiaries. Investigation on 2007 –2013 Romania – Ukraine – Moldova programs [J]. Regional Science Policy & Practice, 2020.

[255] Utama W P , Chan A , H Zahoor, et al. Making decision toward overseas construction projects: An application based on adaptive neuro fuzzy system [J]. Engineering Construction & Architectural Management, 2019, 26 (2): 285 –302.

[256] Youker R . Managing the international project environment [J]. Nrnaonal Jornal of Roj Managmn, 1992, 10 (4): 219 –226.

[257] Biddle, G. , G. Hilary and R. S. Verdi. How does Financial Reporting Quality Relate to Investment Efficiency? [J]. Journal of Accounting and Economics, 2009, 81: 112 –131.

[258] Faccio, Mara and Larry H. P. Lang. Separation of Ownership from Control: An Analysis of Ultimate Ownership in Western Europe [N]. Working Paper, The Chinese University of Hong Kong, 2000.

[259] Hoshi, T. , A. Kashyap, and D. Scharfstein. Corporate Structure, Liquidity, and Investment: Evidence from Japanese Industrial Groups [J]. The Quarterly Journal of Economics, 1991, 106 (1): 33 –60.

[260] Okabe, M. Monetary Policy in Japan: A Perspective on Tools, Transmission Channels and Outcomes [A] //The Structure of the Japanese Economy. London: Palgrave Macmillan, 1995.

[261] Porta, R. L. , F. Lopez – De – Silanes, and A. Shleifer. Government Ownership of Banks [J]. Journal of Finance, 2002, 57 (1) : 265 – 301.

[262] Richardson, S. Over – investment of Free Cash Flow [J]. Review of Accounting Studies, 2006, 11 (2): 159 –189.

后　记

我于2015年7月由北京市社会科学院调任北京第二外国语学院中国“一带一路”战略研究院任执行院长，并于2016年组建国家“一带一路”数据分析与决策支持北京市重点实验室，目的是应国家所急需，培养精通“一带一路”多语言运用能力，在“一带一路”外事外交、经贸合作、人文交流中能自由对话、沟通与交流的人才。

我和同事张耀军、兰晓、白雪、余金艳、薛海丽、郭艳军、张钦等一起，面向决策一线、面向产业一线、面向学科一线，聚焦“一带一路”理论与战略决策方向，引领“一带一路”学术交流与智库实践，汇聚了国内外“一带一路”研究领域的众多学术资源，开创“‘一带一路’产业经济”和“‘一带一路’应用语言学”两个专业，不断为“一带一路”学术体系注入活力，打造有影响力的学术平台。

目前，已累计培养70多位“一带一路”专业研究生，《央企海外投资研究》专项也是我带领他们历时2年取得的重大研究成果。其中，第一章，海外投资的理论基础（陈秀）；第二章，海外投资国际经验（程紫薇）；第三章，央企海外投资现状（王丹蒂，刘明欣、焦思盈）；第四章，“一带一路”央企海外投资履责分析（秦培富）；第五章，央企海外投资的风险评估与管控（边文佳）；第六章，中国特色海外投资管理体系建设（秦清华）；第七章，央企海外投资的金融体系创新（历娇娇）；

第八章，国际投资争端解决机制研究（王垚）负责编写。可以说，这部著作是大家集体智慧的结晶。

“一带一路”是中国致力于解决全球治理难题提出的中国方案，谨以此书献给“一带一路”十周年！

梁昊光

2023 年 4 月 5 日